21世纪应用型高等院校经管专业核心

总主编 赵曙明

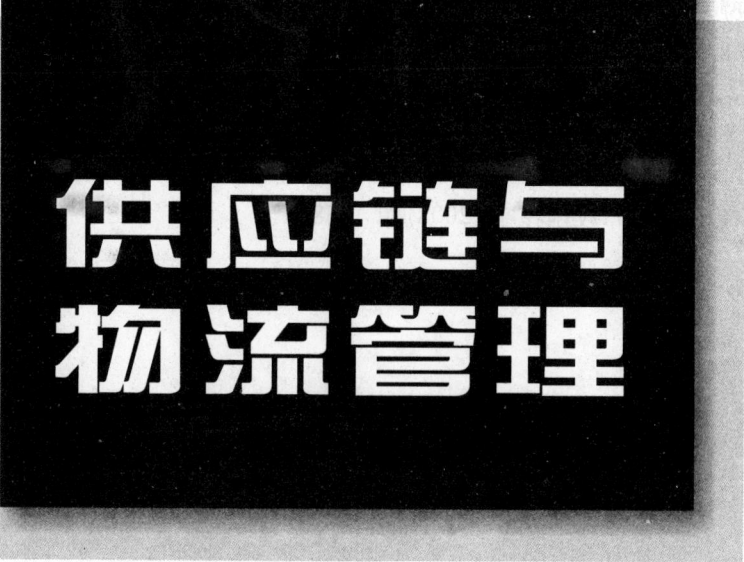

供应链与物流管理

主　编　仝新顺
副主编　康东亮　王　伟
编写人员（以姓氏笔画为序）
　　　　吕　健　朱九龙　赵玉东
　　　　陶晓燕　顾淑红

南京大学出版社

图书在版编目(CIP)数据

供应链与物流管理/仝新顺主编. — 南京:南京大学出版社,2008.12(2014.1重印)
21世纪应用型高等院校经管专业核心课程规划教材
ISBN 978-7-305-05652-9

Ⅰ.供… Ⅱ.仝… Ⅲ.物资供应—物资管理—高等学校—教材 Ⅳ.F252

中国版本图书馆 CIP 数据核字(2008)第 186829 号

出 版 者	南京大学出版社
社　　址	南京市汉口路 22 号　　邮 编 210093
网　　址	http://press.nju.edu.cn
出 版 人	左 健
丛 书 名	21世纪应用型高等院校经管专业核心课程规划教材
书　　名	供应链与物流管理
主　　编	仝新顺
责任编辑	王日俊　　编辑热线　025-83596997
照　　排	南京南琳图文制作有限公司
印　　刷	南京人民印刷厂
开　　本	787×1092　1/16　印张 17.25　字数 450 千
版　　次	2009 年 1 月第 1 版　2014 年 1 月第 2 次印刷
ISBN	978-7-305-05652-9
定　　价	29.50 元
发行热线	025-83594756
电子邮箱	sales@press.nju.edu.cn(销售部)
	nupressl@publicl.ptt.js.cn

* 版权所有,侵权必究
* 凡购买南大版图书,如有印装质量问题,请与所购
　图书销售部门联系调换

序

专家认为：20世纪70～80年代是"市场的20年"，90年代是"物流的10年"，21世纪前10年是"供应链管理的10年"，并强调指出：21世纪的竞争不再是企业与企业的竞争，而是供应链与供应链的竞争！

本书撰写目的是为经管类大学生提供一本精辟介绍物流与供应链管理的专业基础性教材，以引领学生更好地进行专业学习，早日成为懂得物流理论知识和具备供应链运作能力的应用型人才。

作为应用型高等院校经济管理类主干课程系列教材之一的《供应链与物流管理》，吸收了美国"供应链管理"精髓和日本"现代物流学"体系理念，又充分考虑了我国物流与供应链的运作实际。在内容架构的编排上共分十二章：前三章，主要说明物流与供应链的基本内涵、相互关系及其内容结构；第四～七章，介绍供应链有关理论；第八～十二章，介绍物流管理理论。

本书主要面向高等院校经济管理类，特别是物流管理、电子商务、国际商务、工商管理、市场营销等近年我国高校优先发展的新兴和边缘学科专业的学生，也可以作为MBA的教材和实际经济管理领域实务工作者的自学读物。

本书是由教学和实践经验十分丰富的优秀教师共同合作完成，其中郑州轻工业学院的仝新顺教授担任主编，负责全书的结构确定及统稿工作；河南财经学院的康东亮博士、郑州轻工业学院的王伟博士为副主编。第四、五章由河南科技大学吕健博士撰写，第六、七章由河南财经学院康东亮博士撰写，第二、八章由华北水利水电学院赵玉东撰写，第九章由中原工学院陶晓燕博士撰写，第十一章由中原工学院朱九龙博士撰写，第十、十二章由广西师范大学顾淑红撰写，第一章由郑州轻工业学院仝新顺教授撰写，第三章由郑州轻工业学院王伟博士撰写。此外，郑州轻工业学院的赵江利、吴宜等硕士研究生参加了资料整理工作。

在编写过程中我们参阅了大量的中外文献，引用了许多鲜活的案例及阅读材料，在此深表谢意，参考文献中可能会有个别遗漏，敬请谅解。特别是，本书部分采用了河南省科技发展计划项目"基于协同理论的物流信息化发展对策研究"（072400420200）研究成果，使本书理论知识更具前沿性。

本书的顺利出版要特别感谢主编单位郑州轻工业学院经济与管理学院院长彭诗金教授和南京大学出版社的支持。

限于作者水平，书中难免有错误之处，敬请广大读者批评指正，以便未来的修订版更趋于完善。

目　　录

第一章　绪　论 … 1
第一节　供应链与物流管理概述 … 2
第二节　供应链与物流管理的发展演进 … 8
第三节　世界各国物流业发展 … 13

第二章　供应链管理基础理论 … 18
第一节　概　述 … 18
第二节　供应链管理的主要内容 … 25

第三章　物流管理基础理论 … 33
第一节　物流管理概述 … 34
第二节　物流管理的主要内容 … 41
第三节　第三方物流 … 52
第四节　新型物流 … 59

第四章　供应链管理库存理论 … 69
第一节　概　述 … 70
第二节　库存管理基本知识 … 71
第三节　供应链系统中库存策略存在的问题 … 91
第四节　供应链管理模式下的库存策略 … 94

第五章　供应链管理采购理论 … 104
第一节　概　述 … 105
第二节　供应链中采购管理的价值 … 105
第三节　采购外包收益与风险 … 107
第四节　供应链中采购管理的决策过程 … 110

第六章　供应链业务流程重组 … 118
第一节　业务流程重组概述 … 119
第二节　业务流程重组的方法和步骤 … 123
第三节　供应链管理业务流程重组 … 127

第七章　供应链绩效评价 … 134
第一节　供应链绩效评价概述 … 135

第二节　供应链绩效评价指标体系……………………………………………… 138
　　第三节　供应链管理成熟度……………………………………………………… 142

第八章　物流要素及其合理化管理 …………………………………………………… 147
　　第一节　包　　装………………………………………………………………… 148
　　第二节　装　　卸………………………………………………………………… 157
　　第三节　保　　管………………………………………………………………… 160
　　第四节　运　　输………………………………………………………………… 164
　　第五节　流通加工………………………………………………………………… 173
　　第六节　配送管理………………………………………………………………… 176

第九章　物流基础设施 ………………………………………………………………… 184
　　第一节　物流结点………………………………………………………………… 185
　　第二节　配送中心………………………………………………………………… 189
　　第三节　物流中心………………………………………………………………… 197
　　第四节　物流园区………………………………………………………………… 206

第十章　物流业务外包管理 …………………………………………………………… 213
　　第一节　物流业务外包概述……………………………………………………… 214
　　第二节　物流业务外包决策分析………………………………………………… 219
　　第三节　物流业务外包战略实施………………………………………………… 221
　　第四节　第三方物流的选择……………………………………………………… 222

第十一章　逆向物流管理 ……………………………………………………………… 229
　　第一节　逆向物流概述…………………………………………………………… 229
　　第二节　逆向物流管理…………………………………………………………… 233
　　第三节　逆向物流的发展趋势…………………………………………………… 238

第十二章　国际物流 …………………………………………………………………… 241
　　第一节　国际物流概述…………………………………………………………… 242
　　第二节　国际物流系统…………………………………………………………… 244
　　第三节　国际物流业务…………………………………………………………… 247
　　第四节　国际货物运输…………………………………………………………… 257
　　第五节　国际货物包装与仓储…………………………………………………… 265

第一章 绪 论

【本章提要】
1. 供应链及物流管理的基本概念和主要内容；
2. 现代物流的内涵、特点和作用；
3. 供应链管理与物流管理的发展演进；
4. 国内外物流发展现状及趋势。

导入案例

中国最大的医药分销企业——国药控股有限公司于2007年10月17日与其供应链服务商共同宣布公司将启用由全球领先的B2B电子商务解决方案供应商GXS与国内领先的供应链解决方案提供商上海安捷力信息系统有限公司所提供的全套供应链可视化服务。与此同时，GXS公司还宣布已与安捷力建立战略伙伴关系，共同打造B2B电子商务平台，实现医药行业供应链的可视化，提升中国医药行业的整体效率。

国药控股是由中国中央直属最大的跨所有制、跨地域的大型医药集团企业。目前是全国药品批发行业的头号企业，大约占据10%以上医药分销市场份额，2006年国药控股的销售额达到250亿元。国药控股分销事业部总经理马万军先生表示："作为行业内最大的医药分销企业，国药控股非常高兴能够率先使用eHealthcare Exchange B2B电子商务平台，相信在安捷力的行业执行能力和GXS的技术支持下，eHealthcare Exchange能够帮助我们提高需求反应速度，改善库存管理、提高盈利和竞争能力，完成医药科研、生产和服务贸易链条的信息化。"

"在中国医药行业的转型期，供应链效率是行业内企业在竞争中制胜的关键。"GXS亚太区副总裁郑义陶先生表示，"中国的医药制造商、各种规模和级别的分销商和包括医院、药店和连锁店在内的零售商可分别通过自身的ERP或仓库管理系统(WMS)直接与eHealthcare Exchange连接，通过eHealthcare Exchange进行电子文件传输。在eHealthcare Exchange的供应链可视化系统帮助下，他们不仅可以将文件转换为通用的数据标准，实现产品信息的同步，而且能够共同完成产品构思和开发、安排促销计划、完成供应链管理及交易管理。因此，医药制造商、分销商、医院及零售商之间能够实现生产计划及销售和库存管理等电子信息的快速、便捷交换。"

上海安捷力信息系统有限公司认为："目前，中国医药市场供应链效率问题突出，制造商及分销商极为分散、竞争激烈、利润空间小，信息系统水平千差万别，行业缺乏统一的药品编码和信息格式。随着中国医药改革的发展，广大患者强烈要求降低虚高的看病费用，政府迫切需要加强对医药流通环节的监督，提高供应链效率，增加交易的透明度。"

第一节　供应链与物流管理概述

专家认为:20世纪70～80年代是"市场的20年",90年代是"物流的10年";21世纪前10年是"供应链管理的10年",并强调指出21世纪的竞争不再是企业与企业的竞争,而是供应链与供应链的竞争!

一、供应链管理概述

经济管理主要关心的是人类社会中的经济活动,而按照商品生产的时间序列,一般可以将其分成生产、流通、消费三个过程。进一步考察以企业的组织活动为主的生产和流通过程,可以发现这两个过程又分别是由初级原料的获得、中间产品的制造、最终产品的制造等环节以及产品储运、区域批发、当地零售等环节构成。图1-1表述了供最终用户(消费者)所使用产品的生产和流通过程。

最初供应商 → 初级产品制造商 → 中间产品制造商 → …… → 最终产品制造商 → 分销商 → 零售商

图1-1　消费品生产和流通过程

该图展示的生产和流通过程是经济活动的基本形态,仔细分析它就能够对经济和管理领域产生许多新的看法和体会。

价值链(增值链、产业链)——价值链概念于20世纪80年代中期提出,主要用来分析企业内部各环节价值活动以及寻找竞争优势。企业价值链是其各种活动的组合,包括设计、供应、生产、营销、交货以及对产品起辅助作用的各种价值活动。企业价值创造活动包括基本活动和辅助活动两部分,基本活动主要指生产、营销、内部和外部物流以及服务等环节;辅助活动包括采购、技术开发、人力资源和企业基础设施(如管理、财务等)环节。基本活动直接反映了价值链中价值增值活动,辅助活动与基本活动相联系并支持整个价值链。将企业价值链向上下游延伸,会形成包括初级材料供应商、各中间产品制造商、分销商、零售商和最终用户在内的最终产品价值链。对该链条而言,每个节点企业都置身于最终产品的价值体系中,每个企业应该主要从事特定的、具有核心竞争力的战略环节,实现价值链的合理分工,并在各自的优势环节上展开合作,以达到价值链整体利益的最大化。在经济全球化的背景下,(最终产品)价值链往往涉及跨区域和跨国界的分工,因此也被称为全球价值链。

供应链(产品链、商品链)——供应链思想于20世纪80年代末提出并得到广泛应用。企业的价值要持续稳定地实现,取决于其最终产品的竞争力。从消费者来看,零售商、分销商、储运商、制造商、供应商等都依次对其下家供应最终消费品或中间产品,因此这一前后相继的链条就可被称为供应链。供应链是面向最终用户的市场需求,由产品生产和流通过程中的供应商、制造商、储运商、分销商、零售商以及消费者所组成的供需网络。供应链上不同的企业就是供应链上的节点,节点之间存在着物流、所有权流(也称商流)和信息流以及相应的服务流、资金流和知识流。一个有竞争力的供应链能够在满足顾客需要的基础上,通过对供应链上物流、资金流和信息流的组织、协调和指挥,使供应链整体成本最低、效益最大。而供应链的管理则是指对供应链涉及的全部活动进行计划、组织、协调与控制(《中华人民共和国国家标准:物流术语(修订版)》GB/T18354-2006)。

需求链——也有人从制造厂商的角度出发,认为上述链条反映了一系列市场需求问题,因此也可以称为需求链。

供应链与价值链都是讨论在提供某最终产品过程中依次发生的价值增加活动链条(即为同一条链),两者之间最明显的区别在于观测角度不同:供应链是从最终用户的角度观测这一链条,将各环节所提供的产品或服务都看成是对最终用户的供应;价值链是从外部观测这一链条,将整条价值链视为由各节点企业价值链互相衔接而成,重在分析价值增加和利益分配机理。如图1-2显示:

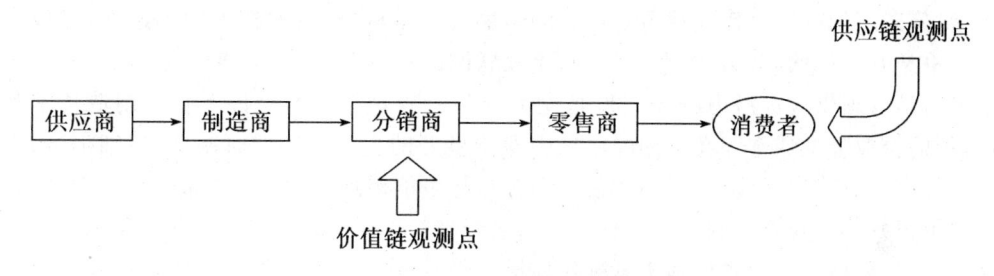

图1-2 供应链和价值链的观测点比较

事实上,供应链作为社会经济活动的基本形态长久以来就存在着。为什么21世纪的现在要对这个问题进行仔细分析,并要强调对其的管理呢?

首先是经营环境变化。20世纪90年代以来,经营环境的变化使得企业经营格局发生了改变:全球市场的激烈竞争,产品越来越短的生命周期,消费者地位的日益强化,使得脱离供应链管理的生产和销售活动无法真正取得竞争优势,迫使企业开始重视对供应链的管理。伴随着不断发展的通讯和运输技术(如移动通讯、网络和快递),供应链的演变和进化也不断加速,同时也要求企业采用不断更新的技术去管理。经营环境的变化大致可归纳为以下几方面:① 经济全球化。企业的市场和相互之间的竞争范围日益全球化分布。② 消费者行为变化。价值多元化、生活方式多元化、购买行为差异化,有关商品的信息和知识日益丰富且容易获得,对产品和服务的期望越来越高,买方市场使得消费者相对于企业而言日益强大。③ 生产和流通模式多样化。产品生命周期短、变化快,生产组织方式的多品种、小批量;准时制,批发零售的流通模式不断创新,连锁店、通宵店、仓储店、无仓库经营、无店铺经营、厂家直销、网络销售等新的低成本流通方式层出不穷。④ 信息技术革命。POS、EOS(Electronic Ordering System)、OCR(Optical Character Reader)、无线通讯、因特网、计算机决策支持系统等发展迅速。⑤ 物流需求和技术发展。多种运输方式及其联运,集装箱运输,小单重物品的快速传递(快递),以零售业为中心的JIT物流和配送网络,自动仓库和直接换装平台,社会化的第三方物流。

其次是管理模式发展。企业经营管理的模式在过去几十年内也不断发生着变化。一方面传统的大而全、小而全企业管理模式是纵向一体化管理的一种表现形式。产品开发、加工生产、市场营销三个基本环节呈现中间大、两头小的"腰鼓型"。发达国家在20世纪60年代盛行用经济批量、安全库存、订货点来保证生产稳定性。但是,没有注意独立需求和相关需求的差别,效果不佳。20世纪60年代中期出现MRP,较好地解决了相关需求的管理,后来出现MRPII、JIT、LP。20世纪90年代以来,消费者需求特征发生前所未有的变化,全球经济一体化的趋势对企业竞争能力提出更高要求。原有的企业管理经典模式力不从心,企业管理已经开始被要求延伸到企业以外了。20世纪40～60年代,企业处于相对稳定的市场环境,"纵向一体化"管理模式还是有一定成效的。但是近几十年来竞争激烈,科技发展迅速,顾客需求不断变化,就暴露出许多缺陷:① 增加企业投资负担;② 承担丧失市场机会风险;③ 被迫进行不擅长的业务;④ 每个领域都直接面对众多竞争者;⑤ 增大企业的行业风险。另一方面新的管理模式不断发展:① 基于单个企业管理模式:成组技术、柔性制造系统、计算机集成制造系统;② 基于扩展企业管理模式:以虚拟企业(Virtual Enterprise)或动态联盟为基础的敏捷制造模式。面对全球化激烈竞争的买方市场,采用可以快速重构的生产单元组成扁平组织结构,以充分自治、分布式的协同工作代替金字塔式的多层管理结构,注重发挥人的创造性,形成企业间既有竞争又有合作的"共赢"关系,强调基于互联网的信息开放、共享和集成。

最后是管理供应链潜力巨大。20世纪80年代,管理界出现了许多新的制造技术和管理策略,帮助企业降低成本和在不同的市场中保持良好的竞争力。准时制造、精细生产、全面质量管理等管理方式大为流行,也确实使许多公司尽可能多地降低了制造成本。近几年来,这些管理水平很好的公司意识到企业的管理策略已经接近极限,要想进一步提高利润和扩大市场份额,下一步要做的只有更好地去管理供应链。设计和营运一个供应链使其在保持服务水平的同时将成本降到最低,这确实是一个挑战,但潜力巨大。① 巨大的经济利益前景。良好的供应链管理将会降低企业、行业和国家的物流成本,显著提高盈利水平。美国的物流成本约占GDP的10%,每年有1.5万亿美元左右,包括产品在供应链中的移动、储存和管理等成本。这巨大的数字当中包含了许多不必要的成本构成,比如过量存货、低效率运输和其他造成浪费的活动。有专家估计,运用有效的供应链管理策略,仅食品杂货行业一年就能节约近30亿美元。中国的物流成本约占GDP的20%,每年近3万亿人民币,如果能达到发达国家的物流管理水平,则每年可节约近1.5万亿人民币,相当于全国财政收入的一半左右,也大致相当于全国所有行业国有重点企业年利润总额的2倍,潜在效益相当可观。对于企业而言情况也是如此,如P&G公司实施供应链管理一年半,就评估已经节约了成本6 500万美元;沃尔玛公司由于开创了一系列供应链管理方法,就从美国南部的一个小型补缺型零售公司发展成为全世界最大、行业内盈利水平最高的企业。② 资源的全球优化体系。就在几年前,传统的生产管理和存货控制理论还告诉我们,要想提升供货服务的水平就必须增加存货的成本,提高服务质量和降低库存水平这两个目标是不能同时达到的。但现在不断发展的信息和通讯技术,加上对于供应链策略有了更好的理解,使公司能够同时朝着这两个目标迈进。空运无疑要比海运等有更高的运输成本,但如果将全球的计算机芯片市场加以规划,并配以集中库存控制策略,把芯片制造厂建在机场附近也许就会比建在海港旁边更经济。供应链管理取代了每个企业单独做决策、很少考虑其对整个供应链影响的传统管理思路,因而产生了在全世界范围内整合优化多种资源的可能性。③ 有效地应对不确定问题。高科技产品生命周期越来越短,特别是许多电脑和打印机产品只有几个月的生命周期,因而制造商可能只有一次订单或生产机会,而由于是新产品就没有历史记录可以给制造商用以准确预测需求状况。产品规格品种的大量衍生还使得对特定产品的需求预测变得更加困难。此外,高技术产品价格的迅速下降已是正常现象,这在很大程度上降低了产品在其生命周期内的价值,从而提高了对产品需求以及制造、运输、仓储等成本的预测要求。供应链管理强调信息共享、战略联盟、全系统优化等观念,可以有效地处理各种不确定性因素,减弱其影响,加快对市场的反应速度。

二、物流管理概述

经济行为中的产品生产和流通往往会遇到时间阻隔(生产时间与消费时间不一致)和场所阻隔(生产场所与消费场所不一致)。市场经济发展越成熟,市场空间就越广阔,生产与消费之间在时间、空间(场所)上的分离就越来越大,物流活动为连接这种分离而出现,其重要性也越来越大。

物流20世纪20年代由美国提出的,来源于实物配送即物资从供给者到需求者之间的物理性运动;后续提出的与之内容相近的词语有物资供应、物料管理、配送工程、市场供应、企业后勤,一直到现在的物流管理;物流活动已经从企业的被动从属职能逐步上升为公司经营战略组成。1956年底,日本考察美国流通技术时认识了物流概念,随后将"物流"及其管理的思想带回国内并渗透到了产业界,还渗透到了整个日本社会。中国的物流概念是20世纪70年代从日本引进,强调保证货物的输送能力,降低企业与运输和仓储相关的成本等,以提高效率、降低成本为重点;90年代以后又引入现代物流学观点,强调物流服务水平的提高等市场需求,进而发展到关心环境、公害、交通、能源等社会需求,不仅重视效率方面的因素,更重视整个流通过程的物流效果。只要对企业的整体战略有利,即使有些活动使成本上升也应该执行,物流管理的重点也由商品的存储运输管理转变到了物流战略管理上。企业超越现有组织界限,将供应商、用户纳入管理范围,利用自身条件建立并发展与供应商和用户的合作关系,实现顾客服务高水平、低成本,打造新的竞争优势。物流管理已经成为继生产、销售之后,企业发展的第三大支柱。

物流系统要实现物流的效率化和效果化,就要贯彻7R原则:合适的质量(Right Quality)、合适的数量(Right Quantity)、合适的时间(Right time)、合适的地点(Right Place)、合适的价格(Right Price)、合适的商品(Right Commodity)和良好的印象(Right Impression)。

(一) 现代物流理念

物流理念不同于物流的定义。物流的定义告诉我们物流是什么,而物流理念告诉我们物流的哲学、物流的思维方式。无论是物流理论界还是物流产业界,不仅要知道物流的定义,更要理解给出定义的背景和思维方式,要知道定义所代表的是什么,物流的概念统领的是什么,以及企业进入物流产业和开发物流服务新品种的途径和方法。对物流理念的把握对于物流产业的发展更为重要,具体来说,就是要理解经济环境的变化、企业运营方式的变化和这种变化对企业竞争战略态势的影响。

物流是个大概念,学术界对物流存在不一致的看法。企业界则常常感到物流的概念过于宽泛而不易操作。第一方面是因为我国对"物流学"的术语标准化工作相对滞后使得有时缺乏研讨的共同平台;第二方面则是由于我国理论界的"物流"或"综合物流"与西方的"后勤"或"商业后勤"(区别于军事后勤)在语义上存在较大的差异,前者使人很自然地把物流看成是对一种状态的描述而少有支持、服务、响应、从属以及战略的意义;第三方面则是物流服务的运作几乎涉及所有产业并要求这些产业进行物流化调整;第四方面也是最重要的方面是经济一体化和全球化的进程加快,尤其是以电子商务为代表的"新经济"的浮现和发展,使得几乎所有的经济和管理理念都在不断丰富之中。

现代物流的内涵是为客户提供服务的过程,是一种管理的理念和方法,是供应链管理的一部分,是由多环节和职能组成的系统。具体是指将信息、运输、仓储、库存、分拣、打码、搬运以及包装等物流活动综合起来的一种新型的集成式管理过程,其任务是为客户提供最好的服务,尽量降低物流成本。现代物流配送系统是通过广泛的信息支持,实现以信息为基础的物流系统化,是一个与商流紧密配套的服务系统。结合市场实际,现代物流的这个概念可以引发下列认识上的一系列变化:① 现代物流不仅仅是指现代化的配送中心和现代化的分拣设备,而是涉及物流各个环节的一种紧密集成,不具备或者少了哪个环节就难以形成系统化的集成。从"集成"二字来讲,现代物流突出强调的是"软件"管理,绝不仅仅是指先进的设施。② 现代物流是以信息技术为纽带的一种运行过程,是"动"的状态,而不是"静"的状态,需要的是不断的创新与完善,在这种过程管理中不断实现效率、效益和优质的服务,达到客户与本身的双赢。③ 商业企业须正确认识第三方物流。人们习惯于把企业内部的物流称为第一方物流;把货运、仓储等企业称为第二方物流;把在买、卖双方之间承担更多物流功能的企业称为第三方物流;为上述企业提供综合物流服务的,则称为第四方物流。现代物流与现代商流组成了现代流通,两者是相互依存的关系,互为前提,互为结果,缺一不可。这两个方面只有以数字化为基础,才能实现高效贯通,进而实现企业价值和零售客户的价值。单纯把物流看成是新的经济增长点也是片面的,因为物流环节的利润增长必然会减少企业其他方面的利润以及零售客户的价值。而实行第三方物流的观点,是把现代物流仅看成是为市场营销提供支持服务的,把现代物流视为一种"静止"物的流动,忽视了现代物流的地位和作用,忽视了现代物流对商流与零售客户的影响和制约。④ 现代物流不是传统意义上的后勤工作,而是一种开发市场、控制市场、培育市场的系统化、规范化行为,它的价值在于充分服务好企业及其零售客户。

(二) 现代物流的特征

随着发展,现代物流表现出许多特征,而这些特征又具有不同属性,物流的现代化特征或者说现代物流的特征具有科学、技术、经济、管理、社会等属性。现代物流的各种属性相互影响、相互促进、相互交叉、相互包含,既有区别又有联系,形成了复杂多变的现代物流。同时,现代物流是发展的、动态的,因此,现代物流的特征也是不断变化的。

1. 信息化

信息化至少包含两方面的含义,一方面,信息本身的特性决定了其具有一种载体的功能;另一方面,实现信息交换的信息技术作为一种先导技术广泛地应用于包括物流行业在内的诸多行业。基于这种理解,物流信息化至少有两个层面的含义:其一是信息成为物流业务中商流、物流(商品移动)、资金流的载体,通过信息交换实现物流业务,反映物流资源的信息成为信息资源,甚至成为企业的竞争情报和财富;其二是信息技术和产品应用于物流领域,物流管理全面信息化。

2. 系统化

物流系统化是系统科学在物流管理中应用的结果。系统科学在物流管理领域中得到了广泛的应用,人们利用系统科学的思想和方法建立物流系统,包括社会物流系统和企业物流系统,从系统科学的角度而言,物流也是社会大系统的一个部分。

3. 网络化

在讨论物流网络时,人们对网络有两种理解,一种是指物流网络或实体网络;另外一种是指信息网络,是企业利用电子网络技术进行物流信息交换,根据物流网络的发展需要,应用信息技术建立起来的网络。在网络化问题上,这里所探讨的是物流网络。

形成物流网络有以下几个原因:① 社会交通运输网络的建立使工商企业的公司网络和业务网络的形成成为可能。② 企业规模的扩大,用户增加,市场扩大,包括空间的扩展和占有率的提高,形成了企业的业务网络和公司网络,物流需求不断增加。③ 各种限制(交通管制)和贸易壁垒的取消和解除,统一市场(统一的国内市场、区域市场以及全球市场)的形成。④ 物流网络是建立在工商企业网络和交通运输网络之上的,并在此基础上形成全国性、区域性乃至全球性的分销和物流配送网络。

4. 柔性化

在工业化进程中,制造业实现了规模化和多样化,多样化乃至个性化的需求进一步加剧了市场竞争。为了降低生产成本,企业建立了柔性化生产线,在企业柔性化制造的条件下,需要与之相适应的企业内部和外部柔性物流,包括企业内部和外部物流的柔性化,柔性化制造要求整个供应链各环节物流管理的柔性化,包括仓储和运输等诸多环节管理柔性化,物流服务商必须适应用户的柔性化物流需求。

5. 标准化

在物流管理的发展过程中,从企业物流管理到社会物流管理不断地制订和采用新的标准。从物流的社会角度,物流标准可以分为企业标准和社会标准。从物流的技术角度物流标准可以分为产品、技术和管理等标准。

6. 专业化

物流专业化本身至少包括两个方面的内容。一方面,在企业中,物流管理作为企业的一个专业部门独立地存在并承担专门的职能。随着企业的发展和企业内部物流需求的增加,企业内部的物流部门可能从企业中游离出去而成为社会化、专业化的物流企业。另一方面,在社会经济领域中,出现了专业化的物流企业,提供各种不同的物流服务,并进一步演变成为服务专业化的物流企业。

服务专业化包括两个方面的内容:一方面是服务功能或内容的专业化,提供简单、功能专一或单一的物流服务;另一方面是服务对象或行业的专业化,也就是说物流企业面向某个行业或者某种类型的企业开展物流服务。

(三) 发展现代物流的作用与现实意义

1. 现代物流在经济发展中的作用

(1) 发展现代物流是提升产业化水平、推进现代化的要求,它对加速经济循环、降低成本和提高企业竞争力有着十分重要的作用。目前,国际上普遍把物流称为"降低成本的最后边界",排在降低原材料消耗、提高劳动生产率之后的"第三利润源泉"。随着经济全球化和信息化进程的不断加快,物流业作为具有广阔前景和增值功能的新兴服务业,正在全球范围内迅速发展,掀起"现代物流革命"。目前,世界上一些发达国家和地区的物流产业已成为国民经济的支柱产业。

(2) 现代物流产业发展程度是衡量一个国家产业化水平和综合竞争力的重要标志。从世界经济发展过程来看,物流的高度发展与工业化发展过程相一致。英国工业革命后"世界工厂"的形成,日本经济奇迹及其工业化进程都得益于先进的物流系统。国内外成功企业的发展经历也告诉我们,建立或运用先进的物流体系,能更快地提高企业的竞争力。如美国的戴尔公司、波音飞机公司、通用汽车公司和我国的海尔集团,无不借助于先进的物流体系保证其核心竞争力。

(3) 现代物流是一个国家现代化的重要内容。流通现代化包括现代物流、连锁经营和电子商务,其核心是现代物流,没有物流现代化就不可能有流通现代化,因为流通现代化的其他两个内容——连锁经营和电子商务的发展均有赖于物流的支撑。目前,我国正处于全面建设小康社会和实现工业化的发展阶段。2003年,我国GDP已突破11万亿元,社会消费品零售总额达4.5万亿元,生产资料销售总额达8.5万亿元,进出口贸易总额达到8400亿美元。如此大的市场规模,没有现代物流就难以保证经济持续、健康运转。可以肯定地说,没有现代物流的充分发展,就难以实现一个国家的现代化。

(4) 现代物流产业是在传统物流产业的基础上,利用现代信息技术进行货物储存、交易、卸运的运作方式和管理机制,它将运输、仓储、装卸、加工、整理、交通、信息等方面有机地结合,形成完整的供应链,从而使物流速度加快、准确率提高、库存减少、成本降低,以此延伸和放大传统物流的功能,为客户提供多功能、一体化的综合性服务。

2. 加速发展现代物流的现实意义

(1) 加速发展物流产业,有利于推进产业结构调整,促进产业优化升级

由于计划经济的长期影响,我国经济结构性矛盾相当突出,第三产业发展长期滞后,流通不畅,制约着第一、第二产业的发展,农副产品销售难的情况时有发生,影响着农业综合生产能力的发挥和农民收入的增长。由于第三产业发展滞后而制约第二产业发展的问题也较为突出。加速现代物流业的发展,就可以改变三大产业结构失衡的问题,促进三大产业协调发展,促进产业的优化升级,转变经济增长的方式,提高经济增长的质量,实现可持续发展。

(2) 加速发展现代物流产业,有利于扩大对外开放,改善投资环境

现代物流产业作为服务性产业,对交通、通信等基础设施条件有较高的要求,是一个地方十分重要的投资环境,关系到一个地方的对外开放水平和形象。实践证明,哪个地方现代物流产业发展快,哪个地方的投资环境就好,人、财、物等多种生产要素就向哪个地方流。随着我国加入WTO和世界经济一体化进程的加快,外向型经济发展异常迅猛,一方面,给我国现代物流产业的发展带来了新的机遇,提供了更大的市场要求;另一方面,现代物流领域的国际合作与交流将进一步加强,需要我们在现代物流运作机制和方式上同国际接轨,这也对我国物流业的发展提出了新的、更高的要求。

加速发展现代物流产业,对于坚持科学的发展观,推动新型工业化,提升和带动相关产业发展,提高经济运行质量和效益,适应全球经济一体化趋势,增强区域经济实力和综合竞争力,推动区域经济的可持续发展,都具有十分重要的意义。

第二节 供应链与物流管理的发展演进

一、物流管理的发展演进

(一) 物流管理发展演进阶段理论

首先来了解日本物流发展的六阶段论,日通综合研究所编写的《物流知识》(第3版)将物流管理的发展划分为六个阶段。

第一阶段:物流前期。物流按不同的功能和不同的场所互不联系地分别进行。只是按生产和销售部门的要求进行保管和运输。

第二阶段:个别管理期。物流成本意识的出现期。这一时期只有保管部门或发货部门在努力降低成本。

第三阶段:综合管理时期。作为一项独立业务开始建立物流管理部门,采取措施综合解决各种物流功能的优化组合问题。这是生产和销售是物流的前提。

第四阶段:扩大领域时期。物流影响生产和销售的阶段。对于生产部门来说,应该在产品设计阶段就从物流的角度考虑问题。在物流效率、统一包装规格、生产计划的灵活性等方面提出要求;对于销售部门,则在接受订货的计划性、订货的数量单位及交货期限等方面提出要求。在这一阶段,追求"第三利润源泉"的企业增多,过去曾把这一阶段视为终极阶段。

第五阶段:整体体制时期。物流进入小批量、多品种发货的新时代。为创造新的物流形象,整个公司必须取得共识。这一阶段多建立以生产和销售人员为委员,以负责经营的主要领导为委员长的委员会制度。建立起这样的制度之后,物流就成为生产和销售本身的一项内容。物流部门则只要运用物流知识和物流信息建立物流系统即可。

第六阶段:生产、销售、物流一体化时期。作为第一步,首先将不同商品的售出情况、发货及脱销情况、库存及进货情况与销售、生产计划进行比较,将现有库存与基准库存量(库存计划)进行比较,定期进行这一工作。找出计划与实际情况的差异,并据此提出解决方案,修订生产计划和与之相关的采购计划及以生产、销售计划为前提的物流计划。这种修订是各个时期与销售状况相适应的,包括生产和物流的整个企业运作的修订,也就是我们所说的建立以物流信息为核心的一体化系统。

(二) 物流管理组织演变

从企业物流管理组织演变趋势看,发达国家企业物流管理组织演变趋势呈现出由分散化向内部一体化转变、由职能化向过程化转变、由垂直化向扁平化转变、由固定化向柔性化转变、由实体化向虚拟化发展、由单体化向网络化发展的趋势。

1. 由分散化向内部一体化转变

20世纪80年代后,欧美等发达国家就开始出现了企业内部的一体化物流组织,它是指在一个高层物流经理的领导下,统一所有的物流功能和运作,将采购、储运、配送、物料管理等物流的每一个领域组合构成一体化运作的组织单元,形成总的企业内部一体化物流框架。尽管这种一体化组织存在着机构较大、复杂、组织灵活性低等一些弊端,但是对于涉及部门和环节较多的物流系统而言,则表现出更多的优越性。它有利于统一企业物流资源,避免浪费,发挥物流整体优势,有利于从战略的高度系统地考虑和规划企业物流问题,整合物流管理,协调物流操作,提高物流运作的效率和效益。

构建企业内部一体化物流组织,要讲究渐进性原则,可以先进行小范围的组合与集成,实现部门一体化,然后再实行内部完全一体化,甚至物流组织的分立化。要强调仓储、运输、包装等各物流支持部门与采购、制造和配送等物流运作部门的直接沟通,以及与生产、销售等部门的协调,并且各部门之间能够有效地进行利益互换。内部一体化物流组织并不适合于所有企业,只有对物流资源多、物流业务量大、系统较复杂的大中型企业或企业集团才更为有效。

2. 由职能化向过程化转变

20世纪90年代以来,扁平化、授权、再造和团队的思想被越来越多的企业理解并接受,企业组织进入了一个重构的时代。物流管理也由重视功能转变为重视过程,通过管理过程而非功能,提高物流效率成为整合物流的核心。物流组织不再局限于功能集合或分隔的影响,开始由功能一体化结构向以过程为导向的水平结构转变,由内部一体化向内外部一体化发展。

实现物流组织由职能化向过程化转变,要强调以物流过程为中心,取代原来的强调以物流职能为中心的组织构建方式,将物流纳入到企业的流程再造中,不再简单地按照仓储、运输、包装、流通加工、信息处理等物流职能设置部门,而是根据企业原材料、零部件、半成品和产成品的流向和流动过程,将物流同新产品开发、生产制造、客户服务等有机地结合,注重实物流和信息流的融合,围绕企业总体目标和物流具体目标来设计组织结构。物流过程化组织能够跨越企业的各职能部门、地区部门,甚至在企业之间有效地组织物流活动,其组织形式应该是多样化的,如矩阵型、项目型、团队型等。

3. 由垂直化向扁平化转变

传统的科层组织之所以机械、僵化、失灵,很重要的原因在于拥有庞大的中层,扁平化就是精简中间管理层,压缩组织结构,尽量缩短指挥链,改善沟通,消除机构臃肿和人浮于事的现象。实现物流组织结构由垂直化到扁平化,首先要注重企业物流信息系统的建设,用以取代原来中层人员的上通下达及收集整理材料信息的功能,为扁平化组织结构的高效运行提供功能支持;其次要注重提高组织成员独立工作的能力,为扁平化组织结构的高效运行提供能力保障。物流组织的扁平化可以采取直接压缩组织结构的办法,但是由于管理层次的减少必然扩大管理跨度,管理跨度又因管理的内容、管理人员的素质等因素而受到限制,为了实现管理跨度和管理层次的最佳组合,采取上述矩阵型等组织形式是物流组织扁平化的有效方法。

4. 由固定化向柔性化转变

组织柔性化的目的在于充分利用组织资源,增强企业对复杂多变的动态环境的适应能力。首先,物流组织的柔性化与企业物流集权和分权度有较大关系,要适时调整权责结构,正确处理好集权与分权的关系,在多数企业中适当扩大物流授权度将有利于物流组织的柔性化。其次,建立动态性较大的"二元化组织"是当前物流组织柔性化的重要方法,即一方面为完成组织的经常性任务设立比较稳定的物流组织部门,另一方面为完成某个特定的、临时的项目或任务设立动态的物流组织,如物流工作团队就是为了实现某一物流目标,而把在不同领域工作的、具有不同知识和技能的人集中于特定的团体之中,而形成组织结构灵活便捷、能伸能缩、动态柔性的物流组织,对于一些大型企业或企业集团、国际物流企业、跨国公司等这种柔性组织将表现出更大的优越性。

5. 由实体化向虚拟化发展

虚拟物流组织实际上是指一种非正式的、非固定的、松散的、暂时性的组织形式,它突破原有物流组织的有形边界,通过整合各成员的资源、技术、客户、市场机会等,依靠统一、协调的物流运作,以最小组织来实现最大的物流职能。虚拟物流组织具有快速响应市场变化的能力,组织灵活性强,易于分散物流风险,便于企业抓住有利的物流机会,有利于企业利用外部物流资源,使之专注于物流核心业务,而将非核心业务外包给虚拟成员企业,从而提高企业的核心竞争力。建立虚拟物流组织必须具备两个基本条件:一是要求企业具有核心的物流技术或专长,各企业间能够进行有效的优势互补;二是物流组织间可以进行信息互换,实现管理信息集成化、管理方式网络化。例如,企业间为实现特定的物流目标而采取联合与合作等形式建立的物流联盟组织就是一种有效的虚拟型物流组织。它可以使专用性的物流资产发挥更大的作用,可以减少物流活动中的机会主义和不确定性,降低物流费用,实现企业间的双赢或多赢。

6. 由单体化向网络化发展

企业对物流的优化往往强调内部物流职能的整合,总是希望建立内部一体化的实体性物流组织,实行集权化管理,而对企业内外部物流资源的共享与利用的关注较少。随着经济全球化、网络化和市场化的日益加剧,企业物流组织必然会向网络化发展,从而使企业能够充分利用内、外部物流资源来快速响应市场需求,有效地提高其竞争力。物流网络组织是将单个实体或虚拟物流组织以网络的形式联合在一起,它是以联合物流专业化资产,共享物流过程控制和完成共同物流目的为基本特性的组织管理形式,它可以是实体网络组织,也可以是虚拟网络组织,可以是企业或企业集团内部的物流网络组织,也可以是企业外部网络组织。要使得企业物流组织由单体化向网络化发展,首先,企业应强化物流信息网络化和标准化建设,并能够通过 Internet、EDI、Intranet 等实现消费者与企业、企业间、企业内部信息的有效交换;其次,要以现代企业组织理论为指导,梳理物流业务,确定物流业务是采取自营、外包还是联盟的方式,以培育企业的核心竞争力和重塑业务流程为主导,以企业自身物流组织为核心,构建基于供应链的网络化物流组织。

二、供应链管理的发展演进

供应链管理的研究最早是从物流管理开始,主要研究企业内部多级库存控制、物资供应、分销运作(如分销需求计划)等,注重企业内部作业层和自身资源的利用。随着经济全球化和知识经济时代的到来,其概念不断拓展。先是与 JIT、LP、ERP、采购和供应管理、零售管理等相联系,后来又发展到将供应商、制造商、分销商、零售商、最终用户连成整体的物流、信息流、资金流、服务流协同。最近增加了网链的含义,强调节点企业间的战略伙伴关系,价值增加的多重链条。按照历史阶段看,供应链管理大致经历了如下的发展历程。

1. 原料供应管理

主要考虑与产品制造密切相关的原材料采购和供应问题,决策者和执行者是公司采购部,一般不涉及制造部门和供应商,管理内容包括自制与外购决策、供应商选择和控制、采购协议签订、原材料数量和质量管理等。

2. 货物配送管理

主要考虑与产品销售密切相关的货物运输与配送问题,决策者和执行者是公司销售部,一般不涉及制造部门和产品用户,管理内容包括分销渠道设计和管理、区域性顾客管理、顾客需求预测、运输和仓储安排等。

3. 物流管理

开始涉及企业之间的物资流动和衔接管理问题,从最初原材料供应直到最终用户整个系统出发来考虑物流问题,全面涉及包装、运输、装卸、仓储、配送等各项物流活动,管理是在企业的日常作业和经营决策多个层面进行,意识到物流社会化问题后许多企业还设立单独的物流管理部门。

4. 供应链管理

企业管理发展的新阶段,跳出单个企业的框架,从最终产品价值链的整个系统来考察和设计管理对策,寻找新的利润和竞争力源泉;强调供应链是物流、信息流、资金流、所有权流的统一,利用企业外部资源快速响应市场需求,本企业只抓最核心的产品方向、市场、关键零部件制造等,其他全部委托外部企业;希望供应链上的节点企业能够同步协调运行并使得链上企业都受益的管理模式,也就是说,供应链管理是通过前馈的物流和信息流以及反馈的资金流和信息流,将供应商、制造商、分销商、零售商和最终用户连成一个整体的管理模式,以打造相对其他供应链的竞争优势。

5. 价值网络

事实上,供应链上每个节点企业都同时与多个供应商和顾客发生着经济交往,因此所谓的供应链是由许多相互并行又相互交错的链条交织而成,呈现出产品价值增加的网络状链条结构,而这种价值网络又是动态调整且变化着的。由于网络结构在定量数学处理方面的困难等原因,大多数业内人士还是采用供应链的分析理念,如图1-3所示:

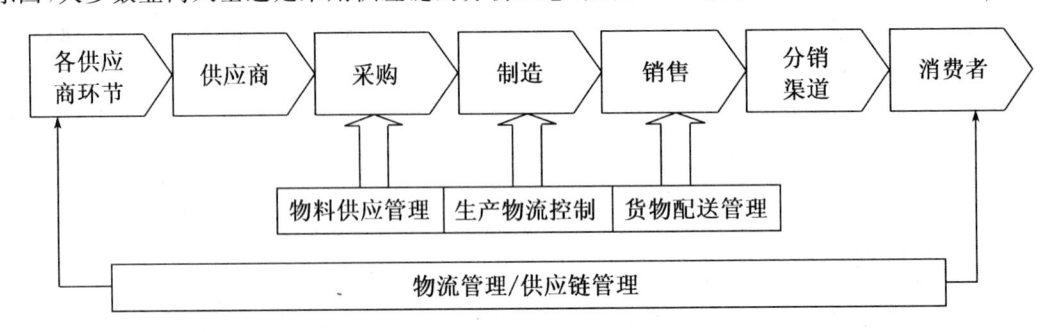

图1-3 物流与供应链管理示意图

三、物流管理与供应链物流管理

物流管理的主要对象一般是采购/销售物流和生产物流,追求局部利润最大化;而供应链管理的范围不仅包括采购/销售物流和生产物流,还包括回收物流、退货物流、废弃物流等逆向物流。并且,采购/销售物流不仅是单阶段的物流(如供应商到制造商、制造商到批发商、批发商到零售商、零售商到消费者的相对独立的采购/销售物流活动),还包括供应链渠道内成员从原材料获取到最终客户产品分销整个过程的采购/销售物流活动。

供应链物流管理指的是用供应链管理思想实施对供应链物流活动的组织、计划、协调与控制。作为一种共生型物流管理模式,供应链物流管理强调供应链成员组织不再孤立地优化自身的物流活动,而是通过协作、协调与协同,提高供应链物流的整体效率。

1. 供应链物流管理由三部分组成:前向与逆向物流、前馈与反馈的信息流、管理和控制

供应链物流管理注重总的物流成本与客户服务水平之间的关系,利用系统理论和集成思想,把供应链成员内各职能部门以及成员间相关职能部门有机地结合在一起,从而最大限度地发挥出供应链的整体优势,增强供应链整体的竞争力,最终达到供应链成员整体获益的目的。

2. 供应链物流管理的特点

(1) 分析问题的角度不同。供应链物流管理是从整个供应链的角度出发,寻求供应链物流成本与客户服务之间的均衡。

(2) 管理的内容不同。供应链物流管理涉及整个供应链所有成员组织,管理内容包括从初始供应物流到终端的分销物流以及逆向物流。

(3) 侧重点不同。供应链物流管理更侧重于供应链成员企业间接口物流活动的管理优化,这也是供应链物流管理的利润空间所在。

（4）管理难度更高、管理思想和方法更丰富。供应链物流管理涉及众多成员企业的协调与合作，无论是从纵向（长度）还是横向（宽度）考虑，供应链物流管理更复杂，难度更高。因此，供应链物流管理需要应用更多的管理思想和方法，如系统理论与集成思想、准时制（JIT）、快速反应（QR）、有效客户反应（ECR）等。

供应链管理的基本概念是建立在这样一个合作信念之上的，即它能够通过分享信息和共同计划使整体物流效率得到提高。供应链管理使渠道安排从一个松散地联结着的独立企业的群体，变为一种致力于提高效率和增加竞争力的合作力量。在本质上，它是从每个参与者各自进行存货控制，变为一种渠道整合和管理。供应链管理的背后动机是增加渠道的竞争力。

3. 供应链管理与物流管理的关系

物质形态产品在供应链上的传递，就必然伴随着物流问题。物流是供应链流程的一部分，物流管理是为了满足客户需求而对商品、服务及相关信息从最早的原材料产地到最终消费地的高效率、高效益的正向和逆向流动及储存进行的计划、实施与控制过程。这个定义反映了随着供应链管理思想的出现，国际物流界对物流的认识更加深入，强调"物流是供应链的一部分"；并从"逆向物流"角度进一步拓展了物流的内涵与外延。

供应链管理是以提高企业个体和供应链整体的长期绩效为目标，对传统的商务活动进行总体的战略协调，对特定公司内部跨职能部门边界的运作和在供应链成员中跨公司边界的运作进行战术控制的过程。供应链管理的本质是操作、策略和战略的整合规划，而物流则是供应链流程的一部分。供应链管理的导入，可以说是现代经营理念对传统经营理念的挑战。企业管理者开始把降低运作成本作为主要的经营策略之一，进入21世纪以来，无论是生产企业还是商业企业都已经开始把降低运营成本的目标，集中到提高供应链的效率上来。在愈发激烈的市场竞争环境中，对任何企业来说，只有取得整个供应链的优势才能在市场竞争中立于不败之地。

第三节 世界各国物流业发展

世界上一些发达国家已经形成了适合本国国情的现代化流通体系。研究发达国家物流的发展状况，可以借鉴其成功的经验并吸取失败的教训，发展我国物流业。

一、日本的物流业

日本的物流业无论在管理水平还是现代技术方面，都处于世界先进行列。现代化的物流业促进了其国民经济的发展，成为日本重要的产业。

（一）日本物流业的发展阶段

1. 1953—1963年，初始阶段。本阶段日本企业大量生产、大量流通，物流被企业界广泛采用。日本企业界在这个初创阶段，强化物流职能，加强对运输、储存、包装、装卸、搬运等过程的管理。

2. 1963—1973年，流通为主的阶段。这是日本物流业大发展时期。商店大量增加，交通运输业发展很快，高速公路纷纷投建。集装箱船的出现，以及汽车的普及，都极大地促进了物流业的发展。

3. 1973—1983年,消费为主的发展时期。这阶段的日本经济突飞猛进,并开始注意地区性开发。物流业开展了以方便居民生活为重点的新的服务项目。1983年,日本成立了"日本物流学会"加强物流理论的研究。

4. 1983年至今,物流现代化国际化阶段。面对新的形势挑战,日本物流理论在这阶段发展迅速,物流合理化、系统化和现代化的要求,已成为物流系统的普遍行动。日本物流界采用大量的新技术、新方法,改善物流环境、提高物流效率,更好地为社会提供服务。

(二) 日本物流的管理

1. 运输系统的现代化

日本政府十分重视交通运输业的现代化建设,交通运输的投资不断增长,并实现了运输装备的现代化。在2.7万公里的铁路中,有1.4万公里实现了电气化,约占全线总长度的41.5%,高速公路也日渐延伸,轮船、卡车的大型化和专用化,加速了公路运输与海运的现代化进程。汽车运输的优势在日本物流界已经凸现出来。

2. 仓储系统现代化

在日本,仓储一直作为物流的中心环节,被列为重点发展的项目之一。日本建有大型仓储群,担负着物流中心的任务。仓库都实现了机械化、自动化,尤其是高架立体库的建设更为日本物流业增添了新的活力。

3. 装卸、搬运系统的现代化

在物流过程中,装卸、搬运形成了一个有机的系统,其装卸货物多数采用叉车或用链条输送机传送。拖挂车的采用,加速了物流的速度。各类输送机在仓库搬运中大显威力,并形成了系列产品。

4. 包装标准化

为了统一包装的标准,日本政府颁布了《工业生产包装标准》,大多数包装都有统一的编号,采用条形码识别货物。包装技术或产品包装手段都实现了高度现代化。

5. 信息处理现代化

日本的各个物流中心完全使用计算机自动控制系统,它是实现信息处理现代化的重要标志,计算机总控室设有总机,与各工厂、商店、批发商社、客户以及物流中心的各个分机系统都连成了网络,形成自动处理与传输的信息系统。

二、美国的物流业

美国的物流业较为发达,凭借雄厚的物资实力和科技优势,在仓储机械化、自动化建设和运输、包装等方面都获得了惊人的进步。

(一) 物流管理概况

早在第二次世界大战期间,美国军队运用运筹学的理论方法,解决了一系列物资供应中出现的矛盾和问题,圆满地完成了物资的调运和支援任务,被概括为"后勤供应"。战后,这种组织管理手段被应用于企业的生产管理,开拓了企业生产的崭新局面,取得了很好的经济效益。这实际上是美国物流业的初创阶段,也是世界范围内最初萌生的物流现象。现在美国已在物流管理领域实现了高度的机械化、自动化和电子计算机化。

（二）物资运输

1. 公路运输突飞猛进

美国企业认为，汽车运输具有特有的优势，如汽车可以直达运输，从门到门，换转环节少，时间快，不易损坏物资和出现差错；汽车灵活机动，特别适应军事运输要求；公路建设投资少、周转快、利润大。从发展趋势看，汽车运输仍占据优势地位，并且将保持相当长的时间。

2. 汽车运输技术经济指标先进

美国物流业的汽车运输比较先进，各类技术经济指标均处领先地位。

3. 装卸作业机械化

美国目前大多数作业采用带动力的装卸机械设备，而配用一部分无动力的简单机械，在某些较大的运输企业仓库中，则已开始实现装卸和管理自动化或半自动化。

4. 大力发展集装箱运输

集装箱运输就是将零散件货装在一个大箱子（或其他容器）里来进行运输，在更换运输工具时，无需倒装。因此，集装箱是公路、铁路、水路和航空等运输方式联运的较好工具。

5. 扩大与其他运输方式的直达联运

近年来，各种运输方式的联运得到很大发展。美国是开展集装箱多式联运较早的国家，多式联运按最终到达的地区和内陆运输方式可分为小陆桥运输、到内陆交货点的运输和海运汽车联运。自20世纪80年代以来，美国内陆通过多式联运方式运输的集装箱量呈总体上升趋势，1995年与80年代相比几乎翻了一番。多式联运在美国东、西海岸间的运输占有重要地位。

6. 运输企业的管理，广泛采用计算机和无线电通信

在管理方面，美国众多运输企业利用计算机的储存装置保存着每辆车的有关数据和资料，使管理人员可随时了解每一车辆的情况。计算机还被用来编制车辆保修计划和物资供应计划，处理各种报表和单据，统计车辆行驶里程、货物运输量和燃料消耗等，实现计算统计和财务核算工作的自动化。在车辆调度方面，计算机被用来编制车辆运行计划，并通过其终端设备监控车辆的运行情况。近年来，无线电通信在美国汽车货物营运企业中也得到了广泛的应用，无线电通信，主要是电传电报和无线电话，用来传递数据资料、发送报表单据和供总调度与途中汽车司机进行业务联系。货运企业的无线电通信系统，有的利用电话公司的交换台，有的自己设置专用设备，有的甚至采用专用的微波系统。此外，有的营运企业还将计算机和无线电通信，以及GPS等综合起来，组成遥控调度指挥系统，实现了汽车运输调度的自动化。美国的汽车货物营运企业由于在组织管理工作中广泛采用计算机和无线电通信技术，明显地减少了管理人员，大大提高了工作效率，减少了差错，提高了服务质量。

三、英国的物流业

（一）英国的物流管理

20世纪60年代末期，英国组建了物流管理中心，开始以工业企业高级顾问委员会形式出现，协助企业制订物流人才的培训计划，组织各类物流专业性的会议。到了20世纪70年代后期，形势发展迫切需要建立一种专职的管理机构，于是物流协会便应运而生，日常事务仍由管理中心负责办理，并正式加入全英国管理协会。英国物流协会会员多半是从事出口业务、物资流通、运输的管理人员。该协会积极筹办巡回讲座，以提高物流管理的专业化程度，并为运输、装卸等部门管理者和其他对物资流通有兴趣的人员提供一个相互交流的中心场所。

英国一直在致力于发展综合性的物流体制,全面规划物资的流通业务,强调为客户提供综合性的服务。物流企业不仅向客户提供或联系铁路、公路、水路、空运等交通运输工具,而且向客户出租仓库并提供其他的配套服务。综合物流中心向社会提供有以下几类服务:建立送货中心,办理海关手续,提供保税和非保税仓库,货物担保,医疗服务,消防设备,道路和建筑物的维护,铁路专用线,邮政电传系统,代办税收,就业登记以及具有吃、住、购物等多种功能的服务中心等。英国多功能综合物流中心的建立,对整个欧洲影响很大。

(二) 英国的物流现代化

共同运输政策对英国物流的现代化建设影响很大,例如,英国货运卡车最大载重吨位规定为 32.5 吨,而规定为 44 吨。尽管英国已接受 40 吨作为上限,但却规定了特别的行车路线。这是由于货运卡车对社会环境及自然环境影响很大,对各种古建筑有震动作用、排放大量废气污染大气等。欧盟的运输政策还限定连续驾驶时数,规定司机一天最多只能驾驶 12 小时,连续驾驶 4 小时必须休息半小时。英国在物流行业大力推广计算机技术,如计算机辅助仓库设计、仓库业务的计算机处理等,大大提高了物流业务的现代化水平。

本章小结

供应链是面向最终用户的市场需求,由产品生产和流通过程中的供应商、制造商、储运商、分销商、零售商以及消费者所组成的供需网络。供应链是生产及流通过程中,涉及将产品或服务提供给最终用户活动的上游与下游组织所形成的网链结构。供应链的管理则是指对供应链涉及的全部活动进行计划、组织、协调与控制。

物流管理是指在社会再生产过程中,根据物流的规律,运用管理的基本原理和科学方法,对物流活动进行计划、组织、协调、控制和监督,使各项物流活动实现最佳的协调与配合,以降低物流成本,提高物流效率和经济效益的活动。

供应链管理的本质是操作、策略和战略的整合规划。而物流则是供应链流程的一部分。随着市场竞争的日趋激烈,无论是生产企业还是商业企业都已经开始把降低运营成本的目标,转变为提高供应链的效率。

关键词

供应链管理;物流管理

Key words

supply chain management; logistics management

综合练习

一、判断题

1. 供应链是企业各种活动的组合,包括设计、供应、生产、营销、交货以及对产品起辅助作用的各种价值活动。( )

2. 供应链是从外部观测企业价值增加活动链条,将整条价值链视为由各节点企业价值链

互相衔接而成,重在分析价值增加和利益分配机理。 (　　)
　　3. 供应链管理是一种"纵向一体化"的管理模式。 (　　)
二、选择题
　　1. 现代物流的特征不包括 (　　)
　　　　A. 信息化　　　　B. 系统化　　　　C. 国际化　　　　D. 网络化
　　2. 下列关于物流的说法不正确的是 (　　)
　　　　A. 社会发展初期,商流与物流是统一的,随着生产力的发展,商流与物流逐渐分离
　　　　B. 在当今高度发达的市场经济环境中,物流发生的同时,物品所有权也随之转让了
　　　　C. 在一定条件下,商流与物流分离可以降低物流成本
　　　　D. 采取赊销购物方式,会引起物流在前、商流在后的物流分离形式
　　3. 流通实际上是由商流和(　　)组成。
　　　　A. 信息流　　　　B. 资金流　　　　C. 物流　　　　D. 运输系统
　　4. 供应链管理的基本内容包括 (　　)
　　　　A. 采购、储存、销售　　　　　　　　B. 采购、运输、储存、销售
　　　　C. 采购、制造、运输、储存、销售　　D. 采购、设计、制造、运输、储存、销售
三、简答题
　　1. 什么是供应链管理?它具有哪些特点?
　　2. 供应链管理发展的理论基础是什么?
　　3. 现代物流具有哪些特点?
四、思考题
　　1. 试分析供应链管理的发展模式。
　　2. 供应链管理与物流管理有哪些区别和联系?
　　3. 当前我国企业物流与供应链管理中存在哪些问题?

延伸阅读书目

　　1. Ballou R·H. 企业物流管理:供应链的规划,组织和控制. 北京:机械工业出版社,2004
　　2. Bowersox D J, Closs D J. 林国龙译. 物流管理:供应链过程的一体化. 北京:机械工业出版社,1999
　　3. 张涛,孙林岩. 供应链不确定性管理:技术与策略. 北京:清华大学出版社,2005
　　4. 赵林度. 供应链与物流管理理论与实务. 北京:机械工业出版社,2003
　　5. 朱道立,龚国华,罗齐. 物流和供应链管理. 上海:复旦大学出版社,2001

第二章 供应链管理基础理论

【本章提要】
1. 供应链的概念、结构模型、特征和分类；
2. 供应链管理的概念、形成与发展；
3. 供应链管理体系、模式；
4. 实施供应链管理的关键问题。

导入案例

美国的零售业龙头沃尔玛公司（Wall-Mart）经营数千家超级市场，年营运收入高达两千多亿美元。当你走进沃尔玛在深圳的超级市场购买洗发精时，你也有幸成了沃尔玛巨大供应链的一部分。当然，这家超级市场也是其供应链的一个环节。在摆上货架之前，你所中意的洗发精可能储存在沃尔玛的仓库或第三方配送中心。回溯到供应链上游，是产品的生产商宝洁公司。宝洁从供应商得到原材料（例如包装材料来自公司），在位于广州或者是美国东部的工厂进行生产，再运输到世界各地。了解了沃尔玛供应链的物流情况，那你了解沃尔玛供应链上信息流和资金流的情况吗？沃尔玛向顾客提供产品，同时也提供了产品价格、存货等信息，顾客当然也把相应的资金转移给了沃尔玛。沃尔玛再用这些资金从配送中心获得相应的产品库存。需要多少库存订货呢？这是由顾客购买信息和现有库存水平决定的。沃尔玛把资金注入配送中心，同时也得到产品定价、交货数量、质量和时间等信息。当然，类似的物流、信息流和资金流在供应链网络的其他环节上也同时进行着。

第一节 概述

一、供应链的概念

相关企业之间、企业与客户的供需关系是客观存在的，它反映了企业内部不同部门或企业间合作、产业关联关系，称之为供应链。供应链经营主体间的相互关系是供需关系链接的网链结构，由于供应链上的每一个环节都含有"供"与"需"两方面的含义，故也有称其为供需链（Demand/Supply Chain）。从系统的目的性角度，认识一个从客户到供应商、再到供应商之间的商流、物流、信息流、资金流的关联性、交互作用过程的网链结构，是进行供应链规划设计，有

效地运营和控制的基本任务。对于供应链术语的表述种类很多,其中较为典型的表述有:

美国的史迪文斯(Stevens)认为"通过增值过程和分销渠道控制从供应商的供应商到用户的用户的流就是供应链,它开始于供应的原点,结束于消费的终点"。

哈理森(Harrison)认为"供应链是执行采购原材料,将它们转换为中间产品和成品,并且将成品销售到用户的功能网链"。

《中华人民共和国国家标准:物流术语(修订版)》GB/T18354-2006对供应链定义是:生产及流通过程中,涉及将产品或服务提供给最终用户活动的上游与下游企业,所形成的网链结构。

美国供应链协会对供应链的概念给出的解释:"供应链,目前国际上广泛使用的一个术语,它囊括了涉及生产与交付最终产品和服务的一切努力,从供应商的供应商到客户的客户。供应链管理包括管理供应与需求,原材料、备品备件的采购、制造与装配,物件的存放及库存查询,订单的录入与管理,渠道分销及最终交付用户"。虽然定义的文字不同,但基本思想是一致的,都强调一种集成的管理思想和方法,把供应链上的各个环节有机结合,实现供应链整体效率最高的目标。

从不同定义中对价值增值流程、物流功能网链、企业间合作网链结构等描述来看,实质上从不同层次、不同侧重点方面反映了供应链构成的形式与活动内容,反映了供应链运作的复杂性。不同学者、不同环节的经营者可能从不同角度认识供应链。这种功能关系、流程关系、企业关系等所形成的网链结构,不仅反映了供应链的形式,更重要的是反映了供应链管理所要研究的对象和内容,供应链实质上是由企业间的供需关系链接成的市场链、产业链,这种供需关系就是功能关系链、流程关系链,也是一条体现竞争实力的价值增值链。由于网链中的商流、物流、信息流和资金流反映了供应链不同经营主体间合作、竞争和利益关系,因而从整个供应链的构成、运行与控制过程分析,供应链运作机制必须体现客户价值链增值过程,否则,引进供应链概念和供应链机制就没有实际意义。而价值工程应用时告诉我们,供应链形成初期的规划设计是增值过程最重要的环节,也将是供应链管理最主要的任务。

二、供应链的结构模型

根据供应链的实际运行情况,在一个供应链系统中,有一个企业处于核心地位。该企业起着对供应链上的信息流、资金流和物流的调度和协调中心的作用。从这个方面讲,供应链系统的结构可以表示为图2-1所示的形状。

根据以上供应链的定义,其结构可以简单地归纳为如图2-2所示的模型。从图2-2中可以看出,供应链由所有加盟的节点企业组成,其中一般有一个核心企业(可以是产品制造企业,也可以是大型零售企业,如美国的沃尔玛),节点企业在需求信息的驱动下,通过供应链的职能分工与合作(生产、分销、零售等),以资金流、物流或/和服务流为媒介实现整个供应链的不断增值。

三、供应链的特征

从供应链的结构模型可以看出,供应链是一个网链结构,由围绕核心企业的供应商、供应商的供应商和用户、用户的用户组成。一个企业是一个节点,节点企业和节点企业之间是一种需求与供应关系。供应链主要具有以下特征:

图 2-1 供应链系统的分层结构

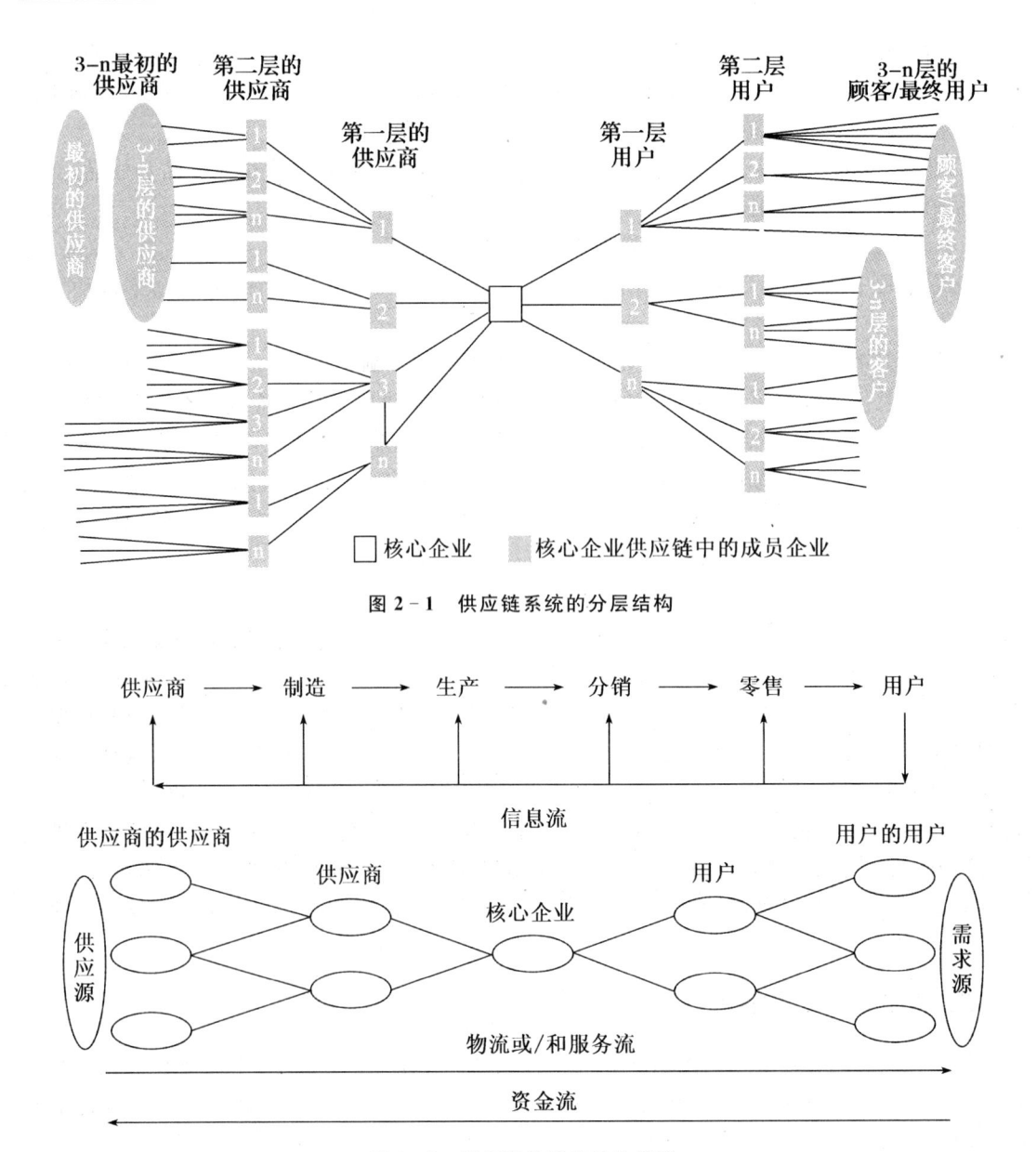

图 2-2 供应链的网链结构模型

1. 复杂性。因为供应链节点企业组成的跨度(层次)不同,供应链往往由多个、多类型甚至多国企业构成,所以供应链结构模式比一般单个企业的结构模式更为复杂。

2. 动态性。供应链管理因企业战略和适应市场需求变化的需要,其中节点企业需要动态地更新,这就使得供应链具有明显的动态性。

3. 面向用户需求。供应链的形成、存在、重构,都是基于一定的市场需求而发生,并且在供应链的运作过程中,用户的需求拉动是供应链中信息流、产品/服务流、资金流运作的驱动源。

4. 交叉性。节点企业可以是这个供应链的成员,同时又可以是另一个供应链的成员,众多的供应链形成交叉结构,增加了协调管理的难度。

5. 供应链是企业适应国际经济一体化形式而出现的,各节点企业是具有独立经济利益和运作的主体。由于独立经济利益的驱动,各节点企业间充满着竞争性,这种竞争体现着矛盾和统一的两个方面。合理调整企业间存在的目标冲突和利益冲突,以供应链目标为共同目标,实现竞争向合作转化的结果,通过这种战略合作,可以完成对市场变化的快速反应,实现供应链企业的双赢。

6. 信息性。供应链只有基于互联网信息技术,才能跨越时空的界限,实现真正意义上的资源共享、择优合作,才能随时把握市场需求变化,消除传统销售链上出现的信息需求失真、放大的情况,协调、控制供应链整体,实现对用户需求的快速响应。

7. 虚拟性。供应链给予信息技术可以将不同地域、国家、不同形式的各种企业在利益驱动下,以一种协作组织的形式连接起来,这种组织在一定目标条件下具有相对的稳定性,但并不是具有确定机构的企业实体。

四、供应链的分类

1. 稳定的和动态的供应链

基于相对稳定、单一的市场需求而组成的供应链稳定性较强,而基于相对频繁变化、复杂的需求而组成的供应链动态性较高。在实际管理运作中,需要根据不断变化的需求,相应地改变供应链的组成。

2. 平衡的供应链和倾斜的供应链

根据供应链容量与用户需求的关系可以划分为平衡的供应链和倾斜的供应链,如图2-3所示。一个供应链具有一定的、相对稳定的设备容量和生产能力(所有节点企业能力的综合,包括供应商、制造商、运输商、分销商、零售商等),但用户需求处于不断变化的过程中,当供应链的容量能满足用户需求时,供应链处于平衡状态,而当市场变化加剧,造成供应链成本增加、库存增加、浪费增加等现象时,企业不是在最优状态下运作,供应链则处于倾斜状态。

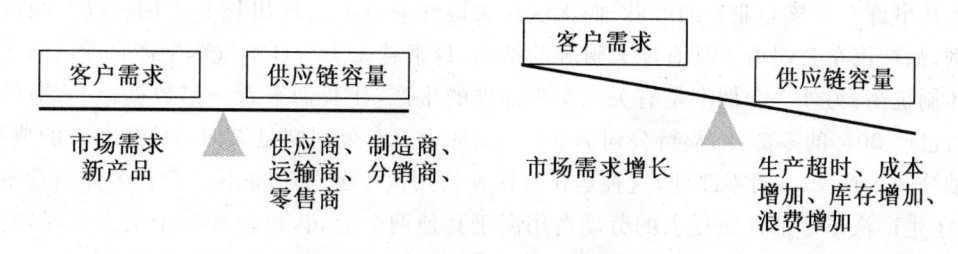

图 2-3 平衡的供应链和倾斜的供应链

平衡的供应链可以实现各主要职能(采购/低采购成本、生产/规模效益、分销/低运输成本、市场/产品多样化和财务/资金运转快)之间的均衡。

3. 有效性供应链和反应性供应链

根据供应链的功能模式(物理功能和市场中介功能)可以把供应链划分为两种:有效性供应链和反应性供应链。有效性供应链主要体现供应链的物理功能,即以最低的成本将原材料转化成零部件、半成品、产品,以及在供应链中的运输等;反应性供应链主要体现供应链的市场中介的功能,即把产品分配到满足用户需求的市场,对未能预知的需求作出快速反应等。

表 2-1 反应供应链与有效性供应链的比较

	反应性供应链	有效性供应链
基本目标	对不可预测的需求做出反应	以最低成本供应可预测的需求
核心库存策略	配置缓冲库存	保持高的库存平均利用率,实现最小库存
提前期	高投资以缩短提前期	不增加成本的前提下缩短提前期
标准产品设计策略	以速度、柔性、质量为核心,延迟产品差异	以成本、质量为核心,绩效最大化而成本最小化

4. 纵向一体化供应链

在过去许多年里,企业为了更好地实现对内部的管理与控制,一直采取"纵向一体化"的供应链管理模式。即企业除了拥有具有竞争优势的核心企业和业务外,还具有自己的原材料、半成品或零部件供应,分销网络甚至运输企业,形成了整体业务一条龙的运作。企业推行"纵向一体化"的目的,是为了加强核心企业对原材料供应、产品制造、分销和销售全过程的控制,使企业能够实现产、供、销的自给自足,减少外来因素的影响,在市场竞争中掌握主动。在市场环境相对稳定的条件下,"纵向一体化"的管理模式发挥了一定的作用。这种理念在第二次世界大战后发挥了相当积极的作用,美国式管理以大批量生产和大规模营销为代表,倾向于纵向一体化经营,即拥有自己的原料产地、自己的加工生产基地和成套的配送体系。在20世纪的60年代,企业处于相对稳定的市场环境中,这时的"纵向一体化"模式是有效的。

20世纪90年代以来,随着科技和信息技术的迅速发展、经济全球化市场的形成,世界竞争日益激烈、消费者的个性化需求不断提高,"纵向一体化"模式则显露出种种缺陷。它使企业投资负担加重,需要承担丧失市场机遇的风险,使企业无法将主要精力放在最擅长的业务上,而必须在不同业务领域里直接与不同的竞争对手进行竞争,削弱了企业的竞争优势。这种纵向一体化的管理方式实际上是"大而全"、"小而全"的翻版,它分散了企业过多的时间、精力和资源去从事许多非核心业务的经营,而无法在关键性业务上发挥出核心作用。以美国汽车行业为例,福特汽车公司由于具有庞大臃肿的结构,越来越无法与日本汽车生产企业灵活多变的经营体制抗衡;另外一个例子是有关汽车零部件的生产,让我们来看一组数据:克莱斯勒公司只为自己产30%的零部件,福特公司为50%,而通用汽车公司则是纵向一体化管理的典型,为自己的公司生产70%的零部件,这种运作方法使通用汽车公司不得不经受着多方面竞争的压力,由于生产汽车零部件而耗去的劳动费用高于其他两个公司,每生产一个动力系统,它比福特公司多付出440美元,比克莱斯勒公司多600美元,这在市场竞争中会处于劣势。

5. 横向一体化供应链

到了20世纪末,特别是进入21世纪后,资源是在全球之间进行调配,形成了全球经济和市场一体化,各企业之间、合作伙伴之间,甚至是竞争对手之间的业务交流越来越多了,也越来越复杂。因此,企业需要将自己最强的力量放在最擅长的地方,其他的业务外包出去,外包的业务越多,也就意味着企业与上下游业务伙伴之间的交往越来越多。在这种市场环境下,纵向一体化管理模式逐渐无法满足市场的需求。企业除了把大量的资金、精力与时间投入到不擅长的非核心领域,在每一个纵向市场中都与其他企业进行竞争之外,一旦在某一纵向环节中出现问题,将会导致整个企业的被动。因此,纵向一体化管理模式已经很难在当今市场竞争环境下获得所期望的利润。这就迫使企业面对迅速变化且无法预测的市场而不得不采取许多先进的制造技术与管理方法,企业的管理理念也随之发生了重大的变革,开始从多年来一直奉行的纵向一体化转向了"横向一体化"管理方式。

横向一体化管理方式的核心思想是发挥企业核心竞争力,即企业只需注重自己的核心业务,充分发挥核心竞争优势,将非核心业务交由其他企业完成,实施业务外包,以最大限度地取得竞争优势。而供应链管理正是在向横向一体化管理方式转变的同时,也形成了从供应商到制造商再到批发/零售商,直至客户的贯穿所有企业的"链"。在这种供应链的管理过程中,首先在整个行业中建立一个环环相扣的供应链,把这些企业的分散计划纳入整个供应链的计划中,使多个企业能在一个整体的供应链管理下实现协作经营和协调运作,实现资源和信息共享,从而大大增强了该供应链在大市场环境中的整体优势。

横向一体化管理方式可使整个供应链能及时获得最终消费市场的需求信息;可以缩小供给生产与需求市场的距离,缩短生产与流通的周期,快速实现资本循环和价值链增值;可以实现最小个别成本、转换成本和流动成本;实现快速响应和有效客户响应,及时生产、及时交付、及时配送、及时到达最终消费者;最大限度地减少上下游企业的库存和资金占用,实现整体供应链的市场运作优势,形成一种协作式的供应链运作模式。但这也对企业和这个供应链管理提出了新的要求,其信息化管理水平也必须更上一层楼,必须运用供应链的管理软件和通过电子商务将上下游企业之间的业务链接在一起,协同经营,更好地利用其他方资源,实现资源最大化的整合和最有效的利用。

6. 敏捷供应链

敏捷供应链是伴随着动态企业联盟和敏捷竞争概念的出现而产生的。动态企业联盟是企业为了快速响应出现或根据预测即将出现的市场机遇,而联合其他企业组织的利益共同体。敏捷竞争是21世纪国际竞争的重要形式之一,是企业在无法预测的持续、快速变化的竞争环境中生存、发展并扩大竞争优势的一种新的经营管理和生产组织的模式。它的核心内容包括:新产品的创新开发和对市场变化的快速响应;树立双赢的竞争价值观;充分发挥每个员工的积极性和创造性;企业组织和生产过程的快速重组;企业范围的信息共享和应用集成;企业信息系统的调整和重构。敏捷供应链是支持动态联盟优化运行的重要技术,与一般供应链的区别在于,它可以根据动态联盟的形成与解体而组成和解散,快速地完成组织体系和信息系统的调整和重构。它需要通过供应链管理来促进企业间的联合,进而提高企业的敏捷性,以适应动态联盟的需要。

敏捷供应链的实施可促进企业间的合作和企业生产模式的转变,有助于提高大型企业集团的综合管理水平和经济效益,快速掌握市场商机、有效整合社会资源,通过信息共享和企业协作,帮助企业快速掌握供应商和销售渠道的情况,合理规划异地存储的最佳效益、安排进货的批次、时间以及运输等问题,抓住市场瞬变的机会更好地为市场提供产品和服务。

五、供应链管理的概念

从供应链的构成分析来看,在供应链管理中仅强调对单个部门的物流活动进行控制是不够的,必须要对整条供应链的所有环节或关系较近的几个关键环节的物流活动进行协同运作,实施一体化管理。从这个角度看,供应链管理也是集成物流管理的一种典型形式。专家、学者对供应链管理有不同的表述,侧重点不同。

伊文斯(Evens)对供应链管理的表述是：通过前馈的信息流和反馈的物料流及信息流，将供应商、制造商、分销商、零售商，直到最终用户连成一个整体的结构模式。

美国物流协会给供应链管理的定义是：以提高企业个体和供应链整体的长期绩效为目标，对特定企业内部跨职能部门边界的运作和在供应链成员中跨企业边界的运作进行战术控制的问题。

《中华人民共和国国家标准：物流术语(修订版)》GB/T18354-2006给供应链管理的定义是：利用计算机网络技术全面规划供应链中的商流、物流、信息流、资金流等并进行计划、组织、协调与控制。

美国生产和库存控制协会(APICS)第九版字典中的供应链管理定义是："供应链管理是计划、组织和控制从最初原材料到最终产品及其消费的整个业务流程，这些流程链接了从供应商到顾客的所有企业。供应链包含了由企业内部和外部为顾客制造产品和提供服务的各职能部门所形成的价值链。"APICS关于SCM定义的前半部分说明供应链管理所涉及的理论源于产品的分销和运输管理。

综上所述，供应链管理是为了满足服务水平要求的同时降低系统总成本，而将供应商、生产商、销售商、物流商到最终用户结成网链来组织生产与销售商品，并通过商流、物流、信息流、资金流来系统设计、计划、运行和控制等活动达到预期目的。因而可以将供应链管理理解为，对供应链商流、物流、信息流、资金流以及合作者关系等规划、设计、运营、控制过程进行一体化的集成管理思想、方法和技术体系。

六、供应链管理的基本要点

供应链管理体现了管理自起始点到消费点物料(产品)流、信息流以及资金流并由相应组织集成而构成的一个有机集合体。掌握供应链管理概念内涵与外延应当把握好以下几点：

1. 供应链管理的范围包括由供应商的供应商、客户的客户所构成的网链结构及所涉及的资源范畴。供应链管理将影响到总成本和产品在满足顾客需求过程所起作用的每一方面，因此在供应链分析中必须考虑供应商的供应商、客户的客户，以及他们形成的网链结构关系、资源利用关系、竞争关系和共享机制等。

2. 供应链管理的目的是追求整个系统的效率和费用的有效性，使系统效益最大、总成本最低。供应链参与者的效益源自系统效益，其对应的总成本包括购买、库存、运输、促销、配送等费用，因此，供应链管理不是追求某一环节成本最低，而是用系统方法进行供应链管理，实现供应链总成本最低。

3. 供应链管理的内容是围绕网链各方经营主体、设施资源、功能服务等的一体化与集成管理，资源有效利用、资源整合将贯穿于企业战略层、战术层直到作业层的决策、经营和作业管理活动之中。

七、供应链管理的目标

主导企业实施供应链管理的目标是建立一个高效率、高效益的扩展企业并为最终用户创造价值。通过贸易伙伴间的密切合作，以最小的总成本和费用提供最大的价值和最好的服务。

1. 把握真实需求。在瞬息万变的动态市场中，需求不仅包括一般性产品和服务，还包括个性化产品和特殊服务需求。在供应链多层次需求信息反馈中存在着的"牛鞭效应"，往往导致需求信息失真。尽快准确把握真实的需求与准确的需求量，使企业的供应活动建立在真实可靠的市场需求基础之上的供应链管理，可以减少生产过剩、库存积压等情况的发生，提高运输、包装、订单处理等活动的效率。

2. 组织快速供应。要使供应链主导企业比竞争对手更快捷、更准确、更经济地将货物供应给客户，就需要借助计算机、移动通信、动态跟踪等技术，避免供应链任何环节上低效运作、无效停滞现象，从而提高企业物流运作效率，能够最大限度地提高服务质量和用户满意度。

3. 进行整体优化。传统供应链存在很多缺陷，如库存过大、生产盲目、渠道复杂等。同时由于不同组织间相互独立，常导致相互冲突的组织目标。因此必须站在全局供应链管理的高度，从企业整体的角度出发，对产品发展方向和获利性、业务流程和组织机构，企业内外部各种资源利用、生产及流通计划与交货期、销售、服务及仓库布局等各方面进行全方位优化。

4. 实施集成管理。在仓库、作业点布局，取送货、装卸现场管理时，如果没有供应链一体化的集成化管理，供应链上的每个企业就会只管理它自己的库存，并以这种方式来防备由于链中其他组织的独立行动而给本企业带来的不确定性。例如，一个零售商会需要完全库存来防止分销商货物脱销情况的出现，而分销商也会需要安全库存以防止生产商出现供货不足的情况。由于供应链的各个界面中都存在不确定因素，而且没有相互间的沟通与合作，所以就出现重复库存。而在供应链的集成化管理中，链中的全部库存管理可通过供应链所有成员间信息沟通、责任分配和相互合作来协调，这样就可以减少链上每个成员的不确定性，减少每个成员的安全库存量。较少的库存又会带来减少资金占用量、削减库存管理费用的结果，从而降低成本。通过对供应链上每个成员信息处理行为和产品处理行为的检查，可以鉴别出整条链上的冗余行为和非增值行为，从而提高整个供应链的效率和竞争力。

第二节 供应链管理的主要内容

一、供应链管理体系

随着供应链管理思想的发展，人们一直在研究供应链管理的内容，许多专家在这个方面进行了卓越研究。但是，这个问题至今仍是困扰管理人员的主要问题之一。

供应链管理主要涉及四个主要领域：供应（Supply）、生产计划（Schedule Plan）、物流（Logistics）、需求（Demand）。由图2-4可见，供应链管理是以同步化、集成化生产计划为指导，以各种技术为支持，尤其以 Internet/Intranet 为依托，围绕供应、生产作业、物流（主要指制造过程）、满足需求来实施的。供应链管理主要包括计划、合作、控制从供应商到用户的物料（零部件和成品等）和信息。供应链管理的目标在于提高用户服务水平和降低总的交易成本，并且寻求两个目标之间的平衡（这两个目标往往有冲突）。

在以上四个领域的基础上，我们可以将供应链管理细分为职能领域和辅助领域。职能领域主要包括产品工程、产品技术保证、采购、生产控制、库存控制、仓储管理、分销管理。而辅助领域主要包括客户服务、制造、设计工程、会计核算、人力资源、市场营销。

由此可见，供应链管理关心的并不仅仅是物料实体在供应链中的流动，除了企业内部与企业之间的运输问题和实物分销以外，供应链管理还包括以下主要内容：战略性供应商和用户合

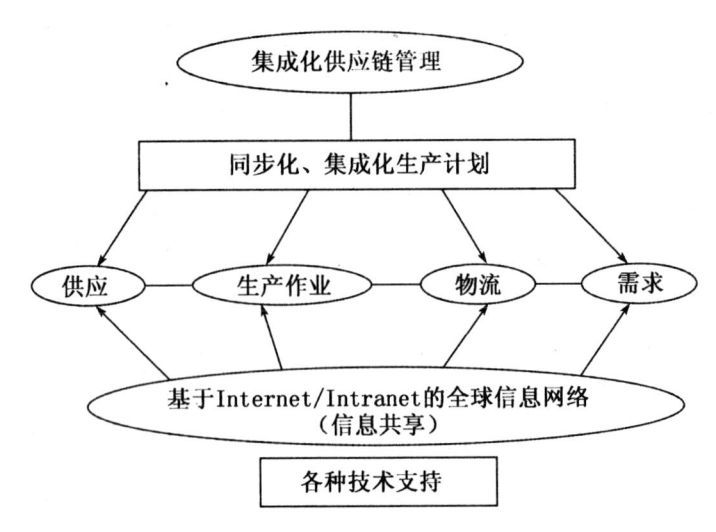

图 2-4 供应链管理涉及的领域

作伙伴关系管理;供应链产品需求预测和计划;供应链的设计(全球节点企业、资源、设备等的评价、选择和定位);企业内部与企业之间的物料供应与需求管理;基于供应链管理的产品设计与制造管理、生产集成化计划、跟踪和控制;基于供应链的用户服务和物流(运输、库存、包装等)管理;企业间资金流管理(汇率、成本等问题);基于 Internet/Intranet 的供应链交互信息管理等。

供应链管理注重总的物流成本(从原材料到最终产成品的费用)与用户服务水平之间的关系,为此要把供应链各个职能部门有机地结合在一起,从而最大限度地发挥出供应链整体的力量,达到供应链企业群体获益的目的。

美国 Lambert 教授及其研究小组研究了供应链管理的基本组成部分,即供应链的网络结构、供应链业务流程和供应链管理元素,并且提出了一个供应链管理的框架模型,如图 2-5 所示。供应链管理三个组成部分是:① 供应链的网络结构:工厂选址与优化;物流中心选址与优化;供应链网络结构与优化。② 供应链的业务流程:客户关系管理;客户服务管理;需求管理;订单配送管理;制造流程管理;供应商关系管理;产品开发与商业化;反向物流管理。③ 供应链管理元素:运作的计划与控制;工作结构设计;组织结构;产品流的形成结构;权利和领导结构;供应链的风险分担和利益共享;文化与态度。

二、供应链管理模式

生产自动化程度的极大提高和大规模生产的发展给人们带来大量物美价廉的商品,使人们充分享受了充分供应时代的"快感"。但同时也带来了市场的供过于求。随着消费者消费水平的提高,顾客需求的不稳定性加大,整个市场以客户需求为主导,如何收集客户的需求信息成为企业的首要课题,在这种情况下,供应链管理模式应运而生。

在内在本质上,供应链管理是很多先进技术和理论的综合,它利用有效的方法配合咨询技术手段来整合供应商、制造商、分销商和零售商,使商品可以按准确的数量生产,并在准确的时间配送到准确的地点。从对供应链管理的定义和实践的分析中,可以得到供应链管理最重要的三点即 C、E、O。C 是协同商务,E 是一定要把实现供应链管理的企业变成一个电子化企

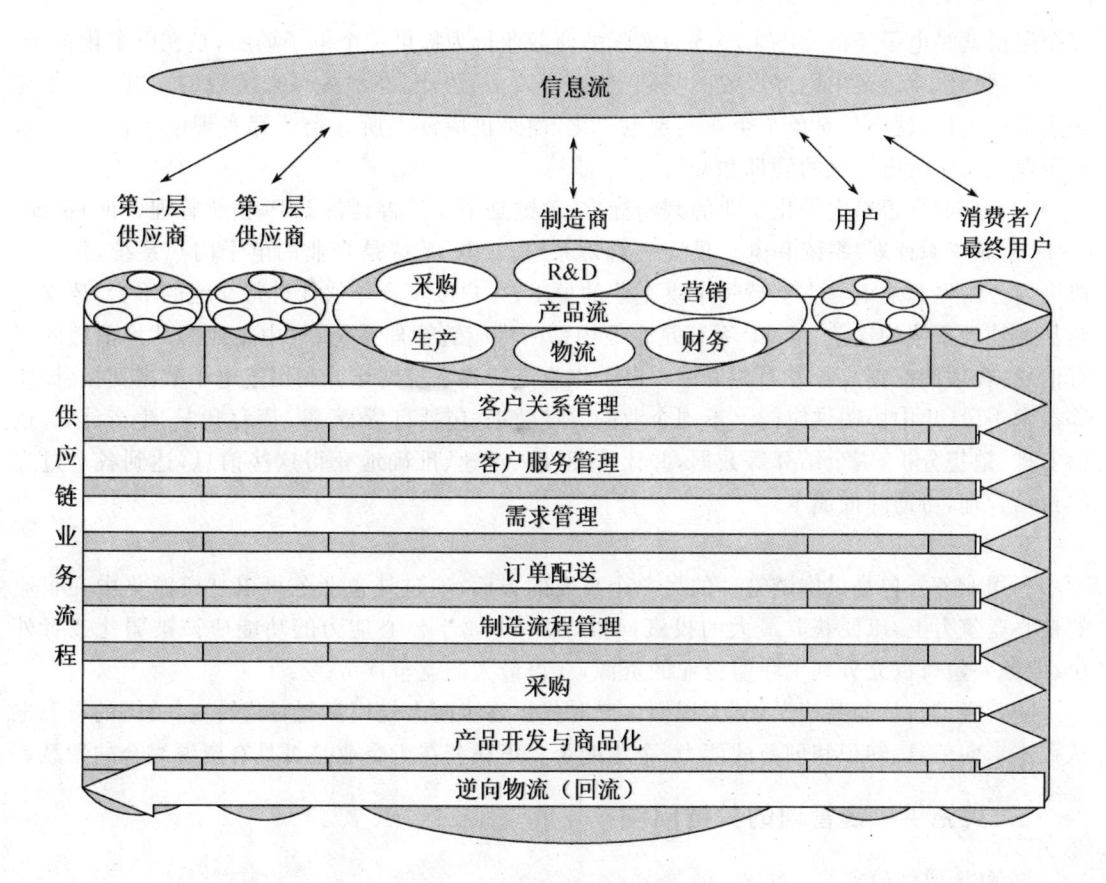

图 2-5 供应链管理流程结构

业，O 是业务外包。

1. 协同商务和经营创新

传统的企业大部分是纵向发展的，就是中国通常所指的大而全、小而全的企业模式，企业从生产产品到做包装箱，再到产品出厂运输，甚至产品销售都是自己做。而协同商务需要企业从传统封闭的纵向思维中跳出来，向开放的横向思维转变。在协同商务中，供应商、制造商、分销商、零售商和服务提供商以互利互惠、互信互补的原则，一同去面对市场竞争。

协同商务使很多新的关系产生。协同规划可以让生产商和销售商共同制订生产预测，使生产更有目的性；协同供应可以在供应双方建立起真正完整的库存管理，达到供应链库存费用最低；协同开发可以集中供应链上所有成员的智慧，进行产品设计，提高产品成功推出的机会，缩短产品周期，事实上供应链上游的设计和制造所要解决的问题和它隐藏的利润比下游更大；协同的市场关系可以让联盟企业采用联合推广的方式推出产品，甚至可以分摊市场营销费用。

2. 电子化企业

电子化企业是实施供应链管理的个体，电子化企业的竞争优势表现在真正意义上电子商务的实现。电子商务可以分为三个层次：第一个层次就是我们通常所说的电子商务。以个别的商业交易为中心，通过网络进行交易，目前企业的电子商务行为主要表现在建立电子商店，介绍和销售产品，发布公司的新闻和采购信息，现阶段还做不到全程自动交易。电子商务的第二个层次就是电子经济。电子经济为实际的商务业行为提供一个电子场所，是在电子化企业、供应链网和供应链链中网都形成的基础上，配合政治、法律、经济关系来实现的。电子商务到达第三层次后，就不只是单个企业实现电子化，而是供应链上所有企业都实现电子化，并在这些企业之间实现电子化的管理和交易。

一个企业是否是电子化企业的判断标准，关键是企业是否具备 EIP（企业管理咨询）系统、ERP（企业资源计划）系统和电子供应链管理系统。EIP 系统是企业的电子门户系统，建立在协同商务的概念之上。它支持一个供企业的员工、客户以及合作伙伴进行交流的平台，还支持与其他管理系统的连接。ERP 系统是企业内部的供应链管理系统，集中企业内部价值链的所有信息，合理调配企业各方面的资源。电子供应链管理系统则充分利用了电子数据交换、ERP 等技术手段，集中协调供应链上不同企业的关键数据，包括订货、预测、库存状况、生产计划、运输安排、销售分析、资金结算等数据，并让管理人员迅速、准确地获得这些信息，达到各个过程的自动管理，协助降低成本。

3. 业务外包

利用业务外包是供应链管理的另一个重要的方面，通过外包业务可以把资源集中在企业的核心竞争力上，以便获取最大的投资回报，那些不属于核心能力的功能应该被弱化或者外包；业务外包可以充分利用联盟企业的资源，获得最大的竞争优势。

随着咨询科技的高速发展，大规模生产时代正逐步向大规模定制时代转变，关键的资源也从资本走向信息、知识和创新的能力，企业能否真正获利在于企业是否具有资源组合的智慧。

三、实施供应链管理的关键问题

1. 配送网络的重构

配送网络重构是指采用一个或几个制造工厂生产的产品来服务一组或几组在地理位置上分散的渠道商时，当原有的需求模式发生改变或外在条件发生变化后引起的需要对配送网络进行的调整。这可能由于现有的几个仓库租赁合同的终止或渠道商的数量发生增减变化等原因引起。

2. 配送战略问题

在供应链管理中配送战略也非常关键。采用直接转运战略、经典配送战略还是直接运输战略？需要多少个转运点？哪种战略更适合供应链中大多数的节点企业呢？

所谓直接转运战略就是指在这个战略中终端渠道由中央仓库供应货物，中央仓库充当供应过程的调节者和来自外部供应商的订货的转运站，而其本身并不保留库存。而经典配送战略则是在中央仓库中保留有库存。直接运输战略，则相对较为简单，它是指把货物直接从供应商运往终端渠道的一种配送战略。

3. 供应链集成与战略伙伴

由于供应链本身的动态性以及不同节点企业间存在着相互冲突的目标，因此对供应链进行集成是相当困难的。但实践表明，对供应链集成不仅是可能的，而且它能够对节点企业的销售业绩和市场份额产生显著的影响作用。集成供应链的关键信息共享与作业计划。显然，什么信息应该共享，如何共享，信息如何影响供应链的设计和作业；在不同节点企业间实施什么层次的集成，可以实施哪些类型的伙伴关系等就成了最为关键的问题。

4. 库存控制问题

库存控制问题包括：一个终端渠道对某一特定产品应该持有多少库存？终端渠道的订货量是否应该大于、小于或等于需求的预测值？终端渠道应该采用多大的库存周转率？终端渠道的目标在于决定在什么点上再订购一批产品，以及为了最小化库存订购和保管成本，应订多少产品等。

5. 产品设计

众所周知，有效的产品设计在供应链管理中起着多方面的关键作用。那么什么时候值得对产品进行设计来减少物流成本或缩短供应链的周期，产品设计是否可以弥补顾客需求的不确定性，为了利用新产品设计，对供应链应该做什么样的修改等这些问题就非常重要。

6. 信息技术和决策支持系统

信息技术是促成有效供应链管理的关键因素。供应链管理的基本问题在于应该传递什么数据？如何进行数据的分析和利用？互联网的影响是什么？电子商务的作用是什么？信息技术和决策支持系统能否作为企业获得市场竞争优势的主要工具？

7. 顾客价值的衡量

顾客价值是衡量一个企业对其顾客的贡献大小的指标，这一指标是根据企业提供的全部货物、服务以及无形影响来衡量的。最近几年来这个指标已经取代了质量和顾客满意度等指标。在不同行业中，是什么因素决定顾客的价值？顾客价值是如何衡量的？在供应链中，信息技术如何用来增强顾客价值？供应链管理如何作用于顾客价值？

综合上面的几个主要问题，我们发现供应链管理非常复杂，其实施绝非一蹴而就，企业需要有思想准备。具体地说，供应链管理的复杂性主要有以下几个方面的原因：

首先，供应链是一个复杂的、动态的网络，这个网络是由不同目标的企业（或企业单位）组成。这意味着要为某个特定企业寻找相称的供应链管理战略会面临巨大的挑战。

其次，营销实践中的供应与需求往往存在矛盾。困难在于在需求出现之前，制造商必须以某种生产水平进行生产，这意味着制造商必须承受巨大的财务风险。

第三，供应链系统随时间而变化也是一个重要的考虑因素。即使能够准确地预测需求（例如供需双方签署长期合作合同），计划过程也需要考虑在一段时间内由于季节波动、发展趋势、广告和促销、竞争者的定价策略等因素所引起的需求和成本参数的变化。这些随时间而变化的需求和成本参数使确定最有效的供应链管理战略变得更加困难。而事实上，最有效的供应链管理战略就是使供应链系统运行成本达到最小且满足顾客需求的战略。

最后，在一些新兴行业供应链系统中的新问题层出不穷，在其产品的生命周期内无法做出清楚的解释。比如，在高新技术产业中，产品的生命周期正变得越来越短。许多型号的个人电脑和打印机产品只有几个月的市场生命，而制造商可能只有一个订单或生产机会。这种情形在当前炙手可热的消费电子领域，如 MP3、DC、DV 等产品上表现更为突出。遗憾的是，因为这些产品是新产品，不存在能使制造商对顾客需求做出准确预测的历史数据。另一方面，在这些行业中，日新月异的技术发展和眼花缭乱的产品推陈出新，使得准确地预测某一特定产品的需求变得越来越艰难。进而最终导致众多制造商的价格大战，而价格战不仅降低了产品在其生命周期内的价值，更是缩短了产品的生命周期。

此外，在某些高度同质化的产品市场，供应链管理可能是决定企业成败的唯一最重要的因素。比如，在笔记本电脑和喷墨打印机产品市场，很多制造商都走 OEM 路线或采用相同的上游原材料供应商和相同的技术,在这种情况下,企业的竞争就是品牌行销的竞争,就是成本和服务水平的竞争,而成本和服务水平则是供应链管理中的两个关键要素。

总之,供应链管理中的问题涉及许多方面的活动,从战略层次到战术层次一直到作业层次。战略层的问题是对公司有着长远影响的决策,包括关于制造工厂和仓库的数量、布局及产能大小以及物料在物流网络中流动等方面的决策。战术层的决策一般包括采购和生产决策、库存策略和运输策略等。而在作业层次上,则包括日常活动的决策,如计划、估计备货期、安排运输路线、装运等。

四、供应链管理与传统管理模式的比较

1. 供应链管理把供应链中所有节点企业看作一个整体,供应链管理涵盖整个物流从供应商到最终用户的采购、制造、分销、零售等职能领域过程。

2. 供应链管理强调和依赖战略管理。"供应"是整个供应链中节点企业之间事实上共享的一个概念(任两节点之间都是供应与需求关系),同时它又是一个有重要战略意义的概念,因为它影响或者可以认为它决定了整个供应链的成本和市场占有份额。

3. 供应链管理最关键的是需要采用集成的思想和方法,而不仅仅是节点企业、技术方法等资源简单的连接。

4. 供应链管理具有更高的目标,通过管理库存和合作关系去达到高水平的服务,而不是仅仅完成一定的市场目标。

本章小结

进入 21 世纪,企业所面临的市场空间和形态都发生了很大变化,这种变化必然会对传统管理所形成的思维方式带来挑战。同时带来了工作方式和生活方式的改变。传统管理模式是以规模化需求和区域性的卖方市场为决策背景,通过规模效应降低成本,获得效益。它的主要特点是"纵向一体化"。这种模式增加了企业投资的负担,企业必须自己筹集资金进行建设,然后自己经营和管理。这样的管理体制模式显然不适应瞬息万变的市场需求。因此,企业间必须寻求彼此的合作,以整合各自的核心竞争力,供应链管理便应运而生。

供应链是一个网链结构,由围绕核心企业的供应商、供应商的供应商和用户、用户的用户组成。一个企业是一个节点,节点企业和节点企业之间是一种需求与供应关系。它的特征是复杂性、动态性、面向用户需求、交叉性、信息性、虚拟性、合作性。根据不同的标准将供应链划分为 6 种类型,即稳定的和动态的供应链、平衡的供应链和倾斜的供应链、有效性供应链和反应性供应链、纵向一体化供应链、横向一体化供应链、敏捷供应链。供应链管理主要涉及四个主要领域:供应(supply)、生产计划(schedule plan)、物流(logistics)、需求(demand)。

关键词

供应链;结构模型;管理模式

Key words

supply chain; structure model; pattern of management

综合练习

一、判断题

1. 供应链不仅是一条连接供应商到用户的物料链、信息链、资金链,而且还是一条增值链。（　　）

2. 传统管理模式是以规模化需求和区域性的卖方市场为决策背景,通过规模效应降低成本,获得效益。（　　）

3. 供应链管理这一名词最早出现于20世纪80年代,最初是由咨询业提出的。（　　）

4. 供应链管理是以同步化、集成化生产计划为指导,以各种技术为支持,尤其以Internet/Intranet为依托。（　　）

5. 供应链管理在四个主要领域的基础上,可以将供应链管理细分为职能领域和辅助领域。（　　）

二、选择题

1. 在供应链的运作过程中,用户的需求拉动是供应链中（　　）运作的驱动源。
   A. 信息流　　B. 产品/服务流　　C. 资金流　　D. 物流　　E. 商流

2. 供应链管理的成熟和发展阶段供应链管理的核心任务是（　　）
   A. 供应链协同运作的系统化管理
   B. 生产两端的资源优化管理
   C. 不确定性需求的信息共享管理
   D. 横向一体化的管理思想

3. 供应链管理主要涉及的领域有（　　）
   A. 供应　　B. 生产计划　　C. 物流　　D. 需求　　E. 服务

三、简答题

1. 简述供应链的定义。
2. 供应链主要有哪些特征?
3. 简述供应链的分类。
4. 简述供应链管理的含义。
5. 简述供应链管理体系。
6. 简述供应链管理模式。
7. 供应链的形成与发展经历了哪几个阶段?

四、案例题

2001年1月,著名的爱立信公司宣布退出手机市场,准备把所有的手机生产业务外包给另一家国际公司。这是由于供应链中断造成跨国公司出现危机的一个实例。

2000年3月,美国新墨西哥州阿尔伯克基一家半导体工厂被雷电击中起火,大火虽然只持续了10分钟,却使爱立信移动电话的芯片生产停止。供应链的突然中断,使爱立信的一种重要新产品缺少700百万个芯片,一下子造成了至少4亿美元的损失。同时将多少年辛辛苦苦开拓的市场也一下子丢失。7月份,公司第一次公布火灾损失时,股票价格仅在几个小时就下跌了70%,而后一个时期继续下滑。2000年,爱立信的市场占有率从12%下降到9%,全年的经营亏损达到了1.563亿美元。

重新建立供应链,即使获得成功丢失的市场也很难再恢复。这就是爱立信宣布退出手机

供应链与物流管理

市场的原因。

1. 在本案例中,爱立信的供应链在哪一环节中断的?这种中断带来什么后果?
2. 通过本案例,你认为进行供应链管理应该注意哪些方面的问题?

延伸阅读书目

1. 马士华,林勇.供应链管理.北京:机械工业出版社,2006
2. 董蕊.供应链管理与第三方物流.北京:中国经济出版社,2003
3. 张成海.供应链管理技术与方法.北京:清华大学出版社,2004
4. 骆温平.物流与供应链管理.北京:电子工业出版社,2008
5. 宋华.供应链管理.北京:电子工业出版社,2007
6. 秦明森.供应链管理技术.北京:中国物资出版社,2007
7. 吴晓波,耿帅.供应链与物流管理.浙江:浙江大学出版社,2003

第三章 物流管理基础理论

【本章提要】
1. 物流的概念、功能和基本特点；
2. 物流管理的主要内容、特点；
3. 物流的成本管理、时间管理和绩效管理；
4. 第三方物流的内涵、特征及实现方式。

导入案例

以往主要在中低端物流市场拓展的国内第二大物流企业中铁快运股份有限公司正在开始向高端市场进发。中铁快运在全国范围内首家向社会推出"门到门"的冷链快递服务，试图借助蓄冷技术和网络资源优势的结合，在高端物流市场获得新的发展空间。

中铁快运副总经理冯石琦告诉本报，冷链快递是中铁快运在现有快递包裹业务基础上，以蓄冷高新技术和中铁快运网络资源结合，为社会提供的一种新型产品。该产品以无能源蓄冷技术与设备为基本手段，采用蓄冷式冷链专用保温箱，配备蓄冷板及其它辅助设备，面向社会提供小批量、多批次、保温、准时、"门到门"的全程冷链运输服务。

"我国冷链物流市场空间巨大，我们预期经过3~5年发展，中铁快运冷链快递的年营业额将达到10亿元，占到公司总收入的10%左右。"冯石琦说。

中铁快运是铁道部直属专业运输企业，由中铁行包快递有限责任公司和中铁快运公司于2005年合并重组而成，主营包裹运递、快捷货运、合约物流和国际货代，2006年营业额超过90亿元，2007年突破100亿元。

据了解，中铁快运冷链快递的目标市场包括生物制品、医药制剂、高档食品、其它需低温运输的产品等。目前可提供2℃~8℃、0℃~20℃、-18℃~-10℃三个温度段。产品分为冷链普通快递、冷链时限快递和冷链应急快递三种类型。运输方式是以铁路旅客列车行李车为主要运输工具，辅以公司干支线公路运输及航空运输，实现"门到门"的服务。

目前，我国提供冷链物流服务的主要是DHL、TNT等外资公司和本土的中小企业，以航空和公路运输为主。由于拥有得天独厚的铁路运力资源，中铁快运在冷链快递的运输时间上较公路大幅缩短，价格上比航空更有竞争力。生产德芙巧克力等产品的玛氏集团爱芬（北京）食品有限公司一位高层告诉本报，公司一个月前开始通过中铁快运的冷链快递系统向西藏地区运送巧克力，将运输时间从以往的16~18天缩短到现在的4~6天，提高了效率并大幅压缩了成本。

第一节 物流管理概述

一、物流的概念

物流是指物质实体从供应者向需求者的物理移动,它由一系列创造时间价值和空间价值的经济活动组成,包括运输、保管、配送、包装、装卸、流通加工及物流信息处理等。

物流可以分为企业物流和社会物流,它具有系统性、复杂性和高成本性,是社会经济活动中必不可少的环节。

1. 物流的定义

1985 年美国物流管理委员会关于物流的定义是:"物流是以满足客户需求为目的的,为提高原料、在制品、制成品,以及相关信息从供应到消费的流动和储存的效率和效益,而对其进行的计划、执行和控制的过程。"相应的物流功能性活动则包括需求预测、订单处理、客户服务、分销配送、物料采购、存货控制、交通运输、仓库管理、工业包装、物资搬运、工厂和仓库或配送中心的选址、零配件和技术服务支持、退货处理、废弃物和报废产品的回收处理等。直到 1998 年 10 月,美国物流管理委员会才修改了物流的定义,将物流定义成供应链管理的一部分。

2006 年 7 月颁布的国家标准《中华人民共和国国家标准:物流术语(修订版)》(GB/T18354-2006)将物流定义为:"物品从供应地向接收地的实体流动过程。根据实际需要,将运输、储存、装卸、搬运、包装、流通加工、配送、信息处理等基本功能实施有机结合。"

早期的物流管理理论仅局限于运输领域,随着理论研究的深入和实践的发展,企业开始认识到整合物流功能或物流系统能够带来巨大的效益。在物流运营实践和利益的驱动下,企业逐步开始集成物流的各个子系统,形成了物流系统。在企业由于降低物质消耗而增加的"第一利润源泉"和因节约劳动消耗而增加的"第二利润源泉"被尽量挖掘之后,物流被作为降低成本的"第三利润源泉"提了出来。可以认为,物流的概念正在不断扩展,逐步形成了现在的广义物流概念,如图 3-1 所示:

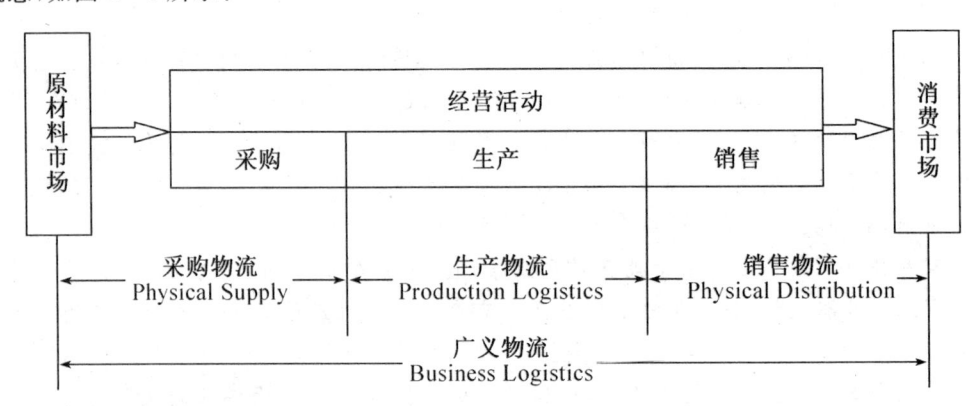

图 3-1 物流的基本概念

自物流概念出现以来,围绕物流理论的研究迅速发展起来,从而在学术界出现了很多物流理论,如商物分离理论、黑大陆理论、物流冰山理论、第三利润理论、效益背反理论、物流整体理论、后勤理论、成本中心理论、利润中心理论、服务中心理论和物流战略理论等,这些理论构成了物流理论体系,对于理解和认识物流运营活动起到了重要作用。

2. 物流的特点

物流始终伴随着采购、生产和销售的价值链过程,没有物流的支持,不可能实现价值增值。因此,物流是交易和生产过程中必不可少的重要组成部分。物流不单纯考虑生产者对原材料的采购,以及生产者本身在产品制造过程中的运输、销售等情况,而是将整个价值链过程综合起来进行思考。因此,在企业物流管理战略目标的推动下,物流逐步形成了如下特点:

(1) 系统性。物流作为社会流通系统中的组成部分,包含了物的流通和信息的流通两个子系统,如图3-2所示。在社会流通系统中,物流与商流、资金流和信息流具有同等重要的价值,是几个内涵丰富的集成系统。

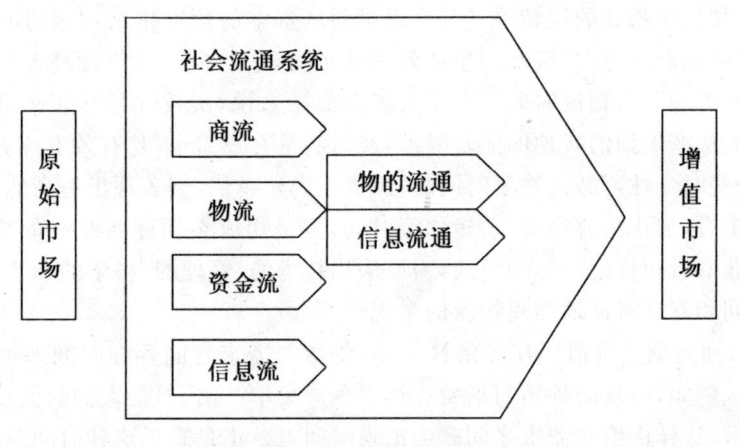

图3-2 物流系统图

(2) 复杂性。由于物流在价值增值中的重要作用,使物的流通和信息流通的集成变得相对比较复杂。物的流通中所包含的运输、装卸搬运、储存、流通加工、包装、配送等环节并不是简单地环环相扣,而是一个具有复杂结构的物流链。

(3) 成本高。物流环节包含了运输、装卸搬运、储存、流通加工、包装、配送等综合成本,正是由于物流高昂的成本,才使其被视为降低成本的"第三利润源泉"。

(4) 生产和营销的纽带。物流是联系生产和销售的纽带,如图3-3所示。在社会化环境中,通过物流关联活动架起了企业通向市场、客户的桥梁。

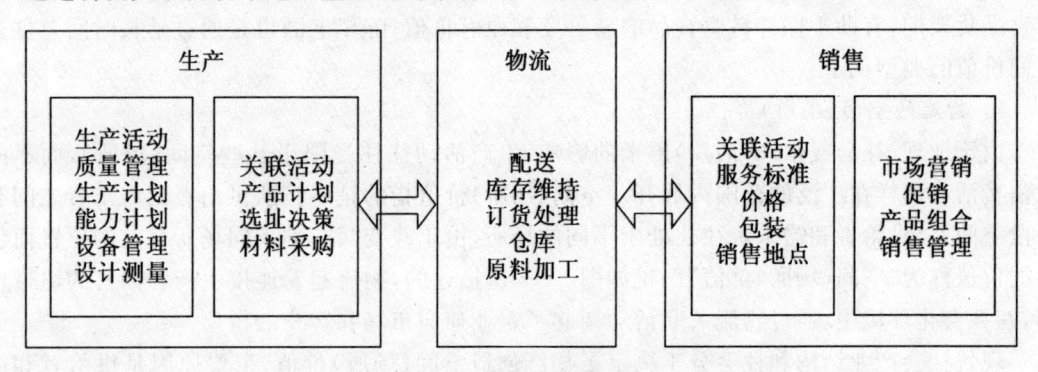

图3-3 物流的纽带作用

二、物流的价值

物流活动最直接的价值表现在将生产制造产品和创造价值的生产活动与使用产品的消费活动有机结合起来,通过物品的有效流动,以实现产品由产地向消费地的转移,从而创造时间价值和空间(场所)价值。当然,物流活动还包含了通过服务创造的附加价值。

1. 物流的时间价值

时间既是一种成本,也是一种资源。经济活动中的"物"从供给者到需求者之间存在一段时间差,改变这一时间差所创造的价值称为"时间价值"。通过物流获得时间价值的形式有以下几种:

(1) 缩短时间创造价值。缩短物流时间可获得多方面的好处,如减少物流损失、降低物流消耗、节约资金和加快物资的周转等。马克思早就从资本的角度指出:"流通时间等于零或越接近于零,资本的职能就越大,资本的生产效率就越高,它的自行增值就越大"。这里,马克思所说的流通时间可理解为物流时间。对于大多数商品来说,实效性是其非常重要的特征。如何设法缩短商品从产地到消费地的流转时差,及时满足客户需求,是有效发挥商品效用的必要条件,尤其是一些时令性产品。物流时间越短,资本周转越快,则表现出越高的资本增值速度。从物流的总体来看,加快物流速度,缩短物流时间,也是物流必须遵循的一条经济规律。物流是一种能动地获取时间价值的运动形式,需要采用技术的、管理的、科学的和系统的方法,缩短物流的宏观时间和有针对性地缩短物流的微观时间。

(2) 弥补时间差创造价值。在经济社会中,供给与需求之间存在时间差可以说是一种普遍的客观存在。例如,粮食的种植与消费。粮食生产集中产出,但是人们的消费是一年365天每天都有所需求,这样供给和需求之间就会出现时间差。正是有了这种时间差,商品才获得了十分理想的效益,才取得了自身的最高价值,才起到"储平丰欠"的作用。但是商品本身是不会自动弥补这个时间差的,而物流便是以科学的、系统的方法弥补或者改变这种时间差,以实现其"时间价值"。

(3) 延长时间差创造价值。物流总体上遵循"加快物流速度,缩短物流时间"这一普遍规律,以尽量缩小时间差,从而创造价值。但是,在某些具体物流中也存在人为地、能动地延长物流时间来创造价值的特例。例如,秋季集中产出的粮食、棉花等农作物,通过物流的储存、储备活动,有意识地延长物流时间,以均衡人们的需求。配合伺机销售的囤积性营销活动的物流,便是一种有意识地延长物流时间、增加时间差来创造价值的方法。应用冷藏保鲜技术延长易腐食品货架期,有助于保持易腐食品的新鲜度和原有价值,陈年老酒也是通过延长时间差创造时间价值的典型例子。

2. 物流的空间(场所)价值

由于地理、社会或生产(消费)因素的影响,生产活动往往受限于某些空间(场所),而不能像消费活动那样在广泛的范围内展开。空间(场所)价值指的是"物"从供给者到需求者之间有一段空间差,供给者和需求者往往处于不同的场所,由于改变"物"的不同场所存在的位置而创造的价值称为"空间(场所)价值"。正如图3-3所描述的,物流起着连接生产和销售的纽带作用,在社会化环境中,通过物流关联活动架起了企业通向市场和客户的桥梁。

现代社会产业结构和社会分工决定了物流创造空间(场所)价值,主要原因是供给者和需求者之间的空间差。商品在不同地理位置有不同的价值,通过物流将商品由低价值区转移到

高价值区,便可获得价值差,即"空间(场所)价值"。通过物流获得空间(场所)价值有以下几种具体形式:

(1) 从集中生产场所流入分散需求场所创造价值。现代化大生产的特点之一通常是通过集中的、大规模的生产来提高生产效率,从而降低成本,这样,在一个小范围内集中生产的产品可以覆盖大范围的需求地区,有时甚至可覆盖一个国家乃至若干国家。通过物流将产品从集中生产的低价位区转移到分散于各处的高价位区,有时会产生很高的利益。物流的"空间(场所)价值"也由此决定。

(2) 从分散生产场所流入集中需求场所创造价值。与上一种情况相反的情况,在现代社会中也十分常见。例如,粮食是在一亩地一亩地上分散生产出来的,但一个大城市的需求却相对大规模集中,这形成了分散生产和集中需求,物流便由此也取得了空间(场所)价值。

(3) 从低价位的生产场所流入高价位的需求场所创造价值。现代社会中供应与需求的空间差比比皆是,除了由大生产决定之外,有不少是由自然地理环境和社会发展因素所决定的,如农村生产粮食、蔬菜。而城市消费,我们每日消费的物品大都来自一定距离甚至十分遥远的地方。这样复杂交错的供给与需求的空间差都是靠物流来弥合的,当然物流也就从中取得了利益。

在经济全球化环境中,由于国际分工和全球供应链的构筑,一个自然选择就是在成本最低的地区进行生产,而通过有效的物流系统和全球供应链在价位最高的地区销售。信息技术和现代物流技术为此创造了条件,使物流得以实现价值增值。

3. 物流服务的附加价值

物流也可以通过服务增加附加价值。"物"通过加工而增加附加价值,取得新的使用价值,这是生产过程的职能,是生产领域常用的手段,而不是物流的本来职能。这种加工活动不是创造商品主要实体、形成商品主要功能和使用价值,而是带有完善、补充、增加性质的服务(加工)活动,这种活动一定会形成劳动对象的附加价值。在流通过程中,可以通过流通加工的特殊生产形式,使处于流通过程中的"物"通过特定方式的加工而增加附加值,这就是物流创造加工价值的活动。

虽然在创造加工附加价值方面不能与时间价值和空间(场所)价值相比,但这是现代物流区别于传统物流的重要方面。物流创造加工价值是有局限性的,它不能取代正常的生产活动,而只能是生产过程在流通领域的一种完善和补充。但是,物流过程的增值功能往往通过流通加工得到很大的体现。因此,根据物流对象的特性和按照客户的要求进行一定的加工活动,可以对整个物流系统的完善起到重大作用。尤其在物流集成应用过程中,作为客户的一种服务方式的物流,依托信息传递的及时性和准确性,能有效组织这种加工活动,所以它的价值增值作用是不容忽视的。

三、物流基础学说

在信息主导商业发展的今天,增值服务主要是借助完善的信息系统和网络,通过发挥专业物流管理人才的经验和技能来实现的,依托的主要是企业的IT基础,因此是技术和知识密集型的服务,可以提供信息效用和风险效用。这样的服务融入了更多的精神劳动,能够创造出新的价值,因而是增值的物流服务。

从全球一体化物流和供应链集成的发展趋势来看,增值服务的范畴非常广阔。而一体化物流管理的核心就是客户服务,"客户至上,使客户满意"一直是物流管理者的奋斗目标。面对近年来个性化消费的趋势,物流管理更要强调有效客户反应(Effective Customer Response,

ECR)、快速反应(Quick Response,QR),突出 7R 的目标。同时针对客户的不同要求提出要柔性化物流管理系统,以适应客户的特殊要求。基于一体化物流和供应链集成的增值服务是向客户端延伸的服务,通过参与、介入客户的供应链管理及物流系统来提供服务,这种服务能够帮助客户提高其物流管理水平和控制能力,优化客户自身的物流系统,加快响应速度,为企业提供制造、销售及决策等方面的支持。这类服务往往要企业发挥更大的主动性去挖掘客户的潜在需求,需要更多的专业技能及经验,具有更大的创新性和增值性,是高技术、高素质的服务。这种高层次的增值服务需要建立在双方充分合作与信任的基础上。

现阶段我国的物流服务提供商的业务还主要集中在较为传统的运输及仓储环节,其收益的 85% 也来自于此,而其他增值服务、物流信息服务与支持物流的财务的收益只占 15%。显然,如果物流企业仅在仓储和运输服务为主的低端市场上运作,则降低服务成本的空间是非常有限的。因此,发展有特色的增值服务将是物流企业发展的必然选择。物流的增值服务是向客户提供超出基本服务水平之上的额外服务。物流企业提供这种量身定做的服务能够更好地创造客户价值,有力地支持客户的市场营销战略,使客户把主要的精力投入到关键业务中去。同时物流企业可以利用专业化的服务提供者来实现作业的高效率,又能够实现规模经济,使得增值服务的成本较为低廉。这样,物流企业只要确定基本服务平台,识别关键客户,针对关键客户的特定需要来提供服务即可。开发多样化的增值服务模式应当成为现代物流企业的现实选择。

1. "商、物分离"学说

自古以来,商流、物流都是紧密地结合在一起的。商品交易一次,商品实体便发生一次运动,两者共同在流通过程中运动,但是运动形式不同。时至今日,这种情况仍不少见。

所谓"商、物分离"是指流通中的商业流通和实物流通各自按照自己的规律和渠道独立运动。"商、物分离"是物流科学赖以存在的先决条件。第二次世界大战后,商业流通和实物流通出现了明显的分离,从不同形式逐渐变成了两个有一定独立运动能力的不同运动过程,这就是所谓的"商、物分离"。其形式如图 3-4 所示:

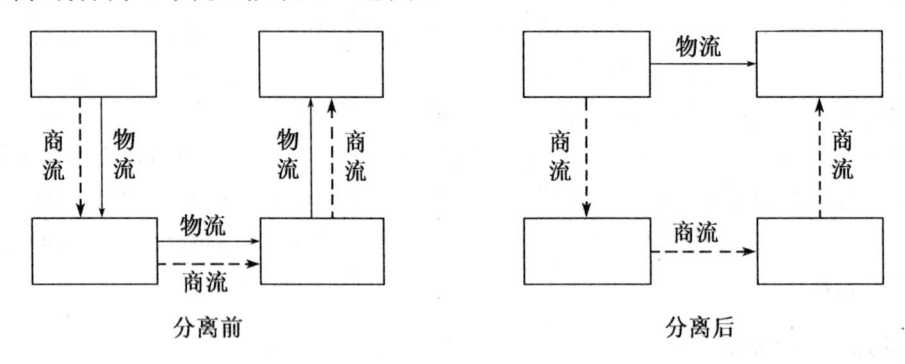

图 3-4 商、物分离形式

"商"指"商流",即商业性交易,实际是商品价值运动,是商品所有权的转让;"物"即"物流",是商品实体的流通。

商流和物流也有其不同的物质基础和社会形态。从马克思主义政治经济学角度看,在流通这一统一体中,商流明显偏重于经济关系、分配关系、权力关系,因而属于生产关系范畴。而物流明显偏重于工具、装备、设施及技术,因而属于生产力范畴。

"商、物分离"实际是流通总体中的专业分工、职能分工,是通过这种分工实现大生产式的社会再生产的产物,这是物流科学中重要的新观念。物流科学正是在"商、物分离"的基础上才得以对物流进行独立地考察,进而形成的科学。

2. "黑暗大陆"和物流"冰山"说

近年来,物流领域在国内外受到了空前重视,但事实上物流领域受到重视还是20世纪60年代的事情。1962年4月,美国管理学大师彼得·德鲁克(Peter Drucker)在《财富》杂志上发表题为"经济领域的黑暗大陆"的文章,即认为物流领域是经济领域的"黑暗大陆"。文章认为:"我们对物流的认识就像拿破仑对非洲大陆的认识。我们知道它确实存在,而且很大,但除此之外,我们便一无所知。"

"黑暗大陆"说主要是指物流领域尚未认识,尚未了解。按"黑暗大陆"的观点,如果物流的理论研究和实践探索能够照亮这块"黑暗大陆",那么摆在人们面前的将是巨大的财富。"黑暗大陆"说是对20世纪中期经济界一些愚昧现象的批判,也是对物流价值的正确评价。"黑暗大陆"说的提出标志着企业物流管理领域的正式启动。但严格地说,德鲁克当时用的词是"Distribution",而不是"Logistics",即是指"配送"而不是"物流"。也就是说仅指产品生产出来后到消费者手中这一段的物流。但有了这一开端,物流的价值随之得到了不断地发现和再发现。

物流的"冰山"说,是日本早稻田大学教授西泽修提出来的。他在研究物流成本时发现当时的财务会计和会计核算方法不可能掌握物流费用的实际情况。因此,人们对物流费用的了解不是那么清晰,往往带有极强的虚假性,很像沉在水面下的冰山,露出水面的仅仅是冰山的一小部分,而沉在水面下的是大部分,如图3-5所示:

西泽修教授的"冰山"说同德鲁克的"黑暗大陆"说一样,说明了在物流领域还有许多未知领域,需要我们去探索、研究。

图3-5 物流"冰山"

3. 物流的"森林"学说

物流"森林"说是美国学者提出来的,该学说认为物流整体效应如同森林。由于物流是由运输、存储、装卸、包装、配送、流通加工和信息功能等活动组成,活动内容丰富。而且,物流活动不是追求上述功能的个别要素优化,而是追求所有功能的整体效果优化,即追求整体效益。美国学者提出"物流是一片森林而非一棵棵树木",用物流森林的结构概念来表述物流的系统性,如图3-6所示。

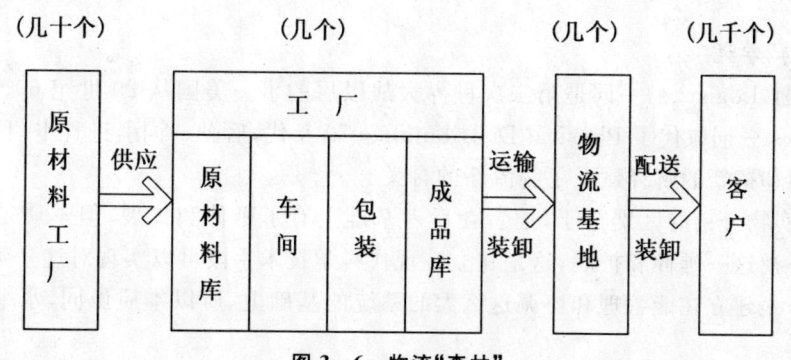

图3-6 物流"森林"

4. "第三个利润源"说

"第三个利润源"说主要出自日本,"第三个利润源"是对物流潜力及效益的描述。该学说认为生产领域创造利润的"第一源泉"(物质资源的节约)和"第二源泉"(劳动消耗的降低)已几乎开发殆尽,渐趋枯竭,人们转向流通领域。商品流通由物流、商流和信息流组成,而商流和信息流一般不会创造新的价值,所以物流成了众人瞩目的焦点,被看成是"降低成本的最后边界",成为企业的"第三利润源泉"。"第三个利润源"理论的最初认识是基于如下两个前提条件:

第一,物流是可以完全从流通中分化出来,自成一体独立运行的,有本身目标、管理,因而能对其进行独立的、总体的判断。

第二,物流和其他独立的经营活动一样,它不是总体的成本构成因素,而是单独盈利因素,物流可以成为"利润中心"型的独立系统。

5. 效益背反和物流的整体观念

效益背反指的是物流的若干功能要素之间存在着损益的矛盾,即某一个功能要素的优化和利益发生的同时,必然会存在另一个或另几个功能要素的利益损失,反之也如此。这是一种此涨彼消、此盈彼亏的现象,虽然在许多领域中这种现象都是存在着的,但物流领域中这个问题似乎尤其严重。效益背反和总体效益如图3-7所示:

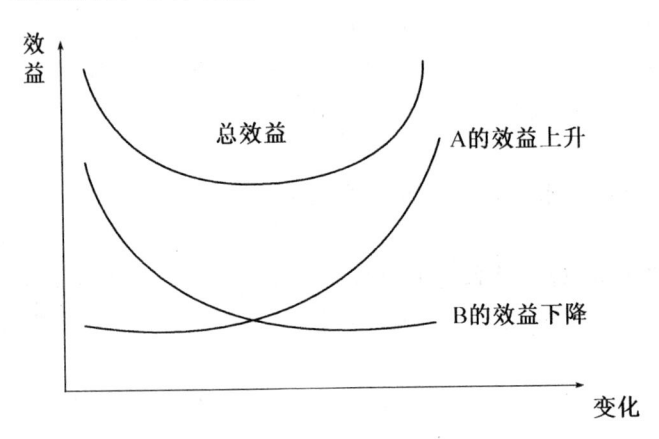

图3-7 效益悖反和总体效益

认识物流具有与商流不同特性而独立运动这一点,是物流科学走出的第一步。在认识效益背反的规律之后,物流科学也就迈出了认识物流功能要素、寻求解决和克服物流各功能要素效益悖反现象这一步。在系统科学已形成和普及的时代,必将导致人们寻求物流的总体最优化。

6. "后勤"学说

使用后勤(Logistics)一词是第二次世界大战以后的事。美国从20世纪60年代开始,逐渐用Logistics一词取代了Physical Distribution。70年代,后勤一词引进日本,日本同样翻译成"物流",但却按新的解释赋予了物流新的含义。

后勤和实物分销的区别在于,前者在后者基础上有了延伸和扩展,但本质是相同的。当然,也不能小视这一延伸和扩展,这是建立在现代科学技术手段可以实现对这一延伸扩展的控制的基础上,是建立在能管理和协调这么大的系统的基础上,所以本质虽同,水平却有时代的差别。

后勤的思想具有战略性而不着眼于既得利益，是企业发展的战略举措而不是一时谋取利润的手段、方法。因此它不是一项单纯性的职能活动，而是企业制订经营战略的一项基本原则。更可以理性地讲后勤是一种思维方式，按这观念可以建立起企业新的管理模式。后勤网络的基本实体要素主要有原料产地、制造工厂、配送中心和客户。后勤活动的具体内容包括14个方面：客户服务、订单处理、配送联络、存货控制、需求预测、交通和运输、仓库和储存、工厂和仓库布局选地、物料搬运、物料采购、备件和维修服务保障、工业包装、退货处理、废弃物处理。

7. "成本中心"说、"利润中心"说、"服务中心"说和"战略"说

"成本中心"说的含义是物流在整个企业战略中，只对企业营销活动的成本发生影响，物流是企业成本的重要产生点。因而，解决物流的问题并不主要是为了搞合理化、现代化，也不在于支持和保障其他活动，而主要是通过物流管理和物流的一系列活动降低成本。所以，成本中心既是指主要成本的产生点，又是指降低成本的关注点，物流是"降低成本的宝库"等说法正是这种认识的形象阐述。

"利润中心"说的含义是物流可以为企业提供大量直接和间接的利润，是形成企业经营利润的主要活动。物流也是国民经济中创利的主要活动，表述为"第三个利润源"。

"服务中心"说代表了美国和欧洲一些国家的学者对物流的认识，即物流活动最大的作用并不在于为企业节约了消耗，降低了成本或增加了利润，而是在于提高企业对用户的服务水平，进而提高企业的竞争能力。因此，他们在使用描述物流的词汇上选择了"后勤"一词，特别强调其服务保障的职能。通过物流的服务保障，企业以其整体能力来压缩成本以增加利润。

"战略"说是盛行的说法，学术界和产业界越来越多的人已逐渐认识到物流更具有战略性，是企业发展的战略而不是一项具体的任务。应该说这种看法把物流放在了很高的位置，企业战略是什么呢？是生存和发展。物流会影响企业总体的生存和发展，而不是在哪个环节为企业节省成本。

第二节 物流管理的主要内容

物流管理是一项实践性很强的活动，必须重视实践经验的积累，根据服务管理的实践，逐步对特定产品或特定客户的物流服务运营建立规范的流程、标准和服务体系，并以一定的形式固化知识。在以实践经验为基础的物流服务知识固化过程中，逐步分离出能够充分发挥企业资源整合优势和核心竞争力的基本服务和特殊服务，并逐步形成自己的物流管理模式。

在物流管理理论体系中，为建立良好的客户关系、提高客户满意度，应该更加关注围绕物流资源管理的物流成本管理、物流时间管理和物流绩效管理，如图3-8所示：

在图3-8所示的物流管理体系中，成本、时间和绩效三个要素确定了整个体系的资源，可见物流资源是一个系统的概

图3-8 物流管理体系

念。通常,物流资源有狭义和广义之分。从狭义上可理解为物流企业、物流市场以及运输仓储等物流基础设施;从广义上可理解为物流服务和物流作业所依赖的资金、技术、知识、信息、人员、场地、设备、设施、网络等所有元素。一方面,物流资源是物流产业生存和发展的基础,它决定着物流能力的大小和物流水平良好的客户关系,如图3-8物流管理体系所示。另一方面,现代物流的目标不是盲目发展和扩充物流资源,而是通过合理地整合和集成物流资源形成物流核心能力,在降低物流成本的同时提高物流服务水平。

资源整合可以理解为知识存量的函数,企业的知识存量越大,则企业资源整合的供给成本就越小。因此,企业必须全方位地开展知识管理,加大企业创新的广度和深度,这样才能真正形成以知识管理为基础的核心竞争力。

一、物流管理概论

物流管理作为供应链管理核心的重要组成部分,重点在于它能有效地控制和优化设施地点、库存和交通运输三个物流因素,将静态的设施地点、库存和动态的交通运输转化成具有最大增值能力的物流系统。2006年7月颁布的国家标准《中华人民共和国国家标准:物流术语》(GB/T18354-2006)将物流管理定义为:"为了以最低的物流成本达到客户满意的服务水平,对物流活动进行的计划、组织、协调与控制。"

1. 物流管理的战略目标

(1) 缩短物流管道。缩短物流管道意味着寻找减少周转时间和存货的办法。存货包括中间存货和最终存货两类。中间存货是指原材料、零部件、在制品、制成品的存货,当供应链出现需求波动时用以缓冲。这些存货增加了总供应链的长度,而零库存的原则要求客户与供应商紧密配合,以减少对存货的依赖。缩短物流管道的关键是要缩短"备货时间差",尽量使物流备货时间与订单周期一致,即减少物流备货时间与延长订单周期。减少物流备货时间通常通过物流网络的合理设计、供应链的紧密整合来实现。一般的做法是利用第三方物流企业的专业能力,合理地规划企业的物流配送网络,减少、取消企业供应链中不合理的物流中心,建立统一的物流转运中心和配送中心,从而实现统一满载、资源共享。延长订单周期从表面上看是让客户等待,其实不然,供应商可以借助物流管理系统更早获得客户订单需求来避免客户等待。利用先进的物流管理信息系统,客户可以更快更准确地通知供应商,甚至供应商也可以利用物流管理信息系统了解客户的需求计划,相应地调整生产计划,这有利于供应商改进需求预测的准确性,降低库存,缩短"备货时间差"。

(2) 增加管道透明度。物流管道透明度的增加使供应链网络中的物流信息变得更加开放,随时都可以获得有关存货地点和存货数量的信息。整个供应链网络就像一个透明的管道,可以准确地了解某个地方的某种货物,在什么时间可以到达网络中的什么目的地等信息。透明的物流管道改变了传统物流信息不准确的状况,消除了供应链网络中的瓶颈和过多库存。不良的管道透明度总是与不良的供应链控制相对应,为达到完美的供应链控制,掌握管道的实时信息是必需的。

(3) 物流作业系统化。在传统的物流模式中,物流只是作为企业的一般性功能活动分散在不同的职能部门中,物流信息也零散地分布在供应链的不同职能部门内。上下游企业之间、同一企业内不同职能部门之间物流信息相互闭塞,而且信息技术标准不一致。在供应链管理中,企业跨越了组织机构的界限,有机地将企业内部各部门及供应链成员企业连接起来,克服了传统以职能部门为基础的管理缺陷,改变了交易双方利益对立的传统观念,在整个供应链体系中建立起一个以共同利益为纽带的合作伙伴关系,使竞争对手成了合作伙伴,供应链管理的集成化要求将从供应商开始到最终消费者的物流活动作为一个整体进行统一管理,从整体和全局上把握各项活动,使整个供应链的库存水平最低,实现供应链整体的物流最优化。物流管理是建立在物流发展的基础上的,而物流发展趋势则推动了物流管理体系的形成。

2. 物流管理的特征

从物流定义可以看出,物流是实现从原材料市场到消费市场价值增值的重要环节。正是在增值市场的驱动下,物流才逐步变得越来越紧凑、稳定和高效。物流管理的特征主要表现在:

(1) 以提高客户满意度为第一目标。物流起源于客户需求,离开了客户需求,物流就会变得盲目,因此,在客户需求的驱动下,物流沿着供应链从上游的供应商向下游的客户流动。客户需求成为驱动物流的原动力。

(2) 着重整个流通渠道的物流运动。物流管理的主要对象从传统的包含采购、生产和销售物流的企业物流,扩展到包含退货物流和废弃品物流等逆向物流的社会物流。

(3) 以整体最优为目的。表3-1描述了企业各个部门的理论,通过对这些理论的分析,可以感受到现代物流综合了企业各个部门的职能,实现了整个企业和整个流通渠道资源优化的目的。

表3-1 各部门理论

采购理论	生产理论	物流理论	销售理论
低价格购入	扩大生产、生产合理化	降低成本	销售额增加、市场份额扩大
短时间购入	较长的生产流水线	大批量订货	高在库水准
大批量订货	固定的生产计划	充裕的时间	进货时间迅速、客户服务水平高
在库数量少	大批量生产	低在库水准	多品种

(4) 重视效率更重视效益。现代物流管理不仅追求物流体系中的增值能力,更注重物流活动过程中的增值服务能力,以客户满意度作为衡量物流运营能力的标准。

(5) 以信息为中心的实时对应型的商品供应体系。在信息的驱动下,物流的效率和效益达到了最大化。同时,与传统的由预测驱动物流的方式不同,现代物流是由客户订货驱动的。

(6) 对商品运动的一元化管理。伴随着商品实体的运动,必然会出现"场所移动"和"提前期"这两种物理现象,其中"提前期"(Lead Time)在当今产销紧密联系和物流一体化、网络化的过程中,已经成为一种重要的经营资源。"场所移动"和"提前期"分别表达了订货至交货的空间(场所)和时间的内涵,突出了JIT的思想。

3. 物流管理的发展趋势

在现代物流理念的推动下,物流管理进入了新的发展阶段,更加注重个性化和过程化管理,合作和创新的管理理念,以及成本和效率并重的原则。因此,物流管理的发展趋势可以概括如下:

(1) 由客户服务转向客户关系管理。传统物流管理的重点在企业内部作业与组织的整合上,对下游客户仍以提高服务质量为主要目的。因此,评价管理绩效的指标主要集中在订单周期的速度和供货质量等方面。然而,在供应链管理发展过程中,成员企业逐渐强调跨企业的资源整合,这使客户关系的维持和管理变得越来越重要。物流管理已从物的处理提升到物的增值方案管理,为企业量身定制,提供物的可得性与服务。

(2) 由竞争转向合作。在传统的商业网络中,大部分企业以自我为中心,追求自身利益,从而形成了企业之间的竞争对立局面。然而,在市场竞争压力的驱动下,许多企业开始在各个商业物流功能上进行整合,通过联合、规划和合作运营,形成高度整合的供应链体系,使整体绩效大幅度提升。

(3) 由预测转向实测。在传统的物流模式中,企业通过预测下游网络的资源来安排各项物流括动,由于预测结果的不确定性,浪费了许多资源和机会。物流管理发展的趋势是强调供应链成员之间的合作,成员之间在充分共享信息的基础上,使上游企业无需预测就可以准确地安排企业的生产计划和物流计划,物流模式逐步由预测转向实测。

(4) 由经验积累转向变迁策略。经验曲线一直是企业分析市场环境、竞争趋势和发展对策的有效方法,并在学习的基础上逐步成为企业参与竞争的武器。随着科学技术的发展,企业固守经验不求突破的经营模式反而成为企业发展的障碍。因此,在高度变化的环境中,由经验构筑的供应链网络结构反而成为企业难以逾越的障碍。企业要成功就必须培养洞察发展方向的能力,只有坚持变迁管理,企业才能生存和发展。

(5) 绝对价值转向相对价值。传统财务评价只观察一些绝对数值,而新的评估方法将着重评价相对价值,不仅关注供应链网络中的增值服务能力,而且关注企业在为客户创造的价值中所占的比重。

(6) 由功能整合转向过程整合。在渠道竞争日趋激烈的环境中,企业必须能够以最快的速度响应上、下游客户的需求,因而必须有效整合各部门、各企业的业务流程,形成过程管理的新型模式。物流作业和活动多半具有跨部门、跨功能、跨企业的特性,所以过程整合将成为物流管理成功的要素之一。

(7) 由垂直整合转向虚拟整合。在传统渠道中,一些大型企业会进行网络的垂直整合,以期获得更大的资源运营能力。事实证明,垂直整合分散了企业的资源,削弱了核心业务。企业经营的趋势是专注于核心能力,将非核心业务委托给专业公司。虚拟企业整合体系使企业能提供更好的产品和服务。在虚拟整合趋势下,供应链管理体系得以成功发展,物流产业也获得了很大支持,能够配合企业物流之需,不断开发出新的增值服务项目,形成更专业化的第三方物流,为市场和客户提供更多、更好、更具增值能力的服务。

(8) 由信息保守转向信息共享。在供应链管理结构下,供应链成员必须将供应链整合所需要的信息与其他企业分享,否则无法形成有效的供应链管理体系。信息共享增强了供应链运营的灵活性。

(9) 由训练转向知识学习。在可预见的未来,任何物流程序均通过人力来完成。然而,物流作业多半需要在各个物流中心和运输网络中进行,大约花费90%的时间,物流经理无法亲自加以监控。全球化发展趋势增加了物流人力资源管理的复杂性。物流管理的成功,需要培养物流人员的关键知识和能力。物流经理必须将人员技能训练转变为知识学习的方式,这样才能满足物流发展的人才需求。

(10) 由管理会计转向价值管理。企业管理需要强调数字管理,但在会计系统中,财务信息有很多限制,无法提供有助于管理决策的信息。因此,当成本管理发展起来之后,许多企业愿意投入资源建立会计系统,着重提供增值数据,实现跨企业的信息管理,以期确认和支持可以创造价值的作业,并不是仅仅局限于收益的增加和成本的升降上。

总之,物流管理在市场竞争压力的推动下,逐步走上了竞争——发展——创新的管理之路,价值增值能力也逐步提高。

二、物流成本管理

成本管理是任何一个企业永恒的主题,它有助于更好地突出以客户为中心的理念,并且在提供良好的产品和客户服务的同时,尽可能降低成本。物流成本管理就是将成本管理的思想集成应用到物流活动中,形成一种以成本为中心的物流管理方法。例如,基于活动的成本分析(activity-based costing,ABC)已经成为企业追求效益的重要途径。通过对物流活动的成本管理,可以降低物流成本,提高物流活动的经济效益。

1. 物流成本的概念与构成

传统上的物流成本是指产品空间位移(包括静止)过程中所耗费的各种劳动的货币表现,它是产品在实物运动过程中,如运输、装卸搬运、储存、流通加工、包装、配送、物流信息等各个环节所支出的人力、物力和财力的总和。

物流成本有狭义和广义之分。狭义的物流成本仅指由于物品移动而产生的运输、包装、装卸等费用。广义的物流成本是指生产、流通、消费全过程的物品实体与价值变化而发生的全部费用,具体包括从生产企业内部原材料的采购、供应开始,经过生产制造中的半成品,到产成品的仓储、搬运、废品回收等各环节发生的所有成本。可以认为,物流成本就是完成各种物流活动所需的费用。物流成本的计算范围、对象范围和涵盖范围决定了物流成本的范围。通常物流成本由以下几部分构成:

(1) 物流过程的研究设计、重构和优化等费用;

(2) 物流过程中的物质消耗,如固定资产的磨损、包装材料、电力、燃料消耗等物品在保管、运输等过程中的合理损耗等;

(3) 用于保证物流顺畅的资金成本,如支付银行贷款的利息等;

(4) 在组织物流的过程中发生的其他费用,如有关物流活动产生的差旅费、办公费等;

(5) 从事物流工作人员的工资、奖金及各种形式的补贴等;

(6) 在生产过程中一切由物品空间运动(包括静止)引起的费用支出,如原材料、燃料,半成品、在制品、产成品等的运输、装卸搬运、储存等费用。

物流成本以物流活动的整体为对象,是唯一基础性的、可以共同使用的基础数据。物流成本是进行物流管理并使物流合理化的基础,是衡量一个国家经济运行效率的重要指标。随着物流管理意识的增强,降低物流成本已经成为物流管理的首要任务。物流成本间存在效益背反规律,主要是由于各种费用互相关联,在物流功能之间,一种功能成本的削减会使另一种功能的成本增多。因此,必须综合考虑整体的最佳成本。

2. 物流成本管理在物流管理中的作用

物流成本管理在物流管理中占有重要的地位。"黑大陆"理论、"第三利润源"理论以及物流"冰山"理论等都说明了物流成本管理是物流管理的重要内容,而降低物流成本与提高物流服务水平构成了物流管理最基本的内容。通过对物流成本的有效把握,利用物流要素之间的效益背反关系,科学、合理地组织物流活动,加强对物流活动过程中费用支出的有效控制,降低物流活动中的物化劳动和活劳动的消耗,这样才能达到降低物流总成本、提高企业和社会经济效益的目的。

（1）从宏观上看，物流成本的下降，对全社会而言意味着在创造同等数量的财富时，在物流领域所消耗的物化劳动和活劳动得到节约，从而能够以尽可能少的资源投入创造出尽可能多的物质财富，减少资源消耗，为社会节约大量财富。

（2）从微观上看，由于物流成本在产品成本中占有很大比重，在其他条件不变的情况下，降低物流成本意味着扩大了企业的利润空间，提高了利润水平。物流成本的降低，同时也意味着增强企业在产品价格方面的竞争优势，企业可以获得相对低廉的价格，从而提高产品的市场竞争力，扩大销售，并为企业带来更多的利润。

3. 物流成本管理的措施

物流成本的传统管理主要是通过加快物流速度、减少物流周转环节、采用先进的物流技术以及加强经济核算等手段来实现的。在新的竞争环境下，物流成本管理的措施出现了新的特点，并产生了一系列新的物流成本管理措施。

（1）加强物流成本的计算。物流成本计算是物流成本核算的基础。物流成本计算的难点在于缺乏能够充分反映物流成本的原始数据。物流成本数据很难从财务会计的数据中剥离出来，因此，如果要准确计算物流成本，首先需要在计划开始执行后，对产生的生产耗费等基础数据进行归纳、整理，根据企业的实际情况和管理目标制订一个可行的规划，对各相关部门进行物流成本管理。

（2）树立物流总成本观念。追求物流总成本的最小化是现代物流的一个显著特征。应该考虑从产品制成到最终用户的整个流通过程物流成本的降低，即从流通全过程的视点来降低物流成本。① 通过物流功能要素的协同来降低物流成本。物流功能要素之间始终存在冲突，功能要素个体最优不等于总体最优。将运输、装卸搬运、储存、流通加工、包装、配送、信息处理等各个功能要素进行协同，其结果可能是运输成本不是最小的，或者库存成本不是最小的，但运输储存的成本之和会是最小的。② 通过物流部门和其他部门之间的协同降低物流成本。可以根据企业情况进行业务流程重组，成立横向的物流管理部门，以实现部门之间更好地协同达到降低物流成本的目标。

（3）科学管理库存，减少隐性成本。控制库存以达到最低库存是物流管理的重要职责。最低库存的目标是要将库存水平配置减少到与客户服务目标一致的最低水平，以实现最低的总物流成本。因此，科学管理库存不仅可以降低库存水平、减少资金占用和库存持有成本、减少隐性成本，而且还可以提高客户满意度。

（4）通过效率化的配送降低物流成本。为了满足大众需求向多样化和个性化方向发展的趋势，企业开始采用多样化和少批量的生产方式，从而产生了高频度、小批量的配送方式。效率化的配送通过合理安排配车计划、强化车辆的运行管理，将小批量的货物整合后开展共同配送，这样能减少运输次数、提高车辆装载率，实现车辆运行的效率化，从而降低配送成本。效率化的配送方式对提高物流运营效率、降低物流成本具有重要意义。

（5）采用一贯制运输和物流外包降低物流成本。从运输上考虑降低物流成本，可以通过一贯制运输来实现，即通过利用各种运输工具的有机衔接实现从制造商到最终消费者的商品运输。这样，一方面由于运输工具的标准化以及运输管理的统一化，降低了商品周转、过载过程的费用和损失，也大大缩短了商品在途时间；另一方面，企业可以将物流外包给第三方，减少或者不必对物流系统增加投资，从而降低物流系统的固定成本，减少商品周转过程的费用和损失。

(6) 削减退货成本降低物流成本。退货成本是伴随着退货产生的一系列物流费用、由退货商品损伤或滞销而产生的费用、处理退货商品所需要的人员费用,以及各种事务性、管理性费用。为削减退货成本,企业应制订防止和减少出现退货的政策。一方面,要建立规范的质量管理体系和物流服务标准规范,提高产品质量,减少商品损伤;另一方面,建立和完善绩效评价体系和退货责任体系,提高生产、流通企业或部门员工的质量意识,规范经营行为。

(7) 借助物流信息系统控制和降低物流成本。一方面,物流信息系统可使各种物流作业或业务处理迅速、准确;另一方面还可以建立物流经营战略系统,通过信息系统的数据汇总进行预测分析,实现生产、流通全过程的企业或部门信息共享,从整体上控制和降低物流成本。物流信息系统不是向其他企业或部门转移成本,而是为降低物流成本提供了捷径。

(8) 通过供应链管理提高物流服务削减成本。对商品流通的全过程实现供应链管理,使由生产企业、第三方物流企业、销售企业、消费者组成的供应链体系整体化和系统化以实现物流一体化,使整个供应链利益最大化,从而有效降低企业物流成本。采取全程供应链管理模式能有效缩短从供应商到客户的"时间距离",缩短从产生客户需求到满足客户需求的响应周期,降低企业库存,有效节约物流费用,降低物流成本。

三、物流时间管理

物流是劳动对象在形成过程中的一种运动表现形式,始于原材料的采购,经运输、加工制造的生产流程,再进入流通过程,最终到达消费者手中。物流也具有一般运动的时间和空间属性,需要占据一定的空间并在空间中移动;需要消耗时间,表现为时间上的延续。这样一来,就从成本、质量、产品、地点、到达时间等五个方面对物流管理提出了要求。物流管理就是要使物流加速,从这层意义上说,物流管理就是对物流时间的管理。通过物流加速减少仓库和库存量,以时间消灭空间,在最短的时间内,以最低的成本为客户提供最高价值的产品,现代物流企业已经认识到加快物流速度、减少物流时间消耗对于降低成本提高竞争力的重要性。

从社会再生产的角度看,国民经济全部工农业产品的生产过程和制造过程,除了加工和生产的时间以外,全部都是物流过程的时间。如制造业的生产加工时间仅占10%左右,而物流时间占到90%,很大一部分生产成本消耗在物流过程之中。因此,物流时间管理已经成为决定企业生存和发展战略能力的关键所在,成为企业激烈竞争中的新的经济效益增长点。

1. 物流时间分类

根据物流过程中的运动状态,可以将物流时间分成物流的运动时间与物流的静止时间两大类。物流的最基本特征是运动,物流的运动时间构成了物流过程中的主要时间,它主要包括运输时间(包含外部途中运输时间和内部移动时间)和产品加工时间。物流的静止时间主要包括库存时间、等待时间和交接时间。在大多数情况下,物流的静止时间是不产生价值的,相反它延长了物流时间,占用了有限的资金,更重要的是它极大地降低了物流服务水平,掩盖了物流系统中的管理问题。

(1) 运输时间。运输时间主要由外部途中运输时间和内部移动时间组成。物品的运输包括原材料运输和商品运输,运输时间的消耗主要是指运输所需的时间及装卸搬运时间。

(2) 产品加工时间。产品加工制造所需的时间一般很少,而大量的时间是加工等待时间。减少加工时间的关键是压缩加工等待时间。

(3) 库存时间。库存时间占据了物流静止时间的绝大部分,控制库存时间是物流时间管理的重要内容。库存时间包括原材料库存时间、成品库存时间和销售库存时间等。作为物流系统的缓冲,库存起着缓冲或消除系统众多不确定因素影响的作用。

(4) 等待时间。它由加工过程中的等待时间和运输过程中的等待时间组成。等待时间是整个物流系统计划和执行水平的直接体现。

(5) 交接时间。交接时间指的是物流过程中相邻环节间在交接时发生的等待,表现为验收时的数量清点、质量检验以及发货时的复查与等待。它与等待时间一样,在一定程度上反映了物流系统的管理水平。

2. 物流时间管理的途径

在物流时间管理中,静止时间的管理最困难、最复杂,但也最有价值。本来物流主要体现在运动环节,这一环节占据了物流时间的主要部分,但是利用运动环节来实现物流加速较困难,容易引起成本的明显上升。物流中的静止时间通常不能创造价值,只能作为创造价值的必要条件出现。缩短物流中的静止时间是实现物流时间管理的重要途径,因为它引起的直接成本上升有限,有时候甚至可以减少物流的系统成本。但是静止时间作为连接物流过程的必需环节和缓冲,在具体管理上存在着现实困难,不仅依赖于整个系统周密的生产运营计划、切实的执行和系统可靠性,还取决于物流系统的整体管理水平。

(1) 运输时间的管理。减少运输时间可以从以下两个方面来考虑:① 减少运输距离。在使用相同的交通工具的情况下,提高物流速度主要是靠减少运输距离。减少运输距离主要涉及仓库和物流中心的选址问题。企业在一定成本下的选址应尽可能地缩短运输距离。例如,原材料仓库应设在距离原材料供应较近的地方,中转仓库应设在靠近码头、铁路等交通比较发达的地方,配送中心应设在距离目标客户较近的地方。② 提高运输速度。企业设置的物流部门利用率普遍较低,造成了资源的浪费,同时还占用了资金,增加了成本。现代的市场竞争要求企业将物品的外部运输外包给第三方物流企业。随着物流全球化的发展,第三方物流能满足跨国家、跨地区的物流配送对速度的高要求。

(2) 加工时间的管理。企业提高加工速度、减少加工时间的关键是压缩加工等待时间。加工等待时间由三部分组成:一是等待自己的前一个批次被处理;二是等待自己所属批次被处理;三是完成特定的管理流程所耗费的时间。

一般来说,浪费的加工等待时间由以上三项平分,称为"3/3 法则"。此法则表明,考虑的首要因素是批量的大小,可以在原有设施布局基础上减小批量,增加运输频次,但此时换产调整时间、设备故障停机时间等又成为等待时间的重要因素。另外,生产计划是否稳定均衡也是加工时间管理的一个重要因素。可采用在单位时间内将所有产品的品种数量平均化生产的计划方式,这一方式被称为"混流",该方式可以以月、周为单位,甚至以日为单位。混流方式按照销售速度来安排数量与品种均衡,这可以使产品在每一工序起始时就尽可能摆脱"3/3 法则"阴影,领先于竞争者,能够在极短的时间内交货。

(3) 库存时间的管理。如果以库存物品的存放时间作为控制对象,可以将库存还原成物流过程中的一个环节,通过控制库存占用的物流时间,达到减少库存和加速物流的目的。库存的时间管理有着突出的优势:一方面,将库存控制回放到物流系统管理,摒弃了孤立的库存数量管理方式;另一方面,由于库存时间经常会不可避免地带来物品的损耗,而物流时间管理以库存物品的时间为管理核心,充分考虑了时间对物品的影响,从而避免了对个别物品库存时间的忽视。另外,由于信息流的时间滞后性,一些物品需求被直接转化为库存,如果需求和信息流明确,就可以通过JIT、小批量和计划手段实现前后工序的无缝连接,在追求零库存的过程中不断降低库存水平。

(4) 等待时间的管理。缩短现场等待时间依赖于整个系统周密的生产运营计划及其执行情况。大多数生产过程都是由多个环节组成的,而且不同环节的工序经常在空间上存在距离,需要一定的运输工具将在制品输送到下一个环节或者进行必要的仓储。另外,加工速度与运输工具充分运行时的工作速度和批量经常存在一定差异,而且生产过程中前后工序的加工速度可能存在差异,因此在加工过程中经常出现等待时间。此外,在运输过程中,通关、装卸、信息处理、办理必要手续等会带来物流停顿,尤其在多种运输方式联运中,物品在不同运输方式间的转移产生的等待占用时间较多,因此在物品运输过程中也会经常出现等待时间。

加工过程中的等待时间,由经济运输批量、加工进度的稳定性、运输工具的运载能力等因素决定。较大的经济运输批量决定了物品较长的等待时间,前后工序中加工的不稳定性需要一定的物品储备作缓冲,从而延长了物品的等待时间。运输工具运载能力越高,物品的等待时间就会越短。等待时间管理应以此为依据,适当考虑信息传递需要的合理时间和不确定因素带来的不利影响。

(5) 交接时间的管理。交接时间管理主要以交接过程的合理工作时间为依据,兼顾信息传递和管理手续所需要的必要时间;另外,物流交接人员的现场出勤状况也会影响交接时间。低水平的整体计划和执行、物流交接人员的不足,都会影响现场的交接时间。

3. 基于时间的竞争

20世纪70年代以前,成本是主要的竞争优势,80年代是质量,90年代是交货时间,即所谓基于时间的竞争。基于时间的竞争是由波士顿咨询公司顾问乔治·斯托克(George Stalk)和托马斯·霍特(Thomas Hout)提出来的,他们在《与时间竞争》一书中提议,在每个过程中的每个阶段都要尽量地压缩时间。"时间是商业的秘密武器,因为从时间上反映出来的优势可以带动其他的竞争优势。"斯托克和霍特写道:"用最低的成本在最少的时间内提供最高的价值,这是企业成功的新模式。"

根据斯托克的研究,战后日本经历了劳动密集、资金密集、集中生产、柔性生产四次竞争战略转变,使日本一直保持着低成本与高生产率。时间竞争与其他管理理念存在着本质的不同,它与质量和成本竞争一起主导着客户响应和快速新产品推出战略,其实质是压缩产品的设计、制造及运送全过程的时间,加快产品开发与推出、设计与制造、物流配送及客户服务的时间。一方面,使得新产品比竞争者的产品更早或第一个进入市场,从而赢得更多的市场份额;另一方面,大大降低了产品长周期带来的时间成本,增强了市场变化响应能力,降低了风险。此外,还保证和节省了运输时间,增加了客户满意度。

基于时间的竞争要求在相同的资源和成本下,尽可能地缩短流程时间、加快速度。在实践中,基于时间的竞争主要是一种用作降低成本而不是提高竞争力的方式。更短的时间周期意味着更高的效率和更低的成本。基于时间的竞争没有从质量和数量方面入手,而是无意识地刺激了成本的降低。如何在最短的时间内,以最低的成本为客户提供最高价值的产品,这就是基于时间变量的竞争优势最深刻的内涵。企业能否构建出这种竞争优势,直接决定着企业竞争能力的高低与竞争的成败。

正是由于物流系统中存在的不确定性,使得物流系统中存在着多种形式的提前期概念,如采购提前期、生产提前期、配送提前期等。提前期的存在,有效地缓冲了物流系统各个环节存在的不确定性引起的风险,使物流系统的衔接更加通畅。良好的物流时间管理,有助于减小或消除提前期。

四、物流绩效管理

物流系统由运输、装卸搬运、储存、流通加工、包装、配送、信息处理等功能要素构成,贯穿于生产、配送、流通和消费的整个过程。物流绩效管理作为物流管理体系中的一个重要组成部分,是满足客户需求、提升服务质量的重要环节之一。

1. 物流绩效管理的概念及主要内容

物流绩效管理就是依据物流系统运营的客观规律,为满足物流客户的服务需求,通过制订科学合理的基本标准,运用绩效管理的理论方法对物流系统进行科学合理地规划、组织和协调,以实现优化控制的一系列活动过程。物流绩效管理概念的内涵丰富,既包含物流对象的质量,也包含物流手段、物流方法的质量,还包含工作质量,因而是一种系统而全面的质量观。物流绩效管理主要包括质量保证和质量控制。物流绩效管理与一般商品质量管理的不同之处在于,物流绩效管理一方面既要满足生产者的要求,使其产品能及时准确地转移给客户,另一方面又要满足客户的要求,即按客户要求将其所需的商品送交,并使两者在经济效益上保持一致。

物流绩效管理主要包括以下几方面内容:

(1) 物流对象的质量。在生产过程中,物流对象已具有自己的质量实体,在物流过程中应保护和转移这些质量。同时,为了方便运输,或者为了弥补生产过程中的加工不足,使产需双方更好地衔接,物流对象的部分加工活动会放在物流过程中完成,即流通加工。从这个意义上说,物流也是商品质量的"形成过程"。物流对象质量保护是指在物品运送过程中对物品原有质量(数量、形状、性能等)的保证,尽量避免出现破损。现代物流采用流通加工等手段可以改善和提高物流对象的质量。

物流对象质量保护的内容包括:

① 数量保护。在物流过程中,物品的散失、丢失、盗失等原因都会导致出现数量减少问题。采用集装箱的装运方式能够最有效地保护物流对象的数量不受损失,同时由于形成了一种整体的货载方式,也不需要在物流过程中经常清点物品。这种技术方式有力地支持了物流过程中的质量管理。

② 质量保护。保证物品在物流中不发生超出约定的物理的、化学的、生物的质量变化。在物流过程中,不同的物流对象可能发生的质量变化是不同的,因此必须针对不同的物流对象单独制订质量保护协议。对于一些特殊的物流对象,如危险品,物流责任企业需要有专门的人才和技术力量、设施装备来解决质量保护问题。

③ 灾害预防。物流过程中最大的损失来自灾害,物流过程中既要防止来自外部的灾害,如天气、环境、海难等因素,又要防止来自内部的灾害,如物品的燃烧、爆炸等。虽然物流过程中灾害性的损失往往可以获得赔付,但仍然需要建立科学合理的防范体系。现代科学技术为灾害的预防和救援提供了许多可以选择的手段,如海上呼救和救援系统、GPS等。

(2) 物流服务质量。物流服务质量是物流绩效管理的一项重要内容。物流具有极强的服务性质,既要为现代企业生产经营过程服务,又要为现代企业的产品和服务的客户提供全面的物流服务。整个物流服务的质量目标,就是以提高客户满意度为衡量指标的。服务质量因不同客户的要求而异,因此,在物流过程中要了解和掌握客户在产品品种、批量、配送额度、交货期、运输方式、信息提供、价格等方面现实的和潜在的要求,坚持以客户需求为导向。当然,提高物流服务质量也不能是消极的、被动的。由于"交替损益"的作用,有时客户的某些服务要求会增大成本或出现其他的问题。物流服务应是积极的、能动地推进服务质量。此外,物流服务质量是变化发展的,随着绿色物流、柔性物流等服务理念的提出,会形成新的物流服务质量要求。

(3) 物流作业质量。物流作业质量是指物流各环节、各工种、各岗位具体工作的质量,物流作业质量和物流服务质量既有联系又有区别,物流服务质量水平取决于每一项作业质量的总和,所以,物流作业质量是物流服务质量的保证和基础。通过强化物流管理,建立科学合理的管理制度,充分调动员工积极性,不断提高物流作业质量,物流服务质量也就有了一定程度的保证。为实现总的服务质量,要确定具体的作业要求,以质量指标形式确定作业质量目标。同时,还要将物流服务总的目标质量分解成各个工作岗位具体实现的质量目标,在技术、管理、操作等方面努力提高服务质量。

(4) 物流工程质量。物流工程质量是指将物流绩效体系视为一个系统,用系统论的理论方法对影响物流绩效的诸要素,如人、体制、设备、工艺方法、计量与测试方法以及环境等进行分析、计划和有效控制。物流工程具体可分为总体的网络工程系统和具体的技术工程系统两大类。任何物流系统的运营,必须依靠有效的工程系统。与产品生产类似,物流绩效既取决于作业质量,也取决于工程质量。提高物流工程质量有助于实施"预防为主"的质量管理方法,因而它是物流绩效管理的一项基础性工作。优良的作业质量对于物流绩效的保证程度,受制于物流技术水平、管理水平、技术装备水平。优良的物流绩效是在整个物流过程中形成的,要想能"事前控制"物流绩效、预防物流损失,必须有效控制影响物流绩效的诸因素。

2. 物流绩效管理的特点

(1) 全员参加管理。物流绩效管理涉及物流活动相关环节的所有企业、部门和人员,需要各方紧密配合,共同努力。物流管理的全员性正是由物流的综合性、物流绩效问题的重要性和复杂性所决定的,它反映了物流绩效管理的客观要求。

(2) 全过程质量控制。物流绩效管理是对运输、装卸搬运、储存、流通加工、包装、配送等若干过程进行的全过程质量管理,同时又是在社会再生产全过程中开展全面质量管理的重要一环。在这一全过程中,必须一环紧扣一环地进行全过程管理,并实现全过程信息处理的透明化,只有这样才能保证最终的物流绩效,达到目标绩效。

(3) 全面整体管理。影响物流绩效的因素具有综合性和复杂性,加强物流绩效管理必须全面分析各种相关因素,把握其内在规律。物流绩效管理不仅管理物流对象本身,而且管理物流作业质量和物流工程质量,最终对成本及交货期起到管理作用,具有很强的全面性,因而必须全面考虑系统的各个环节、各种资源以及整个物流活动的相互配合、相互协调。只有全面开展绩效管理,才能最终实现物流绩效管理的目标。

物流绩效管理具有全面的特点,必须强调"预防为主",将绩效管理由传统的质量检验转变成以"预防为主"的质量控制,明确"事前管理"的重要性。

3. 加强物流绩效管理的基本途径

(1) 树立物流整体绩效管理思想。只有形成物流整体绩效管理的认识,才能切实做好物流服务过程的整体绩效管理,并从整体上考核物流服务绩效管理水平,同时提高内部服务绩效和外部服务绩效。

(2) 建立有效的物流绩效管理信息系统。量化客户对物流绩效的期望,强调信息的质量,监控物流绩效状况。

（3）加强物流绩效管理的主要措施。根据全面质量管理理论，建立和完善物流绩效管理的计量和评估体系，切实消除物流过程中的差错，积极引进现代质量管理理论和技术，提高绩效管理水平，运用有效的激励措施，实行全员绩效管理，根据绩效管理环境确定绩效管理目标、绩效评价标准和绩效管理措施。

第三节 第三方物流

一、第三方物流概述

第三方物流的产生和发展是社会资源优化配置的必然结果，它描述了供应链体系中的一种新型合作关系。第三方物流随着物流产业的发展而发展，是物流专业化的重要形式。物流产业发展到一定阶段必然会出现第三方物流，而且第三方物流的占有率与物流产业的发展水平之间有着非常紧密的相关性。国外发达国家的物流产业实证表明，独立的第三方物流至少占社会物流的50%时，物流产业才能形成。所以，第三方物流的发展程度反映和体现着一个国家物流产业发展的整体水平。

1. 第三方物流的内涵

第三方物流（Third Party Logistics，3PL）的定义为："物流渠道中的专业化物流中间人，以签订契约的方式，在一定期间内，为其他公司提供所有的或某些方面的物流业务服务。"因此，第三方物流也称"契约物流"、"集成物流"或"外包物流"，是20世纪80年代中期才在欧美发达国家出现的概念。物流经营者不参与商品的买卖，只是提供从生产到销售的整个流通过程中专门的物流服务，诸如商品运输、储存配送以及增值性物流服务。在某种意义上，可以认为第三方物流是物流专业化的一种形式。

从广义的物流运营角度看，第三方物流包括一切物流活动，以及消费者可以从第三方物流经营者那里得到的一切增值性物流服务。消费者和第三方物流经营者以契约的方式明确规定服务费用、服务期限和相互责任等事项。

狭义的第三方物流专指本身没有固定资产，但仍借助外界力量承接物流业务，负责代替消费者完成整个物流过程的一种物流管理方式。

2. 第三方物流的特征

第三方物流的实质就是物流经营者借助现代信息技术，在约定的时间、空间，按约定的价格向物流消费者提供约定的个性化、专业化、系列化物流服务的过程。从发达国家物流产业发展和实践来看，第三方物流已经逐渐形成了鲜明的特征，突出表现在如下几方面：

（1）关系契约化。第三方物流是通过契约形式来规范物流经营者与物流消费者之间的关系。物流经营者根据契约规定的要求，提供多功能直至全方位的一体化物流服务，并依据契约来管理所提供的所有物流服务活动及其过程。第三方物流发展物流联盟也是通过契约的形式来明确各物流联盟参加者之间的责任与权力及其相互关系。

（2）服务个性化。不同的物流消费者存在不同的物流服务要求，第三方物流需要根据不同的物流消费者在企业形象、业务流程、产品特征、客户需求特征、竞争需要等方面的不同要求,提供高针对性的个性化物流服务和增值服务。从事第三方物流的经营者还需要考虑市场竞争、物流资源、物流能力的影响,从而形成核心业务,不断强化所提供物流服务的个性化和特色,以增强物流市场竞争能力。

(3) 功能专业化。第三方物流提供的是专业化的物流服务。从物流设计、物流操作过程、物流技术工具、物流设施到物流管理必须体现专门化和专业化水平,这既是物流消费者的需要,也是第三方物流自身发展的基本要求。

(4) 管理系统化。第三方物流应具有系统的物流功能,这是第三方物流产生和发展的基本要求。第三方物流需要建立现代管理系统才能满足运营和发展的基本要求。

(5) 信息网络化。信息技术是第三方物流发展的基础。在物流服务过程中,信息技术发展实现了信息实时共享,促进了物流管理的科学化,极大地提高了物流效率和物流效益。

(6) 资源共享化。第三方物流经营者不仅自己可以构筑信息网络和物流网络,而且可以共享物流消费者的网络资源。

3. 第三方物流的分类

第三方物流经营者可以分为有形的和无形的两类。有形的第三方物流经营者是以自己的资产提供优质服务,如德国的辛克公司、美国的 UPS、日本的山九公司和日通公司;无形的第三方物流经营者是管理公司,不拥有资产,它们提供人力资源和信息系统和专业管理客户的物流功能,如美国的 RYDER、GEOLOGISTICS 和 AEI 公司。

专业化和社会化的第三方物流经营者是物流企业。按照物流企业是自行承担物流业务,还是委托他人进行操作,还可将物流企业分为物流自理企业和第三方物流企业。物流自理企业就是平常人们所说的物流企业,可进一步按照业务范围进行划分。

第三方物流企业同样可以按照物流业务代理的范围,分成综合性第三方物流企业和功能性第三方物流企业。功能性第三方物流企业包括运输代理企业、仓储代理企业和流通加工代理企业等。功能性第三方物流企业也叫单一第三方物流企业,即它仅仅承担和完成某项或几项物流功能。按照主要从事的物流功能可将它进一步分为运输企业、仓储企业、流通加工企业等。综合性第三方物流企业能够完成和承担多项甚至所有的物流功能,这样的企业一般规模较大、资金雄厚,并且有着良好的物流服务信誉。

因此,物流公司一般分成三种类型:一是资产密集型的交通运输商;二是物流信息技术服务商,包括软件公司、供应链信息管理商、贸易信息管理商和网上运输市场;三是第三方、第四方物流商,包括货运代理商和契约物流服务商。

二、第三方物流服务的内容

在过去的 10 年中,第三方物流在欧美等国家获得了很大的发展。欧洲目前使用第三方物流服务的比例约为 76%,美国约为 58%,而且第三方物流需求仍在增长。

1. 第三方物流的服务内容

以欧美国家为例,第三方物流服务内容主要集中在共同运输、车队管理、订单履行、产品回收、搬运分拣、物流信息系统、运价谈判、产品安装装配、订单处理、库存补充、客户零配件等,如表 3-2 所示:

表 3-2 欧美企业利用第三方物流的服务率

物流功能	西欧(%)	美国(%)
共同运输	74	84
车队管理	56	49
订单履行	51	30
产品回收	51	24
搬运分拣	39	3
物流信息系统	26	19
运价谈判	13	30
产品安装装配	10	8
订单处理	10	3
库存补充	8	5
客户零配件	3	3

2．第三方物流管理的特征

第三方物流经营者承接了共同运输和车队管理后,为减少费用的支出,同时又要使物流消费者觉得有利可图,就必须在整体上统筹规划,强化物流管理职能,建立合理的物流模式。第三方物流管理具有如下重要特征：

(1) 第三方物流管理是建立在信息技术基础之上的电子化物流(e-logistics)；

(2) 第三方物流管理是第三方物流经营者与物流消费者之间的战略联盟,并不是一般意义上的买卖关系；

(3) 第三方物流管理中的第三方物流经营者既是物流消费者的战略投资人,也是风险承担者；

(4) 资源集成化和利益一体化是第三方物流管理的利润基础。

第三方物流已经成为供应链管理创新的一种重要途径,它不仅可以为企业缩减资产和节省物流费用,更为重要的是,它能借助供应链体系的创新,带给企业关键的增值收益,提高竞争力和赢利能力。随着物流外包的发展,各大物流经营者也在纷纷完善自身,扩大服务的覆盖面。随着第三方物流业务范围的不断扩展,越来越多的企业将选择第三方物流作为整合供应链资源的重要途径。

3．第三方物流的作用

物流在物流资源优化方面具有明显优势,它可以帮助物流消费者采用供应链策略管理物流,处理供应链末端的任务,如退货和产品包装等；它还能遵循供应链管理体系的基本原则,尽可能在靠近消费者的地点和时间完成产品交付。第三方物流企业通过遍布全球的运送网络和服务网络大大缩短了交货期,有助于改进客户服务质量。第三方物流的发展和企业物流外包率的上升,给各行各业带来了很大的利益,越来越多的企业将物流作业外包给第三方。那么,企业实施第三方物流的作用概括起来主要有：

(1) 降低作业成本。第三方物流可为委托企业平均降低10%～20%的成本,这是许多企业选择外包的主要原因。专业的第三方物流经营者利用规模生产的专业优势和成本优势,通

过提高各环节的利用率节省费用,使企业能从分离费用结构中受益,见表3-3:

表3-3 物流外包给供应链各环节带来的成本节约

3PLs服务	节约成本
线路重新设计和最优化	10%~15%
封闭路径的专一服务	15%
运输模式转换	10%~15%
核心运输商管理和通路搭配	5%~10%
运费谈判和审计	4%~5%
入货运输整合以及运输模式选择	20%~25%
逆向物流	10%~15%
专业化运输商地点整合	10%~12%
库存及维持库存成本	7%~10%

(2) 致力于核心业务。生产企业利用第三方物流的最大收益是节约成本、缩小资产规模,企业能有资金投资其他核心领域。企业要获得竞争优势,必须巩固和扩展自身的核心业务。这就要求企业致力于核心业务的发展,实现企业资源的优化配置,将有限的人力、物力和财力集中于核心业务,研究开发出新产品参与竞争。因而,越来越多的企业将非核心业务外包给专业化的公司。企业通过将物流业务外包给第三方物流经营者,能够将时间和精力放在自己的核心业务上,增强企业的核心竞争力。

(3) 减少资金积压。利用第三方物流的先进技术、设备和软件,能够减少物流消费者的投资,提高企业的资金周转速度,从而提高资金回报率,促进资源有效配置。一项调查数据表明,第三方物流需要投入大量资金用于购买物流技术设备,包括软件、通信和自动识别系统。74%第三方物流购买物流技术、条码系统的平均支出达108万美元,在软件上平均花费61万美元,在通信和追踪设备上平均花费40万美元。

(4) 降低库存。企业不能承担原料和库存的无限增长,尤其是要及时将高价值的零部件送往装配点,以保证库存的最小量。第三方物流经营者借助精心策划的物流计划和适时运送手段,最大限度地降低了库存,改善了企业的现金流量,实现了成本优势。

(5) 提升企业形象。第三方物流经营者是物流专家,他们利用完备的设施和训练有素的员工对整个供应链网络实现完全的控制,并减少了物流的复杂性。他们通过遍布全球的配送网络和服务提供商(分承包方)大大缩短了交货期,继而帮助客户改进服务,树立自己的品牌形象。第三方物流经营者通过"量体裁衣"式的设计,制订出以客户为导向、低成本高效率的物流方案,为企业在竞争中取胜创造了有利条件。

(6) 拓展国际业务。随着全球经济一体化步伐的加快,不少没有国际营销渠道的企业希望进入国际市场,而第三方物流恰恰可以帮助这些企业达到拓展国际业务的目的。

(7) 整合供应链管理。一体化物流要求企业对整个供应链进行整合,通过外包改善物流服务质量,提高客户服务水平。因而,越来越多的企业考虑到第三方物流的专业能力,希望能与它们合作进行供应链整合,UPS全球物流公司和FENDER国际公司的合作就是一个很好的范例。UPS帮助FENDER完成其配送过程的流线化和集中化,以使FENDER公司在近几年内实现欧洲境内销售量翻番的计划,由 UPS 管理来自世界各地制造厂家的海陆进货,由第三方物流公司管理其 EDCS 的库存,由 EDCS 的雇员检查产品质量,监视库存,满足配送商和零售商的订货,管理多方承运人的交付。通过使用 UPS 的配送中心,FENDER 公司能够缩短交付时间,更好地监控质量和交付订货。更为重要的是,UPS 在将吉他运给零售商之前都完成了每把吉他的调音,以保证零售商从箱子中取出吉他时即可弹奏。毫无疑问,随着第三方物流业务范围的不断扩展,越来越多的企业将选择第三方物流作为整合供应链的关键一环。

4. 第三方物流的业绩评价

第三方物流给供应链管理带来了新的焦点,同时也带来了考核评估问题。企业定期由外包涉及的各部门经理组成评审组,或聘请独立的第三方依据明确的目标和标准,对第三方物流经营者的业绩(如成本、可靠性和质量)进行评价、监控,每季度考评一次,发现问题及时解决。但是应该注意,衡量第三方物流经营者业绩的目的是改善作业而不是惩罚。考评可参考以下评价指标:准时发货率、准时交付率、提货准确率、订单完成率、产品线完成率、库存准确率、缺损损失、每公里成本、货物进库时间和仓储运营成本等。

第三方物流的实践证明,基于活动的成本分析(activity-based costing,ABC)已经成为企业追求效益的重要途径,因此,越来越多的企业开始关注活动成本,并开始转向过程管理,这也促使更多的企业按计件方式支付物流服务报酬。面对这种压力,第三方物流经营者需要考虑如何优化过程管理来降低成本。在服务过程中,第三方物流经营者必须认识到企业委托自己的是整个过程而不只是仓储和运输,如康柏公司与其供应商使用 VMI 管理系统,委托 CTI 公司提供检测、质量保证、库存管理等关键过程和物流服务。

5. 第三方物流的发展

汽车行业中的物流外包发展非常迅速,如通用汽车公司和美国的 CNF 物流公司建立了一个合资企业,通用公司将价值近 10 亿美元的物流委托给 CNF 公司。UPS 和 EXCEL 在欧洲为福特公司实施价值在 3 亿～4 亿美元的物流外包计划。以荷兰 TNT 公司为首的物流公司为雷诺公司提供的汽车物流管理也属于第三方物流。

(1) 第三方物流发展应注意的问题

第三方物流作为物流产业发展过程中的一种新型管理模式,必须注重实践的检验,并在实践中不断发展完善。在第三方物流实践中,应该注意以下几方面问题:

① 信息共享平台建设。第三方物流是建立在信息技术基础之上的,信息技术实现了数据的快速、准确传递,提高了仓库管理、装卸运输、采购、订货、配送发运、订单处理的自动化水平,使订货、包装、保管、运输、流通、加工实现了一体化。有了专业物流企业的加入,就可以对整个供应链的需求信息进行监控和整理,并将它们及时提供给相关的实体,帮助其进行适销对路的产品设计、生产和服务。因此,第三方物流在发展过程中必须注重自身和整个供应链体系的信息化建设,实现信息共享,提高市场反应能力。

② 物流网络优化。物流网络是物的流通渠道,网络结构的好坏直接影响着物的流动效率和成本。第三方物流必须充分利用社会资源,加强网络结构的优化,从而形成一个具有弹性、柔性的物流网络。

③ 物流增值性服务。第三方物流提供给物流消费者的不仅是物的可得性,更重要的是它能提供物流增值性服务。面对竞争日趋激烈的商业机构和制造型企业不得不将主要精力放在核心业务,而将运输、仓储等相关业务环节交由更专业的第三方物流经营者,力求节约和高效。

第三方物流经营者为提高服务质量,就应该不断拓宽业务范围,提供配套服务。

④ 在自理和外包方式中抉择。很多成功的物流企业根据第一方、第二方的谈判条款,分析并比较自理的操作成本和外包费用,从而灵活运用自理和外包两种方式,提供客户定制的物流服务。外包方式的选择,主要体现了物流企业资源整合的需要,提高了资源的可得性和利用率。

在供应链管理中,选择自理还是外包物流服务已经成为企业无法回避的决策问题,如图3-9所示。通常认为,将企业非核心业务外包是高效管理供应链的重要标志。第三方物流已经成为供应链管理创新的一种重要途径,它不仅可以为企业缩减资产和节省物流费用,更重要的是,它能给企业关键的核心业务带来增值收益。因此,供应链管理创新能够提高企业的核心竞争力和盈利能力。

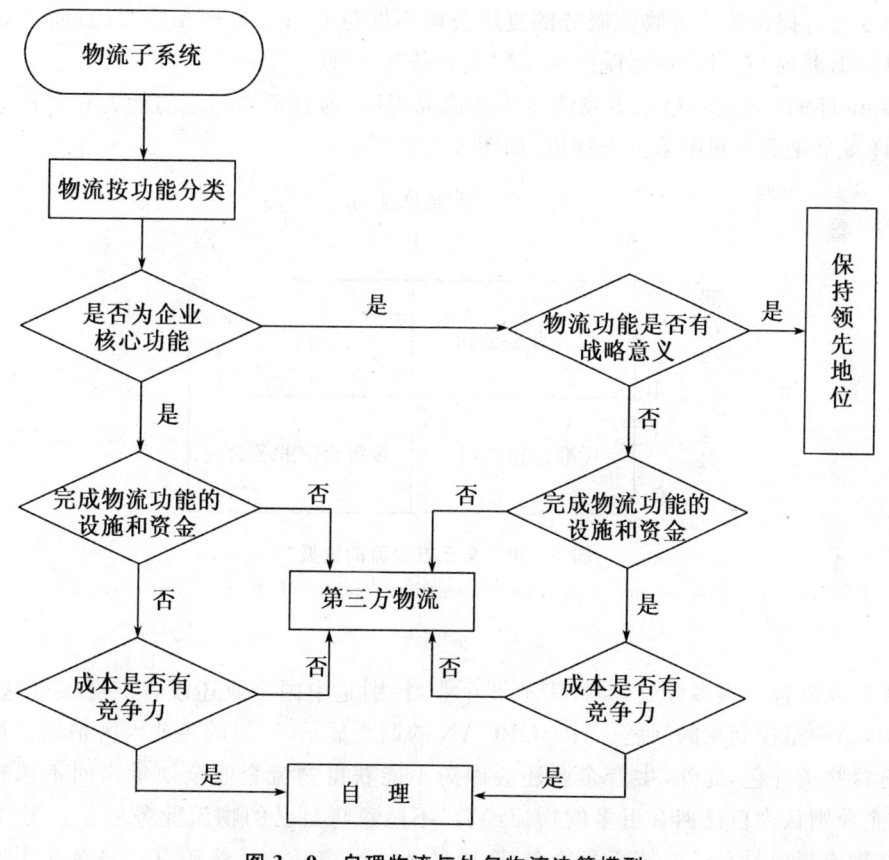

图3-9 自理物流与外包物流决策模型

⑤ 规模化经营。第三方物流的效益主要来自规模化经营,这就要求第三方物流经营者努力创造规模经济的环境,成为多条供应链的渠道成员。同时采用更为先进的物流技术和管理方式,取得规模经济效益,从而达到物流合理化,即实现产品从供方到需方全过程中环节最少、时间最短、费用最省。

(2) 第三方物流的发展模式

第三方物流的发展经历了三个阶段:① 20世纪70年代,传统运输公司发展成为第三方物流企业;② 20世纪90年代早期,第三方物流进入了如TNT、DHL和FedEx等公司;③ 如今,第三方物流已经进入了消费、金融和IT管理等领域。

第三方物流有两个可供选择的发展模式：一是以零售业和大型制造企业等大货主为依托，按照委托企业的物流服务要求和标准来改造现有储运资产的结构和功能，并重组业务流程，为特定的生产制造企业或者特定的货种提供专业化的物流服务；二是作为更大的物流系统的子系统提供阶段性的延伸服务，如与跨国物流公司接轨提供国内的物流服务。

如今，第三方物流已经成为适应电子商务发展的一种全新物流模式，这种集成模式的发展来自电子商务成功的经验。电子商务经营者成功的秘密有两条：第一，坚持将自己核心业务以外的业务外包出去；第二，一旦决定与第三方物流合作，就要加大投资并与第三方物流建立长期合作的供应链关系，以求双赢。

第三方物流作为一种新型的管理模式，要求物流企业能够深度参与制造商的生产经营活动。如为麦当劳提供第三方物流服务的夏辉公司不仅与麦当劳是相互持股的，而且双方合作的历史可以追溯到"麦当劳在后院用手工削土豆条"的时候。

Susanne Hertz等人对第三方物流发展的研究表明：随着解决问题的能力和客户适应能力的提高，许多企业都将利用第三方物流，如图3-10所示：

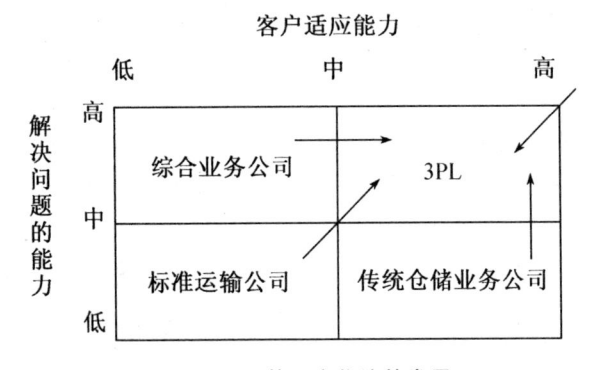

图3-10 第三方物流的发展

(资料来源：Susanne Hertz, Monica Alfredsson. Strategic development of thirdpartylogisticsproviders[J]. Industrial Marketing Management,2003,32(2):139~149)

尽管物流外包有很多好处，但许多亚洲企业，特别是中国企业还没有广泛接受这个概念。究其原因，第一是控制权的问题。JPMORGAN的调查显示，51%的企业因害怕物流控制权旁落而不选择物流外包，此外，生产企业还会因为不能获得物流企业全面承诺而不选择物流外包，有些企业则认为自己拥有更多的物流经验，不愿意将自己的物流业务外包。另外有16%的企业将物流当成是自己的核心竞争力，选择自己承担物流。虽然还有一些企业不愿意外包物流，但无论如何，物流外包将会成为不可阻挡的潮流。

我国加入WTO之后，有更多的国外企业通过第三方物流进入了我国市场，同时，越来越多的国际第三方物流也进入了我国物流服务市场。我国企业要与之抗衡，一方面要积极发展我国的第三方物流；另一方面也要积极利用国际第三方物流来整合自己的供应链，扩展自身商品对国内外市场的渗透力。

我国目前还缺乏第三方物流企业运营的经济和法律环境，经济市场化程度不高，制造商在外包物流服务方面的需求还比较小，信心也不足，物流服务经营者的服务能力和服务水平还比较低。所以，我国的物流企业在现阶段不能盲目追求第三方物流企业的运营模式，只能根据自身的特点为生产制造企业提供阶段性的和有特色的物流服务。

第四节　新型物流

一、精益物流

目前,在众多的物流管理新思想、新理论中,精益物流的影响越来越广泛。在我国,精益物流的应用还未正式展开,此时,开展对精益物流思想内涵的描述,正是在实践中进一步有效地推进物流管理。

1. 精益物流的背景

精益物流是起源于日本丰田汽车公司的一种物流管理思想,其核心是追求消灭包括库存在内的一切浪费,并围绕此目标发展的一系列具体方法。它是从精益生产的理念中蜕变而来的,是精益思想在物流管理中的应用。

(1) 精益生产的背景

第二次世界大战结束不久,汽车工业中统治世界的生产模式是以美国福特为代表的大量生产方式,这种生产方式以流水线形式,少品种、大批量生产产品。在当时,大批量生产方式即代表了先进的管理思想与方法,大量的专用设备、专业化的大批量生产是降低成本、提高生产率的主要方式。与处于绝对优势的美国汽车工业相比,日本的汽车工业则处于相对幼稚的阶段,丰田汽车公司从成立到1950年的十几年间,总产量甚至不及福特公司1950年一天的产量。汽车工业作为日本经济倍增计划的重点发展产业,日本派出了大量人员前往美国考察。丰田汽车公司在参观美国的几大汽车厂之后发现,采用大批量生产方式降低成本仍有进一步改进的余地,而且日本企业还面临需求不足与技术落后等严重困难,加上战后日本国内的资金严重不足,也难有大量的资金投入以保证日本国内的汽车生产达到有竞争力的规模,因此他们认为在日本进行大批量、少品种的生产方式是不可取的,而应考虑一种更能适应日本市场需求的生产组织策略。

以丰田的大野耐一等人为代表的精益生产的创始者们,在不断探索之后,终于找到了一套适合日本国情的汽车生产方式:及时制生产、全面质量管理、并行工程、充分协作的团队工作方式和集成的供应链关系管理,逐步创立了独特的多品种、小批量、高质量和低消耗的精益生产方式。1973年的石油危机使日本的汽车工业闪亮登场。由于市场环境发生了变化,大批量生产所具有的弱点日趋明显,而丰田公司的业绩却开始上升,与其他汽车制造企业的距离越来越大,精益生产方式开始为世人所瞩目。

(2) 精益思想的背景

在市场竞争中遭受失败的美国汽车工业,经历了曲折的认识过程后,终于意识到致使其竞争失败的关键是美国汽车制造业的大批量生产方式输给了丰田公司的精益生产方式。1985年,美国麻省理工学院的Daniel T Jones教授等筹资500万美元,用了近五年的时间对90多家汽车厂进行对比分析,于1992年出版了《改造世界的机器》一书,把丰田生产方式定名为精益生产,并对其管理思想的特点与内涵进行了详细的描述。四年之后,该书的作者出版了它的续篇《精益思想》,进一步从理论的高度归纳了精益生产中所包含的新的管理思维,并将精益方式扩大到制造业以外的所有领域,尤其是第三产业;将精益生产方法外延到企业活动的各个方面,不再局限于生产领域,从而促使管理人员重新思考企业流程,消灭浪费,创造价值。

精益思想的核心就是以越来越少的投入——较少的人力、较少的设备、较短的时间和较小的场地创造出尽可能多的价值,同时也越来越接近用户,提供他们确实要的东西。精确的定义价值是精益思想关键性的第一步;确定每个产品(或在某些情况下确定每一产品系列)的全部价值流是精益思想的第二步;紧接着就是要使保留下来的、创造价值的各个步骤流动起来,使需要若干天才能办完的订货手续,在几小时内办完,使传统的物资生产完成时间由几个月或几周减少到几天或几分钟,随后就要及时跟上不断变化着的客户需求。因为一旦具备了在客户真正需要的时候就能设计、安排生产和制造出其真正需要的产品的能力,就意味着可以抛开销售,直接按客户告知的实际要求进行生产。这就是说,可以按客户需要拉动产品,而不是把客户不想要的产品硬推给他。

2. 精益物流的含义

精益思想的理论诞生后,物流管理学家则从物流管理的角度对此进行了大量的借鉴工作,并与供应链管理的思想密切融合起来,提出了精益物流的新概念。

精益物流是运用精益思想对企业物流活动进行管理,其基本原则包括:① 从客户的角度而不是从企业或职能部门的角度来研究什么可以产生价值;② 按整个价值流确定供、生产和配送产品中所有必需的步骤和活动;③ 创造无中断、无绕道、无等待、无回流的增值活动流;④ 及时创造仅由客户拉动的价值;⑤ 不断消除浪费,追求完善。

精益物流的目标可概括为企业在提供满意的客户服务水平的同时,把浪费降到最低程度。企业物流活动中的浪费现象很多,常见的有不满意的客户服务、无需求造成的积压和多余的库存、实际不需要的流通加工程序、不必要的物料移动、因供应链上游不能按时交货或提供服务的等候、提供客户不需要的服务等,努力消除这些浪费现象是精益物流最重要的内容。实现精益物流必须正确认识以下几个道理。

(1) 精益物流的前提:正确认识价值流。价值流是企业产生价值的所有活动过程,这些活动主要体现在三项关键的流向:从概念设想、产品设计、工艺设计到投产的产品流;从客户订单到制订详细进度到送货的全过程信息流;从原材料制成最终产品、送到客户手中的物流。因此,认识价值流必须超出企业这个世界上公认的划分单位的标准,去查看创造和生产一个特定产品所必需的全部活动,搞清每一步骤和环节,并对它们进行描述和分析。

(2) 精益物流的保证:价值流的顺畅流动。消除浪费的关键是让完成某一项工作所需步骤以最优的方式连接起来,形成无中断、排除等候的连续流动,让价值流顺畅流动起来。具体实施时,首先,要明确流动过程的目标流动朝向明确;其次,把沿价值流的所有参与企业集成起来,摒弃传统的各自追求利润极大化而相互对立的观点,以最终客户的需求为共同目标,共同探讨最优物流路径,消除一切不产生价值的行为。

(3) 精益物流的关键:客户需求作为价值流的动力。在精益物流模式中,价值流的流动要靠下游客户的拉动,而不是靠上游来推动。当客户没有发出需求指令时,上游的任何部分都不要去生产产品,而当客户的需求指令发出后,则快速生产产品,提供服务。当然,这不是绝对的现象,在实际操作中,要区分是哪一种类型的产品,如是需求稳定、可预测性较强的功能型产品,可以根据准确预测进行生产,而需求波动较大、可预测性不强的创新型产品,则要采用精确反应、延迟技术,缩短反应时间,提高客户服务水平。

(4) 精益物流的生命：不断改进，追求完善。精益物流是动态管理，对物流活动的改进和完善是不断循环的。每一次改进消除一批浪费，形成新的价值流的流动，同时又存在新的浪费而需要不断改进。这种改进使物流总成本不断降低，周期不断缩短而使浪费不断减少，实现这种不断改进需要全体人员的参与，上下一心、各司其职、各尽其责，达到全面物流管理的境界。

综上所述，运用供应链管理的整体思维，站在客户的立场，无限追求物流总成本的最低是精益物流真正的核心所在。

二、第四方物流

1. 第四方物流的概念

第四方物流是"集合和管理包括第三方物流在内的物流资源、物流技术、物流设施，依托现代信息技术和管理技术提供完整的供应链解决方案"。有的咨询公司以"有领导力量的物流提供商"的名称提供类似服务。不管如何称呼，这种提供供应链的有影响力的、综合的解决方案，将为客户带来更大的价值。不过第四方物流的概念在我国很少提及，即使在国外，物流业界对此也有不少异议，所以第四方物流思想的发展前景如何，尚待理论完善与实践检验。

第四方物流不仅控制和管理特定的物流服务，而且对整个物流过程提出策划方案。因此第四方物流成功的关键在于为客户提供最佳的增值服务，即迅速、高效、低成本和人性化服务等。发展第四方物流需综合第三方物流的能力、技术及贸易流通管理等，为客户提供功能性一体化服务，并扩大营运自主性。

2. 第四方物流的特点

(1) 提供了一个综合性供应链解决方法，以有效地适应需求多样化和复杂化的需求，集中所有资源为客户完美地解决问题。

① 供应链再建。它是指通过供应链的参与并将供应链规划与实施同步进行，或通过与独立的供应链参与者之间的合作提高规模和总量。供应链再建改变了供应链管理的传统模式，创造性地重新设计了参与者之间的供应链，使之达到真正的一体化。

② 功能转化。主要是销售和操作规划、配送管理、物资采购、客户响应及供应链技术等，通过战略调整、流程再造、整体改变管理和技术，使客户间的供应链运作一体化。

③ 业务流程再造。它是指将客户与供应商的信息和技术系统一体化，把人的因素和业务规范有机地结合起来，使整个供应链规划和业务流程能够贯彻实施。

④ 实施第四方物流。开展多功能、多流程的供应链业务，其范围远远超出传统外包运输管理和仓储作业的物流服务。企业可以把整条供应链全权交给第四方物流运作，第四方物流可以为供应链提供完整的服务。

(2) 通过影响整个供应链来获得价值，即与类似外包的供应链的区别之一在于其能够为整条供应链的客户带来收益。

① 利润增长。第四方物流的利润增长将取决于服务质量的提高、实用性的增加和物流成本的降低。由于第四方物流关注的是整条供应链，而不是单纯的储存或运输方面的效益，因此其为客户及自身带来的综合效益会展现出来。

② 运营成本降低。可以利用运作效率提高、流程增加和采购成本降低实现，即通过整条供应链外包功能以达到节约的目的。流程一体化、供应链的改善和实施将使运营成本和产品销售成本降低。

③ 工作成本降低。采用现代信息技术、科学的管理流程和标准化管理,使存货和现金流转次数减少,可望得到占总成本30%的成本降低。

④ 提高资产利用率。客户通过第四方物流减少了固定资产占用和提高了资产利用率,使客户通过投资研究设计、产品开发、销售与市场拓展等获得经济效益的提高。

第四方物流成功地影响了大批的服务商(第三方物流、网络工程、电子商务、运输企业等)及客户和供应链中的伙伴。它作为客户间的连接点,通过合作或联盟的形式提供多样化服务。第四方物流的优点是使得迅速、高质量、低成本的运送服务得以实现。随着社会经济的不断发展,第四方物流将会得到广泛的运用。

三、电子物流

1. 电子物流的概念

电子物流就是利用电子化的手段,尤其是利用互联网技术来完成物流全过程的协调、控制和管理,实现从网络前端到最终客户端的所有中间过程服务。它最显著的特点是各种软件技术与物流服务的融合应用。

电子物流的功能十分强大,它能够实现系统之间、企业之间,以及资金流、物流、信息流之间的无缝连接,而且这种连接同时还具备预见功能,可以在上下游企业间提供一种透明的可见性功能,帮助企业最大限度地控制和管理库存。同时,由于全面应用了客户关系管理、商业智能、计算机电话集成、地理信息系统、全球定位系统、因特网、无线互动技术等先进的信息技术手段,以及配送优化调度、动态监控、智能交通、仓储系统,从而为企业建立敏捷的供应链系统提供了强大的技术支持。电子物流业务使得客户可以运用外部服务力量来实现内部经营目标的增长,即客户能够得到量身定做的个性化服务,而整个过程则由第三方电子物流服务提供商来进行管理。

当客户的支付信息被处理后,电子物流系统会为客户发送订单确认信息。在这一切工作就绪之后,电子物流系统会对客户的订单进行格式化处理,并将订单发送到离客户最近的仓储中心。

而电子物流的外包服务则在BtoB业务中的制造商与电子物流服务供应商之间,以及BtoC业务中的制造商及其业务伙伴之间提供了建设性的桥梁作用。

2. 电子物流的特点

电子物流的主要特点是前端服务与后端服务的集成。为了实现后台服务,以及与其平行的服务功能,电子物流的前端服务是至关重要的。前端服务包括咨询服务(确认客户需求)、网站设计管理、客户集成方案实施等。这部分功能是用户经常见到的,在此不做详述。而电子物流的后端服务则包括订单管理、仓储分拨、运输与交付、退货管理、客户服务及数据管理与分析等业务。

(1) 订单管理

订单管理业务包括接收订单、整理数据、订单确认、交易处理(包括信用卡结算及赊欠业务处理)等。在电子物流的订单管理业务活动中,需要通过复杂的软件来处理繁杂的业务环节。为了得到较高的效率,订单管理业务需要做以下工作:

① 确认订单来源。当电子物流服务提供商接收到一份订单时,电子物流系统会自动识别该订单的来源及订单的方式,统计客户是通过何种方式(电话、传真、电子邮件等)完成的订单。

当这一切工作结束后,系统还会自动根据库存清单检索订单上的货物目前是否有存货。

② 支付处理。在客户提交订单后,还需要输入有关的支付信息,电子物流系统会自动处理信用卡支付业务及赊欠业务。如果客户填写的支付信息有误,系统将会及时通知客户进行更改,或者选择其他合适的支付方式。

③ 订单确认与处理。当客户的支付信息被处理后,电子物流系统会为客户改善订单并确认信息。在这一切工作就绪之后,电子物流系统会对客户的订单进行格式化,并将订单发送到离客户最近的仓储中心。

(2) 仓储与分拨

当仓储中心接收到订单后,就会根据订单内容承担起分拣、包装及运输的任务。在这个阶段,有的电子物流服务提供商还会提供一些增值服务,如根据客户的特殊需求对物品进行包装等。

仓储与分拨中心同时负责存货清单管理及存货的补给工作,并由电子物流服务系统进行监测。这种服务将会为制造商提供有效的库存管理信息,使制造商或经销商保持合理的库存。

(3) 运输与交付

运输与交付包括了对运输的全程管理。具体包括处理需求、设计运输路线、运输的实施等。这个过程同时还包括向客户提供通过互联网对货物运输状态进行实时跟踪的服务。电子物流服务提供商在提供运输与交付业务时也会选择将该业务向具有运输服务力量的第三方运输公司外包,如 UPS、FedEx 等。

(4) 退货管理

退货管理业务承担货物的修复、重新包装等任务,这个过程需要进行处理退货授权认可、分拣可修复货物、处理受损货物等工作。

(5) 客户关系管理服务

客户关系管理服务包括了售前和售后服务,同时还包括对客户的电话、传真、电子邮件的回复等工作。处理的内容包括存货信息、货物到达时间、退货信息及客户意见。

客户关系管理不是一个孤立的业务步骤,这项工作与订单管理、仓储与分拨、运输与交付、退货管理等环节有密切联系,需要相互支持。目前许多电子物流服务提供商通过内部或者外部的呼叫中心向客户提供 24 小时(每周 7 天、每年 365 天)的客户关系管理服务。

(6) 数据管理与分析

对于客户提交的订单,电子物流系统有能力对相关数据进行分析,产生一些分析报告。这些经过分析的信息可以帮助制造商及经销商及时了解信息,以便随时调整目前的市场推广策略。这项服务同时也是电子物流服务向客户提供的一项增值服务。

3. 传统物流服务与电子物流服务的区别

客户在网上的购买行为与传统的购买行为有所不同,因此也就决定了电子物流的服务形式、手段的特殊性。在网上购物的客户希望在网上商店寻觅到所需的特定物品,并且希望能够得到实时的信息反馈,诸如是否有存货、何时能够收到货物等实时的信息。同时,客户也十分关注如果在网上选购的物品不甚理想或者是物品在运输途中受损是否能够及时、便利地办理退货等。新兴的电子物流服务就是由具备实力的服务商来提供最大限度地满足客户需求的外包服务。

由于认识到电子物流将带来的市场机遇,传统的提供仓储分拨业务、运输业务的服务提供商纷纷涉足电子物流业务解决方案开发的市场,更有一些新进入领域的服务提供商十分看好其发展潜力,希望能在电子物流市场上分得一杯羹。

4. 电子物流的市场参与者

从目前的电子物流服务市场来看,主要有四类市场参与者,它们分别是传统的物流服务提供商、软件供应商、集成商及物流服务方案供应商。从表面看来,这些市场参与者向客户提供的是一种综合性的物流服务。目前还没有任何一个电子物流服务供应商能够提供全部的电子物流服务,大部分厂商是通过利用自身的力量或者寻找业务合作伙伴来向客户提供端到端的电子物流服务解决方案。

5. 电子物流的发展趋势

有关专家认为,全球电子商务中的BtoC业务从2000年的417亿美元上升到2004年的1 632亿美元,4年的复合增长率达到40.6%,而全球的BtoB业务将会从2000年的1 008亿美元上升到2004年的8 374亿美元,该项业务的年复合增长率将是69.8%。电子商务市场的增长速度之快是令人惊叹的,但是电子商务在快速的发展过程中,在观念、经营、管理与服务方面尚存在着诸多问题,特别是目前电子商务企业与物流服务行业间的不协调状况,将会严重影响网络经济的发展。从另一个角度来看,尽管电子物流服务发展到现在已经取得了一定的市场业绩,并且对电子商务起到了很好的润滑作用,但是这个新兴的服务领域还有许多不尽成熟的地方,对于供需双方仍存在着一些市场运作的盲点。因此,要解决电子商务配送环节的问题不仅仅是物流企业要面临的巨大挑战,更需要电子商务公司的积极参与和协助,并由此来推动网络经济的健康发展。

四、绿色物流

1. 绿色物流的概念

绿色物流指的是在物流过程中,抑制物流对环境造成危害的同时,实现对物流环境的净化,使物流资源得到最充分的利用。

随着环境资源恶化程度的加深,对人类生存和发展的威胁加大,因此人们对资源的利用和对环境的保护越来越重视。对于物流系统中的托盘、包装箱、货架等资源消耗大的环节出现以下趋势:包装箱材料采用可降解材料;托盘的标准化使得可重用性提高。供应链管理的不断完善大大地降低了托盘和包装箱的使用。

现代物流业的发展必须优先考虑在物流过程中减少环境污染,提高人类生存和发展的环境质量。可利用废弃物的回收利用已被列入许多发达国家可持续发展战略,因为地球上的资源总有一天会用完,对此我们要高度重视。

2. 绿色物流是绿色流通的基础

绿色流通指减少资源消耗、保护环境的商品流通活动。这里的商品流通是指商品自离开生产领域至进入消费领域之前的整个所有权交易及实物流通的过程。其行为主体以专业流通企业为主,同时也涉及有关的生产企业和消费者。绿色商品流通不同于一般的和传统的商品流通。

(1) 目标不同。传统商品流通活动在现实运行中表现出多重的目标,如实现流通活动主体的赢利,满足用户或消费者对商品和服务的需求,以及扩大生产及流通企业的市场占有率等,但这些目标均有一个共同点,即实现某一经济主体的经济利益。而绿色流通的目标则在上述各种经济利益目标之外,加上了节约资源、保护环境这一既具有经济属性,又有人文及社会属性的目标。从长远和宏观的角度讲,节约资源、保护环境与经济利益目标是一致的,但对特定的流通活动的主体往往是矛盾的。如何把二者协调好就成为绿色流通所要处理和解决的一个中心问题。

(2) 流通活动的具体功能和内容不同。绿色流通在履行一般商品流通功能的同时还要履行诸如支持绿色生产、经营绿色产品、绿色消费、回收废弃物等以环境保护为目的的特殊功能。

绿色营销是一个与绿色流通既密切联系,又相互区别的概念。从涵盖的部门领域看,绿色营销较之绿色流通更为广阔。绿色营销是贯穿于整个生产及流通领域的活动,其内容包括绿色产品的产品选择、市场定位、价格策略及产品促销等活动,而绿色流通则只涉及发生于流通领域的绿色产品营销活动。然而,从两个概念的内涵来看,绿色流通又比绿色营销更为广泛。绿色营销是以企业为本位的经营行为,而绿色流通则是对整个社会绿色流通活动的概括,是一个更多层次的概念。它既包括企业的绿色流通经营活动,又包括社会对绿色流通活动的管理、规范和调控。这使得对绿色流通的研究具有政府政策和流通企业战略两方面的意义。

从不同的研究和分析视角,可以归纳出不同的绿色流通范畴,这些范畴从不同的层面反映了绿色流通的多重性质与内涵。与绿色流通相联系的有如下范畴。

(1) 绿色商流。这是指与节约资源及保护环境相联系的商流活动。其具体内容包括对绿色产品的经营与营销,对绿色消费的引导与鼓励,促进商品重复使用、再生利用节约能源、保护环境的交易方式创新等。

(2) 绿色产品流通。这是直接与绿色商流相联系的范畴。绿色产品流通是指对节约资源和保护环境的产品的经销。绿色产品流通一方面可以满足消费需求,支持绿色产品生产;另一方面还可以促进绿色消费、绿色产品的生产。

(3) 绿色流通经营战略与策略。随着社会的发展,节约资源、保护环境已不仅是企业出于对公众利益的关切而进行的一种公益事业,而且已成为必须履行的社会义务。绿色事业更为企业开辟了新的经营与发展领域,给企业带来新的拥有巨大潜力的商机。企业必须树立自己的绿色经营战略与策略。在发达国家,很多企业都将绿色事业作为企业战略发展与日常经营活动中的重要部分。流通企业可采用的绿色流通战略包括绿色商品经营与营销战略、绿色企业文化与形象战略、绿色流通作业战略等,企业可采用采购、价格、营销及公关等经营策略实现绿色经营战略目标。政府对整个社会的资源使用和环境保护进行干预。从这种意义上说,绿色流通事业既包括厂商和个人行为,又包括政府行为。政府环保政策的实施工具包括:通过立法和制订行政规则,将节约资源、保护环境的要求制度化;运用舆论工具进行环境伦理、绿色观念、绿色意识的大力宣传;利用税收及收费手段对资源使用和污染制造行为予以限制和惩罚;以基金或补贴的形式对节约资源、保护环境的行为予以鼓励和资助;利用产业政策直接限制浪费资源和制造污染产业的发展,支持绿色产业的发展等。

3. 绿色物流的构成

由于物流是与节约资源、保护环境相关的流通活动主要发生的领域,故绿色物流也是绿色流通中的主要方面。绿色物流由绿色运输、绿色包装及绿色流通加工三个子范畴组成。

(1) 绿色运输。绿色运输是指各种运输工具采用节约资源、减少污染和保护环境的原料作为动力。当一些大城市的车辆已大大饱和的时候,专业物流企业的出现使得在大城市的运输车辆减少,减轻城市的烟气污染压力。专业物流企业的运输工具可以转而采用其他燃料,如改用液化气作为城市运输工具的动力等,也可以采用太阳能作为动力,这些还可以取得政府的政策支持。

(2) **绿色包装**。绿色包装指采用节约资源、保护环境的包装。绿色包装的途径主要包括:促进生产部门采用简化的及由可降解材料制成的包装,商品流通过程中尽量采用重复使用的单元式包装,实现流通部门自身经营活动用包装的减量化,主动地协助生产部门进行包装材料的回收及再利用。

(3) **绿色流通加工**。流通加工指在流通过程中继续对流通中的商品进行生产性加工,以使其成为更加适合消费者需求的最终产品。流通加工具有较强的生产性,也是流通部门对环境保护可以大有作为的领域。绿色流通加工的途径主要分两个方面:一方面,变消费者分散加工为专业集中加工,以规模作业方式提高资源利用效率,以减少环境污染,如餐饮服务业对食品的集中加工,减少家庭分散烹调所造成的能源浪费和空气污染;另一方面是集中处理消费品加工中产生的边角料,以减少消费者分散加工所造成的废弃物污染,如流通部门对蔬菜的集中加工,减少了居民分散丢放垃圾及相应的环境治理问题。

本章小结

物流管理是指在社会再生产过程中,根据物流的规律,运用管理的基本原理和科学方法,对物流活动进行计划、组织、协调、控制和监督,使各项物流活动实现最佳的协调与配合,以降低物流成本,提高物流效率和经济效益的活动。现代物流管理是建立在系统论、信息论和控制论的基础上的。

物流管理的目标主要包括快速反应、最小变异、最低库存、整合运输、产品质量以及生命周期支持等。物流管理的主要方面是物流成本和物流质量。物流管理基本特点是① 以实现客户满意为第一目标;② 以企业整体最优为目的;③ 以信息为中心;④ 重效率更重效果。

实施物流管理的目的就是要在尽可能最低的总成本条件下实现既定的客户服务水平,即寻求服务优势和成本优势的一种动态平衡,并由此创造企业在竞争中的战略优势。物流管理强调运用系统方法解决问题。现代物流通常被认为是由运输、存储、包装、装卸、流通加工、配送和信息诸环节构成。系统方法强调要进行总成本分析,以及避免次佳效应和成本权衡应用的分析,以达到总成本最低,同时满足既定的客户服务水平的目的。

关键词

物流;物流管理;第三方物流;精益物流;绿色物流

Key words

logistics; logistics management; 3rd party logistics; lean logistics; green logistics

综合练习

一、判断题

1. 物流一体化的发展可分为三个层次:物流自身一体化,微观物流一体化和宏观物流一体化。
( )

2. 3PL是指由物流劳务的供方、需方之外的第三方去完成物流服务的物流运作模式。
（　　）
3. 社会物流、行业物流和企业物流是按照物流活动的空间范围来分类的。（　　）
4. 物流服务不仅创造商品的形质效用，而且产生空间效用和时间效用。（　　）
5. 要提高物流服务水准，有时不得不牺牲成本的水平，任其上升。这是大多数企业所认为的物流服务与成本的关系。（　　）

二、选择题
1. 通过物流理论的研究，物流概念产生的原因是（　　）
   A. 经济原因和管理原因　　　　B. 企业原因和军事原因
   C. 经济原因和军事原因　　　　D. 理论原因和企业原因
2. 下列说法正确的是（　　）
   A. 物流所要"流"的对象是一切物品，包括有形物品和无形物品
   B. 只有物品物理性质发生变化的活动，如运输、搬运、装卸等活动才属于物流活动
   C. 物流不仅研究物的流通与储存，还研究伴随着物的流通与储存而产生的信息处理
   D. 物流的起点是从某个企业原材料的供应、储存、搬运、加工、生产直至产成品的销售整个过程
3. 按照提供物流服务的各类分类，物流服务提供者不包括（　　）
   A. 以资产为基础的物流服务提供者　　B. 以管理为基础的物流服务提供者
   C. 综合物流服务提供者　　　　　　　D. 战略联盟
4. 供应物流、销售物流、生产物流、回收物流和废弃物物流，是按照（　　）分类。
   A. 企业生产流程　　B. 职能　　C. 物流系统性质　　D. 作用
5. 物流标准化是（　　）物流成本的有效手段。
   A. 降低　　　　B. 统一　　　　C. 计算　　　　D. 分析

三、简答题
1. 物流具有哪些特点？
2. 物流的发展趋势是什么？
3. 什么是物流成本管理？
4. 什么是物流时间管理？
5. 什么是物流绩效管理？

四、思考题
1. 绿色物流的主要构成是什么？
2. 影响物流需求的环境因素有哪些？
3. 系统地分析物流一体化的发展趋势，以及对管理流程的影响。
4. 试分析第三方物流企业生存和发展的基础以及未来的发展方向。

延伸阅读书目

1. Ballou R. H. 企业物流管理：供应链的规划、组织和控制. 北京：机械工业出版社，2004
2. Christopher M., Peck H. Marketing Logistics. Butterworth-Heinemann, 2003
3. Lambert D. M., James R. Strategic logistics management. McGraw-Hill Interameri-

cana,2000

4. Waters C. D. J. Logistics：An Introduction to Supply Chain Management. Palgrave Macmillan,2003

5. 王之泰.现代物流管理.北京:中国工人出版社,2001

6. 吴清一.物流管理.北京:中国物资出版社,2003

7. 朱道立,龚国华,罗齐.物流和供应链管理.上海:复旦大学出版社,2001

第四章 供应链管理库存理论

【本章提要】

1. 库存的定义、作用和分类；库存控制的制约因素；ABC控制法的基本原理、控制方法；库存控制系统面临的三个问题以及固定量系统、固定间隔期系统和最大最小系统的库存控制过程；

2. 单周期库存模型的控制方法、多周期库存模型优化的原理和控制方法、随机型库存模型中提前期和安全库存的确定方法以及安全库存与服务水平的关系；

3. 联合库存管理(JMI)的主要内容、要点和实施策略、供应商管理库存(VMI)的要点、原则、步骤以及应注意的问题以及协同式供应链库存管理(CPFR)的主要特点，实施的流程。

导入案例

众所周知，汽车制造领域的竞争一直处于较高的水平，这种高度竞争的环境要求企业不断对生产模式和管理模式进行创新，以较低的成本满足不断变化的市场需求。一汽大众一直在库存管理上进行不懈的探索，终于创出了具有自己特点的零库存管理模式，在汽车制造领域走在了前面，为成本的下降带来较大的成效。

一汽大众每月把生产所需的零配件信息通过电脑网络传递给相应的供应商，各供应商根据这一信息安排自己的生产。对于价值较小且没有变化的小零配件采用批量进货的方式，供应商每月供货1~2次，对于其它零配件采用"准时化"进货方式，供应商按照一汽大众整车生产的时间和顺序直接把零配件送到相应的工位，取消了中间仓库环节，从而实现在制品"零库存"管理模式。

"零库存"是现代物流中的管理理念，它实质上是在保证满足客户需求的前提下，实现库存费用最低的一种管理方式。

工业生产和商品流通过程的阶段性目标并不一样，商业企业组织商品流通的目的是保证市场商品供应，而市场波动与供应不协调是完全正常的经济现象，但每当出现供不应求现象时，企业为能保持经常性的供求平衡，一般采取增加库存、保证供应的做法，实质上是加大了流动资金的占用量。

工业生产过程复杂程度相对较高，在传统上，为适应这种复杂生产所形成的大量原材料、配件、在制品库存，及由此造成的大量资金占用，严重影响企业的经营效益，因此，对这些库存进行有效的管理和控制是提高企业服务水平和经营业绩的重要手段。

第一节 概　　述

　　库存是企业在生产和物流渠道中各点暂时存放起来的原材料、供给品、零部件、半成品和成品,它是供应链物流系统的一项重要功能,克服了物品生产与消费在时间上的差异,提高了物流的时间效用,是实现价值链增值的重要环节。在供应链管理体系中,库存是供应链管理的最大障碍,库存量的高低不仅影响着单一企业的综合成本,而且也制约着整个供应链的绩效。因此,如何建立适当的库存量,既减少库存成本,又不影响正常的产品生产和对客户的服务,已成为企业管理者实施供应链管理过程中必须考虑的首要问题。

　　供应链管理是一种围绕核心企业,通过信息流、物流、资金流,将供应商、制造商、分销商、零售商和终端消费者连成一个价值链网络结构的集成管理模式。供应链库存管理是整个供应链管理过程中的重要组成部分。

　　在供应链体系中,始终存在着两种最基本的流动——信息流和物流。图4-1展示了供应链信息流和物流传递过程,信息流是商品需求信息从最终消费者开始,以订单信息的形式通过零售商向中间商、生产商、原材料供应商传递,通常各节点企业根据下游需求信息逐级向上游企业订货;物流是原材料、在制品、产成品等实物根据下游订单信息从原材料供应商开始向生产商、中间商、零售商和最终消费者传递。市场的不确定性,使得在这个双向的流动过程中每个节点都可能有风险存在;同时,物品在某些环节或节点流转时,都可能发生正常或非正常的滞留,从而在整个供应链上出现了不同功能的仓库,来解决物流从原材料、在制品、产成品直到最终消费者的转换和流动过程中可能出现的风险和滞留问题。

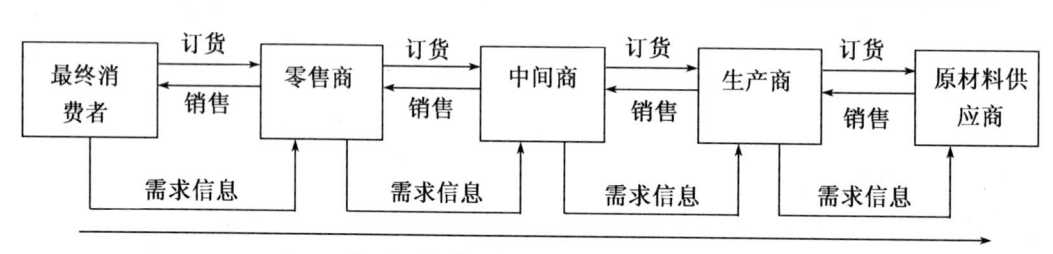

图4-1　供应链物流和信息流传递过程

　　通常供应链成员企业始终根据来自下游企业的订单信息预测市场需求,并向上游企业订货,由于信息在收集、加工和整理过程中存在偏差和预测市场需求存在误差,导致供应链成员企业向其上游企业的订货量与最终消费者的实际需求量之间存在偏差,而且这种偏差会沿着供应链向上游不断地扩大,从而引起供应链成员企业库存波动幅度也沿着供应链向上游不断地扩大,这种现象被称为"牛鞭效应"。"牛鞭效应"对供应链成员企业生产经营的影响主要表现在供应链上游企业对下游企业的供给常常滞后于下游企业实际需求变化。当下游企业实际需求量减少时,上游企业的供给量没有及时、相应地减少;当下游企业实际需求量增加时,上游企业的供给量没有及时、相应地增加,造成供应链成员企业要么供给量小于需求量,损失了销售的机会,影响客户服务水平;要么供给量大于需求量,造成库存积压,承担相应的财务成本、管理成本和跌价风险。

除了信息偏差和预测误差引起库存波动外,由于上游供应商生产和运输存在的不确定性因素,导致下游企业建立一定的安全库存用以满足其客户需求。从整个供应链管理过程看,库存成本过高是一种普遍现象。从上面的分析可以看出,当前供应链成员企业在供应链和库存管理方面存在以下问题:首先,供应链成员之间的合作关系并不广泛;其次,供应链中信息来源过于集中在企业内部,外部信息资源利用程度不高,信息共享的渠道较少,上游企业只能通过相邻下游企业订单信息预测终端消费者实际需求,降低了企业对市场实际需求把握的准确性。因此,必然产生企业库存结构不合理,安全库存量偏大的后果。

供应链管理库存、联合库存管理和协同式供应链库存管理技术能够有利于解决上述问题。在这些库存控制策略中,通过电子商务技术和 EDI 技术,可以使供应链上游成员企业共享终端消费者的实际需求信息,减少了实际需求信息在逐级传递过程中的失真,为成员企业需求预测的准确性提供可靠的数据支持;同时,上游供应商参与下游企业库存管理,减少下游需求预测误差和安全库存水平,从而大大降低缺货成本,更好地提高客户满意度和整个供应链经营效益。

第二节　库存管理基本知识

一、库存的概念

(一) 库存的定义

库存(Inventory)是企业生产经营过程中一个不可缺少的重要环节,在价值增值过程中承担重要职能,是企业物流活动的重要组成部分。它具有整合需求和供给、维持各项活动顺畅进行的功能,并通过产品生产与消费在时间上的差异而创造时间效应,库存改变了企业生产经营的模式和面向市场方式。从形式上看库存可以是生产、加工产品的原材料、在制品或产成品。

库存具有狭义和广义两种含义:狭义的观点认为,库存仅仅指的是在仓库中处于暂时停滞状态的物资;从广义的观点看,库存表示用于将来目的、暂时处于闲置状态的资源。库存的广义含义可以理解为,其一,资源停滞的位置可以是在仓库里、生产线上或车间里,可以是在非仓库中的任何位置,如车站、机场、码头等类型的流通结点上,甚至也可以是在运输途中;其二,资源的闲置状态可以是主动的各种形态的储备,也可以是被动的各种形态的超额储备,或者是完全的积压。

(二) 库存的作用

库存有其两面性,一方面,库存为企业带来了较高的库存成本;另一方面,库存能有效地缓解供需矛盾,尽可能保持生产顺畅,有时甚至有"奇货可居"的投机功能。

1. 从企业的角度看,库存为企业带来了较高的成本和风险,如财务成本、管理成本和跌价损失风险等,但库存在企业生产经营中有其重要的作用,其可以使企业对其资源平衡利用。企业的资源主要包括客户资源、生产资源和运输资源。库存平衡企业资源主要表现在:

（1）在客户资源方面，持有一定数量的库存有利于调节供需间的不平衡，并能避免或减少企业因无法准确、及时地预测顾客需求变化而造成缺货带来的损失，提高企业的客户服务水平。

（2）在生产资源方面，库存可以增加企业生产计划的柔性。库存具有保持生产过程连续性、节省生产能力转换费用和分摊订货费用的作用，有助于缓解具有不同生产速率的生产制造环节，协调生产资源在时间和空间上的衔接。

（3）在运输资源方面，持有一定数量的库存可以减少小批量、多批次所造成的运输成本的增加，也可以避免运力供给不足时造成缺货的风险，保持运力和运量相对的稳定性。

2. 从整个供应链的角度看，库存是一种协调和平衡机制

整个供应链包括了从原材料供应商、制造商、中间商、零售商到最终消费者等所有的环节。在以往没有进行供应链管理的情况下，供应链各成员企业只注重自己企业的库存优化和控制，没有有效的客户需求信息沟通和分享，下游企业为适应客户需求的不确定性，往往需要准备一定的安全库存，这种策略可以有效提高企业的客户服务水平，但整个供应链成员企业都根据下游的订货情况准备一定的安全库存将会使供应链上游企业准备大量的安全库存，增加了整个供应链的库存水平，使整个供应链库存成本大大增加。同时，整个供应链大量的安全库存有可能大于最终消费者的需求量，造成整个供应链上库存的滞销，严重影响整个供应链运营的效益和效果。

在供应链管理的情况下，通过整个供应链成员企业的信息共享，建立伙伴关系，供应链同步化及创新运输集成模式等方法和技术，把从原材料供应商开始到最终消费者的物流活动进行整体性统一管理，使库存成为一种协调和平衡机制，从整体和全局上优化库存水平，以最小的供应链库存水平及时、有效满足最终消费者的需求，提高整个供应链的反应能力。

（三）库存分类

1. 根据资源需求的重复程度划分

（1）单周期需求也叫一次性订货，这种需求的特征是偶尔性和物品生命周期短，因而很少重复订货，如年历，没有人会买过期的年历，这就是单周期需求问题。

（2）多周期需求是在长时间内需求反复发生，库存需要不断补充，在实际生活中，这种需求现象较为多见。多周期库存又可以分为独立需求库存和相关需求库存。独立需求是指需求变化独立于人们的主观控制能力之外，因而其数量与出现的概率是随机的、不确定的、模糊的。相关需求的需求数量和需求时间与其他的变量存在一定相互关系，可以通过一定的结构关系推算得出。

对于一个相对独立的企业而言，其产品是独立的需求变量，因为其需求的数量与需求时间对于作为系统控制主体——企业管理者而言，一般是无法预先精确确定的，只能通过一定的预测方法得出。而生产过程中的在制品以及需要的原材料，则可以通过产品的结构关系和一定的生产比例关系准确确定。

2. 库存按在生产加工过程中的状态划分

(1) 原料库存。包括用来制造成品中组件的钢铁、面粉、木料、布料等原材料。

(2) 配件库存。包括准备投入产品总装的零件或装配件。

(3) 在制品（WIP）库存。包括工厂中正被加工或等待作业的物料和组件。

(4) 成品库存。包括备货生产工厂里库存中所持有的已完工物品，或订货生产工厂里准

备按某一订单发货给客户的完工货物。

这几种库存存在于一条供应链上的不同位置,对于处在流通领域的中间商和零售商而言,其库存主要是产成品一种状态;而对于制造商而言,这几种库存可能同时存在,对于不同类型的库存应该采取不同的控制方式和策略。

3. 库存按其功能划分

(1) 安全库存。它是指为了应付需求、生产周期或者供应周期等可能发生的意外变化而设置的一定量的库存。它是由于不能准确预测销售数量、生产数量和时机而持有的库存。可以通过两种方法设置安全库存:其一,比正常订货时间提前一段时间订货或者比交货期限提前一段时间开始生产。其二,每次的订货量大于到下次订货为止的预测需求量,多余的部分就为安全库存。安全库存的数量不仅受需求与供应的不确定性影响,还受企业希望达到的客户服务水平影响。

(2) 调节库存。它是指为了调节供应或需求的不均衡,生产速率与供应速率不均衡及各生产阶段的产出不均衡而设置的库存,如企业在淡季储备用来满足旺季销售的库存。

(3) 周转库存。它是指由批量周期性形成的库存。企业要按照销售速率来制造或采购物品往往是不可能的。在相邻两次订货之间即订货周期内,企业也需持有一定库存以避免缺货。订货批量即每次订货的数量。订货批量越大,定购周期就越长,周转库存量就越大。

(4) 在途库存。即正处在运输途中以及停放在相邻两个工作地点之间或相邻两个组织之间的库存。这种库存不能为工厂或客户服务,它的存在原因只是因为运输需要时间。其大小取决于运输时间以及该期间内的平均需求。

(5) 投机性库存。对于用量较大且价格易于波动的物品,如资源性产品(诸如煤炭、燃油等)或农牧产品(诸如谷类、豆类等),可以通过低价时大量购进而实现成本节约,这类库存称为投机性库存。投机性库存实现的成本节约是投资该类库存所获得的回报。

(四) 库存成本

库存管理的目的是为了有效地控制库存成本,或保证库存在满足需求的前提下,尽可能降低费用。库存成本主要包括四个部分:订购过程成本、购买成本、库存持有成本、缺货成本。

1. 订购过程成本

订购过程成本即向供应商发出采购订单的成本。这项成本通常和订购次数有关,而与订货量无直接关系。订货过程成本包括提出请购单、分析供应商、与供应商沟通、填写采购订货单、来料验收、跟踪订货以及为完成交易所必需的业务和差旅等各项费用。

2. 购买成本

购买成本即购买生产或流通过程中所需要的原材料、在制品或产成品所需要的费用,它包括单位购入价格或单位生产成本。单位成本始终要以进入库存时的成本计算。对于外购物品,单位成本包括购价和运费;对于自制品来说,单位成本则应包括直接人工费、直接材料费和工厂管理费等。

3. 库存持有成本

库存持有成本也称为储存成本,是企业因持有库存而发生的一切费用,通常包括以下几个部分:

(1) 资本成本(机会成本)。投资于库存的资金因不能用于企业的其他经营活动而失去的机会称为库存投资的资本成本。

（2）税金。其包括库存的国家税、财产税和保险税。目前许多国家把存货列入应加税的财产，因此存货越多税金也越高。

（3）保险。投保的必要性取决于当仓库受到损坏时应赔偿的保险金额。保险费随库存投资多少而变化。通常是企业保险政策的一部分。

（4）储存费用。储存库存需要仓库、工作人员、物料搬运设施等，这是由库存带来的费用。

（5）跌价成本。因错过销售机会或消费者喜好改变等因素而引起的产品价值贬值所引起的成本。

（6）损耗成本。物品在储藏过程中因受潮、变质、损坏等遭受的损失或因失窃等其他方式遭受的损失。

4. 缺货成本

缺货成本是由于库存供应中断而造成的损失。包括原材料供应中断产生的停工损失，产成品库存缺货造成的延迟发货损失和销售机会丧失造成的损失，以及企业采用紧急采购解决库存中断而承担的额外采购成本等。

（五）库存管理的衡量指标

1. 库存周转率

库存周转率的公式为：

$$库存周转率 = \frac{年销售额}{年平均库存值}$$

可进一步分为：

$$原材料库存周转率 = \frac{原材料消耗额}{原材料平均库存值}$$

$$在制品库存周转率 = \frac{生产产值}{在制品平均库存值}$$

$$成品库存周转率 = \frac{年销售额}{成品平均库存值}$$

库存周转率通常被企业用来衡量库存的合理性。库存周转率高，表明库存管理的效率高；反之，库存周转慢，意味着库存占用资金量大，库存成本大。但并非周转率越高就越好，有时周转率很高，但销售额超过了标准库存的拥有量，缺货远远超过了允许的缺货率从而丧失销售机会，反而会带来损失。另一方面，企业对将来的销售额的增加应有正确的估计，较多的库存会使周转率变低。因而，在应用库存周转率衡量企业经营状况时，要结合具体情况作出判断。

2. 平均库存值

平均库存值指某一时间段全部库存物品的价值总和。它可以反映企业资产中与库存相关的部分所占的比例。通常，制造业为25%左右，而批发、零售企业库存所占的比例可能达到75%左右，管理者应根据历史数据或同行业的平均水平来衡量这一指标。

3. 可供应时间

可供应时间指现有的库存能满足多长时间的需求。这一指标可用平均库存量除以相应时间段内的需求速率得到。

二、库存控制的制约因素

在企业的生产经营过程中，由于人们无法准确预测未来需求的变化，为了防止缺货所带来的客户服务水平的降低,企业必须保持一定的库存水平,同时库存也可以平衡客户资源、生产资源和运输资源之间的关系。但库存本身以及由它带来的一系列问题,也会影响甚至阻碍企业的生产运营。因此,如何根据行业和企业的特点,制订适合企业运营和发展的库存策略,在满足客户需求的前提下,尽可能减少库存成本,将成为提高企业运营的效益和效率的核心问题。

在企业的生产经营活动中,库存控制受许多环境条件的制约。这些控制因素有些是独立影响库存控制,有些是相互作用于库存控制,影响库存控制水平,甚至决定库存控制的成败。制约库存控制的主要因素有:

(一)客户需求的不确定性

随着产品生命周期的不断缩短、营销方式不断变化以及追求差异化产品和服务等方面的影响,使得客户需求越来越难以预测。在通常情况下,如果可以获得历史销售数据,企业可以根据产品特性和市场状况通过预测技术估计客户需求,对库存进行有效的控制。如果遇到突发情况引起的热销或滞销则会影响库存控制的效果,造成缺货或库存积压。

(二)客户服务水平的需要

客户服务水平与企业满足客户订单的程度成正比。在客户需求不确定的条件下,企业百分之百满足客户订单要求企业必须保持远大于正常销售量的库存水平,这将大大增加企业的成本。因此,企业应综合考虑各种相关因素,确定一个客户可以接受的服务水平。

(三)订货提前期

通常情况下,客户发出订单后由于受信息传递、生产周期和交通运输等诸多因素的影响,需要一段时间后才能收到所订商品,这段时间即订货提前期。不确定的订货提前期制约库存控制的效果。

除了以上因素外,库存控制还与储存的产品种类、管理、资金、价格和成本等有关。企业在制订库存策略时,要对这些因素加以综合考虑。

三、传统库存控制方法

库存控制的目的是为了实现对企业整体运营进行有效的监督和管理,以维护客户服务水平和库存投资的最佳平衡。在较小的库存成本条件下保持较高的客户服务水平,需要采用科学的库存方法。库存控制要解决的主要问题包括:科学合理的需求预测,如何确定订货批量。传统的库存控制方法主要有:ABC分类法、经济订货批量(EOQ)、订货点法等。

(一)ABC分类法

1. ABC分类法基本原理

经济学家帕累托研究发现,在总体价值中占相当大比重的物品在数量上却只占很小的比例。对于任何给定的组类,组类中的少数项目将占总值的大部分。帕累托在分析社会财富的分布状况时发现人类社会的进展历程中,少数人占有大量的财富,大多数人占有少量的财富,而且那些少数人对财富起着决定性的支配作用,因此,他提出了"关键的少数和次要的多数"观点,而且这一观点也适用于社会、经济生活的很多方面。这一原理也被称为"20/80"法则。在库存管理中也存在这种现象,即20%数量的库存占全部库存价值的80%,而余下80%数量的库存仅占全部库存价值的20%。针对这种现象管理库存时,产生了库存管理ABC分类法。

ABC分类法的基本原理就是按照控制对象的价值或重要程度不同将其分类,并分别采取不同的管理方法。企业的库存分类如表 4-1 所示分成 A、B、C 三类。

表 4-1　库存 ABC 分类法

库存类别	A	B	C
库存品种种类	约 15%~20%	约 30%~40%	约 40%~50%
库存所占价值	约 75%~80%	约 15%	约 5%~10%

将库存分为三类并非绝对固定,也可以分为 A、B 两类,将 B、C 两类库存合并为 B 类管理。对于重要的 A 类库存也可再分为 AAA、AA 和 A 三类,划分出 A 类库存中的重点和一般库存。

2. ABC 分类法的应用原则

应用 ABC 分类法进行库存控制,主要从控制程度、库存量计算、库存记录、安全库存和库存检查等方面进行分析,如表 4-2 所示:

表 4-2　ABC 分类法库存控制原则

库存类别	控制程度	库存量计算	库存记录	安全库存量	库存检查
A 类	重点控制	详细计算	详细记录	少量	经常检查
B 类	一般控制	按历史数据计算	有记录	较多	偶尔检查
C 类	稍加控制	低于安全库存进货	无记录	大量	不检查

(1) A 类库存商品控制原则

对 A 类库存进行重点控制,要求完整、详细的库存记录,对账面库存和实物库存盘点的间隔期较短,及时发现库存控制中出现的问题。

在 A 类商品的订货过程中,提供尽可能客观、准确的需求预测,确定恰当的经济订货批量,设置精确的订货点,尽可能缩短提前期,在满足相应客户服务水平的基础上保持尽可能低的库存量。

(2) B 类库存商品控制原则

对 B 类库存进行正常控制,要求常规、良好的库存记录,可以适当增加对账面库存和实物库存盘点的间隔时间,对库存控制过程中出现的偏差进行分析,根据偏差产生的原因采取相应的措施,减少偏差的产生。

在 B 类商品的订货过程中,跟踪商品销售情况,对销售数据进行分析。销售量出现短期波动而中期销售量没有明显变化(如月销售量有增有减,而季度销售量没有明显变化)时,可以保持原来的经济订货批量和订货点。如果中期销售量出现明显变化,则对经济订货批量和订货点进行调整。

(3) C 类库存商品控制原则

对 C 类库存进行最基本的控制,定期检查库存实物,简单的库存记录。在 C 类商品的订货过程中,不需要分析销售数据,不需要计算经济订货批量和订货点,当库存实物量低于某个值时一次性大量订货。

(二)库存控制系统

库存控制系统有输出、输入、约束和运行机制四方面,库存控制系统的输出和输入都是各种资源。约束条件包括库存资金的约束、空间约束等。运行机制包括控制哪些参数以及如何控制。在一般情况下,在输出端,独立需求不可控;在输入端,库存系统向外发出订货的提前期也不可控,他们都是随机变量。可以控制的一般是何时进行订货(订货时点)和一次订多少货(订货量)两个参数。库存控制系统正是通过控制订货点和订货量来满足外界需求并使总库存费用最低。

任何库存控制系统都必须回答如下三个问题:第一,隔多长时间检查一次库存量?第二,何时提出补充订货?第三,每次补多少货?

按照对以上三个问题回答方式的不同,可以分成三种典型的库存控制系统。

(1) 固定量系统

所谓固定量系统就是订货点和订货量都为固定量的控制系统,如图4-2所示。当库存控制系统的现有库存量降到订货点(Reorder Point, RP)及以下时,库存控制系统就向供应商发出订货,每次订货量均为一个固定的数量Q。经过提前期LT所发出的订货到达,库存量增加Q。通常情况下,订货提前期为随机变量。

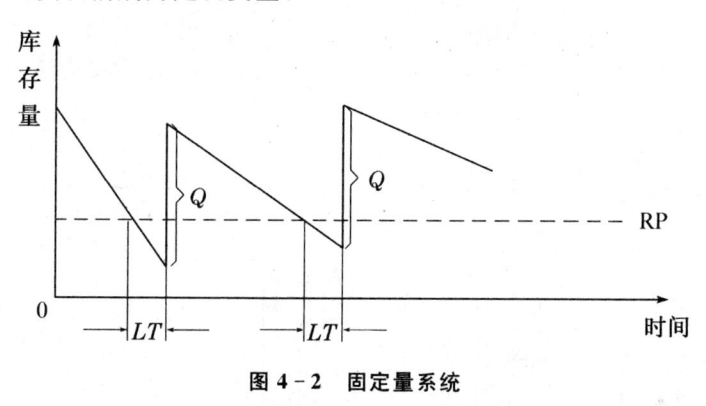

图4-2 固定量系统

要发现现有库存量是否到达订货点RP,必须随时检查库存量。固定量系统需要随时检查库存量,并随时发出订货。这样,虽然增加了管理工作量,但它使得库存量得到严密控制。因此,固定量系统适用于重要物资的库存控制。

(2) 固定间隔期系统

固定量系统需要随时监控库存变化,对于物资种类很多且订货费用较高的情况,很不经济。固定间隔期系统可以弥补固定量系统的不足。

固定间隔期系统就是每经过一个相同的时间间隔,发出一次订货,订货量为将现有库存补充到一个最高水平N,如图4-3所示。当经过固定间隔时间t之后,发出订货,这时库存量降到L_1,订货量为$N-L_1$;经过提前期LT到货,库存量增加$N-L_1$;再经过固定间隔期t之后,又发出订货,这时库存量降到L_2,订货量为$N-L_2$,经过提前期LT到货,库存量增加$N-L_2$。

固定间隔期系统不需要随时检查库存量,到了固定的间隔期,各种不同的商品可以同时订货。这样,简化了管理,也节省了订货费。不同商品的最高库存水平N可以不同。固定间隔期系统的缺点是不论库存L降得多还是少,都要按期发出订货,当L很高时,订货量是很少的。为了克服这个缺点,就出现了最大最小系统。

(3) 最大最小系统

最大最小系统仍然是一种固定间隔期系统,只不过它需要确定一个订货点n。当经过时

图 4-3 固定间隔期系统

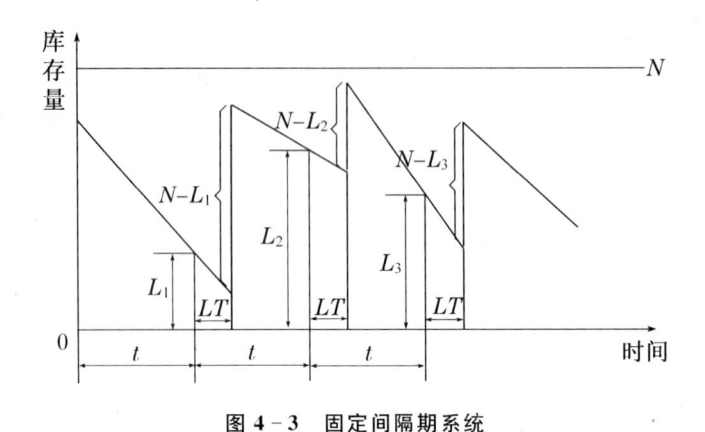

间间隔 t 时,如果库存量降到 n 及以下时发出订货;否则,在经过时间 t 时再考虑是否发出订货,如图 4-4 所示。当经过间隔时间 t 之后,库存降到 L_1,L_1 小于 n,发出订货,订货量为 $N-L_1$,经过提前期 LT 到货,库存量增加 $N-L_1$;再经过时间 t 之后,库存降到 L_2,L_2 大于 n,不发出订货。再经过时间 t,库存量降到 L_3,L_3 小于 n,发出订货,订货量为 $N-L_3$,经过提前期 LT 到货,库存量增加 $N-L_3$,如此循环。

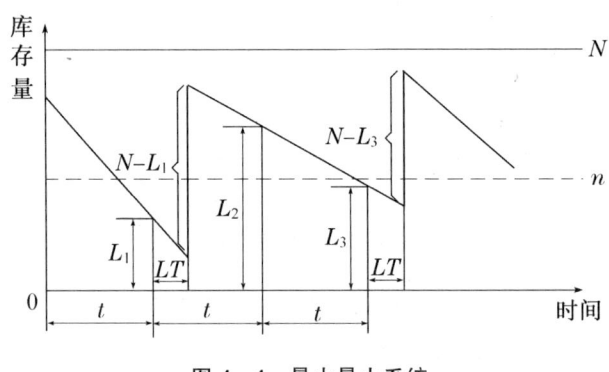

图 4-4 最大最小系统

(三) 库存问题基本模型

库存问题的基本模型包括单周期库存基本模型、多周期库存基本模型和随机性库存模型。多周期库存基本模型包括经济订货批量模型、经济生产批量模型和价格折扣模型。

1. 单周期库存模型

单周期需求也称作一次性需求,这类商品库存控制的关键在于确定订货批量。由于预测误差的存在,根据预测确定的订货量和实际需求量不可能一致。如果需求量大于订货量,就会失去潜在的销售机会,导致机会损失——即订货的机会(缺货)成本。另一方面,假如需求量小于订货量,所有未销售出去的物品将可能以低于成本的价格出售,甚至可能报废还要另外支付一笔处理费。这种由于供过于求导致的费用称为滞销(超储)成本。显然,最理想的情况是订货量恰恰等于需求量。

为了确定最佳订货量,需要考虑各种由订货引起的费用。由于只发出一次订货和只发生一次订购费用,所以订货费用为一种沉没成本,它与决策无关。库存费用也可视为一种沉没成本,因为单周期库存物品的现实需求无法准确预计,而且只通过一次订货满足。所以,即使有库存,其费用的变化也不会很大。因此,只有机会成本和滞销成本对最佳订货量的确定起决定性作用。确定最佳订货量可以用期望损失最小法、期望利润最大法或边际分析法。

(1) 期望损失最小法

期望损失最小法就是比较不同订货量下的期望损失,取期望损失最小的订货量作为最佳订货量。已知库存物品的单位成本为 C,单位售价为 P,若在预定的时间内卖不出去,则单价只能降为 $L(L<C)$ 卖出,单位滞销损失为 $C_o=C-L$;若需求超过存货,则单位机会(缺货)损失 $C_u=P-C$。设订货量为 Q 时的期望损失为 $E_L(Q)$,则取使 $E_L(Q)$ 最小的 Q 作为最佳订货量。

$$E_L(Q) = \sum_{d>Q} C_u(d-Q)p(d) + \sum_{d<Q} C_o(Q-d)p(d) \qquad (4.1)$$

式中,$p(d)$ 为需求量为 d 时的概率。

例1 某超市在采购灭蚊器时,统计了以前灭蚊器的销售情况,并且了解了其需求的概率分布。如表 4-3 所示:

表 4-3 灭蚊器需求的概率分布

需求 d(个)	0	15	30	45	60	75
概率 $p(d)$	0.05	0.15	0.20	0.30	0.20	0.10

已知,每个灭蚊器的进价为 $C=15$ 元,售价 $P=20$ 元。若在夏秋季未能销完,则需将剩余的灭蚊器退回经销商,退回运费每个 2 元由超市承担,求该超市应该采购多少灭蚊器合适。

解:当实际需求 $d<Q$ 时,将有一部分灭蚊器卖不出去,每个灭蚊器滞销损失为 $C_o=2$ 元;当实际需求 $d>Q$ 时,将使超市失去一部分销售机会,每个灭蚊器机会损失为 $C_u=20-15=5$ 元;

当 $Q=15$ 时,则
$$E_L(Q) = 5 \times [(75-15) \times 0.1 + (60-15) \times 0.2 + (45-15) \times 0.3 + (30-15) \times 0.2]$$
$$+ 2 \times (15-0) \times 0.05$$
$$= 136.5 \text{ 元}$$

按超市采购 Q 取不同值时,分别计算最小期望损失值 $E_L(Q)$,其结果如表 4-4 所示。

表 4-4 期望损失计算表

订货量 Q(个)	实际需求 d						期望损失 $E_L(Q)$(元)
	0	15	30	45	60	75	
	$P(d)$						
	0.05	0.15	0.20	0.30	0.20	0.10	
0	0	11.25	30	67.5	60	37.5	206.25
15	1.5	0	15	45	45	30	136.5
30	3	4.5	0	22.5	30	22.5	82.5
45	4.5	9	6	0	15	15	49.5
60	6	13.5	12	9	0	7.5	48
75	7.5	18	18	18	6	0	67.5

由表 4-4 可知,超市采购灭蚊器的最佳订货量为 60 个。

(2) 期望利润最大法

期望利润最大法就是比较不同订货量下的期望利润,取期望利润最大的订货量作为最佳订货量。设订货量为 Q 时的期望利润为 $E_r(Q)$,则计算公式为

$$E_r(Q) = \sum_{d>Q} [C_u d - C_o(Q-d)] p(d) + \sum_{d \geq Q} C_u Q p(d) \tag{4.2}$$

例 2 按例 1 数据,用期望利润最大法求最佳订货量。

解:当 $Q=15$ 时,则

$$E_r(Q) = [5 \times 0 - 2 \times (15-0)] \times 0.05 + 5 \times 15 \times 0.15 + 5 \times 15 \times 0.20$$
$$+ 5 \times 15 \times 0.30 + 5 \times 15 \times 0.20 + 5 \times 15 \times 0.10$$
$$= 69.75 \, 元$$

当 Q 取其它值时,按同理可以算出 $E_r(Q)$,结果如表 4-5 所示:

表 4-5 期望利润计算表

订货量 Q（个）	实际需求 d						期望损失 $E_r(Q)$（元）
	0	15	30	45	60	75	
	$P(d)$						
	0.05	0.15	0.20	0.30	0.20	0.10	
0	0	0	0	0	0	0	0
15	−1.5	11.25	15	22.5	15	7.5	69.75
30	−3	6.75	30	45	30	15	123.75
45	−4.5	2.25	24	67.5	45	22.5	156.75
60	−6	−2.25	18	58.5	60	30	158.25
75	−7.5	−6.75	12	49.5	54	37.5	138.75

从表 4-5 可知,超市采购灭蚊器的最佳订货量为 60 个,与期望损失最小法得出的结果相同。

(3) 边际分析法

假设原采购计划订货量为 Q。考虑追加一个单位订货的情况,由于追加了一个单位的订货,使得期望损失的变化为:

$$\Delta E_L(Q) = E_L(Q+1) - E_L(Q) = \left[C_u \sum_{d>Q} (d-Q-1) p(d) + C_o \sum_{d<Q} (Q+1-d) p(d) \right]$$
$$- \left[C_u \sum_{d>Q} (d-Q) p(d) + C_o \sum_{d<Q} (Q-d) p(d) \right]$$
$$= (C_u + C_o) \sum_{d=0}^{Q} p(d) - C_o = 0$$

$$\sum_{d=0}^{Q^*} p(d) = 1 - p(D^*) = \frac{C_u}{C_u + C_o}, \text{则}$$

$$p(D^*) = \frac{C_o}{C_u + C_o} \tag{4.3}$$

式中，$p(D^*)$为概率分布函数。

确定了$p(D^*)$，然后再根据经验分布就可以找出最佳的订货量。

例 3 某超市中秋节采购一批月饼准备中秋节销售。每公斤月饼订货成本为 6 元，中秋节期间每公斤售价 10 元。中秋节过后，未售完的月饼只能按每公斤 4 元销售。中秋节期间月饼需求量的概率分布如表 4-6 所示。试求超市采购月饼的最佳订货量。

表 4-6　中秋月饼需求量的概率分布　　　　　　　　单位：公斤

需求量	10	20	30	40	50	60	70
概率	0.15	0.15	0.20	0.15	0.10	0.15	0.10
$p(D)$	1.00	0.85	0.70	0.50	0.35	0.25	0.10

解：由题意可知，$C_o=6-2=4$ 元

$C_u=10-6=4$ 元

因此，

$$p(D^*)=\frac{C_o}{C_o+C_u}=\frac{4}{4+4}=0.50$$

查表 4-6 可知，实际需求大于 40 公斤的概率为 0.50，因此最佳的订货量为 40 公斤。

2. 多周期库存模型

对于多周期库存模型，主要讨论经济订货批量模型、经济生产批量模型和价格折扣模型。不同库存模型控制的目标都是在满足客户需求的基础上，使库存总费用最低。

(1) 经济订货批量(EOQ)

通常情况下，单个物品库存的年总成本由年购买成本、年订购成本、年储存成本和年缺货成本四部分组成。① 年购买成本以 C_P 表示，该成本与订货单价和年订货数量有关；② 年缺货成本以 C_S 表示，该成本反映失去销售机会带来的损失、信誉损失以及影响生产造成的损失，它与缺货多少、缺货次数有关；③ 年订购成本以 C_R 表示，该成本与全年发生的订货次数有关，一般与一次订货多少无关；④ 年储存成本或称年维持库存费，以 C_H 表示，该成本与储存库存所必需的费用，包括资金成本、仓库及设备折旧、税收、保险等。这部分成本与物品价值和平均库存量有关。

因此库存年总成本 C_T 可表示为：

$$C_T=C_P+C_S+C_R+C_H \tag{4.4}$$

经济订货批量(Economic Order Quantity，EOQ)模型组最早由 F·W·Harris 于 1915 年提出的。该模型有如下假设条件：① 外部对库存系统的需求率已知，需求率均匀且为常量，年需求率以 D 表示，单位时间需求率以 d 表示；② 一次订货量无最大最小限制；③ 采购、运输均无价格折扣；④ 订货提前期已知，且为常量；⑤ 订货费与订货批量无关；⑥ 储存成本是库存量的线性函数；⑦ 不允许缺货；⑧ 订货率为无限大，每次订货均可满足交付；⑨ 采用固定库存量系统。

在以上的假设条件下，库存量的变化如图 4-5 所示。从图 4-5 可以看出，系统的最大库存量为 Q，最小库存量为 0，不存在缺货。库存按数值为 D 的固定需求率减少。当库存量降低到订货点 RP 时，就按固定订货量 Q 发出订货。经过一个固定的订货提前期 LT，新的一批订货 Q 到达(订货刚好在库存变为 0 时到达)，库存量立即达到 Q。显然，平均库存量为 $Q/2$。

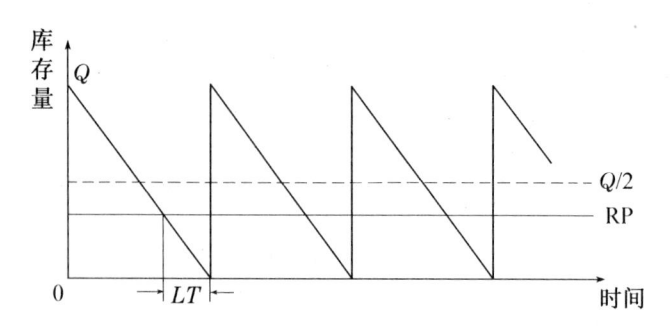

图 4-5　经济订货批量假设下的库存量变化

在 EOQ 模型的假设条件下,式(4.4)中,年缺货成本为零,年购买成本与订货批量大小无关,为常量。因此,式(4.4)可以表示为:

$$C_T = C_P + C_R + C_H \tag{4.5}$$

$$C_T = DP + \frac{DC}{Q} + \frac{QH}{2} \tag{4.6}$$

式中:D——年需求量,以单位计;

P——购买商品的单价,元/单位;

C——每次订货的订购成本,元/次;

Q——批量或订购量,以单位计;

H——每单位物品每年的储存成本,元/年,其中 $H = PF$,F 为以单位成本系数表示的年储存成本。

年购买成本是由年需求量乘单位购买成本确定,年订购成本是由年订购次数(D/Q)乘每次订货的订购成本(C)得到的,年储存成本为平均库存量($Q/2$)与年单位储存成本(H)的乘积,这三种成本的总和即为年库存成本(TC)。

通过对式(4.6)求一阶导数,并令其为零,可以获得最低成本的经济批量(EOQ):

$$\frac{dC_T}{dQ} = \frac{H}{2} - \frac{CD}{Q} = 0$$

解上方程得到 EOQ 公式:

$$Q^* = \sqrt{\frac{2CD}{H}} = \sqrt{\frac{2CD}{PF}} \tag{4.7}$$

图 4-6 表示了库存年总成本的变化过程以及经济批量的决定过程。

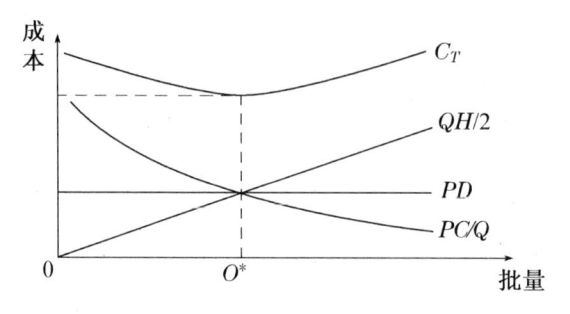

图 4-6　库存年总成本和经济订货批量

例 4 某公司以单价 20 元每年购入某种产品 5 000 件。每次订货费用为 40 元,资金年利息率为 8%,单位储存成本按所储存货物价值的 15% 计算,若每次订货的提前期为 5 天,试求该产品的经济订货批量、最低年总库存成本、年订货次数和订货点。

解:依题意,$P=20$ 元/件,$D=5\,000$ 件/年,$C=40$ 元,H 则由两部分组成,一是资金利息,一是储存费用,即 $H=20\times 8\%+20\times 15\%=4.6$ 元/件·年。

因此,$\mathrm{EOQ}=\sqrt{\dfrac{2DC}{H}}=\sqrt{\dfrac{2\times 5\,000\times 40}{4.6}}\approx 295$ 件

最低年总库存成本(C_T^*)为:

$$C_T^* = DP + \frac{DC}{\mathrm{EOQ}} + \frac{\mathrm{EOQ}\times H}{2}$$

$$= 20\times 5\,000 + \frac{5\,000\times 40}{295} + \frac{295\times 4.6}{2} \approx 101\,356.5 \text{ 元}$$

年订货次数 $n=D/\mathrm{EOQ}=5\,000/295\approx 17$ 次

订货点 $\mathrm{RP}=\dfrac{5\times 5\,000}{365}\approx 69$ 件

由于在实际应用中会发生很多特殊情况,企业应根据具体情况来修正 EOQ 模型。这些特殊情况主要有运量费率、数量折扣、批量生产、多产品购买和有限的资本等。常见的关于 EOQ 模型调整包括运量费率、数量折扣和其他调整。

① 运量费率。在 EOQ 公式中没有考虑运输成本对订货批量的影响。在根据交付数量购买商品且卖方支付了从产地到存货目的地的运输费用时,这种忽略有可能是正确的。如果买方支付从产地到存货目的地的运输费用时,在确定订货批量时,就必须考虑运输费用对总成本的影响。在其它条件都相同的情况下,应该选择以最经济的运输批量进行购买,该数量也许大于用 EOQ 方法确定的购买数量。较大的订货批量的影响主要表现在:增加了平均基本库存量和库存成本;减少了所需订货的次数。订货次数的减少会增加装运的规模,提供更好的运输经济性。

例 5 在例 4 的基础上,企业考虑通过较大批量购买可能节约运输费率,提出了两种订货方案。小批量装运方案:每次购买 295 件,每年分 17 次订购,每件物品装运费率为 1.00 元;大批量方案:每次购买 500 件,每年分 10 次订购,每件物品装运费率为 0.70 元,见表 4-7。企业应选择那种方案?

表 4-7 考虑运输费率的 EOQ 数据

因 素	数 量
年需求量 R	5 000 件
购买单价 P	20 元
年储存成本系数 F	年度为 23%
订购成本 C	每次订货为 40 元
小批量装运费率	每件 1.0 元
大批量装运费率	每件 0.7 元

对表4-7中小批量装运和大批量装运两种方案的总成本进行比较分析,结果如表4-8所示。

由于购买成本与经济订货批量无关,在考虑运输费率的情况下,库存总成本变动主要与储存成本、订货成本和运输成本有关。从表4-8可知,当选择大批量装运时,总成本为5 050元;当选择小批量装运时,总成本为6 356.5元,可以看出选择大批量装运时总成本节约了1 306.5元。

表4-8 用运量修正费率修正的EOQ

成 本(元)	小批量装运(295件)	大批量装运(500件)
储存成本	678.5	1 150
订货成本	678	400
运输成本	5 000	3 500
总成本	6 356.5	5 050

表4-8表明,如果买方负责支付运输费用,应该重视运输费率对库存总成本的影响,任何EOQ方法都必须在批量的分类范围内测试运输成本的灵敏度;订货规模和每年订货次数的变化对储存成本和订货成本的影响相对较小,主要影响运输成本。同样,库存总成本出现较大变化也必然会大大影响经济订货批量。

② 数量折扣。采购数量折扣提供了类似于运量费率的一个EOQ延伸。表4-5表示一个折扣表样本。数量折扣可以用基本的EOQ公式直接处理,它按照与给定的数量有关的价格计算总成本,以确定相应的EOQ值。如果任何数量上的折扣足以弥补增加的库存持有成本减去降低的订货成本,那么,数量折扣就提供了一种可行方案。但是应注意的是,虽然数量折扣和运量费率对较大购买数量产生影响,但库存总成本最低的购买并不始终在数量上大于用EOQ方法计算出来的订货数量。

③ 其他EOQ调整。由于在库存管理过程中会发生多种特殊情况,因此需要调整基本的EOQ方法。这些特殊情况主要有批量生产、多商品购买、有限的资本等。从制造角度讲,批量生产规模是指最经济的数量。多商品购买是指当同时购买一种以上商品时,需要考虑数量折扣和运量费率对商品组合所产生的影响。有限的资本是指库存总投资中的预算受到种种限制,因为在预算限制内必须满足产品线的需要,所以订货批量必须考虑到库存投资需要在整个产品线上进行分配。

在确定订货批量时需要考虑的另一个因素是单位化特征。许多商品是按标准单位进行储备和运输的,诸如集装箱和托盘之类。既然设计的这些标准化单位是专门用来适应运输工具和搬运工具的,那么,当EOQ批量不是一种复式单位时,就有可能产生明显的不经济。例如,假定一个托盘能够装满300个单位某种商品,如果EOQ批量为450个,就意味着要装运1.5个托盘。从搬运或运输经济的角度看,交替地或持续地订购一个或两个托盘商品,有可能效果最佳。在确定EOQ批量时,应该考虑使用标准复式单位。不过随着越来越多的企业有能力并且愿意提供组合单位或组合托盘,标准复式单位的重要性在逐渐下降,组合单位或组合托盘包含了商品的组合,并且可以用来提供分类商品,同时保持运输费用和搬运费用的节约。

(2) 经济生产批量模型(EPL)

EOQ假设整批订货在一定时刻同时到达，补充率为无限大，这种假设不符合企业生产过程的实际。一般来说，在进行某种产品生产时，成品是逐渐生产出来的。也就是说，当生产率大于需求率时，库存是逐渐增加的，不是立刻补齐的。当库存达到一定量时，应停止生产一段时间。由于生产系统调整准备时间的存在，在补充成品库存的生产中，也有一个一次生产多少最经济的问题，这就是经济生产批量问题。经济生产批量（Economic Production Lot，EPL）模型，又称经济生产量（Economic Production Quantity，EPQ）模型，其假设条件除与经济批量模型第⑧条假设不一样之外，其余都相同。

图4-7表示了在经济生产批量模型下库存量随时间变化的过程。在库存为0时开始进行生产，经过生产时间t_P结束，由于生产率P大于需求率D，库存将以$(P-D)$的速率上升。经过时间t_P，库存达到I_{MAX}。生产停止后，库存按需求率D下降。当库存减少到零时，又开始新一轮生产。Q是在时间t_P内的生产量，Q又是一个补充周期T内消耗的量。

图4-7中，p为生产率即单位时间的产量，d为需求率即单位时间需求量，$d<p$；t_P为生产时间；I_{MAX}为最大库存量；Q为生产批量；RP为订货点；LT为生产提前期。

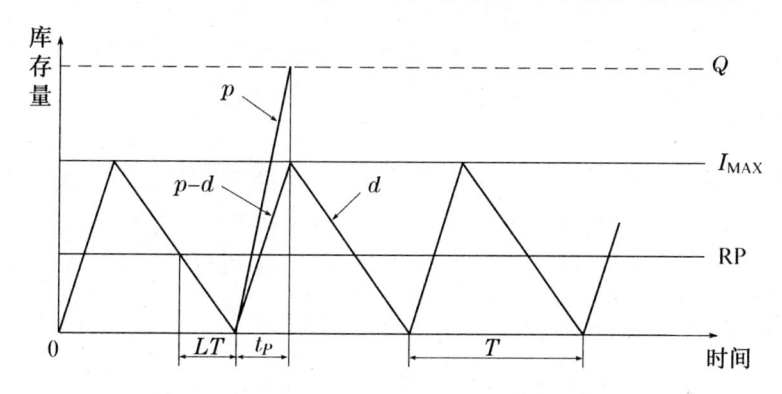

图4-7 经济生产批量假设条件下的库存量变化

在EPL模型的假设条件下，公式4.4中的C_S为零，C_P与订货批量的大小无关，为常量。与EOQ模型不同的是，由于补充率不是无限大，这里平均库存不是$Q/2$，而是$I_{MAX}/2$。于是：

$$C_T = C_H + C_R + C_P = \frac{HI_{MAX}}{2} + \frac{CD}{Q} + PD \tag{4.8}$$

从图4-7可知，$I_{MAX} = t_P(p-d)$

由$Q = pt_P$，可得$t_P = \dfrac{Q}{P}$，则

$$C_T = \frac{H\left(1-\dfrac{d}{p}\right)Q}{2} + \frac{CD}{Q} + PD \tag{4.9}$$

通过对公式（4.9）求Q的一阶导数，并使导数为零可以得出：

$$\text{EPL} = \sqrt{\frac{2DC}{H\left(1-\dfrac{d}{p}\right)}} \tag{4.10}$$

例6 某企业产品市场的年需求量为36 500件，企业的生产率为每天200件，生产的提前期为3天。每件产品的生产成本为20元，每件产品的年维持库存费为4元，每次生产的生产准备费用为10元。试求经济生产批量EPL、年生产次数、和最低年总费用。

解：已知年需求量为 $D=36\,500$ 件，一年 365 日，因此，

需求率 $d=36\,500/365=100$ 件/日

$$\text{EPL}=\sqrt{\frac{2DC}{H(1-d/p)}}=\sqrt{\frac{2\times 36\,500\times 10}{4\times(1-100/200)}}=\sqrt{\frac{73\,0000}{2}}\approx 604\text{ 件}$$

年生产次数 $n=\dfrac{D}{\text{EPL}}=\dfrac{36\,500}{604}\approx 61$ 次

订货点 $\text{RP}=d\times LT=100\times 3=300$ 件

最低年库存费用 $C_T=\dfrac{H\left(1-\dfrac{d}{p}\right)Q}{2}+\dfrac{DC}{Q}+PD$

$$=\frac{4\times\left(1-\dfrac{100}{200}\right)\times 604}{2}+\frac{36\,500\times 10}{604}+20\times 36\,500=731\,208.3\text{ 元}$$

EPL 模型比 EOQ 模型更具有一般性，EOQ 模型可以看作 EPL 模型的一个特例。当生产 p 趋于无穷大时，EPL 公式就同 EOQ 公式一样。

EPL 模型分析对分析问题有很大帮助，由 EPL 公式可知，一次生产准备费 C 越大，则经济生产批量越大；单位维持库存费 H 越大，则经济生产批量越小。

（3）价格折扣模型

在日常商业活动过程中，供应商为了扩大需求往往在客户的采购批量大于某一数量时，给客户提供优惠的价格，这就是价格折扣。图 4-8 表示有两种数量折扣的情况：当采购批量小于 Q_1 时，单价为 P_1；当采购批量大于或等于 Q_1 时，单价为 P_2；$P_1>P_2$。

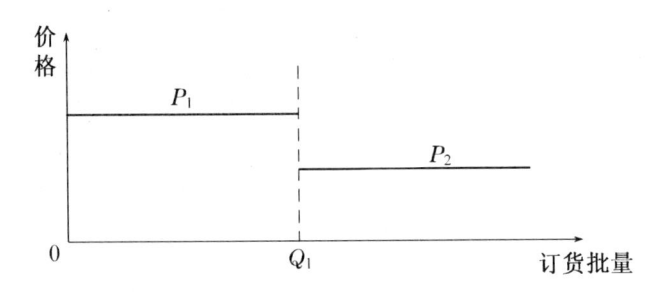

图 4-8 有数量折扣的价格曲线

供应商愿意提供折扣价格是因为可以为供应商带来较大的销售量，带来规模经济，降低成本，提高市场占有率。对于客户而言价格折扣是否有利要作具体分析。在有价格折扣的情况下，由于每次订购量大，订货次数少，年订货费用会降低，但订购量大会使库存增加，从而使储存成本增加。

按数量折扣订货的优点是：单价较低，年订货成本较低，较少发生缺货，装运成本较低，而且能比较有效地应对价格上涨。按数量折扣订货的缺点是：库存量大，储存成本高，存货周转较慢，有跌价损失的风险。因此，是否接受价格折扣，需要通过价格折扣模型的计算才能决定。

价格折扣模型的假设条件中仅条件允许有价格折扣与 EOQ 模型假设条件不同。由于有价格折扣时，商品的单价不再是固定的，因而不能简单套用传统的 EOQ 模型。图 4-9 所示为由两个折扣点的价格折扣模型的库存成本曲线。年订购成本 C_R 与价格折扣无关，曲线与

EOQ 模型的一样。年储存成本 C_H 和年购买成本 C_P 都与商品的单价有关,因此,成本曲线是一条不连续的曲线。但是,无论如何变化,最经济的订货批量仍然是年库存总成本曲线 C_T 上最低点所对应的数量。由于价格折扣模型的总成本曲线是不连续的,所以成本最低点或者是曲线一阶导数为零的点,或者是曲线的中断点。若想获得价格折扣的最优订货批量可按下面步骤进行:

第一步,取最低价格代入基本 EOQ 模型求出最佳订货批量 Q^*,若 Q^* 可行(即所求的点在曲线 C_T 上),Q^* 即为最优订货批量,否则转第二步。

第二步,取次低价格代入基本 EOQ 公式求出 Q^*,如果 Q^* 可行,计算订货量为 Q^* 时的总成本和所有大于 Q^* 的数量折扣点(曲线中断点)所对应的总成本,取其中最小总成本所对应的数量即为最优订货批量。

第三步,如果 Q^* 不可行,重复第二步,直到找到一个可行的 EOQ 为止。

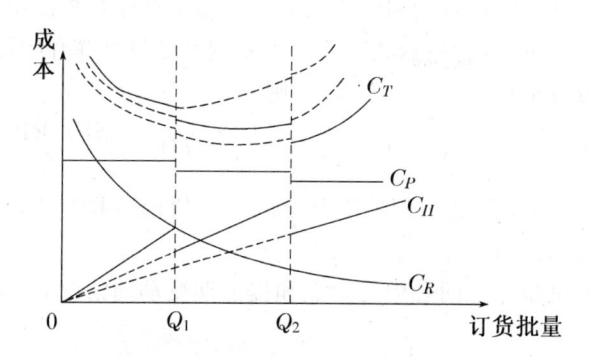

图 4-9 价格折扣条件下库存成本曲线

例 7 某公司年需求复印纸 1 500 箱,供应商的条件是:若订货量大于等于 50 箱时,单价为 150.00 元;若订货量小于 50 箱时,单价为 170.00 元。每次订货的费用为 10.00 元;每箱复印纸的年库存维持费用为单价的 10%。试求最优订货量。

解:这是一个典型的数量折扣问题,可按这类问题的一般步骤求解。

第一步,当 $P=150$ 时,储存成本 $H=150\times10\%=15$,$C=10$,$D=1\,500$,则

$$\text{EOQ}(150)=\sqrt{\frac{2\times 1\,500\times 10}{15}}\approx 45$$

因为只有当订货量大于等于 50 时,才能得到单价为 150 元的折扣价,也就是说,45 箱是不可行的(即 45 元对应的点不在曲线 C_T 的实线上)。

第二步,求次低的单价 $P=170$ 时的订货量,此时,储存成本 $H=170\times10\%=17$,$C=10$,$D=1\,500$,则

$$\text{EOQ}(150)=\sqrt{\frac{2\times 1\,500\times 10}{17}}=42$$

当单价 $P=170$ 时,经济订货批量为 42 箱,这符合供应商的供货条件。在这里,订货量大于 42 箱的折扣点只有一个即 50 箱。因此,分别计算 42 箱和 50 箱时的总成本 $C_T(42)$ 和 $C_T(50)$:

$$C_T(42)=\frac{42\times 17}{2}+\frac{1\,500\times 10}{42}+1\,500\times 170=255\,714.14 \text{ 元}$$

87

$$C_T(50) = \frac{50 \times 15}{2} + \frac{1\,500 \times 10}{50} + 1\,500 \times 150 = 225\,675 \text{ 元}$$

由于 $C_T(42) > C_T(50)$，所以最优订货批量应为 50 箱。

(四) 随机型库存

在单周期库存和多周期库存的讨论中，需求率和订货提前期均被看作是确定的，这种情况在现实生产经营过程中是不太可能存在的。通常情况下，需求率和提前期都是随机变量。需求率和提前期为随机变量的库存控制问题，就是随机型库存问题。

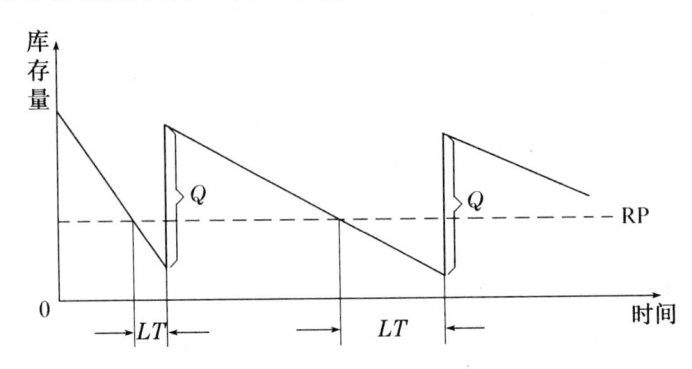

研究随机型库存问题的假设条件包括：① 年平均需求量为 D，一次订货费为 C，单位储存成本为 H，单位机会成本为 S；② 无价格折扣，允许延迟交货，但必须满足每次订货；③ 需求率 d 和提前期 LT 为已知分布的随机变量。

1. 固定量系统下订货量和订货点的确定

研究随机型库存控制中的订货量和订货点问题与确定性库存控制中的订货量和订货点问题的目标都是使库存总成本最低，他们之间的最大差别是随机型库存问题允许缺货，因此必须考虑缺货成本。由于没有价格折扣，C_P 为常量，则

$$C_T = C_P + C_R + C_S + C_H = PD + \frac{DC}{Q} + HE_L + \frac{SE_S(RP)D}{Q} \tag{4.11}$$

式中，C_T 为总库存成本；E_L 为各周期库存量的期望值；$E_S(RP)$ 为订货点在 RP 下各周期缺货的期望值；S 为单位缺货成本。

图 4-10 表示了随机型库存问题中订货点和提前期变动的情况。

图 4-10 随机型库存问题

$$E_L = \frac{Q}{2} + RP - D_L \tag{4.12}$$

式中，D_L 为提前期内需求的期望值。则

$$C_T = PD + \frac{DC}{Q} + H\left(\frac{Q}{2} + RP - D_L\right) + \frac{SD\left[\sum_{y>RP}(y-RP)p(y)\right]}{Q}$$

欲求最佳的订货量 Q^* 和最佳订货点 RP^*，可通过对 Q 和 RP 求一阶偏导数，并令其等于零，通过对订货点 RP 求偏导数，得出：

$$\sum_{y>RP} p(y) = p(D_L > RP^*)1 - p(D_L \leqslant RP^*) = \frac{HQ}{SD} \tag{4.13}$$

通过对订货批量 Q 求偏导数，则

$$Q^* = \sqrt{\frac{2D[C+SE_s(\mathrm{RP})]}{H}} \tag{4.14}$$

若 Q 和 RP 可以连续取值,则联立求解式(4.13)和式(4.14)便可以求出最佳的订货量 Q^* 和最佳订货点 PR^*。若 Q 和 RP 只能取离散值,则只能通过逐步逼近的方法求满意解。

逐步逼近法主要的步骤是:通过式(4.12)计算一个 Q,然后将该 Q 值代入式(4.13),求得相应的 RP 后再求 $E_s(\mathrm{RP})$;用式(4.14)再求一个 Q 值,再代入式(4.13),求得相应的 RP,循环计算,直到求得满意解。

2. 提前期内需求分布律的确定

在随机型库存控制过程中,提前期内需求分布律 $p(y)$ 决定各周期库存量的期望值 E_L 和订货点为 RP 下各周期缺货量的期望值 $E_s(\mathrm{RP})$。通过计算的方法可以得到提前期内需求分布律 $p(y)$。

当已知单位时间内需求的分布律和提前期的分布律时,可以通过计算的方法求出提前期内需求的分布律。

例 8 已知对某商品每日的需求分布律如表 4-9 所示,其提前期的分布律如表 4-10 所示,求提前期的需求分布律 $p(y)$。

表 4-9 某商品每日需求分布律

x(个)	0	1	2
分布律 $p(x)$	0.2	0.5	0.3

表 4-10 提前期的分布律

LT(天)	1	2
分布律 $p(LT)$	0.8	0.2

解:提前期最长为 2 天,其间需求量可能为 0、1、2、3、4,通过树形图可以得出提前期的需求分布律 $p(y)$。

图 4-11 为提前期需求分布律的树形图。

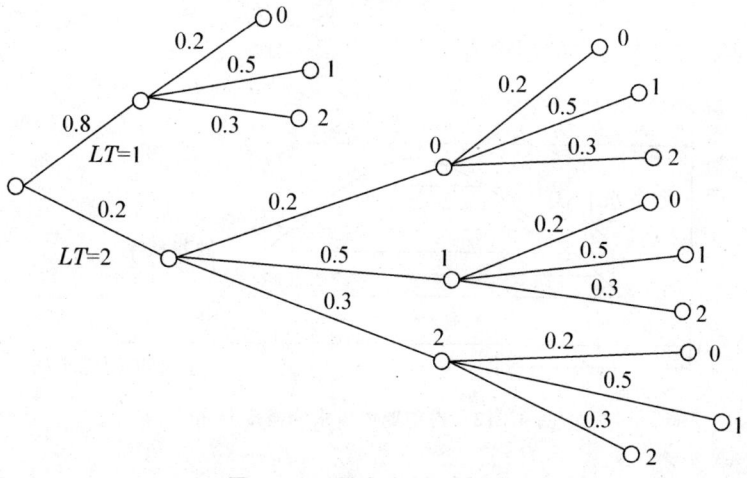

图 4-11 需求分布律树形图

从图 4-11 可知,从左到右提前期可以是 1 日,也可以是 2 日。根据表 4-10 提供的提前期分布律可知为 1 日的概率是 0.8,2 日的概率是 0.2。根据表 4-9 提供的每日需求分布律可知,每日需求为 0 个的概率是 0.2,需求为 1 个的概率是 0.5,需求为 2 个的概率是 0.3。综合考虑提前期的不同情况可以得出提前期内需求量为 0、1、2、3、4 五种情况,分别计算其概率,从而得出提前期内需求的分布率,计算如下:

p(0)=0.8×0.2+0.2×0.2×0.2=0.168

p(1)=0.8×0.5+0.2×0.2×0.5+0.2×0.5×0.2=0.44

p(2)=0.8×0.3+0.2×0.2×0.3+0.2×0.5×0.5+0.2×0.3×0.2=0.314

p(3)=0.2×0.5×0.3+0.2×0.3×0.5=0.06

p(4)=0.2×0.3×0.3=0.018

表 4-11 表示了计算出的提前期内需求分布律。

表 4-11 提前期内需求分布律

y	0	1	2	3	4
$p(y)$	0.168	0.44	0.314	0.06	0.018

3. 随机型库存问题中安全库存与服务水平

由于实际经营过程中销售和采购数据受多种因素的影响,很难通过经济订货批量模型、经济生产批量模型计算出精确的订货量和订货点,而且由于需求不确定性的存在,如果完全满足客户需求意味着供应商需要准备超额库存,这势必会大大增加供应商的库存总成本。因此,需要根据企业的实际情况确定一个合理的客户服务水平,根据服务水平设定相应的安全库存水平。

(1) 安全库存

安全库存(Safety Stock,SS)是一种额外持有的库存,它作为一种缓冲器用来补偿在订货提前期内实际需求量超过期望需求量或实际提前期超过期望提前期所产生的需求。在随机型库存系统中,安全库存可以应对需求率和订货提前期的随机变化。可以根据安全库存的大小确定订货点 RP:

$$RP = SS + D_E \qquad (4.15)$$

式中,D_E 为提前期内需求的期望值。

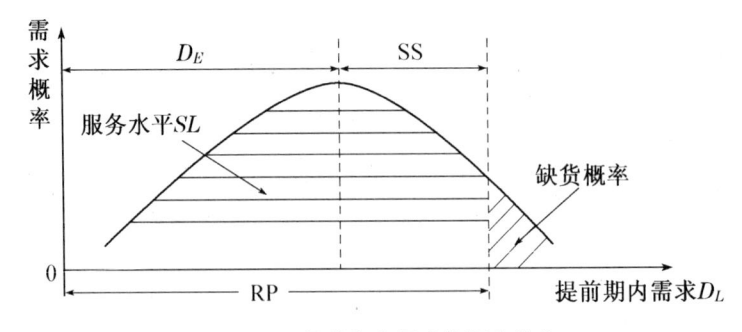

图 4-12 提前期内需求的概率分布

图 4-12 表示提前期内需求近似服从正态分布的情况,图中左边阴影部分面积表示不发生缺货的概率,可以作为库存系统的服务水平;右边阴影部分面积表示发生缺货的概率。从图可知,如果没有安全库存,缺货的概率可达 50%。安全库存对企业的成本有双重影响:降低缺货成本,却增加了储存成本。同时,从图中可知,只要不是库存无限大,就无法完全满足客户的需求,因此缺货是不可避免的。

(2) 服务水平

服务水平是衡量随机型库存系统的一个重要指标,它表示了供应商能够满足客户需求的程度,也关系到库存控制系统是否适应企业竞争的需要。衡量服务水平的指标主要有:① 提前期内供货数量与提前期需求量的比值;② 顾客订货得到完全满足的次数与订货总次数的比值;③ 不发生缺货的订货周期数与总订货周期数的比值。

取提前期内需求 D_L 不超过订货点 RP 的概率作为服务水平,其表达式为:

$$SL = p(D_L \leqslant RP) \tag{4.16}$$

(3) 安全库存与服务水平的关系

企业要想获得较高的市场占有率和较好的经营业绩,就需要较高的服务水平,而较高的服务水平需要较大的安全库存量,但安全库存量的增大意味着虽然缺货成本减小,但其他成本增加,从而使库存总成本增大,影响企业的利润水平;如果保持较小的安全库存量,则会影响企业的服务水平,降低企业产品的市场占有率,相应减少企业利润水平。因此,确定与企业经营能力相一致的服务水平非常重要,企业应根据市场需求,通过销售数据分析,确定一个合适的服务水平以及需求变动的标准差,从而决定企业的订货点。

对于提前期内需求符合正态分布的情形,可以将安全库存 SS 定义为:

$$SS = Z\sigma_L \tag{4.17}$$

式中,Z 为标准正态分布的百分位点,σ_L 为提前期内需求量的标准差。

对于提前期内各单位时间内需求分布相互独立的情况,有:

$$\sigma_L = \sqrt{(LT)\sigma_P^2} \tag{4.18}$$

式中,LT 为订货提前期,σ_P 为提前期内各单位时间需求量的标准差。

这样,当企业确定了服务水平后,若提前期内需求符合正态分布,则企业的订货点可以确定为:

$$RP = Z\sigma_L + D_E = Z\sqrt{(LT)\sigma_P^2} + D_E \tag{4.19}$$

第三节 供应链系统中库存策略存在的问题

库存管理是现代企业生产经营管理过程中的一个重要环节。随着全球经济一体化和信息技术的飞速发展,企业之间的联系越来越紧密,逐渐形成了从供应商、制造商、分销商、零售商到最终用户的利益共同体,即供应链系统,从而使企业之间的竞争转变为供应链与供应链之间的竞争。由于供应链的新特点,如何降低库存成本,提高用户的满意度以及对库存进行有效的控制,成为提高供应链企业核心竞争力的重要内容。

从供应链管理过程看,库存成本过高是一种普遍的现象。统计调查表明,供应链成本中库存成本占供应链总成本的30%以上,要想提高整个供应链系统运营的效率和效果,不能仅仅对一个企业的库存系统进行优化,而必须对整个供应链系统库存进行优化。

一、供应链管理环境下库存管理存在的问题

由于供应链上存在的不确定性,增加了供应链体系中的整体库存,也给供应链节点企业经营带来了许多不确定性,使库存控制工作更加复杂。在供应链管理模式下的库存控制问题主要有信息类问题、供应链运营问题和供应链的战略与规划问题三类,这些问题可以归纳为以下几个方面的内容。

(一)缺乏供应链系统的整体观念

供应链的整体绩效取决于供应链各节点企业的绩效,但供应链上各节点企业之间都是相对独立的。它们都有各自不同的目标,有些目标和供应链的整体目标不一致甚至相冲突,因此必然导致供应链整体绩效的降低。若某一节点企业仅仅考虑减少自己的储存成本,而采取小批量的库存策略,势必导致上游供应商储存大量库存,如果这种情况继续向上游传导,则将会增加整个供应链的库存成本。另外,供应链作为一个整体需要各节点企业相互之间的密切合作,才能取得最佳的运作效果。然而,"链"中各企业由于自身的利益驱使,都希望把危机转嫁给上下游相关企业,从而使组织之间产生矛盾和分歧。这也导致了整条供应链合作的松散和整体绩效的降低。为了提高自己的客户服务水平,企业通常需要维持较高水平的安全库存,而不能通过供应链合作来提高客户服务水平。

(二)对客户服务水平理解的不恰当

供应链管理的绩效好坏最终应该由客户来评价,但由于各节点企业对客户服务的理解不同,企业间客户服务水平也存在差异。许多企业采用订货满足率来评价客户服务水平,但客户满足率并不等于用户满意度,而且用户满意度本身并不能保证供应链运作问题。企业的经营目标是不断提高客户满意度,企业应根据客户的不同要求确定相应的服务项目。另外,传统的订货满足率评价指标并不能用来评价订货的延迟水平。同样具有95%的订货满足率的节点企业,在如何迅速补给余下5%的订货要求方面也是不同的。除了订货满足率之外,其他的服务指标也不能忽视,如平均在订货率、平均延迟时间、总订货周期等。

(三)缺乏积极有效的协调机制和双赢的合作理念

供应链是一个整体,需要协调节点企业之间的活动才能取得最优的整体绩效。协调的目的是满足一定服务质量要求的信息可以无缝地、完整地和流畅地在供应链中传递,从而使供应链整体能够在最短的时间响应终端客户的需求。如果企业缺乏协调合作,就会导致交货期的延迟和服务水平的下降,同时由于信息的失真,节点企业的库存水平也会上下波动。为了应付需求的不确定性,供应链上各节点企业尽可能增加安全库存量,这样使得整个供应链无效库存不断增大,严重影响供应链的整体绩效。同时,供应链上节点企业与相关上下游企业之间没有双赢的合作理念,在供销过程中不断竞争,导致供应链某些环节关系紧张,引起诸如:因价格过低供应商无法维持生产所造成整个供应链缺货的情况,或在供小于求时供应商哄抬价格的情况,这些都会影响整个供应链甚至整个行业的正常运营。

(四)库存控制策略简单化

在供应链系统中,库存控制的目的是为了保证供应链运行的连续、平稳和顺畅,同时通过整体的协调性应对终端客户需求的不确定性。这就要求各节点企业必须了解和分析影响企业

生产经营的不确定因素以及上下游企业的经营情况,根据所掌握的信息从整个供应链管理的角度制订相应的库存控制策略。由于不确定性需求在不断变化,这种决策的过程不是一成不变,而是一个动态的过程。传统的库存控制策略中,大多数是面向单个企业的,采用的信息也基本上来自企业内部,其库存控制没有体现出供应链管理的思想,不能从供应链整体的角度优化库存控制。

(五)没有根据产品或服务特点对供应链进行再造

现代产品设计与先进制造技术的出现,使产品的生产效率大幅度提高,具有较高的成本优势。但是由于新的生产或服务流程没有对上下游的供应链系统进行再造,使得由生产效率提高等环节带来的成本优势被传统供应链采购、储存、运输和库存等环节消耗。

(六)物流信息传递的有效性、及时性和准确性差

在供应链中,各节点企业之间的需求预测、库存状态、生产计划等都是供应链物流管理的重要数据。这些数据分布在供应链上各节点企业中,要做到快速高效地响应用户需要,就必须加强协调联系并采用管理信息系统集成等技术,使各企业的销售、库存等物流数据能够有效、及时和准确地在供应链上传递。但是目前许多企业之间还缺少必要的协调和联系,各节点企业的信息系统并没有很好的集成起来,当上游企业需要了解下游企业和客户的需求时,常常得到延迟的、不准确的信息,从而影响了库存控制的准确性,短期生产计划的实施也会遇到困难。信息传递的时间越长,预测误差就越大,制造商对最新订货信息的有效反应能力就越小,从而导致库存量的增加。同时,供应链中下游客户向上游客户订货后,希望能够及时了解交货情况,由于信息传递的种种问题,使得交货信息不能及时、准确传递给下游客户,特别是延迟交货信息,这些都会严重影响客户服务水平,从而影响客户对公司服务的信心。

(七)忽视不确定性因素对库存的影响

供应链运作中存在诸多不确定性因素,如订货提前期、供应商的供应能力,运输过程的不确定性因素,客户需求变化的趋势等。许多企业很少认真地分析这些不确定性因素的影响程度,因此经常错误估计供应链中物流的时间,如提前期等,这就使库存出现要么准备过多,要么准备不足的情况。

二、供应链中的需求变异放大原理与库存波动

在传统单个企业库存管理中,需求的不确定性使得企业在库存准备过程中要么准备过多,要么准备过少,这种影响只是涉及该企业,影响该企业的经营业绩。在供应链管理环境下,需求和供给的不确定性会造成整个供应链库存的波动,而且需求变化幅度存在加速放大的趋势,也就是人们常说的"长鞭效应"。

"长鞭效应"是订货量沿供应链下游向供应链上游传递过程中,订货量波动幅度不断增加的趋势。美国著名的供应链管理专家 Hau L. Lee 教授认为"长鞭效应"是对需求信息扭曲在供应链中传递的一种形象描述。其基本思想是:当供应链的各节点企业只根据来自其相邻的下级企业的需求信息进行生产或供应决策时,需求信息的不真实性会沿着供应链逆流而上,产生逐级放大的现象,达到最源头的供应商时,其获得的需求信息和实际消费市场中的顾客需求信息发生了很大的偏差,需求变异系数比分销商和零售商的需求变异系数大得多。由于这种需求放大效应的影响,上游供应商往往维持比下游供应商更高的库存水平。

供应链的不确定性来自供应商、制造商、分销商和客户等所有成员。供应商可能由于生产

故障或运输延迟而耽误交货,导致制造商建立一定的安全库存。同时,制造过程本身也会发生许多的突发事件,阻断物流过程,最终使制造商不能按时供货。为此,下游分销商不得不储备大量的库存。另一方面,分销商的供货又是不确定的,直接影响对客户的服务水平。反过来,不确定的客户需求又逆着供应链逐渐向上游传播,形成了不确定性循环。

Hau L. Lee 教授发现了引起供应链库存波动的五个主要原因:① 客户需求信息的处理方式;② 非零的提前期;③ 批量订货;④ 供应商短缺;⑤ 价格波动。

在目前的经济环境中,"长鞭效应"是不能消除的,但可以借助供应链成员之间的信息共享来减轻"长鞭效应"带来的负面影响。信息共享能给每一个供应链带来减轻"长鞭效应",减少其平均库存量以及降低成本等好处,使供应链成员在库存决策方面更为主动,有效减少整个供应链无效库存量,从而提高整个供应链的绩效。

在缺乏协调的供应链中容易导致双重边际效应、"长鞭效应"等低效率行为,因此,在供应链管理过程中,一个重要的问题是如何协调供应链成员企业的行为。供应链管理研究和实践表明增加供应链成员企业间的联系与合作,提高信息共享程度,用覆盖整个供应链的决策系统代替缺乏柔性和集成度差的决策系统,使供应链各个成员企业都能清晰地观测到物流、资金流和信息流的流动状态,以达到更好地协调各个成员企业,降低供应链成本,降低各个环节的延迟时间,消除信息扭曲造成"长鞭效应"的目的,已经成为实施供应链管理的关键。

第四节　供应链管理模式下的库存策略

从前面论述中可以看出,传统的库存管理模式中,供应链上各成员企业都有自己的库存控制策略,它们的库存控制策略不同而且相互封闭。传统企业中库存管理是静态的、单级的,库存控制决策没有与其它供应链成员企业联系起来,无法利用供应链上信息资源。

要实现供应链成员之间密切合作和信息共享,传统的库存控制方法已无法满足供应链管理的要求。因此,需要新型的满足供应链管理环境下的库存控制策略,这里介绍几种新型的库存控制策略。

一、联合库存管理(Joint Managed Inventory, JMI)

传统的供应链中,各企业根据自己的库存控制策略运作管理,当库存水平低于某个值时,向上游供应商发出订单,订货量的大小取决于其对下一个周期需求的预测情况,这种需求预测与真实的需求存在一定的误差,因此这个订货量不能完全反映终端客户需求的真实情况。而上游供应商制订自己的库存策略时,只能根据下游供应商的订货量进行决策,并且通过它的订货量将这种误差向更上游的供应商传递,这种误差在传递的过程中不断放大,严重增加了供应链整体的库存水平。如果上下游双方可以相互协调,加强合作,共同根据终端客户需求信息制订库存策略,就可以减少由于各自库存决策带来的问题。联合库存管理就体现了供应链上下游企业的这种合作关系。

(一)联合库存管理模式的主要内容

联合库存管理(JMI)是一种基于协调中心的库存管理模式,也是一种风险分担的库存管理模式。该方法强调上下游企业相互沟通信息,共同制订库存控制计划,使供应链上每个成员

(零售商、分销商、制造商和供应商)都能从相互之间的协调性考虑,使供应链相邻的两个节点之间的库存管理者对需求的预测水平保持一致,从而消除需求波动放大的现象。在联合库存管理模式下,任何相邻上下游企业共同根据终端客户实际需求信息预测下期需求情况,并且根据预测情况制订库存策略。库存管理不再是以往各自为政的局面,而是上下游企业之间协调的纽带,图4-13表示了联合库存管理的模式。

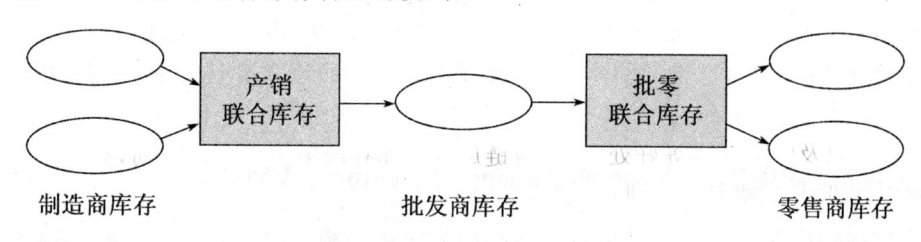

图4-13 联合库存管理模式

(二)联合库存管理的主要优点
1. 为实现供应链的同步化运作提供了条件和保证。
2. 进一步体现了供应链管理的资源共享和风险分担的原则。
3. 库存作为供需双方的信息交流和协调的纽带,可以暴露供应链管理中的缺陷,为改进供应链管理水平提供依据。
4. 为实现零库存管理、准时采购以及精细供应链管理创造了条件。
5. 供需双方共享需求信息,减少了供应链中的需求扭曲现象,降低了库存的不确定性,减缓了供应链的波动,提高了供应链的稳定性。

(三)联合库存管理模式的实施策略
1. 建立供需合作的管理机制。为了发挥联合库存管理模式的作用,供需双方应从合作的态度出发,建立供需合作的管理机制,明确各自的目标和责任,建立合作沟通的渠道。建立供需合作的管理机制可以从以下几个方面考虑:

(1)建立共同的合作目标。供需双方应根据市场环境和特点,以及各自企业的特点,本着互惠互利的原则,建立共同的合作目标。

(2)建立信息沟通渠道。联合库存管理模式应该建立在信息高度共享的基础上,这样才能保证供应链上各节点对需求信息获得的及时性和有效性,提高整个供应链对终端客户需求响应的一致性和稳定性,减少由于多重预测导致的需求信息扭曲。为此应充分利用RFID技术、EDI技术、Internet等新的信息手段,在供应链各成员企业间建立一个畅通的信息沟通渠道。

(3)建立联合库存的协调控制方案。联合库存管理中心担负着协调供需双方利益的角色,起协调控制的作用,因此需要确定优化库存的方法。这些内容包括库存如何在多个供应商之间调解与分配、安全库存的确定、最大库存量和最低库存水平及需求的预测等。

(4)建立利益分配机制和激励监督机制。要有效地运行联合库存管理,必须建立一种公平的利益分配制度,并对参与协调库存管理的各个节点企业进行监督和激励,以增加供应链的协调性,防止机会主义行为。

2. 建立快速响应系统。快速响应系统通过整个供应链成员企业的密切合作,相互协调,最大限度地提高供应链运作的效率,快速响应终端客户需求,尽可能做到各个环节的无缝连接,缩短整个供应链供货的时间并且减少整个供应链的库存水平。

3. 充分利用现代管理技术。随着计算机技术和现代管理方法的发展,诸如 RFID 技术、EDI 技术、互联网的广泛应用以及 MRP、MRP Ⅱ 管理方法的应用,这些技术和方法的应用极大地促进了企业管理水平的提高,也为联合库存管理模式的实施提供了基础。

4. 发挥第三方物流的作用。第三方物流是近些年出现的一种物流运作模式,是供应链集成的一种方式。面向协调中心的第三方物流系统使供需双方都取消了各自的库存,增加了供应链的敏捷性和协调性,且改善了客户服务水平和供应链的运作效率,从而提高了供应链的竞争力,发挥第三方物流的作用,可以有效实现联合库存管理模式的作用。

二、供应商管理库存(Vendor Managed Inventory,VMI)

供应商管理库存(VMI)模式是一种新型的库存控制模式,也称为供应商补充库存系统,是指供应商在用户的允许下管理用户的库存,由供应商决定每一种产品的库存水平和维持这些库存水平的策略。VMI 是一种战略合作伙伴之间的合作性策略,它以系统的、集成的管理思想进行库存管理,使供应链系统能够同步优化运行。它是以对双方来说都是最低的成本优化产品的可获性,在一个目标框架下由供应商管理库存,并且这样的目标框架是动态的,可以随时根据市场的变化进行修正。供应商管理库存改变了传统的库存管理理念和运营模式,充分体现了供应链的集成化管理思想。

本质上,它是将多级供应链问题变成单级库存管理问题,区别于按照传统用户发出订单进行补货的传统做法。VMI 是以实际或预测的消费需求和库存量,作为市场需求预测和库存补货的解决方法,即由销售资料得到消费需求信息,供货商可以更有效的计划、更快速的应对市场变化和消费需求。

(一) VMI 模式实施的主要要点

1. 从采购商的角度看,能够减轻订货及监视采购的负担。
2. 从供应商的角度看,第一,减少物流成本;第二,大大降低了需求预测的不确定性;第三,缩短了交货时间;第四,提高了客户服务水平;第五,降低了运输成本。

(二) VMI 实施应遵循的原则

1. 合作精神(合作性原则)。在实施该策略时,相互信任与信息透明是很重要的,供应商和用户(零售商)都要有较好的合作精神,才能够相互保持较好的合作。
2. 使双方成本最小(互惠原则)。VMI 不是关于成本如何分配或谁来支付的问题,而是关于减少成本的问题。通过该策略使双方的成本都获得减少。
3. 框架协议(目标一致性原则)。双方都明白各自的责任,观念上达成一致的目标。如库存放在哪里,什么时候支付,是否要管理费,要花费多少等问题都要回答,并且体现在框架协议中。
4. 连续改进原则。供需双方能共享利益和消除浪费。VMI 的主要思想是供应商在用户的允许下设立库存,确定库存水平和补给策略,拥有库存控制权。

(三) VMI 模式的实施步骤

库存状态透明性(对供应商)是实施供应商管理用户库存的关键。供应商能够随时跟踪和检查销售商的库存状态,从而快速地响应市场的需求变化,对企业的生产(供应)状态做出相应的调整。为此需要建立一种能够使供应商和用户(分销、批发商)的库存信息系统透明连接的方法,主要做好以下几个方面的工作。

1. 实施供应商管理库存的信息沟通

实施供应商管理库存首先必须拥有一个良好的信息沟通平台,我们需要在原有企业拥有的 EDI 的基础上,重新整合原有的 EDI 资源来构建一个适合于供应商管理库存的信息沟通系统。

2. 供应商管理库存的工作流程设计

买方企业和供应商实施 VMI 后,必须进行针对 VMI 的工作流程来保证整个策略的实施。整个供应商管理库存的实施都是透明化的,买方企业和供应商随时都可以监控。主要分为两个部分:

第一,库存管理部分。其实是由销售预测和库存管理以及和供应商生产系统共同组成的,因为实施了供应商管理库存之后,这几个部分的工作主要由供应商和买方企业共同相协调来完成。所以我们将其归为一种模块来处理:首先从买方企业那里获得产品的销售数据,然后与当时的库存水平相结合及时传送给供应商,再由供应商的库存管理系统做出决策。如果供应商现有的仓储系统能够满足库存管理系统做出决策所需要的产品数量,就直接由仓储与运输配送系统将产品直接及时配送给买方企业。如果供应商现有的仓储系统不能够满足库存管理系统做出的决策,就必须通知生产系统生产产品后再通过运输与配送系统及时将产品配送给买方企业。其中,在正式订单生成前,还应该交由买方企业核对,调整后再得出最后订单。

第二,仓储与运输配送系统。一方面负责产品的仓储,包括产品的分检入库以及产品的保存;另一方面负责产品的运输配送,产品按要求及时送达买方企业手中,同时负责编排尽量符合经济效益的运输配送计划,如批量运输和零担运输的选择,运输的线路和时间编排以及安排承载量等。

3. 供应商管理库存的组织结构调整

买方企业和供应商实施供应商管理库存后,为了适应新的管理模式,需要根据供应商管理库存的工作流程来对组织机构进行相应的调整。因为供应商管理库存毕竟是对原有企业的管理策略的一种"否定",在双方企业之间肯定会有工作和职能上的合作和调整,所以为了保证供应商管理库存能够正常的运行,就有必要设立一个供应商管理库存协调与评估部门,主要的作用在于:

首先,原有企业之间的人员在实施供应商管理库存后,可能会因为工作上的合作而导致利益冲突,所以供应商管理库存协调和评估部门就可以制订一系列的工作标准来协调和解决这些问题,可以作为双方之间沟通的桥梁。

其次,因为实施供应商管理库存后,原有工作岗位就会适当合并和调整:如原有的买方企业库存和仓储人员的工作岗位再安排,他们可能会认为现有的供应商管理库存对他们来说威胁到自己饭碗,所以供应商管理库存的协调和评估部门就应该做好他们的工作,对他们的工作做出适当的安排和调整。

再次,对供应商管理库存的实施进行监控和评估,用以提供合理科学管理信息给企业高层,作为企业高层对企业调整的重要依据。

4. 供应商管理库存的实施过程中应注意的问题

(1)双方企业合作模式的发展方向问题

双方企业管理高层应该进一步加强企业之间的合作和信任,供应商管理库存原本由供应链管理模式中的快速反应(QR)、有效客户反应(ECR)等供应链管理策略发展而来。由于买方企业相对于供应商来说是它产品的需求方,所以在整个 VMI 策略实施中占主导地位,但随着双方企业合作越来越紧密,双方企业谁也离不开谁,所以随着时间的推移,双方企业相互之间的地位也会趋于均衡,所以供应商管理库存也应当做出适当调整,一种新的供应商管理模式——协同式供应链管理(CPFR)很可能是 VMI 的发展方向,它和供应商管理库存主要的区别在于:它所涉及的双方企业的涵盖面更加宽广,不像供应商管理库存那样主要只涉及双方企业的销售、库存等系统,而且双方企业的地位更加均衡,可以说它应该是买方企业和供应商实施供应链策略的长期选择方向。

(2) 产品采购数量和采购价格的调整问题

在实施供应商管理库存的初期阶段,由于客观市场环境的影响,终端市场产品的需求可能不会因为实施供应商管理库存后而发生比较大的影响,加上买方企业不会在刚刚实施供应商管理库存后,就对供应商的采购价格做出上升调整,所以初期阶段实施供应商管理库存所带来利益大部分被买方企业所攫取了,而在长期、全面的供应商管理库存后,买方企业会因为自己成本的下降,买方会利用自己的核心竞争力——市场营销能力来调整自己的产品销售价格来获得更多市场份额,获得更多的消费者。这样的话,双方企业的采购价格和数量就会做出调整,调整的方式主要通过事先双方企业签署协议来达成,但在长期实施 VMI 过程中,调整的频率可能会比较大,所以双方企业都应该对采购的数量价格频繁变化作好充分的准备,以免在签署协议时产生矛盾和不信任。

(3) 长期利益分配问题

长期实施供应商管理库存后,双方企业的利润相对于实施供应商管理库存之前,都会得到提高,但买方企业和供应商获得利益的上升却"不平等"。从整个供应商管理库存实施的过程来看,供应商承担了大部分的工作,虽然双方企业在实施前达成协议对实施供应商管理库存所需要的投资共同分担,但大部分的好处仍然被买方企业据为所有。这主要是因为买方企业相对供应商来说是产品的需求方,在整个供应链中它属于上游企业,在整个供应链管理中占主导地位,在长期内,全面实施供应商管理库存的过程中,双方企业应该对整个利润的分配在责权对等的基础上分配。分配可以根据双方企业的会计财务系统根据双方企业成本大小按比例通过签署协议来执行。分配的方式多种多样,可以通过实物如投资设备的分配,人员培训的分配或者直接现金的分配也可以。

(4) 实际工作的不断调整问题

因为供应商管理库存所带来的效益并非短期内就显现出来(买方企业可能除外),所以一旦实施,必将是一个长期的过程。因此,在长期实施供应商管理库存时,双方企业的实际工作应该不断调整来适应整个供应商管理库存的实施,这主要有以下几点:

① 产品管理应该向标准化,一致化发展。比如产品的包装,规格及质量体系应该同一口径,这样不但可以减少双方企业之间的误会,同时对产品的售后也可有据可依。

② 员工交流和培训。因为本身供应商管理库存就是一个企业之间通过协议合作的模式,人员的交流和培训是必不可少的,双方企业可以定期互派员工到企业中参观和学习,进一步熟悉自己的合作伙伴,也可以通过员工之间的联谊来交流企业文化,以便更好增加双方企业之间的信任感,这些都可以通过企业之间的协调部门来执行。

③ 库存系统的进一步融合,真正作到 JIT 化的库存管理。如检查周期,库存维持水平,订

货点水平,订单的处理和传送等一系列关于库存管理的内容应该根据双方企业信息系统提供的准确信息不断调整。

④ 仓储和运输配送系统。刚开始实施时,仓储和运输配送可以通过第三方物流形式来执行也可以通过自己原有仓储和配送资源来执行,但双方企业若想长期实施供应商管理库存的话,可以考虑通过自己原有的资源来执行仓储和运输配送,因为这与第三方物流的服务相比,双方企业的管理层可以更好地整合自己所有的资源,充分利用资源,减少资源的浪费和低效率。

三、协同式供应链库存管理(Collaborative Planning, Forecasting & Replenishment, CPFR)

虽然供应商管理库存(VMI)是一种比较先进的库存管理方法,但是实践证明其也存在不少缺陷,主要表现在:① 它是一个单项过程,决策过程中缺乏协商而容易造成失误;② 决策数据不准确,决策失误较多;③ 供应链没有实现真正的集成,双方协调有效性影响库存控制的效果;④ 当发现供给问题时,留给供应商缓冲的时间有限;⑤ 管理过程缺乏动态调整,影响对客户需求变化的响应时间。

针对供应商管理库存(VMI)存在的问题,国外公司进行 CPFR 研究和探索,其目的是开发一组业务过程,使供应链中的成员利用它能够实现从零售商到制造企业之间的功能合作,显著改善预测准确度,降低成本、库存总量和现货百分比,发挥出供应链的全部效率。

协同式供应链库存管理(CPFR)模式是一种协同式的供应链库存管理技术,建立在 JMI 和 VMI 的最佳分级实践基础上,同时抛弃了二者缺乏供应链集成等主要缺点,能同时降低分销商的存货量,增加供应商的销售量。它应用一系列处理过程和技术模型,覆盖整个供应链合作过程,通过共同管理业务过程和共享信息来改善分销商和供应商的伙伴关系,提高预测的准确度,最终达到提高供应链效率、降低库存和提高客户满意度的目的。它能及时准确地预测由某些不确定因素带来的销售高峰和波动,从而使供应链上供需双方都能做好充分的准备,实现"双赢"。它始终从全局出发,制订统一的管理目标以及实施方案,以库存管理为中心,兼顾供应链上其他方面的管理。

(一) 协同式供应链库存管理(CPFR)模式的主要特点

1. 它是面向客户需求的合理框架。在 CPFR 体系中,合作框架及运行规则都是以客户需求和整个价值链的增值能力为基础的。供应链中,各节点企业的运营方式、竞争能力和信息来源都存在差异,无法完全达到一致。CPFR 设计了多个运营方案供合作企业选择,一个企业可以选择多种方案,且各方案都确定了核心企业来承担产品的主要生产任务。

2. 集成供应链管理。在 CPFR 中各节点企业根据销售预测报告制订各自的生产计划,从而集成供应链管理。因为销售商与终端客户直接接触,能够较为准确地预测消费者需求。销售商和制造商通过共享信息来改善他们的市场预测能力,使最终的销售预测更为准确。

3. CPFR 能消除供应过程中的约束。实施 CPFR 有助于解决制造企业生产缺乏柔性的问题,还有助于贯穿产品制造、运输及分销过程中企业间资源化调度的问题,最终为供应链节点企业带来丰厚的利润。

(二) CPFR 管理模式的体系结构

1. 决策层。主要负责管理合作企业领导层,包括企业联盟的目标和战略的制订、跨企业

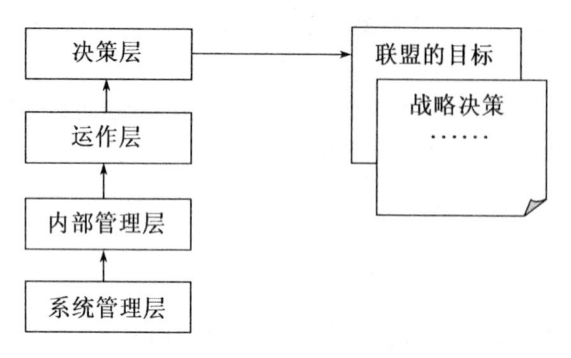

图 4－14　CPFR 管理模式体系结构

的业务过程的建立、企业联盟的信息交换和共同决策。

2. 运作层。主要负责合作业务的运作，包括制订联合业务计划、建立统一共享需求预测、共担风险和平衡合作企业能力。

3. 内部管理层。主要负责企业内部的运作和管理，主要包括商品或分类管理、库存管理、商店运作、物流、顾客服务、市场营销、制造、销售和分销等。

4. 系统管理层。主要负责供应链运作的支撑系统和环境管理及维护。

（三）面向供应链的 CPFR 的运作流程

1. 制订框架协议。框架协议的内容主要包括各方的期望值以及为保证成功所需的行动和资源、合作的目的、保密协议、资源使用的授权等，并明确规定了各方的职责、绩效评价的方法，阐明各方为获得最大的收益而愿意加强合作，以及为实现信息交换和风险共担而承担的义务等。

2. 协同商务方案。在这一步中，销售商和制造商应就他们各自的公司发展计划交换信息，以便共同制订商务发展计划。合作方首先要建立战略合作关系，确定好部门责任、目标以及策略。项目管理方面则包括每份订单的最少产品数及倍率、交货提前时间等。此方案是进行以后各种预测的基石，方便了供应链上各部门/组织间的交流和合作。

3. 销售预测。销售商或制造商根据实时销售数据、预计的事务等信息来制订销售预测报告，然后将此报告同另一方进行协商，双方也可各提出一份报告进行协商。

4. 鉴别预测异常。根据框架协议中规定的异常标准，对预测报告中的每一项目进行审核，最后得到异常项目表。

5. 协商解决异常。通过查询共享信息、电子邮件、电话交谈记录、会议记录等来解决异常项目，并对预测报告作相应变更。这种解决办法不但使预测报告更加准确，减少了风险，而且还加强了合作伙伴间的交流。

6. 订单预测。综合实时及历史销售数据（POS）、库存信息及其它信息来生成具体的订单预测报告。订单实际数量要随时间而变，并反映库存情况。报告的短期部分用来产生生产指令，长期部分则用来规划。订单预测报告能使制造商及时地安排生产能力，同时也让销售商感到制造商有能力及时发送产品。

7. 鉴别预测异常。确定哪些项目的预测超出了框架协议中规定的预测极限。

8. 协商解决预测异常。解决办法与协商解决异常类似。

9. 生产计划生成。将预测的订单转化为具体的生产指令，对库存进行补给。指令生成可由制造商完成,也可由分销商完成,取决于他们的能力、资源等情况。

(四) CPFR 在供应链库存管理中的模块运作

基于 CPFR 的供应链库存管理模型,结合了 CPFR 和供应链管理的优势及共同目标。它分为五个模块:

1. 需求管理模块。分析所有影响需求的因素,如历史销售资料、季节性因素、促销活动、产品生命周期等,并使工作人员从不同角度协同合作来产生短期共识的需求预测计划。另外,在需求管理中,可让不同的角色独立作出预测,系统则自动按照事先设定的规则将不同角色的预测数据进行即时整合,然后再对这些不同版本进行比较,如果在比较中发现不可容忍的差异,就发出警告通知相关人员及时进行沟通调整。

2. 促销管理模块。帮助使用者分析、监测、追踪历史促销效果,并提供未来促销活动的假设模拟分析。首先在数据库中找出相同类型促销活动的记录,根据推算出的需求基线和实际销售情况分析出平均促销效益;再根据平均促销效益推算出需求预测,考核促销成本产生的财务影响;然后,模拟进行需求预测来选取适当的促销方式。

3. 事件协作管理模块。主要是让供应链上的各企业能持续不断地监控、警示和评估供应链活动,并提供单一的协作平台,使各相关企业之间及时沟通和合作,对例外事件进行处理。系统设定一系列例外事件的参数标准,一旦出现例外事件,及时通知相关人员,通过协同合作,决策支持并寻找各种方案解决。在事件解决后,要对绩效考核中相关的重要标准进行评估,以对未来计划进行支持参考。

4. 产品管理模块。提供使用者分析并计划产品长期需求趋势,追踪目前该产品所在的生命周期阶段,例如:产品引入期、成长期、成熟期、衰退期,然后根据各个生命周期的不同情况制订定价和促销策略,为企业提供决策信息。这里最有价值的就是将产品生命周期曲线整合于需求预测程序中,以正确反应产品在引入期的需求激增、衰退期的急剧下滑等情况。

5. 库存管理模块。提供使用者依据系统所产生的需求预测及目前在分销网络上的库存水准,协同合作计划补货活动。具体的职能包括仓库管理、出库管理、入库管理、调拨管理、盘点、报废及各种库存报表等,还可产生采购或调货建议。系统提供所有库存点各种物料的信息,以侦测未来存货短缺情况并及时发出警示,进行连续快速补货。

CPFR 作为一种新型的库存管理模式,其基本管理思想还不成熟,其各种模型仍处于不断演变与发展中。如何具体实现 CPFR 与 ERP(企业资源计划)、CRM(客户关系管理)等其他应用系统的合作还有待于进一步研究。随着 CPFR 研究的越发深入及信息技术的进一步发展,许多阻止 CPFR 执行的障碍势必将减少,优越性将得到更好的体现,并最终被广大的生产销售厂家所广泛接受,为供应链库存管理带来一次新的革命。

本章小结

本章介绍了供应链管理环境下,库存的概念、作用和分类,描述了三种典型的库存控制系统,即固定量系统、固定间隔期系统和最大最小系统;介绍了库存问题的基本模型,包括单周期库存模型和三种订货量的计算方法,多周期模型中的经济订货批量、经济生产批量和价格折扣模型订货量的计算方法,随机型库存模型安全库存、订货提前期的设定,以及安全库存与服务水平的关系;介绍了在供应链管理环境下传统库存控制方法存在的问题,以及几种供应链管理环境下新型库存控制策略：联合库存管理(JMI)、供应商管理库存(VMI)和协同式供应链库存管理(CPFR)。

关键词

供应链管理；库存控制；控制策略

Key words

supply chain management; inventory control; control strategy

综合练习

一、判断题

1. 订货点法是预先确定一个订货间隔，每到这个时期就进行订货或进或通知的方法。（　　）
2. 定期订货法是储存量下降到一定水准，就发出一定数量订货和进货通知的方法。（　　）
3. 采购批量越大，年采购成本越小。（　　）
4. 安全库存越大，服务水平越低。（　　）
5. 供应链某节点企业库存最优，则供应链整体库存最优。（　　）

二、选择题

1. 对库存货物进行 ABC 分类管理，是对物品存储（　　）的合理化。
   A. 质量　　　　　　　　　　B. 数量
   C. 结构　　　　　　　　　　D. 分布
2. 库存控制系统受到的最主要制约是（　　）
   A. 需求的不确定性　　　　　B. 市场竞争
   C. 管理人员　　　　　　　　D. 国家有关规定
3. 在库存成本最低的前提下，（　　）是库存控制系统的首要目标。
   A. 安全　　　　　　　　　　B. 节省
   C. 有序　　　　　　　　　　D. 快速
4. 仓库周转次数等于（　　）
   A. 进出库总量均值/平均库存　B. 进出库总量/平均库存
   C. 年进出库总量/平均库存　　D. 年进出库总量/最大库存
5. （　　）是库存控制系统的主要制约因素。
   A. 生产周期　　　　　　　　B. 库容量
   C. 需求的不确定性　　　　　D. 成本

三、计算题

1. 某种季节性商品每年一次性采购，采购单价 16.25 元，在适销季节期间零售单价 26.95 元，若该商品在适销季节未能销完，则剩余商品只能按单价为 14.95 元折价销售。根据往年情况，该商品需求分布律如表 4-12 所示，求使期望利润最大的订货量。

表 4-12

需求(d)件	6	7	8	9	10	11	12	13	14	15
分布律 $p(d)$	3%	5%	7%	15%	20%	20%	15%	7%	5%	3%

2. 某公司每年按单价 4 元采购 54 000 套轴承组合件。单位维持库存成本为每年每套 9 元,每次订货成本为 20 元。试求经济订货批量和订货次数。

3. 某衬衫厂计划明年生产 40 000 件衬衫。生产率为每天 200 件,一年按 250 天计算。一次生产准备成本为 200.00 元,提前期为 5 天。单位生产成本为 15.00 元,单位维持库存成本为 11.50 元。试求经济生产批量和订货点。

4. 某公司每年需要复印纸 3 000 本。每次订购的固定成本为 250.00 元,单位维持库存成本为单价的 25%。现有三个货源可供选择。A:不论订购多少单价都为 10.00 元;B:订购量必须大于等于 600 本,单价 9.50 元;C:订货起点为 800 本,单价 9.00 元。试确定该公司的订货策略,并计算年最低库存成本。

四、思考题

1. 什么是库存?怎样认识库存的作用?
2. 不同种类的库存问题各有什么特点?
3. 哪些费用随库存量增加而上升,哪些费用随库存量增加而减少?
4. 库存 ABC 分类法具有哪些意义?
5. EOQ 模型有哪些假设条件?它如何在实际经营中应用?
6. 安全库存与服务水平的关系如何?服务水平是不是越高越好?
7. 什么是 JMI?它具有哪些优点?
8. 什么是 VMI?它有哪些作用?
9. 什么是 CPFR?它比 VMI 有哪些进步?

延伸阅读书目

1. 赵林度.供应链与物流管理.北京:机械工业出版社,2007
2. 理查德·B·蔡斯,F·罗伯特·雅各布斯,尼古拉斯·J·阿奎拉诺.运营管理.北京:机械工业出版社,2007
3. 马士华,林勇.供应链管理.北京:高等教育出版社,2003

第五章 供应链管理采购理论

【本章提要】
1. 供应链中采购管理的价值以及传统采购管理与供应链采购管理的区别；
2. 采购外包的概念、采购外包的收益和风险以及采购外包风险的规避；
3. 供应链中采购管理的决策过程。

导入案例

从20世纪80年代开始，为了顺应国际贸易高速发展的趋势，以及满足客户对服务水平提出的更高要求，企业开始将采购环节视为供应链管理的一个重要组成部分，通过对供应链的管理，同时对采购手段进行优化。在当前全球经济一体化的大环境下，采购管理作为企业提高经济效益和市场竞争能力的重要手段之一，它在企业管理中的战略性地位日益受到国内企业的关注，著名企业海尔非常重视供应链管理过程中的采购管理。

海尔采取的采购策略是利用全球化网络集中购买，以规模优势降低采购成本，同时精简供应商队伍。据统计，海尔的全球供应商数量由原先的2 336家降至840家，其中国际化供应商的比例达到了71%，目前世界500强中有44家是海尔的供应商。

对于供应商关系的管理方面，海尔采用的是SBD模式：共同发展供应业务。海尔有很多产品的设计方案直接交给厂商来做，很多零部件是由供应商提供今后两个月市场的产品预测并将待开发产品形成图纸，这样一来，供应商就真正成为了海尔的设计部和工厂，加快开发速度。许多供应商的厂房和海尔的仓库之间甚至不需要汽车运输，工厂的叉车直接开到海尔的仓库，大大节约了运输成本。海尔本身则侧重于核心的买卖和结算业务。这与传统的企业与供应商关系的不同在于，它从供需双方简单的买卖关系，成功转型为战略合作伙伴关系，是一种共同发展的双赢策略。

1999年海尔的采购成本为5个亿，由于业务的发展，到2000年，采购成本为7个亿，但通过对供应链管理优化整合，2002年海尔的采购成本预计将控制在4个亿左右。可见，利益的获得是一切企业行为的原动力，成本降低、与供应商双赢关系的稳定发展带来的经济效益，促使众多企业以积极的态度引进和探索先进、合理的采购管理方式。

由于企业内部尤其是大集团企业内部采购权的集中，使海尔在进行采购环节的革新时，也遇到了涉及"人"的观念转变和既得利益调整的问题。海尔在管理中建立起适应现代采购和物流需求的扁平化模式，在市场竞争的自我施压过程中，海尔已经有足够的能力去解决有关"人"的两个基本问题：一是企业首席执行官对现代采购观念的接受和推行力度；二是示范模式的层层贯彻与执行，彻底清除采购过程中的"暗箱"。

第一节 概　述

　　随着科学技术的进步与普及，企业在产品、质量、服务上呈现同质化的趋势。而在买方市场环境下，顾客的需求正日趋多变化和多样化。"以顾客为中心"的企业管理，要求企业能够对顾客的个性化需求作出快速的响应，速度将在很大程度上决定企业的竞争优势。在这种情况下，仅仅依靠一个企业来对顾客需求进行快速响应是不现实也是不经济的，这就要求企业善于利用外部资源和公共资源，相关企业必须结合起来满足顾客的需求，进而形成新的组织形式也就是供应链。

　　伴随着经济全球化和高科技更新的加速，企业之间的竞争逐渐演变为管理科学竞争的新格局。采购作为现代企业管理中的重要一环和供应价值链上的核心之一，采购管理的理念发生了一系列深刻的变化，企业模式向虚拟化、动态联盟和协作的方向发展，对以前只倾向于企业内部的、立足企业的采购管理提出了新的课题。对采购管理的研究，也开始上升到供应链管理的层次。

　　采购管理作为供应链环境下企业生产经营过程中的一个关键环节，已经越来越受到国际大企业的重视。有学者提出优化供应链从采购开始，这是基于采购在制造企业中的重要性和采购在供应链中的地位决定的。企业的生产经营过程就是物资的消费过程。要使生产经营过程周而复始、不间断地进行，就需要不断地从市场购进物资，以补充生产经营过程中对原材料、半成品等的需要。采购的原料及零部件成本占企业总成本的比重居高不下，采购成本控制是提高企业利润的重要手段之一。易耗消费品、耐用消费品和复合制造型生产品采购环节对生产成品的价值增值的作用均大于或等于生产和销售环节。由此可见，采购对供应链的价值贡献是显著的。

　　采购管理作为新的经济效益增长点，主要致力于协调采购成本和综合成本，在企业生产经营过程中，以最少的投入来换取最大的利润，采购管理也将深入到企业生产经营过程的各个环节，特别是企业与市场内外衔接的过程中实现价值增值。伴随着电子商务等技术的逐步完善，企业与供应商之间的信息往来更加密切。采购管理除了基本的物流保证和管理监控职能之外，与供应商建立起供应链体系优化采购渠道，进一步提高企业的核心竞争力，将会成为采购管理新的重要职能。

第二节　供应链中采购管理的价值

　　在企业经营过程中，采购管理作为企业生产经营中的一个重要环节，占据着企业成本的大部分。一般来说，生产型企业通常要用销售额30%～90%来进行原材料、零部件的采购，平均水平在60%以上，例如汽车行业的采购成本约占整车成本的80%。合理的采购管理能用合适的价格购买合适的原材料，保证原材料的质量，从而提高产品质量，保证生产的持续进行；同时，合理有效的采购也能加快资金的周转速度，减少库存成本，增加利润。据统计，对于大多数企业而言，降低采购总成本的1%对利润的贡献在8%以上，由此可见采购在企业生产经营中的重要性。

另一方面,企业作为供应链组成部分,采购成本及策略的选择会对供应链中下游企业的成本与定价产生影响,甚至影响整个供应链的竞争力和盈利能力。

采购管理在供应链体系中是产品过程中的最初环节。在供应链管理模式下,采购管理需要做到准时采购策略,即做到:恰当的数量、恰当的时间、恰当的地点、恰当的价格、恰当的来源。由于环境的不同,在供应链环境下,企业采购管理和传统的采购管理的方式不同。因此,采购管理在供应链体系中的作用与影响也与它在以往传统的系统中所体现的不同。

随着信息技术的不断发展,单个企业势必融入到供应链整体中去,各企业间的依赖进一步加强,采购对降低供应链成本,提高供应链竞争力起着重要作用。因此,研究采购管理对完善供应链体系具有重要意义,首先最重要的就是要明确采购在供应链体系中的价值。

一、传统采购管理与供应链中采购管理区别

在传统的采购模式管理中,采购管理的目的很简单,就是为了补充库存。采购部门较为独立,只与库存部门保持联系并根据其需求采购,不用了解和关心企业的生产过程、生产的进度和产品需求的变化。很多企业的采购部门目前还沿袭着传统的采购方式,其缺点是:业务比较分散、缺乏系统性和整体性、不能发挥较高的效率;采购部门与其它部门的分离,使得采购活动出现采购时间长,流程复杂,库存多,资金周转慢、利用率低等问题;买卖双方的合作关系是临时的或短暂的,一旦供需关系不平衡时,合作体也就分解,这导致企业需要不断寻求新的合作伙伴,不能形成稳定的联盟关系,影响供应的稳定性。

在供应链管理环境下,采购管理具有主动性,采购管理与下游企业订单紧密地联系在一起。采购部门根据下游订单决定企业制造订单,制造订单决定采购订单,采购订单决定供应商。不再像原来传统采购管理那样缺乏主动性,采购管理在供应链体系要求下,真正的做到对用户的需求准时响应。这样可以使库存成本得到大幅度的降低,提高物流的速度和库存周转的速度,提高库存周转率。

在竞争日益激烈的今天,企业逐渐意识到了建立供应链合作伙伴关系的重要性,供应链中各制造商通过外购、外包等采购方式从众多供应商中获取生产原料和生产信息,采购活动已经从单个企业采购发展到整个供应链采购。在供应链管理环境下,企业不断优化采购管理模式,当今优化的集中采购、全球化采购和JIT采购模式运用越来越广泛。例如海尔推行的准时采购在自建基础上外包一部分业务,实现总体JIT、原材料配送JIT和成品配送JIT的同步流程。同步模式的实现得益于海尔的现代集成化信息平台,在JIT采购中,海尔实现了信息同步,保证了信息的准确性,有效保障JIT采购,实现了与用户的零距离,提高了海尔对订单的响应速度。

二、采购管理在供应链管理环境下的作用

供应链管理就是指对整个供应链体系进行计划、协调、操作、控制和优化的各种活动和过程,其目标是要将消费者所需的正确的产品,能够在正确的时间,按照正确的数量、正确的质量、正确的状态,送到正确的地点。供应链管理体系描述了物流在供应商、生产商、批发商、零售商和消费者之间的移动,最终目标是使商品从供应商转移到消费者实现其价值。而采购管理是这一链条中的关键环节,采购成本的高低会影响产品的最终定价和供应链的盈利能力,因

此采购管理在在供应链中发挥着重要作用。

1. 实现信息共享，降低采购成本

传统的采购管理只是实现了采购部门的事务性职能，各部门之间信息沟通较少，上下游企业之间更是屏蔽采购信息，因此造成采购行为的盲目性，导致缺货成本或库存成本过高。供应链管理环境下的采购管理要求供应链中企业之间实现信息的共享，也就是说采购的战略是可见的，这样有利于上下游企业之间共同制订合理的采购计划，降低采购成本，提升供应链的竞争力。在供应链管理环境下采购信息是透明的，企业间信息的协作使得企业能更快、更有效地正确工作。

例如戴尔公司在采购策略方面，采取与上游供应商建立伙伴关系的采购管理策略，有效缩短了流程，大大降低库存，实现"7小时"库存，这种信息共享的策略充分发挥了信息流的作用，使戴尔的产品成本降到最低。

2. 建立供应链伙伴关系，提高物流过程的效率

在供应链管理的体系中，供应商和制造商之间建立了一种战略联盟的关系，形成一种特殊的合作伙伴关系。因为这种战略合作伙伴的特殊关系的形成，可以使供应合同签署的手续大大的简化，不再需要双方反复的协商，采购物资直接进入制造部门。这样可以减少采购部门的工作压力和工作流程，无论时间还是价格上，都使交易成本大大降低。采购管理与供应管理可以协调整个供应链体系中各个计划的执行和完成，将供应链整合成为一个有机的体系，无缝地连续运转，实现制造计划、采购计划、供应计划的并行。这样可以缩短各个环节的响应时间，从而提高效率，实现供应链的同步化。

3. 降低了采购风险

采购风险是指采购过程中可能出现的一些意外情况，包括支出增加、推迟交货、货物是否符合订单的要求、呆滞物料的增加、采购人员工作失误或和供应商之间存在不诚实甚至违法行为。采购过程中的风险主要是由于供需双方的信息不对称造成货物的损失或库存成本的增加。

分享信息的采购管理能减少与库存投机密切相关的风险。在传统的采购模式中，企业间缺少交流，也不愿意共享采购战略，因此会引起诸多的风险。供应链管理环境下的采购管理通过建立对供应商的考核机制，利用供应商的专业优势增强企业的竞争力。供应链体系中的采购管理要求信息共享，各供应链成员企业形成战略联盟，企业的库存与采购信息是公开的，供应链体系中企业共同制订采购策略，避免由于不可预测风险带来的损失。

4. 协调供应与制造的关系，促进供应链体系的稳定性和精细化

在供应链管理体系下，企业的信息传递方式发生了变化，基于战略联盟的合作关系，供应商和制造商能够共享信息。供应商共享制造部门的信息，从而提高供应商应变能力。同时可以使供应商与企业之间形成动态的供应关系，不断地修正订货计划，使得订货与需求保持同步的关系。采购管理的作用主要是沟通供应与制造部门之间的联系，协调供应与制造的关系。

第三节　采购外包收益与风险

采购是企业进行成本控制的重点内容之一。随着企业面临的竞争环境日趋激烈，采购管

理越来越受到企业领导层的重视,人们对采购模式的研究与探讨也越来越多。以前,采购管理的作用是确保产品和服务的供应,在节约资金的同时,进一步支持企业的持续经营与发展。这一阶段,采购的基本技巧主要包括减少供应商的数目以获取数量折扣,保持对采购的有力控制,通过竞争招标确保供应商以具有竞争力的价格提供产品和服务等。然而,随着采购战略理论的进一步发展,目前企业采购管理的重点已不仅仅是采购所支付的价格,而是从供应链整体的角度降低总成本。在采购管理思想发生变化的同时,新的采购模式也不断涌现,采购外包就是其中之一。

一、采购外包的概念

外包(Outsourciring)是指企业整合利用外部的专业化资源,将企业内部的某项职能或某项任务分包给其他企业或组织来完成,从而达到降低成本、提高效率、最大限度地发挥本企业的核心优势,增加对外界环境应变能力的一种管理模式。采购外包就是企业在关注自身核心竞争力的同时,将全部或部分的采购业务活动外包给供应商,采购人员可以通过自身分析和理解供应市场方面的知识,来辅助管理人员进行决策。采购外包的特点是:具有并行的作业分布模式;在组织结构上,实行采购外包的企业由于采购业务的精简而具有更大的应变性;以信息技术为依托实现外部资源的整合;采购外包可以使企业专注于核心竞争力的发展。

二、采购外包的收益

1. 控制采购成本

采购外包可以削减开支,增强采购成本控制,同时第三方采购商的专业化程度较高,能够达到规模经济,使采购成本更低、效率更高。据 Aberdeen 咨询公司的研究,那些将特定的采购流程或采购项目外包的企业,其物料获得成本平均降幅达 10%～25%。有时特定采购项目的采购成本降幅可达 30%。从经济学角度来看,采购外包能够增加全社会的财富。

2. 加速采购业务重构

企业业务流程重构需要投入较多时间成本和财务成本,收益相对较慢。而外包是企业业务流程重构的重要策略,可以帮助企业快速解决采购业务方面的重构问题。对实行采购外包的企业来讲,不仅做到现有企业核心采购能力和"外包"供应商核心能力的整合,更重要的还要做到如何巩固和提升本企业的核心采购能力。变革企业固有采购业务模式,进行企业采购业务重构,对企业采购业务进行外包是一种很有价值的选择。

3. 利用企业的外部资源

企业采购外包时必须进行采购成本和利润分析,确认在长期经营中这种外包是否对企业有利,由此决定是否应该采取采购外包策略。如果企业没有有效完成采购业务所需的资源,企业可将采购业务外包。企业在集中资源于自身核心采购业务的同时,通过利用其它企业的资源来弥补自身的不足,从而变得更具竞争优势。特别是对于那些自身难以控制的、内部运行效率不高的辅助采购业务,企业完全不必为此投入更多资源,通过采购外包,借助于外部资源,可以轻松解决问题。

4. 分担采购风险

企业可以通过外包分散由经济、市场和财务等因素产生的风险。企业本身的采购资源、能力是有限的,通过外包可与外部第三方采购商共同分担风险,可以增加企业经营过程的柔性,更能适应变化的外部环境。采购风险是多样的,非专业的企业采购部门和采购人员对这些采购风险的认识和规避能力不如专业的第三方采购商,通过协约将企业的采购活动委托给第三方,在获得专业化服务的同时也将采购风险转嫁给了第三方,降低了企业自身承担风险的压力。

5. 增强核心竞争力

采购外包能够让企业有更多的资源投入到主要业务,增强核心竞争力。比如研发新产品,开发和服务新客户。特别是可以使企业避免为那些既非战略的,也非资源保证的采购项目建立和维护一个现代化基础设施的负担,把非优势的采购活动交给第三方采购商能够帮助企业在特定领域迅速获得更大的效益。但企业如果忽视了本身核心采购能力的增强,那么实施采购外包只是培养潜在的竞争对手,而自己则失去未来的发展机会。

三、采购外包的风险

1. 企业内部不稳定风险

如何使由于采购外包而导致的企业内部不稳定性降到最低水平是每一个企业决策者不可回避的棘手问题。在采购外包过程中,企业内部组织结构、人员配备和工作流程等方面都需要做出相应的调整,这些都会导致企业内部的不稳定,影响企业正常的生产经营。

2. 供应能力协调风险

同一供应链上的各个企业,由于其处于供应链的不同位置,往往会产生时间节奏的差异,若不能及时协调这种差异,就会带来供应能力协调风险。

3. 质量监控风险

在与第三方采购商合约签定后,第三方采购商拥有了对采购业务的全权代理权利,可以在业务范围进行相应决策。按照这种委托代理关系,第三方采购商按理应在委托方的监督之下,全力谋求委托方的利益并获取相应报酬。但基于信息不完全对称假设,委托方很难对第三方采购商的具体行为进行实时考察和监督。出于追求利润最大化动机,第三方采购商就有可能利用自身的信息优势,以次充好,侵害委托方利益。

4. 企业经营受制于外包服务商风险

企业将采购业务外包后其生产运营便在一定程度上依赖于第三方采购商的绩效。当第三方采购商在企业采购方面占有更多业务后,企业的某些控制权失控。对生产性企业而言,采购顺畅是否是整个运营的核心问题,第三方采购商在深度介入一个企业的运营后,在某种程度上掌控了企业运营权。因此,企业对采购业务的外包程度应持有一定的底线,完全将采购业务外包意味着企业对采购业务控制的削弱,而这将导致第三方采购商具有了讨价还价的能力。随着第三方采购商在企业采购业务介入程度上的深入,这种能力也会加强,对企业形成潜在的威胁。

5. 商业机密泄漏风险

对于任何一个企业来说,其内部运营情况都是处于相对封闭的环境下。采购外包很可能会泄漏企业产品设计、原材料采购等商业机密,使企业失去竞争优势。

四、采购外包的风险规避

采购外包是供应链管理环境下一种新型的采购管理模式,通过采购外包,企业可以将非核心业务转移给专业服务商,更专注于提升核心竞争能力,提高经营柔性和市场响应能力。对于外包过程中可能存在的风险可以通过以下措施加以规避。

1. 加强与采购商的沟通和监控

对采购外包活动进行监督和控制是采购外包顺利实施的重要保证。企业即使与第三方采购商签定了协议,也应当监控第三方采购商的绩效,同时给他们提供所需的业务信息。企业与第三方采购商之间保持相互沟通,共同编制操作指引。企业不能认为采购业务外包了,一切就由对方承包,完全是第三方采购商单方面的工作,而应当与第三方采购商一起设立协调机构、制订采购作业流程、确定信息渠道和编制操作指引,操作指引能够使双方相关人员在作业过程中相互步调一致,也可以为企业检验对方采购作业是否符合要求提供了标准和依据。因此,企业要建立采购外包的控制机制,对第三方采购商的业绩进行定期检查,制订标准对其业绩进行考核。

2. 相互信任和帮助,长期合作

在度过必要的观察和磨合期之后,企业与第三方采购商之间双赢的合作同盟关系应该逐步得到确认,特别是对于业绩优良的第三方采购商,应建立长期友好同盟关系,形成供应链上相互帮助、互相依存的共赢协作关系。

3. 制订明晰的合作条款,明确双方的权利和义务,强调激励与约束相结合的机制

通过制订激励与约束相结合的机制,使第三方采购商可以分享提高采购效率、节省采购费用所带来的好处,同时也明确了采购商违约所应承担的责任。促使供应商在满足采购质量的前提下,提高采购效率,节省采购成本。

第四节　供应链中采购管理的决策过程

供应链中采购管理是指为了达到企业的经营目标从企业外部获取物料、工程和服务所需的管理过程。采购管理是保证企业正常运营的关键活动,如果采购的物料、工程和服务没有达到企业规定的标准,必然会降低产品的质量,影响生产的成本、进度和质量等目标的实现,进而影响企业经营目标的实现。采购管理的总目标是以最低的成本及时地为企业生产经营提供满足需要的物料、工程和服务。采购管理由一系列具体的管理工作组成,具体包括:① 采购计划的编制(Procurement Planning),采购计划确定了需要采购哪些商品、何时采购、采购多少、如何采购等相关问题;② 询价(Solicitation),从预期的供应商处获取如何满足需求的意见反馈(投标书和建议书);③ 供应商选择(Source Selection),包括投标书或建议书的接受及用于选择供应商的评价标准的应用;④ 采购合同管理(Purchasing Contract Administration),包括与供应商进行合同谈判、合同签订以及监督合同履行、管理与供应商关系等一系列管理工作;⑤ 采购合同收尾(Purchasing Contract Closeout),采购合同收尾指合同全部履行完毕或合同因故中止所需进行的一系列管理工作,诸如产品核实、采购结算、保险赔偿金和违约金、任何未解决事项的决议。

一、采购计划策略

企业内部提供的是关于各个任务部门的具体信息,决定是否需要采购、采购什么、向谁采

购、采购多少和什么时候采购。对采购部门来说就是物资需求的种类、数量、日期和质量。不同的具体性和准确性,将给采购活动带来不同的行动范围,比如对采购计划的准确规定。此外,还要考虑企业内部的约束条件和假设条件,如企业的资金状况是否充足、所需采购资源的价格是否稳定以及某种物资是否有替代品等。

1. 项目采购计划编制应注意以下的问题

(1) 采购物资或服务的质量与使用性能要符合企业生产的要求;

(2) 采购计划要明确规定采购的步骤、时间、先后顺序及衔接等问题;

(3) 采购计划要对整个采购过程进行协调管理;

(4) 应该在自制和外购中进行决策,决策时需要考虑采购所引起的直接成本和间接成本,特别是外购时管理和监控采购过程的间接成本。自制和外购决策时需要考虑的因素主要有成本、可用于生产的内部能力、所需的控制水平、保密性要求和可利用的供应商。

2. 采购计划编制过程中需要完成的工作

(1) 自制或外购分析

在编制采购计划时,其中很重要一个内容就是决定是自制还是外购。自制或外购分析可以用来判断企业所需的资源和服务是通过自制还是外购获得。在比较自制与外购经济性时要考虑直接和间接两部分费用,并考虑组织的长远需求和当前需求,如果能够满足企业的长远需求,外购成本分摊到当前项目上的比例就会小一些。

例如:某公司生产的产品每年需要 A 配件 500 件。如果自制,生产该零件不会增加公司的固定成本,该零件自制的单位变动成本为 7 元;如果外购,则该零件的单价为 8 元。试决定 ① 该零件是自制还是外购;② 如果该公司生产该零件每年要增加固定成本 600 元,确定该零件是自制还是外购。

解:① 自制成本=7 元×500=3 500 元

外购成本=8 元×500=4 000 元

自制成本＜外购成本,应选择自制

② 自制成本=7 元×500+600=4 100 元

外购成本=8 元×500=4 000 元

自制成本＞外购成本,应选择外购

(2) 独立估算

独立估算又称为合理费用估算,在编制采购计划时,往往需要预测采购的成本,而采购成本的预测一般是通过独立估算来完成的。企业应该对采购产品编制自己的估算,用以检查供应商的报价。如果差异较大,说明企业对产品成本分析有误,或者供应商对采购方的需求有误。如果企业没有能力进行独立估算,也可以把独立估算的工作交由外部咨询顾问来完成。

(3) 合同类型的选择

合同类型的选择是根据各个采购物资或服务的具体情况和各种合同类型的适用情况进行权衡比较,从而选择最合适的合同类型。一般合同有三种类型,即固定价格合同、成本补偿合同和单价合同。

① 固定价格合同(Form Fixed Contract)。经企业和采购商协商,在合同中订立双方同意的固定价格作为今后结算的依据,而不考虑实际发生的成本是多少。如果实际成本较低,对供应商有利,对企业不利;反之,如果实际成本较高,对企业有利,对供应商不利。固定价格合同

对企业来说风险较小,只要计算好采购物资或服务的成本,然后按照这个成本签订合同,而不管供应商所花费的实际金额,也不必多付超过固定价格的部分。但是供应商有可能只获得较低的利润,甚至亏损,特别是当采购物资或服务成本发生大幅度涨价时,供应商就会面临着很大风险。因此签订这种合同时,双方必须对产品成本的估算有确切的把握。固定价格合同适用于技术不太复杂、工期不太长、风险不太大的物资或服务的采购。

② 成本补偿合同。成本补偿合同时以供应商提供物资或服务的实际成本加上一定的利润或费用为结算价格的合同。成本补偿合同适用于那些不确定因素较多,所需资源的成本难以预测又需要尽快采购的物资或服务。成本补偿合同包括 3 种类型:成本加成合同、成本加固定费用合同和奖励合同。

成本加成合同(Cost Plus Earnings Contract)。这种合同规定在双方同意的合理范围内,以实际成本为基础,加上按合同规定的成本利润率计算的利润,作为今后的计算价格。相对而言,成本价成合同对于企业而言,风险较大,供应商有可能造成供应商故意抬高成本,使企业蒙受损失,在实际工作中很少采用这种合同。

成本加固定费用合同(Cost Plus Fixed Fee Contract)。这种合同规定的结算价格由实际成本和固定费用两部分构成,成本是实报实销的,而固定费用则是在合同中明确规定的,与实际成本高低无关。这种合同避免了供应商故意抬高成本,但不能促使供应商千方百计地去降低成本。

成本加奖励合同(Cost Plus Incentive Fee Contract)。这种合同规定预算成本和固定费用的金额,并约定当实际成本超过预算成本时,可以实报实销;实际成本如有节余,则按合同规定的比例由企业和供应商双方共同分享。奖励合同可以激励供应商想方设法降低成本。

③ 单价合同。单价合同(Unit Price Contract)的结算价格是供应商每单位产品付出的劳动与劳动单位价格的乘积。这种合同适用于那些比较正规,但工作量难以预计的物资或服务的采购。

二、询价策略

询价就是为进行招标而做的准备,是指在投标之前所做的准备工作,其主要流程有:

1. 编制招标文件和标底

招标文件是企业招标采购物资或服务的法律文件,是投标者准备投标文件和投标的依据,是评标的依据、也是签订和履行合同的依据。招标文件的编制质量直接影响采购的效果和进度,招标文件应为投标者提供一切必要的资料,以便使其做好投标的准备,所以招标文件的编制必须做到系统、完整、准确、明了,使投标者一目了然。

2. 刊登招标公告

企业要在某种规定的渠道刊登招标公告,使所有合格的招标者都有同等的机会了解投标的要求,以形成竞争的局面。

3. 资格预审

资格预审主要考虑:投标者的经验、专业技术人员配备、服务和制造能力、投标者的财务状况、投标者的法律地位等因素。

4. 发售招标文件

对通过资格预审的投标者发售招标文件。

5. 企业内部对合同变更的协调

合同变更后会对企业内部管理的其他方面产生影响,所以应该使企业组织内部都了解采购合同变更的情况,并根据合同变更对企业生产经营带来的影响进行相应的调整。

6. 支付管理

企业在对供应商支付款项时,要按照合同规定的支付方法和供应商提供的物资或服务的数量和质量进行付款,并且对其实施严格的管理。

五、采购合同收尾策略

企业和供应商按照合同履行完各自义务后,合同就此终止。通常,合同一旦签订就不能随意终止,但是当出现一些特殊情况时,合同也可能提前终止。① 合同由于不可抗的原因提前终止,如政府政策限制某种产品生产时,相关该产品生产的合同将提前终止;② 合同双方通过协商,解除各自的义务,如企业与供应商通过协商达成一致意见,供应商不再提供物资或服务,企业也不继续付款,此时合同就终止了;③ 仲裁机构或法院宣告合同终止,如当合同纠纷交由仲裁机构或法院裁决时,合同被判决终止。

合同收尾时应注意完成以下工作:

1. 采购审计

采购审计是指根据有关法律和标准对从采购计划的编制到合同收尾的整个过程所进行的结构性审查。采购审计的目的在于确认企业在采购过程中的成功和不足之处,是否有违法现象,以便吸取经验和教训。

2. 合同归档

对采购过程中的所有合同文件要进行整理并建立索引记录,以便日后备查。

3. 正式验收和收尾

对采购的物资和服务进行最后的验收,包括解决所有采购过程中遗留的合同问题,对供应商的最终付款通常也同步进行,还要确认合同已经完成并且是可以移交的。负责合同管理的人员应该向供应商发出正式的文件,从而确认合同的终止。

本章小结

本章介绍了供应链管理环境下的采购管理。主要包括采购管理在供应链管理中的价值;采购外包的收益和风险以及如何进行风险规避;在供应链中采购管理的决策过程中,详细介绍了采购计划的编制、询价、供应商选择、合同管理和合同收尾等各项工作的决策过程和主要考虑的因素。

关键词

供应链管理;采购外包;采购决策

Key words

supply chain management; purchasing outsourcing; purchasing strategy

综合练习

一、判断题

1. 在选择供应商时,成本是唯一的决定因素。（　　）
2. 只有合同双方都履行完各自的义务时,合同才能终止。（　　）
3. 成本加奖励合同可以激励供应商想方设法降低成本。（　　）
4. 经济订货量是使购买成本和库存成本之和最小的订货量。（　　）
5. 一般来说,公开招标采购比邀请招标采购能找到更多的投标者。（　　）

二、选择题

1. 采购成本的预测一般是通过(　　)来进行的。
   A. 综合估算　　　　　　　　　　B. 加权系统
   C. 独立估算　　　　　　　　　　D. 参数模型法
2. 下列有关固定价格合同的表述正确的是（　　）
   A. 固定价格合同对于企业来说风险比较大
   B. 固定价格合同以供应商所花费的实际成本为依据
   C. 固定价格合同是用于采购技术复杂、风险大的物资或服务
   D. 签订固定价格合同时,双方必须对产品成本的估计有确切的把握
3. 某客户要采购某种物料 2 000 件,该物料每件年单位储存成本为 4 元,每次订货成本为 10 元,则确定经济订货批量为(　　)件。
   A. 120　　　　B. 80　　　　C. 90　　　　D. 100
4. 某公司生产产品每年需要甲零件 300 件,如果自制,该零件增加公司的固定成本 300 元,该零件自制的单位变动成本为 7 元;如果外购,零件的单价为 8 元。则该公司应该（　　）
   A. 自制　　　　　　　　　　　　B. 外购
   C. 两者效果一样　　　　　　　　D. 不能确定
5. 将大部分风险转移给供应商的合同类型是（　　）
   A. 成本加成合同　　　　　　　　B. 成本加固定费用合同
   C. 奖励合同　　　　　　　　　　D. 固定价格合同

三、简答题

1. 采购计划主要解决哪些问题?
2. 描述 3 种不同成本补偿合同的类型,并说明当每种合同被采用时与之相应的风险。
3. 资格预审的作用是什么,要考虑的因素应包括哪些?
4. 选择供应商时,要考虑哪些因素?

四、思考题

1. 合同管理包括哪些基本过程,如何理解"合同管理是采购管理的灵魂"?
2. 合同收尾包含哪些过程?
3. 供应商选择的标准是什么?
4. 供应商选择中应注意的问题是什么?

延伸阅读书目

1. 张存禄,黄培清编著.供应链风险管理.北京:清华大学出版社,2007

2. 赵林度.供应链与物流管理.北京:机械工业出版社,2007

3. 理查德 B·蔡斯,F·罗伯特·雅各布斯,尼古拉斯 J·阿奎拉诺.运营管理.北京:机械工业出版社,2007

4. 马士华,林勇.供应链管理.北京:高等教育出版社,2003

5. 茅宁主编.现代物流管理概论.南京:南京大学出版社,2004

第六章 供应链业务流程重组

【本章提要】
1. 业务流程的概念、企业业务流程重组(BPR)的内涵与重组后新的业务流程的特点；
2. 企业业务流程重组的一般性方法和步骤；
3. 供应链管理环境下的企业业务流程重组的原则与实施。

导入案例

某国际知名汽车公司的财务部原有员工500多人负责帐务与付款事项。改革之初，管理部门准备通过工作合理化和安装新的计算机系统将人员减少20%。后来，他们发现日本一家汽车公司的财会部只有5个人时，就决定采取更大的改革动作。他们分析并决定重新设计付款流程。

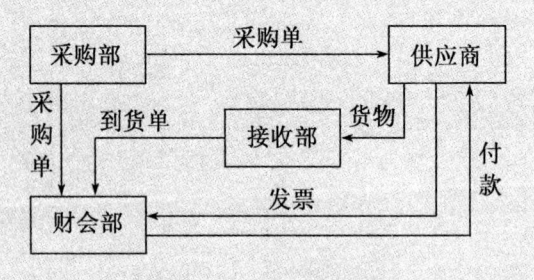

图6-1 原有付款流程

原付款流程(如图6-1所示)表明，当采购部的采购单、接收部的到款单和供应商的发票，三张单据验明一致后，财会部才予以付款。财会部要花费大量的时间查对采购单、接收单、发票上共14个数据项是否相符。重新设计并实施新的付款流程后，财会部的人员减少了75%，实现了无发票化，也提高了准确性。

请问，如果由你来重组该公司的付款流程，你会如何实施并达到相应的效果，画出新的付款流程图。

第一节　业务流程重组概述

一、业务流程的概念与分类

1. 业务流程的定义

《牛津英语大词典》将流程(Process)定义为一个或一系列连续有规律的行动,是指工作的做法或工作的结构,抑或事物发展的逻辑状况。它包含了事情进行的始末,事情发展变化的过程。

流程一词在企业管理学科上,最早用来表示工艺制造企业内部各工序之间的关系,也称工艺流程;随着计算机技术、信息管理科学的发展,流程也被借用来表示数据模块的处理的关系,如数据模块处理流程。在供应链管理环境下的业务流程,是指企业以输入各种原料和顾客需求为起点到企业创造出对顾客有价值的产品或服务为终点的一系列活动。例如,订单处理流程,它的输入是顾客的订单或某种需求想法,其输出是发送的商品、顾客的满意和付款单。在传统的组织中,输入和输出之间的一系列活动:接收订单、输入计算机、检查顾客的信用、查找仓库产品目标、在仓库配货、包装、送上卡车等。对于这一系列活动顾客并不关心,顾客关心的只是这一流程的终点,即送到手的商品。如果订单处理所需的时间太长,将无法满足顾客的需要。

哪些系列活动可以看作是一个业务流程,我们可以用以下几条标准来识别:一是流程有特定的输入和输出;二是每个流程的执行都要跨越组织多个部门;三是一个流程专注于目标和结果,而不是行动和手段,它是对"什么"的回答,而不是对"怎样"的回答;四是流程的输入和输出都能被组织中任何一个人轻易地理解;五是所有的流程都是与顾客及其需要相关的,流程之间也是相互关联的。根据这几条标准,我们就可以从传统的组织中识别出它的业务流程。

2. 业务流程的分类

我们大致可以将企业的所有业务流程分为两大类,即经营流程和管理流程。

(1)订单处理流程。输入的是顾客的订单,输出是发送的商品、顾客的满意和付款单。

(2)产品开发流程。输入的是顾客的消费想法、观念和概念,输出的是产品的样品。

(3)服务流程。输入的是顾客需要了解和处理的问题,输出的是问题的解答和解决办法。

(4)销售流程。输入的是潜在的顾客,输出的是付款单。

(5)策略发展流程。输入的是企业内外环境中的各种变量,输出的是关于企业发展的各种策略。

(6)管理流程。输入的是企业内外环境中的各种关系要素和问题,输出的是企业运行的各种关系规则和办法。

在上面列举的六种流程中,前五种可归为经营流程,第六种就是管理流程。对不同行业的企业来说,以同一名称命名的业务流程可能包含不同的活动。

二、企业业务流程重组(BPR)的基本内涵

1. 传统的企业组织结构

现行企业的组织机构大都是基于职能部门的专门化模式。企业所实行的按照职能专业化处理企业业务流程的管理模式,可以追溯到200多年前英国经济学家亚当·斯密在《国富论》中提出的劳动分工理论。亚当·斯密把零件制造过程分解为一道道简单工序,大大提高了专业化程度和劳动效率,对大量生产标准化产品的企业来说收效甚大。这种劳动分工的思想又被应用到企业管理的设计上,将企业管理划分成许多职能,形成了许多分工细致的职能部门,管理流程更加专业化。

为了能保持对专业化分工后的职能部门进行有效管理、协调和控制,企业的组织是按等级制构成的。这种组织结构的特点是多职能部门、多层次、严格的等级制度,从最高管理者到最基层的员工形成了一个等级森严的"金字塔"型的组织体系。这种组织适合于稳定的环境、大规模的生产、以产品为导向的时代,它以各部门的简单重复劳动来赢得整个部门的效率。但其代价是整个工作时间的延长。一项业务要流经不同部门、不同层次,大量的时间和资金都浪费在这些不增值的活动中了。传统企业典型的组织结构如图6-2所示:

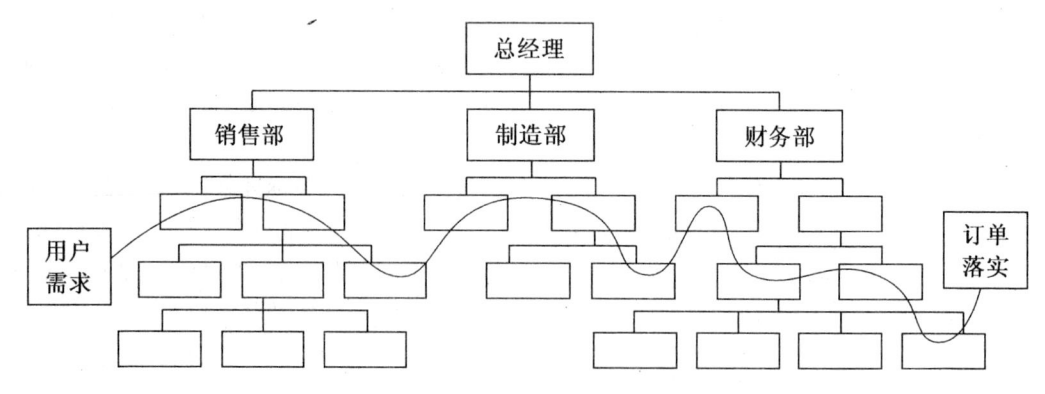

图6-2 传统企业典型的"金字塔"型组织结构

如果说在工业化时代,在比较稳定的市场环境中,产品供不应求,企业员工作为经济人而存在,企业强调规模经济,流程片段化的危害还不是很明显的话,那么,随着信息化时代的到来,市场环境日趋不稳定,顾客的要求越来越多样化,企业员工强调自我实现,企业不仅追求规模经济效益,更强调时间经济的情况下,这种片段化的企业流程也就越来越难以使企业满足多方的需要,其组织结构显得越来越僵硬。

为了减少时间和资金的浪费,人们曾利用现代信息技术进行过变革的尝试,如利用计算机和信息技术建立管理信息系统(MIS),试图通过采用计算机技术提高企业的管理效率。但是,MIS在企业中应用的效果并不尽如人意,原因在于采用计算机技术后的管理系统并没有发生根本变化,只是在原有的管理系统中加入了计算机管理的成分。企业在应用信息技术时,仍是沿用旧的或者业已存在的方式做事,而不是注重工作应该怎样合理地去做,然后考虑应用信息技术来辅助完成它。甚至是,由于人们是按照计算机的要求工作而不是按照顾客的要求办事,从而有可能导致工作次序不如手工灵活,反而有可能降低了服务质量。也就是说,办公自动化信息系统从表面上改变了办事的形式,但从本质上并没有实现办事流程和方式的改变。由此

可见，如果传统业务流程不改变，即使是采用了先进的信息技术，也不会对工作有根本性的帮助。

2. 企业业务流程重组(BPR)的提出

业务流程重组理论产生于20世纪90年代，当时企业所处的外部环境已经发生了根本性的变化。其中有三个因素越来越引起人们的关注，这三个因素是顾客、竞争和变化。一方面是这三个因素已经发生了根本性的变化，另一方面是这三个因素的力量势头强劲。美国麻省理工学院的哈默(Micheal Hammer)教授于1990年在《哈佛商业评论》上首次提出了企业业务流程重组(BPR)的概念。因为他发现对传统的企业工作流程计算机化后，并没有给企业带来预期的效益，其中主要原因就是没有触及传统管理模式。因此，要想取得实效，首先必须分析企业的业务流程，剔除无效活动，对其进行彻底的重新设计。1993年，哈默与钱匹(James Chamby)教授合著，出版了《重组企业——工商管理革命宣言》一书。他们将重组企业定义为为了在衡量绩效的关键指标上取得显著改善，从根本上重新思考，彻底改造业务流程。其中，衡量绩效的关键指标包括产品和服务质量、顾客满意度、成本和员工工作效率等。也就是说，重组企业是一次彻底的、脱胎换骨式的变革，从根本上重新思考业已形成的基本信念，即对长期以来企业在经营中所遵循的基本信念如分工思想、等级制度、规模经营、标准化生产和官僚体制等进行重新思考，摒弃现有的业务流程和组织结构以及陈规陋习，另起炉灶。可见，重组企业是组织的再生策略，它需要全面检查和彻底翻新原有的工作方式，把支离破碎的业务流程合理地"组装"回去，通过重新设计业务流程，建立一个扁平化的、富有弹性的新型组织。该书的问世引起世界学术界和企业界的广泛重视，并使BPR成为近十多年来企业管理研究和实践的热点。

BPR强调以关系客户的需求和满意度为目标，对现有的业务流程进行根本性的再思考和彻底地设计，利用先进的制造技术、信息技术以及现代化的管理手段，最大限度地实现技术上的功能集成和管理上的职能集成，以打破传统的职能型组织结构，建立全新的流程型的组织结构。业务流程重组的重心并不是流程本身，而是流程重组后企业所形成的核心能力。

完整地理解业务流程重组的定义必须抓住其本质内容：根本性(Fundamental)、彻底性(Radical)、戏剧性(Dramatic)和流程(Process)。

(1) "根本性"即在重组过程中，企业人员必须自问一些基本问题："我们为什么要进行BPR？"、"我们如何进行BPR？"等。通过对这些企业运营根本性的问题的仔细思考，企业可能会发现自己赖以存在或运营的商业假设是过时的甚至是错误的，这样可以迫使企业重视经营策略和方法。

(2) "彻底性"就是要彻底改造现行的组织结构和组织形式，寻找新的业务流程。这表明BPR对事物进行追根溯源，对既定存在的事物不是进行肤浅的改变或调整性的修改完善，而是摒弃所有的陈规陋习并且不要考虑一切已规定好的结构与过程，创造发明全新的完成工作的方法。这是对企业业务流程重新构建，而不是改良、增强或调整。

(3) "戏剧性"是指流程重组不是一般意义上的业绩提升或略有改善、稍有好转等，而是要使企业取得业绩上的突飞猛进，极大的飞跃和产生戏剧性变化，如大幅度降低成本、减少生产周期、提高产品质量等。

(4) "流程"是BPR关注的重点，一起"重组"工作全部是围绕业务流程展开的。只有对价值链的各环节(业务流程)进行有效管理的企业，才有可能真正获得市场上的竞争优势。

三、企业业务流程重组(BPR)的核心原则

BPR 的成功实施将给企业核心竞争能力的各个方面带来极大改善,但与此同时,BPR 对于企业来说又是一个极具挑战性的问题,一些调查的结果表明,在已实施的 BPR 中高达 70%的项目没有达到预定的目标。事实表明,重组未能成功很大程度上是由于在变革中未能坚持三个核心原则——以流程为中心原则、以人为本的团队式管理原则和顾客导向原则。

1. 以流程为中心原则

流程由一系列相关的、连续的行为或活动构成,在传统的劳动分工原则下,企业的组织结构按职能划分,各职能部门再对流程进行细分。过细的分工使不同部门之间出现大量的合作与协调,这样就很难保证企业的流程在整体性能上达到最优,同时也使流程变得更复杂,工作效率低下。因此流程重组的理论就是要彻底打破劳动分工理论的约束,跨越职能部门的条条框框,以流程为核心重建企业的运行机制和组织结构,将传统组织的纵向职能控制转变为以流程中各项活动的横向协调,实现企业对流程的有效管理和控制,使企业真正的直接面对顾客。所以坚持以流程为中心的原则,就是使再造、重组的目的始终围绕将企业由过去的以任务为中心再造、重组为以流程为中心。

2. 以人为本的团队式管理原则

以流程为中心的企业既关心流程,也关心人。例如,一家公司的产品开发流程小组的成员可能拥有各种不同的技术,接受过各种不同的训练,诸如销售、工程、制造以及采购等。作为流程小组的成员,他们还要学习一些其他的技术,为他们未来一旦需要离开某一个特定的工作流程时做准备。

进行团队式管理,是由组织所担负的任务决定的。传统企业所面对的相对静止的市场环境决定了细致分工的任务型管理是高效率的。传统企业中除了领导人以外,其他人思考问题的出发点是如何完成本职工作,而不关心自己工作所属流程的进展。而在激烈变动和竞争中生存的现代企业,必须以流程为中心,在这样的企业中,每个人都关心整个流程的运转情况。这是 BPR 的最高境界,也是坚持团队式管理的精髓所在。

3. 顾客导向原则

企业流程是为了实现既定目标而开展的系列活动,要以提高产品和服务顾客需要的能力为中心。流程设计要始于顾客需求,终于顾客满意,也就是说,在进行企业业务流程设计时,在满足业务需要的基础上,需要设计人员要有开阔的视野和事业心,关注流程的输入及输出结果的增值和效率,尽最大努力消灭无效流程的存在。只有改进为顾客创造价值的流程,企业的改革才有意义。所以任何流程的设计和实施都必须以顾客标准为标准,以顾客为中心,这是 BPR 成功的保证和最根本的驱动力。

这三个核心原则是相辅相成的,顾客导向决定了流程重组的流程导向,而流程导向又要求企业进行团队式管理,这三个原则一环扣一环,无法分开。

四、重组后新的业务流程的特点

BPR 是在打破原本的职能分工的基础上,按业务流程或按具体任务来重新组合。它不是在原有部门上的专业化划分,而是从跨部门的角度考察主要业务流程;也不是对原有业务的计算机化,信息技术成为新工作流程的使能器(Enabler)。具体来说,BPR 后的新业务流程的特

点主要表现在以下几个方面。

1. 在新流程中，没有装配线

这是新流程最普遍的特点。因为，许多原本被分割开来的工作又被合理地组装回去了，或是被压缩成一个完整的工作。在流程中，将由专员对顾客的问题和要求一手包办，或由工作小组的成员来共同解决。通过压缩平行的工序，装配线自然就消失了，同时减少了监督工作，也精简了人员。

2. 在新流程中，员工拥有自我决策权

由于压缩了工序，原来需要层层上报和请示的事，现在则由员工自我决定。因此，垂直的等级制也就相应地被压缩了。

3. 在新的流程中，会打破连续的作业安排方式

通过信息处理系统，几乎所有的相关工序都可以同时进行，至少会以更加灵活的方式进行。

4. 新流程的生产和服务功能更加多样化

传统的流程设计基于标准化生产观念，以不变应万变，对所有的问题，无论大小，都以同一模式来处理，整个流程单一、僵化。新流程则考虑到环境的变化，具有灵活应变能力，能提供多样化的服务方式。

5. 新流程可以超越组织界限来完成工作

在传统的流程中，组织内部的部门之间、组织与外部的顾客之间都有一条界线，这些界限是行为权力的分界线。流程重组改造后，凭着方便、高效的原则，可以超越界线行事。比如，保险公司可以请修理厂代为检查汽车损坏程度；复印机维修部将常坏的部件放在用户处，用户自己更换部件后，再去收款；将零售商的反馈信息作为市场营销决策的固定组成部分，而不仅仅作为参考；百货商店的库存交由供应商处理。

6. 在新流程中，减少了审核和监督

在传统的流程中，由于被分开的工序较多，因此需要审核与监督来把分开的工序再"粘结"起来。而新流程通过组合多个工序，减少了连接点，也减少了审核与监督。因此，也减少了组织中的冲突。

7. 在新流程中，顾客可以享受"一站式"服务

新流程为顾客提供"一人包办"式的服务，顾客不必去与更多的人、更多的部门去打交道，顾客被当作皮球踢来踢去的现象将不复存在。

总之，通过信息技术和业务流程重组，企业中分权与集权的弊端都将很大程度上被克服。因为，对新流程的管理，其主导思想是放权，创造自我管理的工作小组。与此同时，通过信息技术和信息系统，企业管理流程可以随时掌握各流程的运行情况，实施监控职能。

第二节 业务流程重组的方法和步骤

一、业务流程重组的一般性方法

业务流程重组的内容和方式在很大程度上取决于企业决定重组的流程的范围和内容，通

常根据涉及程度大小不同,将业务流程重组分为两类:① 系统化改造法。辨析理解现有流程,系统地通过在现有流程基础上创建提供所需产出的新流程;② 全新设计法。从根本上重新考虑产品或服务的提供方式,零起点设计新流程。

在这两个极点之间,有一个广阔的中间地带,许多组织都是选择两种方式相结合的途径。

1. 系统化改造法

这种方式的优点在于改变可以一点一点地积累实现,因此能够迅速取得成效,并且风险较低,对企业正常运营干扰小。缺点是仍然以现有流程为基础,创新流程虽然不是不可能,但与全新设计方式相比,不大容易实现。不过,当在大范围基础上应用时,这种渐进方式能够产生显著的渐进式绩效改善,称之为"大规模渐进改善"。

系统化改造具体反映到流程设计上,就是尽一切可能减少流程中非增值活动以及调整流程的核心增值活动。其基本原则就是 ESIA:E(Eliminate):清除;S(Simplify):简化;I(Integrate):整合;A(Automate):自动化。表6-1就是这四个方面的重要内容:

表6-1 系统化改造的重要内容

清除	简化	整合	自动化
过量产出	表格	活动	脏活
活动间的等待	程序	团队	累活
不必要的运输	沟通	顾客(流程下游方)	险活
反复的加工	技术指导	供应商(流程上游方)	乏味的工作
多余库存	物流		数据采集
缺陷、失误	流程间组织		数据传输
活动的重组	问题区域		数据分析
反复的检验			
活动重复			
跨部门的协调			

2. 全新设计法

这种方式的优点是抛开现有流程中所隐含的全部假设,从根本上重新思考企业开展业务的方式。这种方式提供了绩效飞跃的可能性,使得所求结果成倍地改变。为了使目标得到几倍甚至几十倍的改变,必须以完全不同的方式做事。全新设计将从目标开始,逐步倒推,设计能够达到要求的流程。全新设计方式的主要缺点是实现所要求的组织即便不是不能,也会是相当困难。总体来说,这种方式的风险高,组织经历的痛苦深,对企业正常运营干扰大。

该方法在设计新流程过程中,主要采取的步骤如图6-3所示。

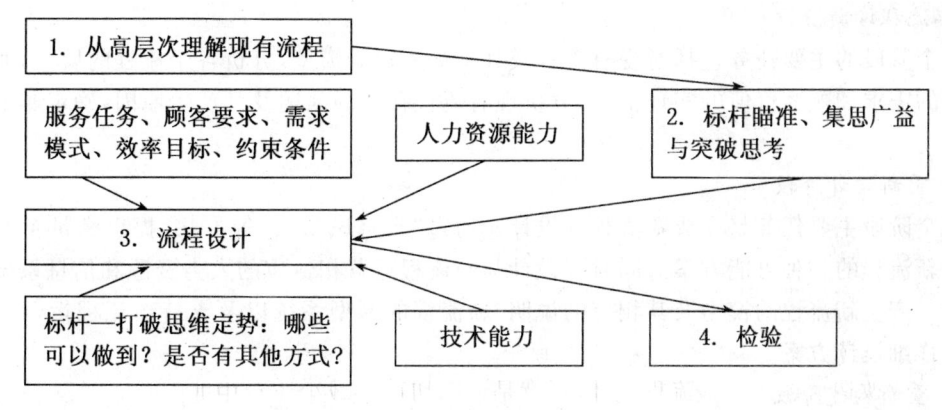

图 6-3 全新设计流程步骤图

二、业务流程重组的步骤

由于每个企业情况互不相同,实行 BPR 的必需步骤就有可能不同。但总体来说,其实质内容还是相似的,即大致可以分为以下六个阶段:战略决策阶段、重组计划阶段、流程诊断阶段、重新设计阶段、重新构建阶段和评估成效阶段。各阶段的各项工作如图 6-4 所示。

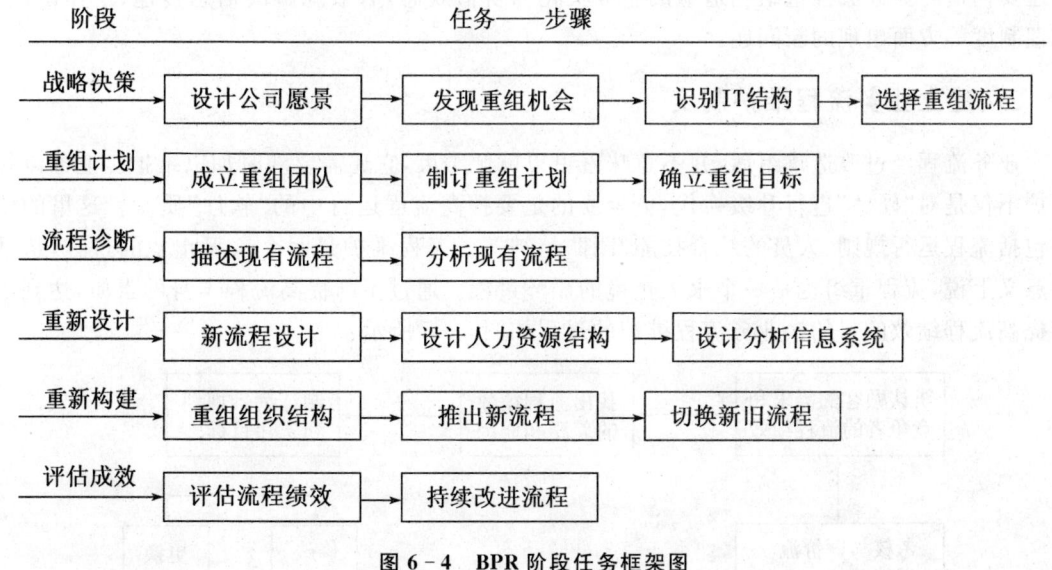

阶段	任务——步骤
战略决策	设计公司愿景 → 发现重组机会 → 识别IT结构 → 选择重组流程
重组计划	成立重组团队 → 制订重组计划 → 确立重组目标
流程诊断	描述现有流程 → 分析现有流程
重新设计	新流程设计 → 设计人力资源结构 → 设计分析信息系统
重新构建	重组组织结构 → 推出新流程 → 切换新旧流程
评估成效	评估流程绩效 → 持续改进流程

图 6-4 BPR 阶段任务框架图

图 6-4 中所示各阶段所进行的各项工作可以归结为:

1. 战略决策阶段

这个阶段主要是为企业的流程重组项目立项做准备。企业流程重组首先要得到企业高层领导的支持。基于高层领导和员工对企业流程的理解,以及企业的发展战略和信息技术/信息系统支持流程重组的潜力,确定需要进行重组的企业流程。

2. 重组计划阶段

这个阶段工作是确保精心筹备重组工程,包括建立重组团队,制订项目实施计划和预算,通过设立标准、外部顾客的需求分析以及成本效益分析,确定流程重组的目标效果。

3. 流程诊断阶段

这个阶段的主要任务包括对现有流程及其子流程建立模型，分析各个流程的属性，通过确定流程的需求和顾客价值的实现情况，分析现有流程存在的问题及其产生原因，确定非增值的活动。

4. 重新设计阶段

这个阶段主要任务是完成新流程的设计。通过"头脑风暴法"等方法，提出满足企业战略目标的新流程的各种可能方案。同时要设计与新流程运营相适应的人力资源和信息系统的体系结构。产生新流程的模型及其相应的说明、新流程的原型系统以及支持新流程运营的信息系统的详细设计方案。

5. 重新构建阶段

这个阶段主要根据人员、技术改造设计结果，运用革新管理技术进行流程重组，应用变化管理技术来确保向新流程的平稳过渡。

6. 评估成效阶段

这个阶段需要检测和评估新流程的绩效，以确保它是否满足预定的目标，并使之融入全面质量管理工作中。

企业业务流程重组是一个复杂的系统工程，必须加强协调管理，服从统一指挥的原则。同时还要构造与业务流程重组相适应的企业文化与价值观念，有效地解决信息传递、工作协调、管理制度等方面出现的新问题。

三、建立业务流程维护制度

业务流程经过改造重组后，并不意味着可以就此结束，它还需要随时加以维护。业务流程维护不仅是对"硬件"进行升级换代，更重要的是要提高流程运行中的"软件"质量。这里的软件包括流程运行规则、人员的综合技能、团队精神等。流程维护是一个永无止境的过程，从某种意义上说，流程重组也是一个永无止境的循环过程。通过不断提高流程本身的素质，达到不断提高流程绩效的目的。业务流程维护的过程如图6-5所示：

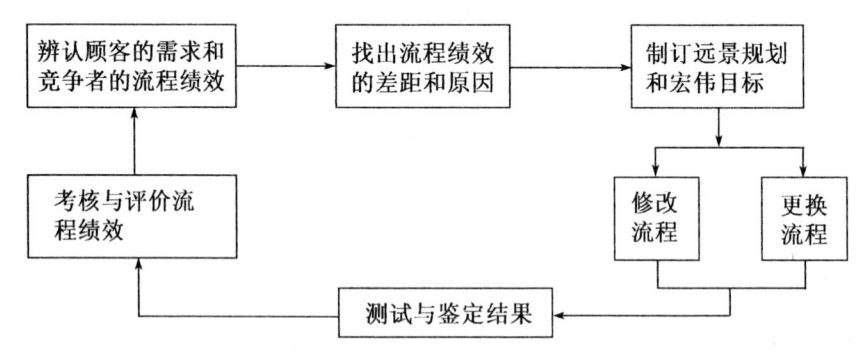

图6-5 业务流程维护循环

对将来的企业来说，业务流程的维护将是管理的核心内容，是流程负责人的主要职责。所有的资源配置都要根据流程而定，而流程的运行方式则要根据顾客的需要而定，这样就形成了以流程为中心的组织模式。

第三节 供应链管理业务流程重组

一、业务流程重组与供应链的关系

从本质上来说,供应链可以被看作是各企业之间的一种业务流程,供应链管理就是一种对业务流程的管理,是业务流程重组活动在价值链上的横向扩展,只不过我们通常所提出的对流程的管理都是针对组织内部的流程而言的,而供应链管理则是将流程重组的范围扩大到企业与企业之间而已。

供应链管理和业务流程重组有很多相似之处:如两者的最终目标都是使自己的顾客满意,都需要对企业的战略进行重新的思考,都是面向业务流程,都在提高企业业务流程的敏捷性和经济性方面取得很好的效果,而且都是以 IS/IT 为使能器等。对供应链系统进行重组,目的就是使现代企业克服环境的不确定性,消除浪费,实现资源在整条链上的有效利用;利用供应链整合赢得客户满意,提升核心竞争力,使企业持续健康发展。

供应链管理需要得到各企业、各部门或团队的支持,而供应链管理由于其目标范围的扩大,使得各单位难以协调统一,所以业务必须通过 BPR 调整组织的内外业务流程,理顺组织结构及其相互关系,才能保证供应链中物流、信息流和资金流等的畅通无阻,确保供应链的流量和流速。可见,在实施供应链管理的过程中,由于市场的变化和竞争形势的异动,供应链需要在新的意义上进行重组,或旧供应链的动态联盟解体,新的供应链应运而生。也就是实施供应链管理反作用于业务流程重组,反作用的结果使得企业在新的竞争格局中生成和发展。

二、供应链管理环境下业务流程重组的原则

1. 以客户为中心

供应链管理模式下,企业业务流程重组必须以满足顾客需要为前提,所有的活动都应基于这一原则展开,业务流程重组坚持以客户为中心的原则,即要按照客户的需求为客户提供最方便和最优质服务的思路重新设计业务流程,建立能以最快的速度响应客户不断变化的需求的运营机制及相关业务流程,并将决策点定位于业务流程执行的地方,在业务流程中建立控制程序,从而大大消除原有企业间、部门间及职能之间的摩擦,降低管理费用和管理成本,减少无效劳动,提高企业的市场竞争能力。组织应该确保流程、人员和技术的协调一致,能够在尽可能低的成本下提供顾客所需的产品和服务。实现顾客满意的结果是带来更大的利润,这样,企业就能快速发展。在设计产品或提供服务的系列流程时,企业必须明确顾客需要什么样的产品,他们的需求是流动型需求、间歇型需求还是偶然型需求,以及需求的数量。

2. 重流程,不重企业、部门及职能

业务流程重组要强调"流程中的企业,而不是企业中的流程"。业务流程重组首先应该确定供应链中的各种业务流程,再根据流程的需要设置相应的职能部门,将目前分拆开来的部门进行归并和整合,去除企业间行使相同功能的环节,将对流程运行不利的多余、重叠、甚至起阻碍作用的部门取消。

3. "突破性"重组与连续性改进相结合

"突破性"重组就是从根本上重新考虑产品或服务的提供方式,零起点设计新流程,它非常强调根本性、突破性、彻底性的重组,这种方法的目标流程往往同过去联系不大,如果实施成功,通常能够带来绩效的飞跃式提高。但是,采用这种方法,企业面对的不确定性很多。连续性改进就是在分析现有流程,系统地重构企业的业务流程,其优点在于可以逐渐地积累实现,收效迅速,并且风险较小,对正常运营干扰小。选择重组方法,应根据外界环境的情况,并结合企业的实际进行。由于供应链的组成复杂,对于企业间的流程重组尽量选择连续性改进,至于企业内部则可具体选择。

4. 共同改善和整体优化

共同改善是供应链管理模式下业务流程重组过程中的一个指导思想,这一原则要求企业在明确外界对流程产出的要求后,把这些要求分解到各个环节,形成不同职能、不同部门、不同企业的共同改善。供应链管理模式下,企业经理人员在管理决策中思考的领域,也从"单一地区,单一个体扩散到全球"。供应链管理就是"整体思维"的结果,供应链提供给企业的是一个整体思考结构,使公司能看出营业的全貌,知道自己的定位之所在,知道问题出在何处,应该采取何种方法,企业知道最需要在哪进行业务流程重组。它是对供应链中关键流程的重组,这是取得业务流程重组成功的关键。

三、供应链管理环境下业务流程重组的实施

业务流程重组过程的开展,应该首先遵循分工思想构造流程维度,然后按流程思想将各模块联结起来。具体说来,包括以下几个方面:

1. 部门内层次重组

一般而言,可以将企业的核心业务流程划分为技术设计、订货与发货流程、材料采购、生产制造等部分。(1)随着市场竞争的日益激烈,是否能够快速开发出满足客户需求的新产品成为一个企业能否成功的关键,而技术设计过程的管理就成为所有工作中的重中之重。新产品开发流程改造后,可以使得企业时时刻刻以客户需求为行动指南。(2)本着"一切以客户为中心"原则,对订货与发货流程进行改造,如采取由销售部总负责的原则,将仓储发货部门取消,即将具体发货流程剥离,将产品运输交由供应链上的其他物流企业来做,实现直接由销售流程到发货流程的无缝链接。(3)经济批量和采购提前期准确度不高,会直接影响到采购成本。进行采购流程重组后,如由销售部将客户定单信息传递给管理信息系统,系统将生成后的经济批量和采购提前期传给采购部,由采购部将最终采购定单交由供应商,来完成采购过程。(4)生产制造过程属于部门业务流程层次,是部门内部业务流程重组的核心层次。

2. 部门间层次重组

将不必要的部门直接砍掉或通过合并等方式取消,将一些部门的职责或增加/加强或取消/削弱。减少中间组织和人员配备,使组织结构尽可能的扁平化。需要强调的是,按其所面对的流程是否增值可将部门横向划分为管理层组织和经营层组织。经营流程重组和管理流程重组在一定程度上反映了传统企业流程重组与供应链管理环境下企业流程重组的区别。传统业务流程重组过于强调流程的战术作用,根本没有考虑组织的战略作用,这往往会导致业务流程重组的失败。供应链管理环境下的企业流程重组,则除了考虑到战术层面以外,还考虑到企业经营战略之间的关系。事实上,企业组织的经营战略能给重组的实施提供方向上的指导,而

且组织资源与其他企业战略之间存在着密切联系。企业流程应以战略的眼光,从企业内、外部资源的角度,而并非从产品的角度选择业务流程重组项目。业务流程重组与经营战略集成是未来流程重组发展的趋势。

3. 企业间层次重组

由于信息技术迅捷性与虚拟化的实现和数据管理技术的日趋成熟,使得及时响应客户需求和市场机遇的快速捕获成为可能,并为之提供了有效的工具,那么在发现市场机会而难以完全把握时,便可通过暂时性地组建外部联盟来协作开发这一新市场,从而推进企业层次的重组,可以通过构筑一个统一的信息平台来完成。它需要建立的三个模块:(1)通过建立成员之间 ERP、PDM(Production Data Management,制造数据管理)集成模块,在保持各自核心能力的同时,实现"资源内合"以及非核心资源的动态配置。(2)通过建立系统界面及外部间供应链的数字化集成模块,与协作伙伴共同管理与客户保持一致的一体化、数字化敏捷供应链,以分担成本、提升速度、改善质量与服务,同时实现利益共享。(3)纳入广泛的电子商务 C2E(Company to Employee)模块,实现信息的快速收集、编辑和交流,并为基于契约、信任网络的动态合同(灵活性合同)和虚拟物流提供操作平台。

4. 支持保障层次重组

这一层次的重组主要包括观念重组和信息技术模块重组。(1)观念重组。观念重组之重要,可以从众多流程重组失败的案例中得出。宏基公司的施振荣甚至认为,观念重组是业务流程重组的最高层次。观念重组的最终结果是形成面向顾客、基于流程的心智模式。在以新流程为导向的组织中要求员工以流程团队的形式工作,被充分授权、掌握多种技能、报酬与顾客满意度密切相关,这种转变意味着对围绕工作结构设计组织的传统观念挑战,但由于流程重组往往忽略人的因素,导致没有对员工的动机、态度、技能、知识和工作时间进行及时转变,从而影响了组织心智模式的转换。(2)信息技术支持平台的重组。目前,国内企业进行信息化因为基础信息化系统不能集成,造成"信息孤岛"、"信息分层化"现象严重,企业的仓库管理、财务管理、办公室自动化等自成系统,也许在业务操作层面可以解决一些问题,但决策层面总感觉力度不够、效率不高。而对于一个企业来说,影响企业经营效率的因素有多种,起决定性因素是企业各个组成部分之间的沟通和协调。而信息技术为企业内、外部沟通与协调提供了有效的工具。没有信息系统,要将决策点定位于业务流程执行的地方是很难的;没有信息系统,要想将串行业务处理流程改造为并行业务处理流程是做不到的;没有信息系统,将地域上分散的资源集中化也是不可能的。同时,业务流程重组作为一种思维方式的改变,它力求打破组织边界,将多层次的纵向传递模式转化成一种少层次的扁平组织结构,现代信息技术则促进了业务流程重组"平面流程式"模式的形成。

四、供应链管理业务流程重组给我国企业的启示

企业业务流程重组并不是一剂包治百病的良方,即使是 BPR 理论的创造者哈默和钱匹也曾预言 50%～70%实行重组的企业将遭受失败,调查也表明了他们这种预言的正确,而在供应链管理下进行的重组成功的案例则是更少。下面根据实施过程中各个步骤,对重组的失败原因进行分析,希望对我国企业在供应链管理下进行流程重组时有所启示。

1. 不适宜的组织文化

当企业不具备有助于流程重组成功推进的因素,并且流程重组发起者的行为超出其职权

范围或不符合企业文化所容忍的限度的时候,流程重组在推进与实施过程中通常会遇到较大的阻力。特别是当组织中决策者远离顾问或过于沉溺于现实时,拒绝进程重组的意见;决策者之间互不信任;组织文化过于强硬,管理者不愿意获得组织外专家的帮助,仍然进行流程重组的开展,结果往往会以失败告终。因此,企业务必要选择一些符合当前内部运作风格和文化氛围的调停方案来改变这些因素。在流程重组项目的预备阶段往往需要在频繁的、大量的信息传播和沟通中,实现组织成员们观念更新和达成共识,这个过程对于流程重组来说至关重要。

2. 低估重组的阻力

实施业务流程重组必须打破员工多年以来习以为常的工作方式,同时避免对员工的经济利益、荣誉地位、价值观念等带来全面的影响,如果不让员工对重组的动机及前景有充分的了解,员工的消极甚至抵抗会成为流程重组的一大阻力。因此,领导者必须运用各种方式宣传重组理论,帮助员工转变观念,接受重组方案,充分认识到业务流程重组对企业生存和发展的重大意义,并对重组前景充满信心,从而在企业中营造一种共识,以良好的组织氛围保证重组方案的顺利实施。

3. 盲目的强调消减成本

有些企业在进行业务流程重组过程中,一直强调消减成本。由于业务流程重组是一项需要不少投资的工程,如果盲目强调消减成本,领导者会不情愿投资于重组的企业流程,因为新的企业流程一般都需要配备新的信息系统。即使投资于信息系统,也很难保证投入足够的人力。在实际运作中相当多的咨询顾问认为人力资源开发的成本等于甚至超过了用于新信息系统的预算。此外,盲目地消减成本制约了重组小组成员的创造力,他们不会去寻找业务发展的机会,并尽量避免威胁到他们自身利益的业务变动。

4. 错误理解信息技术的应用

供应链管理下的业务流程重组不等同于信息技术,忽视信息技术的应用是错误的,而过分依赖信息技术的应用也是错误的。在现实中,很多企业管理者不重视信息系统的作用,认为信息系统的作用在重组中仅局限于处理技术问题。当开始重组项目时,一些管理者往往脱离信息系统,特别是在规划阶段。结果,重组规划往往会造成以后与供应链上的重组伙伴合作上出现障碍,同时也忽视了应用新信息技术的潜在可能、信息系统维护的需求及设施变动带来的不便。但从另一方面来说,技术本身作为一种推动因素,是实现目的的手段,不是目的。因此,将实施流程重组等同于将信息技术运用在企业各个环节中的观点是错误的。信息技术的真正价值在于它提供了必要的工具和手段,使人们有能力突破企业间的壁垒,打破传统的管理规则,创造出新的工作方式,从而给企业带来新的增长点。但过分依赖信息技术的运用,导致忽视人的能动性和创造性,从而必将导致流程重组的彻底失败。

5. 缺乏系统思考原则

供应链上的所有企业都是相互依存的,但现实中彼此合作的却不多。主要是因为在整个供应链上,不可能每一链节都能同时达到利益最大化,每个成员企业总是想方设法把成本简单地转移到上游或下游企业,这样不仅使得最终消费者的商品购买价格增加,从系统和长远利益来讲将导致整个供应链对其他供应链的竞争弱势,并最终损害到每个成员企业的利益。因此,在实施供应链业务流程重组的时候,各成员企业之间必须很好地进行相互沟通,注重系统思考,在明确影响整个供应链系统利益的最终驱动因素,制订整体发展策略的基础上,搞好企业间及企业内部的业务流程重组。

6. 重组伙伴之间缺乏有效的利益刺激与约束机制

目前供应链管理中突出的问题之一就是各成员企业之间缺乏有效的利益激励与约束机制，难以形成稳固的真正意义上的利益共同体。依靠有吸引力的利益激励与约束机制寻找到优秀的合作伙伴将对流程重组的成败起到至关重要的作用。

7. 忽视自上而下的领导和自下而上的变革

一些企业在重组实施过程中，只重视了高层管理者的领导，而没有挖掘重组小组成员的能动性。实际上，业务流程重组需要有权威领导，由他对整个过程负自上而下的责任；同时，作为一个团队运作，除了需要有最高主管的领导外，还需要全体员工主动的、创造性的合作。这就要求建立合理的激励机制，使成员间能够积极主动的协作工作。

此外，引起失败的原因还有：没有将重点放到业务流程上；将重组与其他变革方法混为一谈；只关注流程的设计而忽视了其他制约因素；重组时间过长使员工失去耐心；同时重组所有的业务流程；重组中不循序渐进，冒失进行；错误地认为流程重组是万能的等。所有这些，我国企业在实施流程重组时，要加以注意，避免不必要的损失。

本章小结

业务流程重组并不单纯指导企业应该如何完成日常工作，它更关注于企业如何从基于分工方式的运作转变为流程方式的运作以提高企业绩效。也就是说，业务流程重组不仅仅是一种改进组织运营方式的方法，更是管理领域的根本变革。

实际上，供应链管理之所以使企业在经营灵活性、快速满足顾客需要方面有了根本性的改观，正是因为其打破了企业之间竞争的根本模式，将纵向一体化转变为横向一体化，将竞争转变为合作。现代竞争不是单一企业间的竞争，而是供应链之间的竞争。这就要求在进行业务流程重组时不仅要考虑企业内部的业务处理流程，还应对客户、企业自身与供应商组成整个供应链中的全部业务流程进行重新设计，真正实现企业业务流程的准确高效运作。在供应链管理环境下开展业务流程重组，其实质内涵是借助先进的信息通讯及计算机网络技术等方式，通过对企业部门内部、部门与部门之间、供应链企业之间的业务流程进行重组，使市场中的顾客需求转化为组织内和供应链成员企业间均可识别、传输的信号，以达到企业低成本、高效率的满足目标市场需求目标的管理思想。

供应链企业之间的业务流程重组的实施主体应该由该条供应链的核心企业来完成，该核心企业可以位于供应链中间，也可以位于供应链一端。供应链层面的流程重组实施主体由核心企业来充当，不仅有利于核心企业自身利益，而且也是提高整条供应链竞争力的必然选择。

关键词

业务流程；业务流程重组；供应链管理业务流程；供应链管理业务流程重组

Key words

business process; business process reengineering; business process of supply chain management; business process reengineering of supply chain management

综合练习

一、判断题

1. 在供应链管理环境下，业务流程跨越了组织的边界，跨组织流程成为组织生存和发展的基础。（ ）

2. 进行业务流程重组是当前企业增强核心竞争力的有效手段。企业进行业务流程重组后，取得成功的案例远多于失败的案例。（ ）

3. 供应链管理与企业流程重组联系紧密，并且在涉及内容、开展方式上有重叠，一定程度上两者还可以相互代替。（ ）

二、多项选择题

1. 通常在业务流程重组过程中，企业可以针对哪些业务流程实施重组（ ）
    A. 不完整的业务流程
    B. 对全局工作都有影响的核心业务流程
    C. 高附加值的业务流程
    D. 提供客户服务的业务流程
    E. 属于瓶颈的业务流程

2. 一般来说，最需要实施业务流程重组的企业是指（ ）
    A. 积重难返的企业
    B. 目前状况尚可的企业
    C. 即将或有可能陷于困境的企业
    D. 目前处境良好但希望把竞争对手远远甩在后面的企业
    E. 远领先于竞争对手的企业

3. 业务流程重组的原则有（ ）
    A. 以流程为中心
    B. 以职能为中心
    C. 顾客导向
    D. 成本导向
    E. 以人为本的团队式管理

三、讨论题

1. 当前导致我国企业在供应链管理环境下进行业务流程重组失败的主要原因分析。

2. 为什么说随着竞争的加剧，企业业务流程重组一方面表现为基于供应链的延长、链合、一体化和集成化（詹姆斯.钱匹，2002），一方面则被赋予更多的灵活性和动态内涵，加速走向网络化和虚拟化（大卫.波维特，2001）？

3. 为什么说企业业务流程重组，会使企业形态发生革命性的转变，并实现企业经营方式和企业管理方式的根本转变？

延伸阅读书目

1. Micheal Hammer & James Chamby, Reengineering the Corporation——A Manifesto For Business Revolution, Harper Collins Publishers, Inc., New York, 1993

2. Micheal Hammer & Steven Stanton, Reengineering Revolution, Harper Collins Publishers, Inc., New York, 1995

3. 马士华，林勇，陈志祥. 供应链管理. 北京：机械工业出版社，2004

4. 颜光华,刘正周等.企业再造.上海:上海财经大学出版社,1998
5. 詹姆斯.钱匹.企业 X 再造.中信出版社,2002
6. 芮明杰等.再造流程.浙江人民出版社,1997
7. 王焰.一体化的供应链——战略、设计与管理.中国物资出版社,2002

第七章 供应链绩效评价

【本章提要】
1. 绩效评价的定义、方法与供应链绩效评价的原则；
2. 供应链绩效评价的指标与指标体系介绍；
3. 供应链管理的成熟度及成熟度指标体系。

导入案例

某国际电子制造服务(EMS)提供商，2001年以来面临着一个令人激动的但也是具有挑战性的环境。由于包括HP、3Com和Nokia公司在内的高技术独创设备制造商外包战略(OEMs)的火爆，公司年收入额在三年之后高达120亿美元，在这三年之内，公司年增长率超过50%。然而，当时整个EMS行业的订单额正在下降，同时，OEMs继续迫切地要求显著地降低制造成本和直接材料成本。不幸的是，尽管公司的采购量经常超过它们的OEM客户，但它并不能总是取得最低价格的原材料。公司完全与众不同的信息技术系统导致的采购修订问题使企业很难分辨和纠正价格过高的外包问题，或者难以利用市场上可以获得的低价格。

如今，包括该公司在内，所有最好的EMS提供商已经通过兼并比他们小的同行和OEM机构获得了控制地位。传统的管理优势表现在产品运输和获取市场机会，而不是表现在流程整合以及整合跨世界范围内的、广泛的信息系统网络。

为了进一步降低并保持更低的原材料成本，公司不得不克服三个采购灵活性问题。首先，当地分支机构的优势会以比最低合同价格更高的订货价格购买部件。从以前的情况来看，对于在哪里购买，这种当地分支机构订货程序给予当地分支机构极大的自主性。即使与供应商谈判的全球合同，分支机构购买者仍然可以挑选不同的货源。如果买主没有及时抓住机会，他们将不能重新获得不同的价格。第二，当地分支机构不能总是从战略性卖主那里采购，这使它们不能以此强化与战略性卖主之间的关系并获得大量采购的折扣。发生这种情况的原因是分支机构购买者们可能没有意识到一个新合同可能与一个本地供应商有很强的关系，或可能需要快速变化以满足顾客需求。第三，如果一些供应商向当地分支机构报出更低的价格，公司的采购中心可能难以快速甄别并重新谈判一个全球性合同。传统的手工式和定期报告程序不允许他们有效地聚集力量并鉴别机会。公司的采购经理知道他们需要一个可以提高合同谈判和执行流程绩效的方法。那么一个开放式的问题就是"如何做？"

该公司并不是唯一面对这种情况的公司。实际上，其他许多行业的公司在他们的供应链中也遭遇了同样的问题。这个危险的问题表现在供应链的所有方面：采购、制造、分销、物流、设计、财务等。一些经理可能采用简单的"头痛医头，脚痛医脚"的解决方法来修补供应链中存在的问题，但有经验的管理者知道供应链很少只需要修补一个孤立的洞。

请思考，应该从哪些方面着手，可以较好地提高该公司的供应链管理绩效。

第一节　供应链绩效评价概述

一、绩效评价的基本含义

1. 绩效

绩效，从语言学的角度来讲，其含义是进行的某种活动或者已经完成的某种活动而取得的成绩与效益。既可以看作是一个过程，也可以看作是该过程产生的结果。但是，若把它引入科学评价范畴，还必须规定它的具体的科学内涵，以反映它的本质属性。从这个角度讲，绩效是指人们在从事实践活动过程中所产生的、与劳动耗费有对比关系的、可以度量的、对人类有益的结果。它包含了如下内涵：

(1) 客观性。它必须是客观存在的、人们实践活动的结果；

(2) 效果性。绩效必须是产生了实际作用的结果；

(3) 主客体关联性。它必须体现了一定的主体与客体的关系，是主体作用于客体表现出来的结果；

(4) 可对比性。绩效必须体现投入与产出的对比关系；

(5) 可度量性。绩效的度量是比较复杂的，它虽然不象长度、重量那样可以度量得非常精确，但它必须是可以度量、可以用量值表示的，否则，对绩效的评价就失去了意义。

2. 绩效评价

评价是指按明确目标测定对象的属性，并把它变成主观效用的行为，即明确价值过程。所谓绩效评价是指对以多属性体系结构描述的对象系统做出全局性、整体性的评价，即根据所给的条件，对评价对象的全体采用一定的方法给每个评价对象赋予一个评价值（又称评价指数），再据此择优或排序。

绩效评价在这里有两层含义，其一，是指直接评价活动的结果（绩效），而不是对活动本身进行评价。也就是把被评价系统看作是一个"黑箱"，只根据它的输入值和输出值进行评价，从而间接地反映它是如何转换的，以及它的转换能力高低。其二，评价是按照系统整体性原理来评价系统的综合结果，而不是单独评价其某一部分的结果。比如，对供应链进行评价，我们不是要评价某几个节点企业的绩效，也不是评价供应链某个环节工作的绩效，而是从整体的角度上评价该系统各方面、各要素、各子系统运行的综合结果。

绩效评价过程应包括以下几个主要环节（如图 7-1）所示：

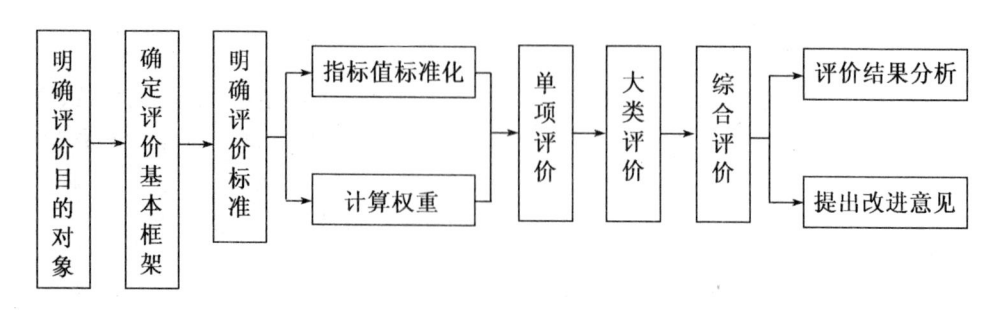

图 7-1 绩效评价过程

(1) 确立绩效评价的目的及评价对象

评价目的是指进行评价的理由,是整个评价过程的灵魂,也是评价的前提。评价对象是指活动的整个过程和活动的结果所作用的对象。评价对象的特点直接决定着评价的内容、评价方式及方法。

(2) 获取评价信息——绩效评价指标体系的构建

评价信息是指受评价目的约束、由评价参照系统所要求的,有关评价主体、评价客体及参照客体的信息。获取评价主体的信息其实是把握评价主体的需求,设计对评价对象的哪些方面进行评价(即评价指标)。

(3) 建立评价的参照系统——设置绩效评价标准

评价参照系统是评价者做出价值判断所参照的条件,是进行评价的逻辑框架,评价过程的其他环节就是在这个逻辑框架中展开的。任何一种评价活动都是以评价参照系统为依据的,绩效评价标准是判断评价对象绩效优劣的基准。

(4) 建立评价模型——逐层得出绩效评价结果

在建立评价指标体系之后,还要把握这些指标之间的轻重关系,即评价主体对各种指标的权重。另外,各个评价指标属性值的量化有时没有统一的度量标准,有时还需要将定性的概念转化为定量的指标,因此,在建立指标体系之后还需要对指标进行数据整理。单项评价就是对系统方案的某一具体方面进行详细的评价,不能解决最优方案的判定问题;综合评价就是在各单项评价的基础上按照评价标准,对系统进行全面的评价。

(5) 形成价值判断——分析影响绩效的有关因素,得出评价结论

价值判断是评价主体经过一系列的评价环节而得到的关于评价客体与评价主体价值关系的结论。在评价人员按规定的程序完成收集信息、加工整理、计算对比、综合分析等工作后,得出评价对象绩效优劣状况,按一定的格式汇总形成绩效评价报告。

二、绩效评价的主要方法

长期以来,各国学者从不同角度研究了企业绩效的评价方法,最具代表性并且广泛应用的有平衡记分卡、关键绩效指标法和标杆法。

1. 平衡记分卡

1992 年,哈佛商学院教授 Kaplan 和复兴全球战略集团创始人 Norton 在《哈佛商业评论》上联合发表了《平衡记分卡:驱动业绩的评价指标》一文,在理论界和企业界引起了巨大的轰动。

平衡记分卡是把战略而不是控制置于中心地位，它不仅仅是一种测评体系，而且是一种有利于企业取得突破性竞争业绩的管理体系，并可以进一步作为公司新的战略管理体系的基石。它要求财务、客户、内部流程、学习成长四个方面共同提高，关注财务目标和非财务目标以及短期目标和长期目标的均衡发展，并且试图建立一种多维度互动、均衡发展的体系。

概括地说，平衡记分卡的基本思路就是将影响企业运营的包括企业内部条件和外部环境、表面现象和深层实质、短期成果和长远发展的各种因素划分为几个主要的方面，并针对各个方面的业绩指标，设计出相应的评价指标，以便系统地、全面地、迅速地反映企业的整体运行情况，促进企业的平衡发展和战略实现。

此后，许多组织机构和学者根据自身的需要设计了各种平衡记分评价方法。随着供应链管理理论的不断发展，国内学者张和平、马士华相继研究并构建了供应链平衡记分卡。

2. 关键绩效指标法

关键绩效指标法（Key Performance Indicator，KPI）是目前国际流行的企业经营绩效成果测量和战略目标管理工具。KPI 的建立可以形成以责任为向导的体系化管理模式，具体落实企业战略目标和管理重点，建立激励与约束员工行为的管理系统，为公司价值评价与分配体系的建立提供系统的框架。

建立 KPI 的要点在于流程性、计划性和系统性。首先明确企业的战略目标，然后找出关键业务领域的企业级 KPI，接下来各部门的主管要依据企业级 KPI 建立部门级 KPI，并对其进行分解，确立相关的目标和实现目标的工作流程，最后再分解为更细的 KPI 直到各基层岗位的业绩衡量指标。

3. 标杆法

标杆法（Benchmarking）是国外于 20 世纪 80 年代发展起来的一种经营管理方法，经常用于竞争对手的经营业绩评价。最早的实施可以追溯到美国施乐公司，其首席执行官科纳斯指出标杆法是一个不断地与竞争对手及行业中的最优秀的公司比较实力，衡量差距的过程。在美国国家质量管理奖的评价准则 1 000 分中，涉及标杆法活动的项目占 270 分。可见，国际管理界已经将标杆法视为组织先进模式不可缺少的组成部分。

标杆法的应用侧重于企业运作流程层面，主要方法是将本企业的业绩指标与竞争对手的指标进行对比分析。通常可以从行业协会或统计部门的公开资料中获得对手的业绩指标，也可以通过专门的市场调查获取资料。随着研究的不断深入，标杆法被引入供应链绩效的评价。

三、供应链绩效评价的原则

为了评价供应链的实施给企业群体带来的效益，有必要对企业的运行状况进行度量，并根据结果对供应链的绩效进行评价。通过对整个供应链的运行效果作出评价，可以获得对整个供应链的运行状况的了解，找出不足，及时采取措施予以纠正和改进，以保持供应链整体的先进性；通过对供应链流程内各企业作出评价，以考虑对其成员企业的激励，吸引优秀企业加盟，剔除不良企业，协调供应链上各节点企业；通过对供应链内各企业间的合作作出评价，以考察上游企业对下游企业提供产品和服务的质量，进而优化内部流程。

为了建立能有效评价供应链绩效的体系，应该遵循以下原则：① 突出重点，对关键绩效指标进行重点分析；② 注意采用能够反映供应链业务流程的绩效指标体系；③ 评价指标要能够反映整个供应链的运营情况，而不仅仅反映单个节点企业的运营情况；④ 尽可能采用实时分析与评价的方法,把绩效度量范围扩大到能反映供应链实时运营的信息上去;⑤ 要采用能反映供应商、制造商与用户之间关系的绩效评价指标,把评价的对象扩大到供应链上的相关企业。

第二节　供应链绩效评价指标体系

一、供应链绩效评价指标概述

1. 评价指标与评价指标体系

评价指标是在评价中所应用的,反映事物现象特征与状态的概念或范畴。它是对相关实质科学性学科的抽象概念进行具体化的结果,同时,它应该是可度量的、可操作的。

在评价工作中,被评价对象往往是一个由多种因素构成的系统,因此评价指标也是多种多样、相互关联的,这些相互关联的评价指标所构成的指标系统就是评价指标体系。评价指标体系中,指标的联系是由系统本身各要素间的关系和评价目的所决定的。按不同的标准,评价指标可以分为多种类型的,如数量指标、质量指标等。各类指标的具体含义不同,其应用范围也不同,在形成指标系统时应注意不同类型指标的综合应用,以便全面、客观地反映被评价对象。

2. 供应链绩效评价指标

对于供应链绩效评价指标的研究,在国内外供应链研究中相当广泛,同时,随着对于供应链管理研究和应用的发展,绩效评价指标也随之而发展。

最初的供应链绩效评价仿照公司绩效评估进行,以财务指标为主。虽然对其批评很多,如无法回答"为什么会这样,怎样才能更好",缺乏战略聚焦以及无法提供有关质量、响应性和柔性的数据,可能提供的是有限且容易误解的组织绩效图景等,但不容否认的是财务指标仍然是供应链绩效评价的基础。Kaplan 开发的平衡记分卡将非财务指标(或称运作绩效)引入指标体系,用以克服或弥补单一财务指标存在的缺陷。这一方法所体现的思想,扩展了人们的视野,带来了绩效评价的变革。如果说财务指标多表现为外部因素对公司的评价,那么非财务指标(运作绩效)则多反映了公司内部的效率和效益,包括交付速度、新产品开发时间、交付可靠性以及生产前提等,直接显示了供应链关系。

Beamon 认为供应链绩效评价指标可以分为定性和定量两类。定性指标包括顾客满意度、柔性、信息流和物流整合度、有效风险管理和供应商绩效。定量指标又分为两类:一类是基于成本的指标,包括成本最小化、销售最大化、利润最大化、库存投资最小化和投资回报最大化;另一类是基于顾客响应的指标,包括满足率最大化、产品交货延迟最小化、顾客响应时间最短、交货时间最短和功能重复最小化。

Lummus 等人在描述制订战略供应链计划的七个步骤的同时列举了供应链绩效的关键绩效指标(KPI),包括供应(可靠性和提前期)、转换(过程可靠性、加工时间和计划完成度)、交运(订单完成率、补充提前期和交货情况)、需求管理(总库存成本和周转天数)四个指标。Lummus 认为,每一项指标都有三个指标值:理想值、目标值和当前值。供应链绩效管理的目的就是按照理想值设定目标值,进而根据目标值改进现有的绩效状况。

Roger 教授认为顾客服务质量是评价供应链整体绩效的最重要手段。他认为,应从十个方面进行绩效评价:有形体的外在绩效、可靠性、响应速度、能力、服务态度、可信性、安全性、可接近性、沟通能力、理解顾客能力。

Symtka 和 Clemens(1993)认为要从风险因素、企业需求因素以及可衡量的成本因素等三个方面对供应链进行评价。Lehmannand 和 Shaughnessy(1994)则提出了包括绩效、经济、整体、适合和守法的五项评价准则。Patton(1996)构建了包括价格、品质、交货期、销售支援、设备与技术、订购情形以及财务状况等七个方面的评价体系。Tagaras 和 Leesa(1996)提出的评估准则包括成本(直接成本与间接成本)、交货期以及进料品质。

供应链研究的权威机构 PRTM 在 SCOR(Supply Chain Operations Reference)模型中提出了度量供应链绩效的十二项指标,它们是:交货情况、订货满足率(包括满足率和满足订货的提前期)、订单完成前置期、完美的订货满足情况、供应链响应时间、生产柔性、总供应链管理成本、担保成本、现金流周转时间、附加价值生产率、供应周转的库存天数和资产周转率。SCOR 模型的第一层的性能指标见表 7-1 所示:

表 7-1 SCOR 模型的第一层性能指标

SCOR 第一层性能指标	可靠性	灵活性	成本	资产
面向顾客的交货情况	√			
满足率(备货式生产)	√			
订单完成前置期	√			
完美订单满足情况	√			
供应链响应时间		√		
生产柔性		√		
整个供应链管理成本			√	
担保成本			√	
现金周转时间				√
增值效率				√
供应链库存天数				√
资产周转率				√

马士华教授等提出了供应链绩效评价的一般性统计指标,包括客户服务、生产与质量、资产管理和成本等方面。

二、几种供应链绩效评价指标体系介绍

1. 平衡记分卡绩效评价模型

1992 年,Robert S. Kaplan 将平衡记分卡法(BSC)应用于供应链管理,开发了供应链绩效评价模型。在平衡记分卡绩效评价模型中,分别从业务流程角度、客户角度、财务角度、创新与学习角度与供应链管理的目标、客户收益、财务收益、SCM 的改进四个方面对应起来,同时还对每个方面进行了指标的细分和细化。平衡记分卡法很好地将管理思想同供应链管理结合起来,具有很好的适用性,如图 7-2 所示:

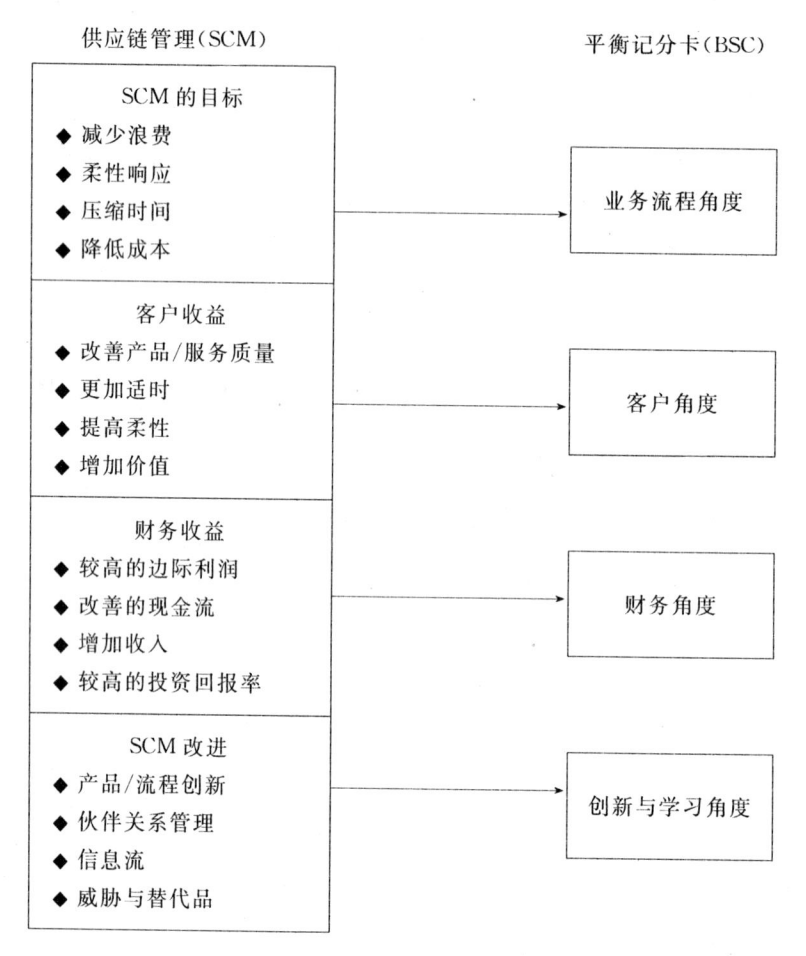

```
供应链管理(SCM)                          平衡记分卡(BSC)

    ┌─────────────────────┐
    │  SCM 的目标          │
    │ ◆ 减少浪费           │
    │ ◆ 柔性响应           │──────────▶  ┌──────────┐
    │ ◆ 压缩时间           │              │ 业务流程角度 │
    │ ◆ 降低成本           │              └──────────┘
    ├─────────────────────┤
    │  客户收益            │
    │ ◆ 改善产品/服务质量   │
    │ ◆ 更加适时           │──────────▶  ┌──────────┐
    │ ◆ 提高柔性           │              │ 客户角度   │
    │ ◆ 增加价值           │              └──────────┘
    ├─────────────────────┤
    │  财务收益            │
    │ ◆ 较高的边际利润      │
    │ ◆ 改善的现金流        │──────────▶  ┌──────────┐
    │ ◆ 增加收入           │              │ 财务角度   │
    │ ◆ 较高的投资回报率    │              └──────────┘
    ├─────────────────────┤
    │  SCM 改进            │
    │ ◆ 产品/流程创新       │
    │ ◆ 伙伴关系管理        │──────────▶  ┌──────────┐
    │ ◆ 信息流             │              │ 创新与学习角度│
    │ ◆ 威胁与替代品        │              └──────────┘
    └─────────────────────┘
```

图 7-2　供应链管理的平衡记分卡

(资料来源：Berwer, P. C., Thomas, W. & Speh. Using the balanced scorecard to measure supply chain performance. Journal of Business Logistics, Vo 1. 21, No. 1, 2000, 75~93)

2. 供应链绩效评价的一般性统计指标

马士华教授认为，供应链的绩效评价一般从三个方面考虑：一是内部绩效度量，二是外部绩效度量，三是供应链综合绩效度量。

(1) 内部绩效度量主要是对供应链上的企业内部绩效进行评价。常见的指标有：成本、客户服务、生产率、良好的管理、质量等。

(2) 外部绩效度量主要是对供应链上的企业之间运行状况的评价。常见的指标有：用户满意度、实施最佳基准等。

(3) 综合绩效度量是对供应链总体运作绩效和效率的度量。主要是从用户满意度、时间、成本、资产等几个方面展开。

以上述三个方面的供应链绩效度量为主线，就可以得出如下表 7-2 所示的供应链绩效评价的一般性统计指标。

表 7-2　供应链绩效评价的一般性统计指标

客户服务	生产与质量	资产管理	成本
饱和率	人均发运系统	库存周转	全部成本/单位成本
脱销率	人工费系统	负担成本	销售百分比成本
准时交货率	生产指数	废弃的库存	进出货运输费
补充订单	破损率	库存水平	仓库成本
循环时间	退货率	供应天数	管理成本
发运错误	信用要求数	净资产回报	直接人工费
订单准确率	破损物价值	投资回报	退货成本

(资料来源：马士华等著，《供应链管理》，机械工业出版社，2004，p346)

除了以上的一般性统计指标外，供应链的绩效还辅以一些综合性的指标如供应链生产效率来度量，也可由某些由定性指标组成的评价体系来反映，如用户满意度、企业核心竞争力、核心能力等。

我们可以从以下两方面来区分不同的绩效评价指标：

（1）反映整个供应链业务流程的绩效评价指标

① 产销率指标。产销率是指在一定时间内已销售出去的产品数量与已生产的产品数量的比例，即

$$产销率 = \frac{一定时间内已销售出去的产品数量}{一定时间内生产的产品数量}$$

产销率指标又可分为如下三个具体的指标：供应链节点企业的产销率、供应链核心企业的产销率和供应链产销率。

② 产需率指标。产需率是指在一定时间内，节点企业已生产的产品数量与其上层节点企业（或用户）对该产品的需求量的比值。即

$$产需率 = \frac{一定时间内节点企业生产的产品数量}{一定时间内上层节点企业（或用户）对该产品的需求数量}$$

产需率指标又可分为如下两个具体的指标：供应链节点企业产需率与供应链核心企业产需率。

③ 供应链产品出产（或投产）循环期或节拍指标。当供应链节点企业生产的产品为单一品种时，供应链产品出产循环期是指产品的出产节拍；当供应链节点企业生产的产品品种较多时，供应链产品出产循环期是指混流生产线上同一种产品的出产间隔。它可分为如下两个具体的指标：供应链节点企业（或供应商）零部件出产循环期、供应链核心企业产品出产循环期。循环期越短，说明快速响应性越好。

④ 供应链总运营成本指标。供应链总运营成本包括供应链通讯成本、供应链库存费用及各节点企业外部运输总费用，它反映供应链运营的效率。

⑤ 供应链核心企业产品成本指标。供应链核心企业的产品成本是供应链管理水平的综合体现。根据核心企业产品在市场上的价格确定出该产品的目标成本，再向上游追溯到各供应商，确定出相应的原材料、配套件的目标成本。只有当目标成本小于市场价格时，各个企业才能获得利润，供应链才能得到发展。

⑥ 供应链产品质量指标。供应链产品质量是指供应链各节点企业(包括核心企业)生产的产品或零部件的质量,主要包括合格率、废品率、退货率、破损率、破损物价值等指标。

(2) 反映供应链上、下节点企业之间关系的绩效评价指标——满意度

满意度指标是反映供应链上下节点企业之间关系的绩效评价指标,即在一定时间内上层供应商 x 对其相邻的下层供应商 y 的综合满意程度 C。其表达式如下所示:

满意度 $C=\alpha\times$ 供应商 y 准时交货率 $+\beta\times$ 供应商 y 成本利润率 $+\lambda\times$ 供应商 y 产品质量合格率

式中,α、β、λ 为权数,且 $(\alpha+\beta+\lambda)/3=1$。权数的取值可随着上层供应商的不同而不同;对于同一个上层供应商,在计算与其相邻的所有下层供应商的满意度指标时,其权数均取相同值,这样,满意度指标就能评价不同供应商的运营绩效以及这些不同的运营绩效对其上层供应商的影响。满意度指标值低,说明该供应商运营绩效差,生产能力和管理水平都比较低,并且影响了其上层供应商的正常运营。因此满意度指标值较低的供应商的管理应作为管理的重点,要么进行全面整改,要么重新选择供应商。

供应链的最后一层为最终用户层,最终用户层对供应链产品的满意度指标是供应链绩效评价的一个最终标准。可按如下公式计算,即

满意度 $=\alpha\times$ 零售商准时交货率 $+\beta\times$ 成本产品质量率 $+\lambda\times$(实际的产品价格/用户期望的产品价格)

第三节　供应链管理成熟度

一、供应链管理成熟度概述

1. 供应链管理成熟度研究

供应链管理成熟度是衡量供应链管理水平和能力的一项重要指标,它能从不同的管理角度、管理层次分析和描述供应链,形成一个综合的管理评价体系。

对于供应链成熟度的研究,目前主要集中在对其指标的选取和模型的建立方面。比较有影响的是供应链管理权威机构 PRTM(Pittiglio Rabin Todd & McGrath)咨询公司提出的供应链管理四阶段成熟度模型:非正式组织阶段、职能型组织阶段、集成化供应链阶段以及扩展型企业阶段,如图 7-3 所示。

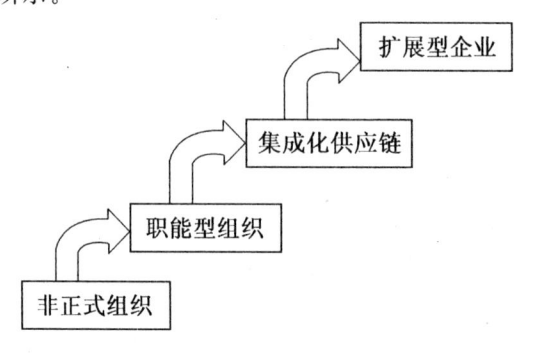

图 7-3　供应链管理的四个成熟期

有代表性的研究还有,Douglas M. Lambert 等(2000)提出的从管理结构、管理策略和管理环境三个方面衡量供应链管理成熟度;咨询公司 PMG(2001)将供应链管理成熟度分为关注部门职能阶段、内部整合阶段、外部整合阶段和跨企业合作阶段四个级别,并结合供应链运作参考模型对供应链进行综合绩效评价。

2. 供应链管理成熟度的用途

在供应链流程管理中,能否合理评价供应链管理关键流程,得出有效的评价结果,是能否提高供应链管理水平的核心问题之一。企业通过供应链管理成熟度评估,明确供应链各个环节运行的具体情况,及时调整对外关系,及时响应客户需求,也对供应链的各个节点企业实施实时监督,发现问题后提出相应要求,使整个供应链高效运作。评估结果将为进一步的改进措施和目标设定提供依据并指明方向,促进供应链上各企业改进工作,在市场竞争的环境下充分发挥企业潜力。

供应链管理成熟度的主要作用之一,就是分析供应链的管理绩效,以及管理投入所带来的效率、效益和效能。供应链管理成熟度是供应链绩效评价体系的组成部分,能够有效补充和完善供应链绩效评价体系,得出制约整个供应链运营的关键因素,从而为供应链的动态优化提供依据,同时为供应链绩效评价体系进行指标的选取和权重的分配提供参考。

二、供应链管理成熟度的指标体系

供应链管理成熟度指标体系的构建,依据于供应链管理的主要职能,即计划、组织、协调、控制等方面。

1. 基于供应链管理计划职能的指标选择

(1) 目标一致性。供应链各个节点企业制订计划时的目标应具有一致性。供应链上各节点企业所设定的供应链运作目标的一致程度能够体现供应链管理的成熟度。具体来说,可以从是否以整体最优为首要目标和人员价值取向一致度两个方面来衡量供应链目标的一致性。人员价值取向一致度指的是各个节点企业的人员,尤其是管理人员在处理供应链上的各种事务,包括矛盾、冲突、关系等所持有的基本价值立场态度。

$$人员价值取向一致度 = \frac{具有一致价值取向的人数}{员工总数}$$

(2) 作业计划统一率。因为供应链上各个节点企业负责不同的工作,所以各自制订的作业计划难免在连接整个链条上的实际操作中出现冲突,这就要求各节点企业在制订计划时要考虑供应链的其他节点企业,以保证整个链条上作业计划的衔接性和统一性。

$$作业计划统一率 = 1 - \frac{一致的作业计划}{供应链上的所有作业计划}$$

(3) 预测准确率。供应链上的各个节点企业在做计划时,都需要对未来的生产、顾客的需求及竞争对手、市场等外部环境进行预测。

$$预测准确率 = 1 - \frac{偏差较大的预测}{所有的预测}$$

2. 基于供应链管理组织职能的指标选择

(1) 组织变革度。根据内外环境的变化,及时对组织中的元素进行结构性变革,以适应未来组织的发展要求。

$$组织变革度 = \frac{内外环境变化周期内组织变革的次数}{周期时间}$$

（2）先进技术使用率。为保证供应链上的物流、资金流等的畅通，需要很多的技术手段如网络、条码技术等作为支撑，先进技术使用率可衡量供应链组织设计和运行的先进性。

$$先进技术使用率 = \frac{某一定时期内使用的先进技术}{该时期所有在用的技术}$$

3．基于供应链管理协调职能的指标选择

（1）节点间企业文化兼容性。每个企业都有自己独特的企业文化，而企业文化是企业行为与作风的指导思想，若各个节点企业间的文化不兼容，则文化差异会转化为经营管理上的差异，加大管理难度。对于该指标的衡量可以设定不同等级，并对每一等级设定分值，然后请相关专家进行评估。

（2）节点间企业合作关系。这主要体现在相互间的信任度和风险分享度上，信任度同样可以利用专家打分的方法进行评估；风险分享度的计算公式为：

$$风险分享度 = \frac{节点间共同承担风险的次数}{发生风险的总次数}$$

（3）沟通畅通性。节点间畅通无阻的沟通是供应链上的"三流"顺利进行的重要保障。由于沟通和信息传递之间的密切关系，可以用信息准确率、信息时效性、信息系统先进性等指标来进行评估。

$$信息准确率 = \frac{信息正确传送次数}{信息传送总次数}$$

$$信息时效性 = \frac{及时传送有效信息次数}{传送有效信息总次数}$$

$$信息系统先进性 = \frac{该时段内总销售收入}{该时段内信息系统总投放}$$

（4）柔性。柔性是供应链管理协调成熟度的主要表现，可以通过时间柔性、产品柔性、数量柔性和联接柔性等指标来进行衡量。

$$时间柔性 = 对顾客需求的平均响应时间$$

$$产品柔性 = \frac{新产品数量}{产品总数量}$$

$$数量柔性 = \frac{可满足的需求}{市场需求总数量}$$

$$联接柔性 = \frac{1}{该时段内发生冲突的次数}$$

4．基于供应链管理控制职能的指标选择

（1）财务指标。成本和收益是两个重要的财务指标：成本表述为成本节省度，是指通过有效的供应链管理所节省的成本；收益则用净资产收益率来表示。

$$成本节省度 = \frac{该时段内节省的成本}{该时段内发生的总成本}$$

$$净资产收益率 = \frac{税后利润}{净资产}$$

（2）产出角度。主要涉及产品和客户两个方面：产品方面主要包括质量可靠性和准时交货率两个指标，而客户方面主要选取客户满意度这一指标。

$$质量可靠性 = \frac{1}{该时段内发生质量问题的次数}$$

$$准时交货率 = \frac{该时段内准时交货的次数}{总交货次数}$$

$$客户满意度 = \frac{所有客户的评分之和}{回访的客户总数}$$

(3) 资源角度。供应链的各个节点都拥有很多资源,这些资源须在合理计划的基础上进行合理配置,使其发挥最大的效用。浪费或过度消耗在一定程度上反映了供应链管理的不成熟性。

$$资源利用率 = \frac{合理利用的资源量}{所拥有的资源总量}$$

本章小结

21 世纪的市场竞争实质上已不是单个企业之间的竞争,而是供应链之间的竞争。供应链管理是对整个供应链中各节点企业之间的物流、信息流与资金流进行组织、计划、协调和控制。为了准确判断供应链管理的实际水平,科学全面地分析与评价供应链的运营绩效,进而优化供应链管理,发挥其在市场竞争中的作用,就成为一个非常重要的研究课题。

通过对整个供应链的运行效果作出评价,可以获得对整个供应链运行状况的了解,找出不足,及时采取措施予以纠正和改进,以保持供应链整体的先进性;通过对供应链流程内各企业作出评价,协调供应链上各节点企业;通过对供应链内各企业间的合作作出评价,以考察上游企业对下游企业提供产品和服务的质量,进而优化内部流程。

供应链管理水平的提高必须通过供应链关键业务流程持续改进得以实现,这些关键流程包括客户关系管理、客户服务管理、需求管理、订单完成管理、生产管理、采购管理以及产品开发等。同时,供应链流程的持续改进也影响了供应链的结构,因而可以认为供应链管理的本质是对于供应链中业务流程的持续改进和一体化整合。所以,对供应链业务流程的认识和评价是供应链管理的一项关键工作,只有充分认清了企业供应链业务流程的现状并采取相应措施,才能真正促进供应链管理能力的提高。

关键词

供应链绩效;供应链绩效评价;供应链绩效评价指标;供应链管理成熟度

Key words

supply chain performance; evaluation of supply chain performance; evaluation indicator of supply chain performance; supply chain management maturity

综合练习

一、判断题

1. 产品质量合格率指标与产品成本利润率指标密切相关,但是与准时交货率指标相关性不大。 (   )

2. 如果说非财务指标多表现为外部因素对公司的评价,那么,财务指标则多反映了公司内部的效率和效益,直接显示了供应链关系。( )

3. 供应链绩效评价应该逐步能恰当地反映供应链整体运营状况以及上下节点企业之间的运营关系,而不是孤立地评价某一供应商的运营情况。( )

二、多项选择题

1. 为了缩短核心企业产品出产循环期,可以采取如下措施 ( )
   A. 优化产品投产顺序和计划
   B. 采用高效生产设备
   C. 加班加点
   D. 使核心企业产品出产循环期与用户需求合拍
   E. 使供应链各节点企业产品出产循环期与核心企业产品出产循环期合拍

2. 在对供应链总运营成本进行绩效评价时,其中可以采用的评价指标有 ( )
   A. 供应链信息系统开发和维护费
   B. 各节点企业外部运输费用
   C. 各节点企业成品库存费用
   D. 各节点企业之间在途库存费用
   E. 因特网的建设和使用费用

三、讨论题

1. 发展和执行供应链绩效评价,希望达成哪几个方面的目标?

2. 在供应链绩效评价中,供应链内部的各企业的绩效评价与整体供应链的绩效评价的各自焦点有何异同?

3. 通过实例分析,为什么说在供应链管理环境下,一个节点企业运行绩效的高低不仅关系到该企业自身的生存和发展,而且影响到整个供应链的其他企业的利益?

延伸阅读书目

1. 唐纳德·J·鲍尔索克斯,戴维·J·克劳斯.物流管理-供应链过程的一体化.北京:机械工业出版社,2001
2. 迈克·波特.竞争优势.华夏出版社,1997
3. 霍佳震,马秀波,朱琳婕.集成化供应链绩效评价体系及应用.清华大学出版社,2005
4. 刘伟.供应链管理.四川人民出版社,2002
5. 马士华,林勇,陈志祥.供应链管理.北京:机械工业出版社,2004
6. 梁棋.供应链绩效评价方法研究.河海大学出版社,2005
7. 施先亮,李伊松.供应链管理原理及应用.清华大学出版社,2006
8. 汪莹,邓雪凤.供应链管理成熟度的评价体系与方法.煤炭学报2007,12:p1340~1344.

第八章　物流要素及其合理化管理

【本章提要】
1. 包装的相关知识及合理化；
2. 装卸的相关知识及合理化；
3. 保管的相关知识及合理化；
4. 运输的相关知识及合理化；
5. 流通加工的相关知识及合理化；
6. 配送管理的相关知识及合理化。

导入案例

在劳动和社会保障部新推出的职业标准中，"物流经理"是公认的金领职业。许多单位出价20~80万元，甚至100万元年薪招聘高级物流人才。不过对许多人来说，物流经理仍是谜一样的职业。物流经理都做些什么？日前，记者采访了南京某物流公司的业务主管孙经理。

"做我们这一行真是很忙，每天都在抢时间。"孙经理一坐下来就直截了当地介绍。"就拿今天来说吧，早上8:30就开始协调当天的货物通关、运输情况，9:15调度公司货车、仓库，各部门开始运作。9:30与江南小野田公司谈判从日本进口的一批原料。10点赶往仓库看货。下午2点为栖霞一家工厂制订整体搬迁计划。下午3点与家乐福超市谈判租用车辆问题。下午4:30赶回公司把当天的谈判整理成书面报告。"

"这还算是比较闲的一天，如果遇到货物通关，我恐怕连坐在这里跟你聊天的时间都没有了。"谈话总是被他的手机铃声打断。孙经理笑着说他接电话都是条件反射，平均每天要接近200个电话，他的手机是24小时开机。来电有客户的也有货车司机的，大到货物通关，小到货物通过一个涵洞都要来找他。

"传统的物流其实就是货物运输，把货物从一个地点运到另一个地点。现代物流就完全不同，要把采购、保管、运输、装卸、配送等许多环节统一起来，说它是企业的生命线毫不为过。"也许觉得这样的介绍太专业，孙经理举了一个例子，去年他替一家光缆通信公司从日本运一批机器到南京，先在日本联系货源、通关、订仓、装船、运抵上海港口后，又要通关，再用货车运至南京，然后装配，这就是一个完整的物流过程。而物流经理就是总调度师，他要全程协调，保证整个环节不出一点问题。

孙经理给记者算了一笔账，一个商品从原材料购入、生产到卖出，整个流程中，物流占据了95%的时间，物流费用占整个商品成本的30%。当一个企业销售额为1000万元时，

> 物流成本占销售额的30％,即300万元,降低10％的物流费,等于增加30万元利润。如果从制造环节增加30万元利润,必须有1 500万元的销售额。也就是说,降低10％的物流费相当于销售额增加50％,"这就是为什么一些有远见的企业争抢物流人才了。"
>
> 谈话期间,孙经理接到的电话大部分是客户询问报价的,他总是略加思索就给出一个运输方式,并报出一个价格。"这就像以前劳模们的一口准一样,我要根据货物的数量、体积和客户要求的时间,选择一个最快捷、最节约的运输方式,然后快速把价格报给客户。"大到国际贸易、交通运输、仓库管理,小到汽车驾驶、会计结算,练就这样熟练的报价水平,没有深厚的专业功底是不行的。这一点,孙经理毫不谦虚:"我什么都要懂,而且不能只懂皮毛。"
>
> "物流经理不能只有一种知识,一种技能,必须是国际贸易、货物运输、仓库管理的结合体。"这是孙经理对自己职业素质的评价。
>
> 物流经理的工作就是管理物流的主要活动。那么,物流的主要活动是什么?

第一节 包 装

一、包装的定义与功能

1. 包装的定义

在国际标准ISO和中国国家标准GB4122-1983《包装通用术语》中对包装的定义:包装(Package、Packing、Packaging)是指在流通过程中为保护产品,方便储运,促进销售,按一定技术方法而采用的容器、材料及辅助材料等的总体名称。包装也指为了达到上述目的而采用容器、材料和辅助材料的过程中施加一定技术方法的操作活动。

2. 包装的功能

(1) 保护功能:保护物品不受损伤,它体现了包装的主要目的。

① 防止物品的破损变形。这就是要求包装能承受在装卸、运输、保管等过程中的各种冲击、震动、颠簸、压缩、摩擦等外力的作用。

② 防止物品发生化学变化,即防止物品受潮、发霉、变质、生锈等,这就要求包装能在一定程度上起到阻隔水分、潮气、光线以及空气中各种有害气体的作用,避免外界不良因素的影响。

③ 防止有害生物对物品的影响。鼠、虫及其他有害生物对物品有很大的破坏性。包装封闭不严会给细菌、虫类造成侵入之机,导致变质、腐败,特别是对食品危害性更大,鼠、白蚁等生物会直接吞噬纸张、木材等物品。

④ 防止异物流入、污物污染、物品丢失散失。

(2) 便利功能:物品包装具有便利流通、方便消费的功能,体现在以下几个方面。

① 便利运输。包装起来的物品便于装载,运输途中不容易碰撞、散失、损坏。包装的规格、形状、重量与物品运输关系密切。包装尺寸与运输车辆、船、飞机等运输工具的箱、仓容积

的吻合性,方便了运输,提高了运输效率。

②便利装卸。物品的包装便于各种装卸、搬运机械的使用,有利于提高装卸、搬运机械的生产效率。包装的规格尺寸标准化后为集合包装提供了条件,从而能极大地提高装载效率。

③便利储存。包装为仓库内的搬运、装卸作业提供方便;包装物本身也为物品的保管提供了方便条件,可以起到保护物品的作用;包装物的各种标志便于识别,易于存取和盘点,有特殊保管要求的易引起注意,为仓库的管理提供了便利;易于开包、便于重新打包的包装方式为验收提供了方便;包装的集合方法、定量性,对节约验收时间、加快验收速度也会起到十分重要的作用。

(3)促销功能:在商业交易中促进货物销售的手段很多,其中包装的装潢设计有极其重要的地位。优美的包装能唤起人们的购买欲望,包装的外部形态是商品很好的宣传品,对顾客的购买起着刺激作用。产品经过包装后,利用包装的形体及其外部印刷的文字、图案、色彩等结构造型和装潢设计来美化产品,宣传产品的性能,介绍产品的使用方法,增加产品的陈列效果,使消费者通过包装了解内装产品,对内装产品产生质量信任感,从而喜爱、购买产品。

(4)信息传递:对于包装物品识别的跟踪和管理,信息传递日益重要,已成为物流系统的重要一环。最明显的信息传递作用是识别包装的物品。信息通常包括制造厂、商品名称、容器类型、个数、通用的商品代码等数字。在收货入库、拣选和出运查验过程中,箱上的信息用来识别商品。同时操作人员应能从各个方向合适的距离看到标签。物流包装能在收货、储存、取货、出运的各个过程中跟踪商品。这种对商品的积极控制,减少了商品的货差。物流包装提供有关装卸和防止货损的说明书,说明书为专门的商品装卸提出玻璃容器、温度限制、堆垛要求、潜在的环境要求等。

二、包装的种类

1. 按照包装在流通中的作用分类

(1)商业包装。也称销售包装,这种包装的目的是美化商品、宣传商品、促进销售。因此要求使用的包装材料在性质、形态、式样等因素方面,既要保护商品,结构造型也要便于流通;还要在图案、文字、色调上能吸引消费者,包装适于顾客的购买量以及商店陈设的要求。在流通过程中,商品越接近顾客,越要求包装有促进销售的效果。

(2)运输包装。它是指以强化输送、保护产品为目的的包装,要便于包装、储存和运输,以期将商品完好无损地送达目的地和消费领域。其主要考虑的问题是抵御在储运过程中温度、湿度、紫外线、雨雪等气候和自然条件因素对商品的侵害;减缓静压力、震动、冲击、摩擦等外力对商品的作用;防止商品散漏、溢泄、挥发而造成污染;便利流通环节的装卸、搬运、保管等各项作业;提高运载工具的载重力和容积;缩短各种作业时间和提高作业效率。

2. 按包装的适用广泛性分类

(1)专用包装。根据被包装物特点进行专门设计、专门制造只适用于某种专用产品的包装。

(2)通用包装。不进行专门设计、制造,而根据标准系列尺寸制造的包装,用于包装各种标准尺寸的产品。

3. 按包装容器分类

按包装容器的抗变形能力分为硬包装和软包装两类;按包装容器形状分为包装袋、包装箱、包装盒、包装瓶、包装罐等;按包装容器结构形式分为固定式包装和可拆卸折叠式包装;按包装容器使用次数分为一次性包装和多次周转包装。

4. 按包装技术分类

按包装层次及防护要求分为个装、内装、外装三类;按包装的保护技术分为防潮包装、防锈包装、防虫包装、防腐包装、防震包装、危险品包装等。

三、包装材料

包装材料与包装功能存在着不可分割的联系性、便利性等功能,为了保证和实现物品包装的保护,常用的包装材料有:

1. 纸质包装材料

在包装材料中,纸的应用最为广泛,它的品种最多,耗量也最大。由于纸具有价格低、质地细腻均匀、耐摩擦、耐冲击、容易粘合、无毒、无味、质轻、易加工、废弃物易回收、适于包装生产的机械化等特性,纸质包装在现代包装中占有重要的地位。纸作为包装材料有纸袋、瓦楞纸箱和纸箱,其中瓦楞纸箱是颇受欢迎的纸质包装材料:因为用瓦楞纸做的纸箱具有一定的刚性,因此有较强的抗压、抗冲击能力。但是,纸的防潮、防湿性较差,这是纸质包装材料的最大弱点。

2. 木材包装材料

木材包装是指以木板、胶合板、纤维板为原材料制成的包装,常用的有各种桶、笼、托盘等。由于木材作为物品的外包装材料,具有抗压、抗震等优点,木材包装至今在包装材料中仍占有十分重要的地位。但由于木材资源有限,而且用途又比较广泛,国家也限制使用木材,作为包装材料前景不佳,使用比重也在不断下降。

3. 草制包装材料

这是比较落后的包装材料,原材料来源是各种天然生的草类植物,将这些草类植物经过梳理、编织成诸如草席、蒲包、草袋等包装物。草制包装由于其防水、防潮能力较差,强度很低等原因,在物流中的作用逐渐下降,有被淘汰的趋势。

4. 金属包装材料

即把金属压制成薄片用于物品包装的材料,通常有金属圆柄、白铁内罐、储气罐、金属丝、网等。目前,在世界金属包装材料中,用量最大的是马口铁(镀锡薄钢板)和金属箔两大品种。马口铁坚固、抗腐蚀、易进行机械加工,表面容易进行涂饰和印刷,尤其用马口铁制作的容器具有防水、防潮、防污染等优点。金属箔是把金属压延成很薄的物片,多用于食品包装,如糖果、肉类、奶油乳制品的包装。

5. 纤维包装材料

即用各种纤维制作的袋状包装材料,天然的纤维材料有黄麻、红麻、大麻、青麻、罗布麻、棉花等;轻工业加工提供的纤维材料毛合成树脂、玻璃纤维等。

6. 陶瓷与玻璃包装材料

玻璃具有耐风化、不变形、耐热、耐酸、耐磨等优点,尤其适合各种液体物品的包装,陶瓷、玻璃制作的包装容器容易洗刷、消毒、灭菌,同时,它们可以回收复用,有利于包装成本的降低。然而玻璃、陶瓷最大的弱点是在超过一定的冲击力的作用下容易破碎。

7. 合成树脂包装材料

用合成树脂制作的各种塑料容器,如塑料瓶、塑料袋和塑料箱等,在现代包装中所处的地位越来越重要。塑料包装材料有如下优点:透明,对容器内包装的物品不必开封便一目了然;有适当的强度,可以保护商品的安全;有较好的防水、防潮、防毒等性能;耐药、耐油性能;耐热、耐寒性能较好,对气候变化有一定的适应性;有较好的防污染能力,使包装的物资既安全又卫生,密封性能好等。合成树脂的品种超过千种,用于包装的主要有聚乙烯、聚丙烯、聚氯乙烯、聚苯乙烯、酚醛树脂、氨基塑料等十多种。

8. 复合包装材料

将两种以上具有不同特性的材料复合在一起,以改进单一包装材料的性能,发挥包装材料更多的优点。常见的复合材料有三四十种,使用最广泛的是塑料与玻璃纸复合;塑料与塑料复合;金属箔与塑料复合;金属箔、塑料、玻璃纸复合;纸张与塑料的复合等。

四、包装容器

1. 包装袋

包装袋是柔性包装中的重要一员,包装袋材料是柔性材料,有较高的韧性、抗拉强度和耐磨性。一般包装袋结构是筒管状结构,一端预先封死,在包装结束后再封装另一端,包装操作一般采用充填操作。包装袋广泛适用于运输包装、商业包装、内装、外装,因而使用较为广泛。包装袋一般分成下述三种类型:

(1) 集装袋。这是一种大容积的运输包装袋,盛装重量在1吨以上。集装袋的顶部一般装有金属吊架或吊环等,便于铲车或起重机的吊装、搬运。卸货时可打开袋底的卸货孔,即行卸货,非常方便。集装袋一般多用聚丙烯、聚乙烯等聚酯纤维纺织而成,适于装运颗粒状、粉状的货物。由于集装袋装卸货物、搬运都很方便,装卸效率明显提高,近年来发展很快。

(2) 一般运输包装袋。这类包装袋的盛装重量是0.5~100千克,大部分是由植物纤维或合成树脂纤维纺织而成的织物袋,或者由几层柔性材料构成的多层材料包装袋,例如麻袋、草袋、水泥袋等。主要包装粉状、粒状和个体小的货物。

(3) 小型包装袋(或称普通包装袋)。这类包装袋盛装重量较少,通常用单层材料或双层材料制成。对某些具有特殊要求的包装袋也有用多层不同材料复合而成。包装范围较广,液状、粉状、块状和异型物等可采用这种包装。

上述几种包装袋中,集装袋适于运输包装,一般运输包装袋适于外包装及运输包装,小型包装袋适于内装、个装及商业包装。

2. 包装盒

包装盒是介于刚性和柔性包装两者之间的包装容器。包装材料有一定柔性,不易变形,而且还具有较高的抗压强度,刚性高于袋装材料。包装结构是规则几何形状的立方体,也可裁制成其他形状,如圆盒状、尖角状,一般容量较小,有开闭装置。包装操作一般采用码入或装填,然后将开闭装置闭合。包装盒整体强度不大,包装量也不大,不适合做运输包装,适合做商业包装、内包装,适合包装块状及各种异形物品。

3. 包装箱

包装箱是刚性包装容器中的重要一类。包装材料为刚性或半刚性材料,有较高强度且不易变形。包装结构和包装盒相同,只是容积、外形都大于包装盒,两者通常以10升为分界。包装操作主要为码放,然后将开闭装置闭合或将一端固定封死。包装箱整体强度较高,抗变形能力强,包装量也较大,适合做运输包装、外包装,包装范围较广,主要用于固体杂货包装。主要包装箱有以下几种:

(1) 瓦楞纸箱。瓦楞纸箱是用瓦楞纸板制成的箱形容器。瓦楞纸箱的外形结构分类有折叠式瓦楞纸箱、固定式瓦楞纸箱和异形瓦楞纸箱三种。按构成瓦楞纸箱体的材料来分类,有瓦楞纸箱和钙塑瓦楞箱。

(2) 木箱。木箱是流通领域中常用的一种包装容器,其用量仅次于瓦楞箱。木箱主要有木板箱、框板箱、框架箱三种。

① 木板箱。木板箱一般用作小型运输包装容器,能装载多种性质不同的物品。木板箱作为运输包装容器具有很多优点,例如有抗拒碰裂、溃散、戳穿的性能,有较大的耐压强度,能承受较大负荷,制作方便等。但木板箱的箱体较重,体积也较大,其本身没有防水性。

② 框板箱。框板箱是先由条木与人造板材制成箱框板,再经钉合装配而成。

③ 框架箱。框架箱是由一定截面的条木构成箱体的骨架,根据需要也可在骨架外面加木板覆盖。这类框架箱有两种形式,无木板覆盖的称为敞开式框架箱,有木板覆盖的称为覆盖式框架箱。框架箱由于有坚固的骨架结构,因此具有较好的抗震和抗扭力,有较大的耐压能力,而且其装载量大。

(3) 塑料箱。一般用作小型运输包装容器,其优点是:自重轻,耐蚀性好,可装载多种商品,整体性强,强度和耐用性能满足反复使用的要求,可制成多种色彩以对装载物分类,手握搬运方便,没有木刺,不易伤手。

(4) 集装箱。由钢材或铝材制成的大容积物流装运设备,从包装角度看,属于一种大型包装箱,可归属于运输包装的类别之中,也是大型反复使用的周转型包装。

4. 包装瓶

包装瓶是瓶颈尺寸有较大差别的小型容器,是刚性包装中的一种,包装材料有较高的抗变形能力,刚性、韧性要求一般也较高,个别包装瓶介于刚性与柔性材料之间,瓶的形状在受外力时虽可发生一定程度变形,外力一旦撤除,仍可恢复原来瓶形。包装瓶结构是瓶颈口径远小于瓶身,且在瓶颈顶部开口;包装操作是填灌操作,然后将瓶口用瓶盖封闭。包装瓶包装量一般不大,适合美化装潢,主要做商业包装、内包装使用,主要包装液体、粉状货物。包装瓶按外形可分为圆瓶、方瓶、高瓶、矮瓶、异形瓶等若干种。瓶口与瓶盖的封盖方式有螺纹式、凸耳式、齿冠式、包封式等。

5. 包装罐(筒)

包装罐是罐身各处横截面形状大致相同,罐颈短,罐颈内径比罐身内颈稍小或无罐颈的一种包装容器,是刚性包装的一种。包装材料强度较高,罐体抗变形能力强。包装操作是装填操作,然后将罐口封闭,可做运输包装、外包装,也可做商业包装、内包装用。包装罐(筒)主要有三种:

(1) 小型包装罐。这是典型的罐体,可用金属材料或非金属材料制造,容量不大,一般是做销售包装、内包装,罐体可采用各种方式装饰美化。

(2) 中型包装罐。外型也是典型罐体,容量较大,一般做化工原材料、土特产的外包装,起运输包装作用。

(3) 集装罐。这是一种大型罐体,外形有圆柱形、圆球形、椭球形等,卧式、立式都有。集装罐往往是罐体大而罐颈小,采取灌填式作业,灌进作业和排出作业往往不在同一罐口进行,另设卸货出口。集装罐是典型的运输包装,适合包装液状、粉状及颗粒状货物。

五、包装技术

为了使包装的功能得到充分的发挥,除了选用合适的包装材料外,在进行包装时,还必须根据不同的包装物,以及不同的环境选择包装技术。常见的包装技术主要有以下几种:

1. 防震保护技术

防震包装又称缓冲包装,在各种包装方法中占有重要的地位。产品从生产出来到开始使用要经过一系列的运输、保管、堆码和装卸过程,置于一定的环境之中。在任何环境中都会有力作用在产品之上,并使产品发生机械性损坏。为了防止产品遭受损坏,就要设法减小外力的影响,所谓防震包装就是指为减缓内装物受到冲击和振动,保护其免受损坏所采取的一定防护措施的包装。防震包装主要有以下三种方法:

(1) 全面防震包装方法。全面防震包装方法是指内装物和外包装之间全部用防震材料填满进行防震的包装方法。

(2) 部分防震包装方法。对于整体性好的产品和有内装容器的产品,仅在产品或内包装的拐角或局部地方使用防震材料进行衬垫即可。所用包装材料主要有泡沫塑料防震垫、充气型塑料薄膜防震垫和橡胶弹簧等。

(3) 悬浮式防震包装方法。对于某些贵重易损的物品,为了有效地保证在流通过程中不被损坏,外包装容器比较坚固,用绳、带、弹簧等将被装物悬吊在包装容器内,从而使内装物都被稳定悬吊而不与包装容器发生碰撞,减少了损坏。

2. 防破损保护技术

缓冲包装有较强的防破损能力,因而是防破损包装技术中有效的一类。此外还可以采取以下几种防破损保护技术:

(1) 捆扎及裹紧技术。通过捆扎及裹紧,使杂货、散货形成一个牢固整体,以增加整体性,便于处理及防止散堆来减少破损。

(2) 集装技术。利用集装减少物流过程中与货体的接触,从而防止破损。

(3) 选择高强保护材料。通过外包装材料的高强度来防止内装物受外力作用破损。

3. 防锈包装技术

(1) 防锈油防锈蚀包装技术。大气锈蚀是空气中的氧、水蒸气及其他有害气体等作用于金属表面引起电化学作用的结果。如果使金属表面与引起大气锈蚀的各种因素隔绝(即将金属表面保护起来),就可以达到防止金属大气锈蚀的目的。防锈油包装技术就是根据这一原理将金属涂封防止锈蚀的。用防锈油封装金属制品,要求油层要有一定厚度,油层的连续性好,涂层完整。不同类型的防锈油要采用不同的方法进行涂覆。

(2) 气相防锈包装技术。气相防锈包装技术就是用气相缓蚀(挥发性缓蚀剂),在密封包装容器中对金属制品进行防锈处理的技术。气相缓蚀剂是一种能减慢甚至完全停止金属在侵蚀性介质中破坏过程的物质,常温下即具有挥发性。它在密封包装容器中,很短的时间内挥发或升华出的缓蚀气体就能充满整个包装容器内的每个角落和缝隙,同时吸附在金属制品的表面上,从而起到抑制大气对金属锈蚀的作用。

4. 防霉腐包装技术

包装防霉烂变质的措施通常是采用冷冻包装、真空包装或高温灭菌方法冷冻包装的原理来减慢细菌活动和化学变化的过程，以延长储存期，但不能完全消除食品的变质。高温杀菌法可消灭引起食品腐烂的微生物，可在包装过程中用高温处理防霉。有些经干燥处理的食品包装，应防止水汽浸入以防霉腐，可选择防水汽和气密性好的包装材料，采取真空和充气包装。

真空包装法也称减压包装法或排气包装法。这种包装可阻挡外界的水汽进入包装容器内，也可防止在密闭着的防潮包装内部存有潮湿空气，在气温下降时结露。采用真空包装法，要注意避免过高的真空度，以防损伤包装材料。

防止运输包装内货物发霉，还可使用防霉剂，防霉剂的种类甚多，用于食品的包装必须选用无毒防霉剂。机电产品的大型封闭箱，可采用酌情开设通风孔或通风窗等相应的防霉措施。

5. 防虫包装技术

防虫包装技术常用的是驱虫剂，即在包装中放入有一定毒性和臭味的药物，利用药物在包装中挥发气体杀灭和驱除各种害虫，常用驱虫剂有萘、对位二氯化苯、樟脑精等。也可采用真空包装、充气包装、脱氧包装等技术，使害虫无生存环境，从而防止虫害。

6. 危险品包装技术

危险品有上千种，按其危险性质，交通运输及公安消防部门规定分为十大类，即爆炸性物品、氧化剂、压缩气体和液化气体、自燃物品、遇水燃烧物品、易燃液体、易燃固体、毒害品、腐蚀性物品、放射性物品等，有些物品同时具有两种以上危险性能。

对有毒商品的包装要有明显的有毒标志。防毒的主要措施是包装严密不漏气、不透气。例如重铬酸钾(红矾钾)和重铬酸钠为红色带透明结晶，有毒，应用坚固桶包装，桶口要严密不漏，制桶的铁板厚度不能小于1.2毫米。对于有机农药一类的商品，应装入沥青麻袋，缝口严密不漏，如用塑料袋或沥青纸袋包装的，外面应再用麻袋或布袋包装。

对于腐蚀性的商品，要注意防止商品和包装容器的材质发生化学变化。金属类的包装容器，要在容器壁涂上涂料，防止腐蚀性商品对容器的腐蚀。例如，包装合成脂肪酸的铁桶内壁要涂有耐酸保护层，防止铁桶被商品腐蚀。

对黄磷等易自燃商品的包装，宜将其装入壁厚不小于1毫米的铁桶中，桶内壁须涂耐酸保护层，桶内盛水，并使水面浸没商品，桶口严密封闭，每桶净重不超过50千克。包装易引起燃烧的物品，如碳化钙，遇水即分解并产生易燃乙炔气，对其应用坚固的铁桶包装，桶内充入氮气。如果桶内不充氮气，则应装置放气活塞。

对于易燃、易爆商品，防爆炸包装的有效方法是采用塑料桶包装，然后将塑料桶装入铁桶或木箱中，每件净重不超过50千克，并应有自动放气的安全阀，当桶内达到一定气体压力时，能自动放气。

7. 特种包装技术

(1) 充气包装。充气包装是采用二氧化碳气体或氮气等不活泼气体置换包装容器中空气的一种包装技术方法，因此也称为气体置换包装。这种包装方法是根据好氧性微生物需氧代谢的特性，在密封的包装容器中改变气体的组成成分，降低氧气的浓度，抑制微生物的生理活动、酶的活性和鲜活商品的呼吸强度，达到防霉、防腐和保鲜的目的。

(2) 真空包装。真空包装是将物品装入气密性容器后，在容器封口之前抽成真空，使密封后的容器内基本没有空气的一种包装方法。一般的肉类商品、谷物加工商品以及某些容易氧化变质的商品都可以采用真空包装,真空包装不但可以避免或减少脂肪氧化,而且抑制了某些霉菌和细菌的生长。同时在对其进行加热杀菌时,由于容器内部气体已排除,因此加速了热量的传导,提高了高温杀菌效率,也避免了加热杀菌时由于气体的膨胀而使包装容器破裂。

(3) 收缩包装。收缩包装就是用收缩薄膜裹包物品(或内包装件),然后对薄膜进行适当加热处理,使薄膜收缩而紧贴于物品(或内包装件)的包装技术方法。收缩薄膜是一种经过特殊拉伸和冷却处理的聚乙烯薄膜,由于薄膜在定向拉伸时产生残余收缩应力,这种应力受到一定热量后便会消除,从而使其横向和纵向均发生急剧收缩,同时使薄膜的厚度增加,收缩率通常为收缩力在冷却阶段达到最大值,并能长期保持收缩状态。

(4) 拉伸包装。拉伸包装是20世纪70年代开始采用的一种新包装技术,它是由收缩包装发展而来的,拉伸包装是依靠机械装置在常温下将弹性薄膜围绕被包装件拉伸、紧裹,并在其末端进行封合的一种包装方法。由于拉伸包装不需进行加热,所以消耗的拉伸包装可以捆包单件物品,也可用于只有收缩包装的托盘包装之类的集合包装。

(5) 脱氧包装。脱氧包装是继真空包装和充气包装之后出现的一种新型除氧包装方法。脱氧包装是在密封的包装容器中,使用能与氧气起化学作用的脱氧剂与之反应,从而除去包装容器中的氧气,以达到保护内装物的目的。脱氧包装方法适用于某些对氧气特别敏感的物品,适用于那些即使有微量氧气也会促使品质变坏的食品包装中。

六、集合包装

1. 集合包装的概念

集合包装就是将运输包装货件成组化,集装为具有一定体积、重量和形态的货物装载单元。集合包装包括初始兴起和亟待开发的托盘包装、滑板包装、无托盘包装。集合包装是以托盘、滑板为包装货件群体的基座垫板,或者利用包装货件堆垛形式,以收缩、拉伸薄膜紧固,构成具有采用机械作业叉孔的货物载荷单元。由于集合包装可以集装运输乃至货架陈列,所以可以销售具备单件运输包装的货物。将品种繁多、形状不同、体积各异、重量不等的单件包装货物的箱、桶、袋、包等,一件件用托盘或滑板组成集合装载单元,并采用各种材料和技术措施,使包装货件固定于垫板上,将垫板连同其所集装的包装货物载荷单元,牢固的组合成集合包装整体,可以用叉车等机械进行装卸、搬运和实现集装单元化"门对门"运输,从而使包装方式与物流方式融合为一体,达到物流领域集合包装与集装单元化运输方式的统一。

集合包装的体积一般为 $1 m^3$,重量一般在 500 kg 至 2 t 之间。有些货物,如木材、钢材等集合包装的重量达 5t 以上。

集合包装是现代化的包装方法,是包装货件物流合理化、科学化、现代化的方式之一,发展集合包装是世界各国包装货物运输的共同发展趋势。

2. 集合包装的主要方式

(1) 托盘包装,是为了有效地装卸、运输、保管,将其按一定的数量组合放置于一定形状的台面上,这种台面有供叉车从下部插入并将台板托起的插入口。以这种结构为基本结构的平板台板和在这种基本结构基础上所形成的各种形式的集装器具都叫托盘包装。

(2) 集装箱包装,是一种用于货物运输、便于用机械装卸的一种集合包装。集装箱适合多种运输工具使用,是一个大型包装箱,具有安全、迅速、简便、节省等优点,集装箱运输是一种较好的运输方式。

七、包装标准化和合理化

1. 包装标准化

在包装标准体系中,可分为普通货物包装与危险货物包装两大部分。鉴于危险货物性质特殊,重点考虑安全需要,在第二次世界大战后,联合国危险品运输专家委员会集各国运输经验和研究成果编纂成《危险货物运输建议》,几经修改日臻成熟,又经各国际运输(海运、空运、铁路)组织加以实践应用,纳入各自特点与要求,故已为各国政府正式接受。

在普通货物方面,国际标准化组织(ISO)和另一与包装关系密切的国际电工委员会(IEC)为促进全世界范围内标准化工作的发展,促进国际物资交流和互助,均以推荐形式发布 ISO 和 IEC 的标准,受到世界各国重视。发达国家不仅积极采用国际标准,而且其区域标准、行业标准与企业标准越往下的要求越高,以保持其商品的竞争能力和垄断地位。我国也制订有大量的普通货物包装标准,特别是各行业标准中对产品的包装均相当重视,提出了相应的包装要求和规定。

2. 包装合理化

研究商品包装的目的是寻求商品包装的正确选优和开发,其最终目标是寻求商品包装的合理化。包装合理化是物流合理化的组成部分,从物流的角度看,包装合理化不仅仅是包装本身合理化与否的问题,而是在整个物流大环境下的包装合理化。

包装合理化一方面包括包装总体的合理化,这种合理化往往用整体物流效益与微观包装效益统一来衡量;另一方面也包括包装材料、包装技术、包装方式的合理组合及运用。从多个角度来考察,包装合理化应满足多方面的要求。因此,我们在进行包装合理化的过程中应注意以下几个方面的问题:

(1) 包装应妥善保护内装商品,使其质量不受损伤

这就要制订相应的适宜标准,使包装物的强度恰到好处地保护商品免受损伤。除了要在运输装卸时经得住冲击、震动之外,还要具有防潮、防水、防霉、防锈等功能。

(2) 包装材料和包装容器应当安全无害

包装材料要避免有聚氯联苯之类的有害物质,包装容器的造型要避免对人造成伤害。

(3) 包装容量要适当,便于装卸

不同的装卸方式决定着包装的容量。例如,采用人工操作装卸方式的情况下,包装的质量必须限制在手工装卸的允许能力下,包装的外形及尺寸也应适合于人工操作。在工人权力和健康受保护的今天,为减轻工人体力消耗,包装的质量一般应控制在工人体重的 40% 较为科学,即男劳动力 20~25 kg,女劳动力 15~20 kg 比较合适。当然,这并不等于说包装的质量越轻越好。包装质量太轻,工人的装卸频率要增加,也容易引起疲劳和降低效率;同时,对于过轻包装,工人往往将两个合并操作,也容易造成损失。如果采用机械装卸,包装的尺寸和质量都可大大增加。如采用集装箱做外包装,质量可高达 600 kg 以上。

(4) 对包装容器的内装物要有确切的标志或说明

商品包装物上关于商品质量、规格的标志或说明,要能贴切表示内装物的性状,尽可能采用条形码,便于出入库管理、保管期间盘点及销售统计。

(5) 包装内商品外围空闲容积不应过大

为了保护内装商品,难免会使内装商品的外围产生某种程度的空闲容积,但合理包装要求

空闲容积减少到最低限度,防止过大包装。由于商品的性能、形状及包装功能的不同,关于包装物内部的空闲容积率,也很难订出一个统一的要求,但可以考虑一个适宜的限度,对于不同类的商品要分别规定相应的空闲容积率。一般情况下,空闲容积率最好降低到20%以下。对于混装的、形状特殊的和易损坏商品,超过这一标准,只要是合理的,也是允许的。另外,有些商品空闲容积率低于5%,但不合乎合理包装的要求,也是不允许的。

(6) 包装费用要与内装商品相适应

包装费用应包括包装本身的费用和包装作业的费用。包装费用必须与内装商品相适应,但不同商品对包装要求也不同,所以包装费用占商品价格的比例是不相同的。一般来说,对于普通商品,包装费用应低于商品售价的,这只是一个平均比例。例如,有些包装如金属罐,发挥的作用大,已成为商品的一部分,包装费用的比例超过也是合理的;手纸的包装,发挥的作用小,包装费用比例不超过,仍有不合理的可能。

(7) 包装要便于回收利用或废弃物的治理

包装应设法减少其废弃物数量,在制造和销售商品时,就应注意包装容器的回收利用或成为废弃物后的治理工作。可循环使用包装的运用,有利于减少污染及浪费。但目前由于该方式包装材料成本高、空包装回收困难,还没有为大多数企业所接受。

第二节 装 卸

一、装卸的概念

在同一地域范围内(如车站范围、工厂范围、仓库内部等)以改变"物"的存放、支承状态的活动称为装卸,以改变"物"的空间位置的活动称为搬运,两者全称装卸搬运。某些时候或在特定场合,单称"装卸"或单称"搬运"也包含了"装卸搬运"的完整含义。在习惯使用中,物流领域(如铁路运输)常将装卸搬运这一整体活动称做"货物装卸"。在生产领域中常称之为"物料搬运"。在实际操作中,装卸与搬运是密不可分的,因此,在物流科学中并不过分强调两者差别而是将两者作为一种活动来对待。

在物流过程中,装卸活动是不断出现和反复进行的,它出现的频率高于其他各项物流活动,每次装卸活动所消耗的人力也很多,所以装卸费用在物流成本中所占的比重也较高。以我国为例,铁路运输的始发和到达的装卸作业费占运费的20%左右,船运此类装卸作业费占40%左右。据统计,火车货运以500公里为分界点,运距超过500公里,运输在途时间多于起止的装卸时间;运距低于500公里,装卸时间则超过实际运输时间。再如,美国与日本之间的远洋船运一个往返需25天,其中运输时间13天,装卸时间12天。此外,进行装卸操作时往往需要接触货物,因此,这也是在物流过程中造成货物破损、散失、损耗、混合等损失的主要环节。为提高物流速度、降低物流成本、减少物流过程损耗,我们应加强对装卸搬运的组织设计和搬运机械的操作管理。

二、装卸方式

1. 按装卸搬运施行的物流设施、设备对象分类

依此可分为仓库装卸、铁路装卸、港口装卸、汽车装卸、飞机装卸等。仓库装卸配合出库、入库、维护保养等活动进行，并且以堆垛、上架、取货等操作为主。铁路装卸是对火车车皮的装进及卸出，特点是一次作业就需实现一车皮的装进或卸出，很少有像仓库装卸时出现的整装零卸或零装整卸的情况。港口装卸包括码头前沿的装船，也包括后方的支持性装卸搬运，有的港口装卸还采用小船在码头与大船之间"过驳"的办法，因而其装卸的流程较为复杂，往往经过几次装卸及搬运作业才能最后实现船与陆地之间货物过渡的目的。汽车装卸一般一次装卸批量不大，由于汽车的灵活性，可以减少或根本减去搬运活动，而直接、单纯利用装卸作业达到车与物流设施之间货物过渡的目的。

2. 按装卸搬运的作业方式分类

依此可分为吊上吊下装卸、叉上叉下装卸、滚上滚下装卸、移上移下装卸、散装散卸等。吊上吊下装卸是采用各种起重机械从货物上部起吊，依靠起吊装置的垂直移动实现装卸，并在吊车运行的范围内或回转的范围内实现搬运。由于吊起及放下属于垂直运动，这种装卸方式属垂直装卸；叉上叉下装卸是采用叉车从货物底部托起货物，并依靠叉车的运动进行货物位移，搬运完全靠叉车本身，货物可不经中途落地直接放置到目的处。这种方式垂直运动不大而主要是水平运动，属水平装卸方式。滚上滚下装卸主要是指港口装卸的一种水平装卸方式，利用叉车或半挂车、汽车承载货物，连同车辆一起开上船，到达目的地后再从船上开下，称"滚上滚下"装卸。滚上滚下方式需要有专门的船舶，对码头也有不同要求，这种专门的船舶称"滚装船"。滚装方式在铁路运输领域也有采用。货运汽车或集装箱直接开上火车皮进行运输，到达目的地再从车皮上开下的方式，又称为驮背运输。移上移下装卸是在两车之间（如火车及汽车）进行靠接，然后利用各种方式，不使货物垂直运动，而靠水平移动从一车辆上推移到另一车辆上。移上移下方式需要使两种车辆水平靠接，因此，对站台或车辆货台需进行改变并配合移动工具实现这种装卸。散装散卸是对散装物进行装卸。一般从装点直到卸点，中间不再落地，这是集装卸与搬运于一体的装卸方式。

3. 按被装物的主要运动形式分类

可分为为垂直装卸、水平装卸。

4. 按装卸搬运对象分类

可分为散件货物装卸、单件货物装卸、集装货物装卸。

5. 按装卸搬运特点分类

可分为连续装卸和间歇装卸。连续装卸主要是同种大批量散装或小件杂货通过连续输送机械连续不断地进行作业，中间无停顿，货物无间隔。在装卸量较大、货物对象不易形成大包装的情况下适用这一方式。间歇装卸有较强的机动性，装卸地点可在较大范围内变动，主要适用于货流不固定的各种货物，尤其适于包装货物、大件货物，散粒货物也可采取此种方式。

三、装卸的原则

1. 减少环节，装卸程序化

装卸搬运活动的本身并不增加货物的价值和使用价值，相反地却增加了货物损坏的可能

性和成本。因此,首先应从研究装卸搬运的功能出发,分析各项装卸搬运作业环节的必要性,千方百计地合并、取消装卸搬运作业的环节和次数,减少重复无效、可有可无的装卸搬运作业。例如,车辆不经换装直接过境,大型的发货点铺设专用线,门到门的集装箱联运等,都可以大幅度减少装卸环节和次数。必须进行的装卸搬运作业,应尽量做到不停顿、不间断,像流水一样地进行。工序之间要紧密衔接,应当选择最短的直线作业路径,消灭迂回和交叉,要按流水线形式组织装卸作业。例如,铁路车辆的装卸,可组织条流水线;船舶的装卸,根据吨位的大小,采用流水线作业。装卸搬运作业流程尽量简化,作业过程不要移船、调车,以免干扰装卸作业的正常进行。必须进行换装作业的,尽量不使货物落地,直接换装,以减少装卸次数,简化装卸程序等。

2. 文明装卸,运营科学化

杜绝"野蛮装卸"是文明装卸的重要标志。在装卸搬运作业中,要采取措施保证货物完好无损,保障作业人员人身安全,坚持文明装卸。同时,不因装卸搬运作业而损坏装卸搬运设备和设施、运载与储存设备和设施等。

由于装卸搬运作业而造成各种环境污染,应采取措施使其污染限制在有关标准的范围内;各种装卸搬运作业一定要按工艺要求,缓起轻放,不碰不撞;堆码定型化,重不压轻,货物标志面放置在外;通道和作业场地的各种标志要明显;设备安全装置和安全标示要齐全、有效;装卸搬运职工按劳动保护要求,配备整洁美观的工作服装,体力劳动、脑力劳动强度和负荷都应控制在合理的生理范围内,并在组织装卸搬运作业时,其作业环境的色调、光线、温湿度、卫生状况等要符合人体工程学、劳动心理学的科学原理。

装卸搬运设备和设施的负荷率和繁忙程度要合理,应控制在设计的范围之内,严禁超载运转;能源消耗和成本要达到合理甚至先进水平;设备与设施采用科学的综合管理和预修保养制度;按照经济合理的原则,确定设备和设施的寿命周期,及时更新改造,设备和设施都应要有合理的储备能力,留有发展的潜力。同时,要改变装卸搬运只是一种简单的体力劳动这一过时观念,积极推行全面质量管理等现代化管理方法,使装卸搬运作业的运营组织工作从经验上升到科学管理。

3. 集中作业,集装散装化

集中作业是指在流通过程中,按照经济合理原则,适当集中货物,使其作业量达到一定的规模,为实现装卸搬运作业机械化、自动化创造条件。只要条件允许,流通过程中的装载点和卸载点应当尽量集中;在货场内部,同一类货物的作业尽可能集中,建立相应的专业协作区、专业码头区或专业装卸线;一条作业线能满足车船装卸作业平时指标,就不采取低效的多条作业线方案;在铁路运输中,关闭业务量很小的中间小站的货运装卸作业,建立厂矿、仓库共用专用线等,都是采用集中作业的措施。成件货物集装化作业,粮谷、盐、糖、水泥、化肥、化工原料等粉粒状货物散装化作业,是装卸搬运作业的两大发展方向。实际上,集装化和散装化也是一种集中作业形式,以便把小件集中为大件,提高装卸作业效率。所以,各种成件货物应尽可能集装成集装箱、托盘、货捆、网袋等货物单元,然后装卸搬运;各种粉粒状货物应尽可能散装入专用车、船、库,以提高装卸搬运效果。

4. 省力节能,努力促"活化"

节约劳动力,降低能源消耗,是装卸搬运作业的最基本要求。因此,要求作业场地尽量坚实平坦,这对节省劳力和减少能耗都起作用;在满足作业要求的前提下,货物净重与货物单元毛重之比尽量接近一,以减少无效劳动;尽量采取水平装卸搬运和滚动装卸搬运,达到省力化。

提高货物装卸搬运的灵活性,这也是对装卸搬运作出的基本要求。装卸搬运作业的灵活性是指货物的存放状态对装卸搬运作业的方便难易程度,亦称为货物的"活性"。在物流过程中,为了对货物活性进行度量,常用"活性指数"来表示,它表明货物装卸搬运的方便程度。我们把作业中的某一步作业比它前一步作业的活性指数高的情形,即该项作业比它前一项作业更便于装卸搬运的状况称为"活化"。因此,对装卸搬运工艺的设计,应使货物的活性指数逐步增加,要努力促"活化"。

5. 兼顾协调,通用标准化

装卸搬运作业既涉及物流过程的其他各环节,又涉及它本身的工艺过程各工序、各工步以及装卸搬运系统各要素。因此,装卸搬运作业与其他物流活动之间,装卸搬运作业本身各工序、各工步之间,以及装、卸、搬、运之间和系统内部各要素之间,都必须相互兼顾、协调统一,这样才能发挥装卸搬运系统整体功能。例如,铁路车站在实践中总结的"进货为装车作准备,装车为卸车作准备,卸车为出货作准备"的作业原则,正是这种兼顾协调原则的体现和应用。

标准化是对重复事物和概念经过判定后发布标准,达到统一,以获得最佳的秩序和社会效益。标准化往往与系列化、通用化相联系。装卸搬运标准化是对装卸搬运的工艺、作业、装备、设施、货物单元等所制订、发布的统一标准。装卸搬运标准化对促进装卸搬运合理化起着重要作用,它又是实现装卸搬运作业现代化的前提。

6. 巧装满载,安全效率化

运载工具满载和库容的充分利用是提高运输和存储的效益和效率的主要因素之一,在运量大于运能、储量大于库容的情况下尤为重要。所以,装卸搬运时,要根据货物的轻重、大小、形状、物理化学性质,以及货物的去向、存放期限、车船库的形式等,采用恰当的装卸方式,巧妙配装,使运载工具满载,库容得到充分利用,以提高运输、存储效益和效率。为了保证运输储存安全,在装载时要采取一定的方法保持货物稳固,以防止运输或储存过程中所产生的各种外力的破坏,诸如纵向、横向、垂直惯性力以及风力、重力、摩擦力等。

运输工具、集装工具、仓库地面、货架等既要求满载,以提高其利用率和效率,又要在所承载能力有一定的限制下,并采取一定的方法,使装货载荷均匀地分布在承受的载面上,这样可以保证运输、装卸搬运设备和仓储设施的安全,并能达到延长使用寿命的目的。

第三节 保 管

一、仓库的概念及功能

1. 仓库的概念

仓库一般指对商品、货物、物资进行收进、整理、储存、保管和分发等工作的库房或货场,在工业生产中则是指储存各种生产需要的原材料、零部件、设备、机具和半成品、产成品的场所。

2. 仓库的功能

从物流角度看,仓库在物流系统中的主要功能是保管。大型的、功能较多的仓库是物流中心的一种,是物流网络中一种以储存为主要功能的结点。而在局部范围中起作用的仓库,是位于支线上的结点,起到物流网点的作用。储存物资场所的种类很多,如车站站台、港口码头以及货站、货栈,甚至是配送中心的备货场等。仓库与这些场所的主要区别在于,仓库对物资的储存,带有防护性、保护性,需配合一系列维护保养工作,且具有独立功能,储存时间也比在站、港、栈等处暂存要长。而其他储存物资场所则只是暂存性的,而且附属性很强。人们往往用一个形象的词汇来描述,即仓库是"蓄水池"。

二、仓库的种类

1. 按仓库在社会再生产过程中所处的位置不同划分

(1) 生产领域仓库,包括生产用物资储备仓库,半成品、在制品和产成品仓库。其中,物资储备仓库称为企业自用仓库,用于储备生产准备和生产周转用的物资,物资在进入生产领域仓库,即结束了物资的流通阶段,进入生产准备阶段;产成品库是指存放生产企业的已经制成并经检验合格,进入销售阶段的产品和成品,但还未离开生产企业;半成品、在制品仓库是指在企业生产过程中,处于各生产阶段之间的半成品库和在制品库,其目的在衔接各生产阶段和保证生产过程连续不断地进行。

(2) 流通领域仓库,包括专业储运中转仓库和供销企业的自用仓库。其中,专业储运中转仓库又称储运仓库,一般为各部门或各地区供销企业储运货物;供销企业自用仓库一般规模不大,但较为灵活,有的采用"前店后库"形式,适用于零散的小额供应。

2. 按仓库的主要职能的不同划分

(1) 企业仓库。它是以储存物品为主要目的,它又可分为供应仓库(原材料库)、生产仓库(半成品仓库)、销售仓库(产成品库)。

(2) 营业仓库。它的职能是以流通营业为主,进出货频繁,吞吐量大,使用效率也较高,并且是提供物流时间效用的主要承担者。

(3) 公用仓库。它是由国家或一个主管部门修建的,为社会物流业务服务的公用仓库,如车站货场仓库、港口码头仓库等。

3. 按保管物品的不同划分

(1) 原料、产品仓库。主要是针对生产企业而建造的仓库,其目的是为了保持生产的连续性,是专门用来储存原材料、半成品或产成品的仓库。

(2) 商业、物资综合仓库。它是商业、物资部门为了保证市场供应,以解决生产与消费的时差,或季节性的时差,所设置的综合性仓库。

(3) 农副产品仓库。它是经营农副产品的企业用来专门储存农副产品的仓库,或经过短暂储存进行加工,再运出的中转仓库。

(4) 一般专用仓库。它是指专门用来储存某类大宗货物的仓库,如粮食、棉花、水产、水果、木材等仓库,以及货场等。

(5) 特种危险品仓库。它是专门用来储存一些特殊物品,如危险品、易燃易爆品、毒品和剧毒品等的特种仓库。

(6) 冷藏仓库。它是专门用来储藏鲜鱼、鲜肉或其加工食品的仓库,并设有专门的冷藏设施和装备。

(7) 恒温仓库。它是专门用来储存怕冻物品的仓库,如水果、蔬菜、罐头等。

(8) 战略物资储备仓库。主要是用来储备各种战略物资,以防止各种自然灾害和意外事件的发生。一般情况下这些物资属国家储备物资,军队后勤仓库就是其中的一种。

4. 按仓库建筑结构的不同划分

(1) 简易仓库。它的构造简单,造价低廉,一般是在仓库能力不足而又不能及时建库的情况下,采取临时代用的办法,包括一些固定或活动的简易仓棚等。

(2) 平房仓库。它的构造较为简单,造价较低,适宜于人工操作,各项作业也较为方便简单。

(3) 楼房仓库。它是指两层及两层以上的仓库,它可以减少土地占用,进出库作业需要采用机械化或半机械化。

(4) 高层货架仓库,也称为立体仓库。它是当前经济发达国家采用的一种先进仓库,主要采用电子计算机进行管理和控制,实行机械化、自动化作业。

(5) 罐式仓库。它的构造特殊,或球形或柱式,形状像一个大罐子,主要用于储存石油、天然气和液体化工产品等。

5. 按仓库所处的位置划分

(1) 港口仓库。以船舶发到货物为储存对象的仓库,一般仓库地址选择在港口附近,以便进行船舶的装卸作业。

(2) 车站仓库。以铁路运输发到货物为储存对象的仓库,通常在火车货运站附近建库。

(3) 汽车终端仓库。它是指在卡车货物运输的中转地点建设的仓库,为卡车运输提供方便条件。

(4) 工厂仓库。它是工厂内保管设施的总称,如按物品类别分为原材料仓库、配件仓库、产成品仓库、半成品在制品仓库等。

(5) 流通仓库。它是流通领域内各种保管设施的总称,诸如流通中转仓库、车站码头港口仓库、供销企业的自用仓库等。

另外,还可按部门系统分类,例如,流通部门的商业仓库、物资仓库、粮食仓库、供销仓库、外贸仓库、医药仓库,各工业部门、公司、工厂的仓库以及部队的各种后勤仓库等。

三、仓库基本作业流程

1. 入库阶段(进仓)——仓储作业的第一步

(1) 散货进仓。它是指一般货物与空运货物自仓库的收货码头卸下堆栈在托盘上。进仓作业主要包括以下步骤:① 卸货;② 进仓验收:在整个进仓作业中,最重要的是进货作业的进货检验工作。这个工作的误差率要求是零,即要求百分之百正确。进货检验是件相当细致的工作,进货检验时要注意外箱完整性,数量符合发票,制造日期,保存期限,外箱没有标示或标示不清时,一定要开箱验货,货物批号要检查核对;③ 固定(打收缩膜);④ 贴上储位标签(或条码);⑤ 上架:进仓的最后一步工作就是把堆栈好的托盘放上货架。货架的配置方式是仓储效率的关键。一般电动堆高机(升降机)的最大工作高度是 10 米。因此,货架的层数在 4~6 层时,整体的硬件投资与效率最为恰当。货架低于 4 层时,每减少一层,整体效率降低 27%~35%。

(2) 拆箱进仓。它是指海运集装箱装载的货物,在仓库收货区拆封,卸至托盘上。拆箱进仓有两种:① 机械拆箱:货物已打托盘或木箱,可以用堆高机直接开进集装箱内卸装;② 人工拆箱:货物呈松散堆栈,须以人力逐件搬出后堆放在托盘上。

2. 保管阶段

(1) 存放。由于不同商品性质不同,对储存条件的要求也不同。如怕潮湿和易霉变、易生锈的商品,应存放在较干燥的库房里;性能相互抵触或易串味的商品不能在同一库房混存等。在操作中应根据商品性质特点分区分类安排储存地点。

(2) 保管。存储中心出入库的频率较低,应该重视保管,因而要考虑保管方式并遵守合理化保管原则。保管方式有以下五种类型:地面平放式、托盘平放式、直接堆放式、托盘堆码式、货架存放式。

3. 出库发运阶段(出货)

在仓储作业流程中,收到出货单时会产生两种不同的处理方式:照单拣货,准备出货验收;视情况拣货,准备改变包装或简易加工。出货环节主要包括以下内容:

(1) 补货(总量拣货)。补货员的工作性质主要是将准备要出货的品类自货架上取下,置于拣货区或是货架的底层,以便于拣货员拣货。补货与拣货最大的不同点是工作的性质与所用的工具不同。补货员的工具是堆高机(升降机);拣货员用的是拣货车。拣货车是没有升降能力的平面叉车。大型仓库所用的拣货车多为电力操作,以节省拣货员体力。

(2) 拣货。拣货的原则,大多数是按照进仓日期的先入先出原则。拣货方式主要有摘果式与播种式两种。摘果式拣货法出错的机会较少而且易于追查,人力负荷重;播种式拣货法节省人力,但不太适合少量作业。

(3) 库内加工。库内改包,简易加工也是一种仓储作业常见的业务。加工的内容一般包括袋装、定量化小包装、配货、分类、混装、拴牌子、贴标签、刷标记等。外延加工还包括剪断、打孔等。库内改包和加工作业较为复杂的是赠品包装或保税加工的工作。

(4) 出货。出货的要求主要有先进先出与即进即出两种。

① 先进先出:先进先出是一种有效的方式,也是储存管理的原则之一,它能保证每个被储物的储存期不至过长。在食品与部分消费品的仓储作业里,先进先出几乎是一致选择,其作用是保持货物永远新鲜。

② 即进即出:它适用于高新产业,尤其是电子类的高价位商品,也适用于生鲜乳品、水果等保存条件较差的商品。它与正常仓储作业最大的差异有两点:一方面即进即出作业没有"上架"、"储存"的运作;另一方面即进即出作业在"进、出"货量有差距时,必须要有一方修改单据数量使进出数量平衡,并且需将可能的耗损事前考虑进去,尤其是在对蔬果、肉类、海产品、乳品处理时,绝对要多次考虑耗损的问题以及将耗损成本分摊。

(5) 出货验放。出货验放的方法和拣货的方式有很大的关联。播种式拣货时,出货验放的工作就显得十分轻松,在"播种"完毕时只要所有的品类数量无误,出货验放的工作就完成了。反之,采用摘果式拣货的订单验放时,要睁大眼睛仔细检查数量与品类,而且一定要由专人负责。

在出货验放时,通常是以订单为准。此时应留一份有出验员签章的订单留底在货物上易于看到的位置,以利于装车人员将配送单和此订单留底一并交给司机随货送给客户。

(6) 装车配送。在出货验放后,物品就可以搬运装车或配送了。消费点所在地与仓库的距离、路线是成本计算的最重要的两个因素,其次是配送的时间。配送的基本思路是先考虑客户(每一个配送点)对于送达时间的要求,再根据时间要求来安排路线,然后考虑车辆及货量,最后才考虑订单装车顺序。

四、货物合理化保管原则

1. 面向通道

为使物品出入库方便,容易在仓库内移动,物品的码放、货架的朝向应该面对通道放置。

2. 高层堆码

为有效利用库内容积,应尽可能地向高处码放。为防止破损,保证安全,应当尽可能使用棚架等保管设备。

3. 先入先出

现代社会由于商品的多样化、个性化,使用寿命普遍缩短。保管的一条重要原则是尽可能按先入先出的原则,加快周转。如将易变质、易破损、易腐败的物品以及机能易退化、老化的物品放在靠近出入口、易于作业的地方。

4. 回转对应保管

根据出库频率选定位置,出货和进货频率高的物品应放在靠近出入口、易于作业的地方;流动性差的物品放在距离出入口稍远的地方;季节性物品则依其季节特性来选定放置的场所。

5. 同一性和类似性

员工对库内物品放置位置的熟悉程度,直接影响着出入库时间。为提高作业效率和保管效率,同一物品或类似物品应放在同一地方或邻近地方保管,以便员工操作。

6. 重量特性和形状特性

根据物品重量安排保管的位置,即安排放置场所时,要把重的东西放在下边,把轻的东西放在货架的上边;需要人工搬运的大型物品码放在腰部以下的位置,轻型物品码放在腰部以上的位置。依据形状安排保管的方法,如标准形状商品应放在托盘或货架上来保管,特殊形状的商品采用相应的器具保管。

7. 位置标识

货物存放的场所要有明确的标识,以便于货物的查找,提高上货和取货的速度,减少差错的发生。标识的位置要便于作业人员的视觉识别。

8. 网络化保管

通过网络化保管,保持网络上点与点之间货物流动的系统性和一致性,这样可以保证整个物流网络有最优的库存总水平及库存分布,将干线运输与支线末端配送结合起来,形成快速灵活的供应通道。

第四节 运 输

一、运输的概念和功能

1. 运输的概念

运输是指物品借助于运力在空间上所发生的位置移动。具体地讲,运输是使用运输工具对物品进行运送的活动,是实现物流的空间效用。运输作为物流系统的一项功能来讲,包括生产领域的运输和流通领域的运输。生产领域的运输活动一般是在生产企业内部进行,因此称之为厂内运输。其内容包括原材料、在制品、半成品和成品的运输,这种厂内运输有时也称之为物料搬运。流通领域的运输活动则是作为流通领域里的一个环节,是生产过程在流通领域的继续。其主要内容是对物质产品的运输,是以社会服务为目的,是完成物品从生产领域向消费领域在空间位置上的物理性的转移过程。它既包括物品从生产所在地直接向消费所在地的移动,也包括物品从生产所在地向物流网点和从物流网点向消费(用户)所在地的移动。为了区别长途运输,往往把从物流网点到用户的运输活动称为"发送"或"配送"。本节所讲的运输着重于流通领域的运输。

2. 运输的功能

在经济不断发展的情况下,物质产品的生产地和消费地在同一地的情况很少,它们之间总是具有一定的距离,即存在着空间位置的背离。因此,物质产品只有通过运输活动,才能把物品送达用户手中,才能消除物质产品在空间位置上的背离。可见,物质产品的运输功能是创造物质产品的空间效用,消除物质产品的生产与消费之间在空间位置上的背离,实现物质产品的使用价值和满足社会对物质产品的各种需求。

二、运输方式

1. 基本运输方式

所谓基本运输方式是指按照运输过程所经常使用的基础设施分成五种运输方式,即公路运输、铁路运输、水上运输、航空运输、管道运输。

(1) 公路运输

公路运输所使用的设施包括公路、公路车站和行驶在公路上的车辆。由于公路的投资和保养成本较高,各国的公路建设主要由政府负责,通过收取燃油税或养路费等收回投资。而车站和车辆则通常由运输公司自行建设和购买。

公路运输的主要优点:

① 普遍性。目前全球公路网的密度堪称各运输方式之首,许多国家的公路可通达各个乡村甚至各个家庭的门口。利用公路运输几乎可以运输任何货物到达任何地点。

② 灵活性。完善的公路运输网以及相对较小的单位汽车运量使其具有灵活的优势,绝大多数情况下能实现从托运人到收货人的门到门运输。

③ 快捷可控。公路运输的门到门特点,使公路运输可以免去许多中转环节,从而可以更精确地控制运输时间。该特点对实施适时(Just In Time,JIT)生产战略的企业十分重要,适应JIT方式的运输必须精确地安排货物装卸、到达、配送时间及货物的数量。由此,公路运输以其得天独厚的优势成为配合JIT策略的首选运输方式。

④ 运货车辆的资金投入较低,一辆车通常可以用来运载多条线路上的不同货物。

⑤ 包装成本低。与其他运输方式相比,公路运输通常不需要特别的或精细的包装。

此外,随着运输技术的不断进步,汽车的最大载重量和公路的承重能力也在不断提高,公路运输的适货范围日益丰富,也使得公路在货运方面的适应性不断增强。在运输中转、不同货运方式的交接、货物到达最终用户等环节中,几乎都需要公路汽车的配合。

公路运输的局限性:

① 运输能力低。与铁路和水运相比,公路与汽车载重能力偏低,因而在铁路或水上运输较方便时,公路运输往往失去竞争力。

② 单位运费高。由于单位运载能力较低,每车次运货的总成本分摊到每单位货物上的成本就偏高。

③ 货物遭受偷盗的风险大。公路(尤其是在开放的普通公路)上的车辆更容易遭到偷窃和抢劫。

④ 公路拥挤与污染。日益严重的公路拥挤和汽车污染对公路运输的未来发展也是不容忽视的挑战。

(2) 铁路运输

铁路运输所使用的设施包括:铁路、火车、车站及辅助设备。在美国,铁路由运输公司投资兴建和经营。欧洲大多数国家的铁路则由政府投资兴建,运输公司可通过支付租金购得铁路使用权。铁路是发展最早的现代运输方式之一,在西方各国曾经占据运输的统领地位,虽然二战以来,受公路、航空运输兴起的影响一度衰落,然而铁路运输在货物运输中以其固有的优势,仍然占据着举足轻重的地位。中国铁路的设施大多数由铁道部投资和管理,由铁道部管理的各铁路局向社会各界提供运输服务。

铁路运输的局限性:① 灵活性差,铁路运输受固定线路限制,门到门运输还必须借助于汽车运输实现;② 对包装的要求较高;③ 也存在货物被偷盗的危险;④ 铁路设施修建成本较高。

鉴于铁路运输的上述优缺点,目前世界许多国家的铁路运输公司为拓展服务领域,提高服务质量,也开始参与汽车运输,组建自己的公路运输公司,为客户提供门到门运输服务。

(3) 水上运输

水运堪称世界最古老的运输方式,其设施主要包括:天然水道(或经过改良的水道)、港口和船舶。水运中水道的改良维护通常由政府负责。而港口建设则各国不同,大多数情况仍由政府投资,运输公司通过支付使用费使用港口或拥有一定码头和堆场的使用权。根据其使用的水道区域,水上运输又可分为内河(湖)运输、沿海运输和远洋运输。

目前,世界许多发达国家的内河水运在货物尤其是散货运输中,仍然发挥着重要作用。远洋运输仍然是国际贸易运输中最主要的运输方式,世界贸易货物总运量的约 2/3 是通过远洋运输来实现的。

水上运输的主要优势:

① 高运输能力。在目前最普遍使用的五种运输方式中,船舶的运力高居首位。

② 低廉的单位运费。由于运输能力高,而且水上运输主要运用天然水道或天然水道稍加改良,线路建设成本很低。因此,在各种方式都可行的情况下,水运(尤其是远洋运输)通常是成本最低的运输方式。

水运的劣势:① 速度慢,是常用运输方式中最慢的一种;② 路线迂回,水运(尤其是内河运输)受天然水道限制,往往难以取最短路线;③ 受天气条件影响大,尤其是海运,极易受风浪和恶劣天气的影响;④ 货物破损较多,船舶在行驶过程中受风浪的影响,容易颠簸、摇晃,造成货物受损;⑤ 可靠性差,船舶在运输途中受天气、港口等多方因素影响,运输时间难以保证。

与水上运输的上述特点相对应,目前,世界各国的水上运输主要用于大批量、低价值、时效性差的初级矿产品、农产品、石油等的运输。

(4) 航空运输

航空运输的设施主要包括:航空港、飞行器和航管设施。飞机在空中飞行没有有形的线路,需要根据空中管制系统的指令在一定的空中走廊内飞行。空中管制系统一般是由国家拥有,航空港通常也由政府投资,航空公司使用这些设施需缴纳使用费。

航空运输是20世纪初出现,二战后才逐渐繁荣的现代运输方式,随着航空运输技术不断成熟,航空运输在长距离运输(尤其是跨国运输)中显示出其无可比拟的优势。目前,航空运输在货物运输中所占份额仍然有限,但其发展势头却十分迅猛。

航空运输的主要优点:

① 运输速度快。航空器速度为五种运输方式中运输工具速度之首,且两点之间航空运输通常取最短路径,与各种地面运输方式存在距离差。

② 受地形条件限制小。在两点之间的空中飞行,无论高山、低谷都可以到达,只需修建两端点的飞机起降设施,而不需在地面修建线路设施。

③ 航空运输服务质量高、安全可靠。各航空公司对航空飞行实行严格管理,有较好的服务保障措施,货物保险费用较低。

④ 货主使用航空运输,可以节约大量运输时间,获得更高的市场灵活性,对市场变化进行快速反应。

航空运输的劣势:① 运输成本高,由于飞机造价较高,燃油消耗量大,航空运输仍然是最昂贵的一种运输方式;② 航空运输的载重量仍相当有限,空运货物的体积和重量限制较多;③ 有些货物禁用空运;④ 受天气影响较大,恶劣天气可能造成飞机延误和偏航。

综观航空运输的优缺点,适于使用航空运输的货物主要包括:紧急需要的货物,如药品、工厂缺货的零件;时令性很强的货物,如日报、鲜花等;单位价值较高的货物,如宝石、高新电子设备。

(5) 管道运输

管道运输是一种随着石油的生产和运输而发展起来的特殊货运方式,其设施仅包括管道线路和管道两端的气泵站,货物直接在管道内进行运输,而没有汽车、火车一类的运输工具。或者说,管道是一种集运输工具和运输线路于一身的运输方式。采用管道运输,货物凭借高压气泵的压力在管道内移动,到达目的地。

目前,管道主要有三种:液体管道(主要运送石油及其制品)、气体管道(主要运送天然气)、浆质管道(运送煤浆)。许多国家的运输技术专家正致力于研究可以运输普通货物的管道,但技术、成本等多方面的制约仍然难以跨越,预计近期内,使用管道运输普通货物仅限于试验阶段。

相对于其他运输方式,管道运输有其特有的优势:不受地面气候影响,可以全天候24小时、全年365天连续作业;货物不需包装;货物在管道内移动,货损率很低;单向运输,没有回空问题;耗用能源少,占地少,安全,公害少;经营管理相对简单;单位运营成本低,管道运营仅需气泵站的极少数维护人员,人工成本很低。

管道运输的局限性:① 仅限于液体、气体和少数同质固体货物的运输,过于单一;② 机动灵活性小,局限于固定的管道内运送货物,且为单向运输;③ 管道建设的初期固定投资成本大。

2. 新兴运输方式

(1) 成组运输

成组运输是采用一定的办法,把分散的单件货物组合在一起,成为一个规格化、标准化的大运输单位进行运输。成组运输便于进行机械化、自动化操作,提高运输、装卸效率,减少货损货差,降低运输和搬运成本,使运输速度大幅度提高。货主亦可从中得到好处,譬如享受对成组运输货物的特别优惠运费等。

与普通散件运输相比,成组运输在操作、搬运过程中的优势包括:减少了所需的人工;可使用机械化装卸工具;降低了车辆的周转时间;方便了装卸和积载;操作更为安全;运输过程中的破损和盗失的可能性大为降低;简化了托运标记和标签的使用。

成组运输的突出优点使其成为物流运输过程中货物搬运和运输的重要形式和未来方向。为了推动成组运输方式的广泛使用,各行各业的大型企业纷纷建立起适合本企业产品的标准包装系列,每种可供包装一定数量的产品,同时又可以与成组运输的托盘或集装箱的标准尺寸相匹配。这样,企业在收到订单时,可以立即根据订单数量选择适合的包装,不仅使货物能够更容易地适合成组运输,而且可以更快速地预订运输舱位。

目前,世界各国最常用的成组运输形式包括托盘运输和集装箱运输,下文即对这两种运输形式进行简单介绍。

① 托盘运输

欧洲海关大会将国际运输中所使用的托盘定义为:"一种装置,一定数量的货物码放在其层板上,形成一组货物以供运输或用机械化设备对其进行搬运、码放。该设备一般包括被托架分开的两个层板或由支脚支撑的单层。其总高度恰好适于利用叉车和托盘车对其进行搬运,可以有或没有上层结构。"

托盘运输的优势主要表现在加速货物搬运和降低运输成本方面。使用托盘,货物可以充分利用叉车搬运,并与集装箱配合完成远洋运输,带来时间和成本的大量节约。

然而,在推广货物的托盘化运输过程中,也存在许多问题。其中问题之一是托盘的所有权与回收问题。通常,每个使用托盘的货主或货运公司都拥有自己的托盘,在运输结束后,要将这些托盘全部返回所需的成本相当巨大。对此,曾经有人提出使用"低成本的一次性托盘",然而由于这种托盘的制作成本较低,往往难以达到可供装载货物和叉车移动的坚固程度。在实际运用中,通常还需要用塑料对其进行加固,其实用性因此大打折扣。

迄今为止,托盘化在运输中的运用远未达到人们预期的广泛程度。究其原因,除了上述托盘使用中的问题外,还有托盘自身的局限性。与集装箱相比,托盘的缺陷包括:托盘对货物的保护有限;搬运托盘仍需要较多的劳动;托盘货物不密封,因而不能捆绑运输;单个托盘运输起来不经济。此外,各国之间还未能达成托盘的统一标准,也是制约托盘在国际运输中使用的重要原因之一。

② 集装箱运输

集装箱是运输包装货或无包装货的成组运输工具(容器)的总称。它产生于英国,发展于美国。20世纪60年代开始的运输集装箱化,被人们称为国际运输业的一次革命。此前,国际航运中的班轮经营者面临着提高效率的难题。虽然使用快速的船舶可以使航行时间大大缩短,但由于船舶在港口的滞留、不断上涨的装卸搬运费用而使整体优势大打折扣。集装箱的产生和发展使这些问题带来的损失降到最低。

国际标准化组织(International Standards Organization,ISO)对集装箱进行了详细的定义。他们将货运集装箱描述为一种运输设备,应满足以下要求:具有足够强度,能长期反复使用;中途转运无须移动箱内货物,可直接换装;可进行快速装卸,并可以从一种运输工具方便地换装到另一种运输工具;便于货物的装满或卸空;内容积达到1立方米或1立方米以上。

在集装箱运输中,集装箱是运输设施的一个组成部分,普通的货运集装箱是长方体,能不受天气影响运输和存储一定数量的货物(包括包装物或散装物料);能保护其中的货物不受灭失、毁损;能与运输工具分开,以箱为单位对货物进行搬运,转运时其中货物无需重新装卸,从而确保货物不受中途干扰运送到收货人。

集装箱的特点使其在国际货物运输中具有独一无二的优越性。然而,在集装箱使用之初,各国的集装箱大小标准不一,大大影响了集装箱在运输中优势的发挥。为了推动集装箱在国际货物运输中的使用,在西方国家的强烈倡导和越来越多国家的响应下,国际标准化组织终于就国际运输中使用的标准集装箱达成了方案。目前,国际标准化组织ISO/104技术委员会规定的集装箱国际标准为:第一系列共十三种,其宽度均为2 438 mm,长度有四种(12 192 mm、9 125 mm、6 058 mm、2 991 mm),高度有四种(2 896 mm、2 591 mm、2 438 mm、2 438 mm)。目前,世界大多数国家已将国际标准化组织的这个标准确认为国家标准,同时该标准也被劳埃德船级社(Lloyds Register of Shipping)接受。

近年来,为使集装箱适应不同条件下的不同类型货物,在集装箱的设计和制造方面有了许多改进,出现了许多专门类型的集装箱,包括:杂货集装箱,又称通用集装箱。框架集装箱,用来装载不适于装在干货集装箱或开顶集装箱的长大货物、超重货物、轻泡货物、重型机械、钢管、裸装机床和设备。罐装集装箱,专门适用于酒类、油类、化学品等液体货物,并为此设计特殊的结构和设备。

此外,还有许多专用的集装箱。例如,专门用于运输汽车,可多层装货的汽车集装箱;可通风且带有喂养装置的活牲畜集装箱;专用于运输生皮等渗漏性货物的兽皮集装箱;专供挂运成衣的挂衣集装箱等。

(2) 国际多式联运

如前所述,由于各种运输方式具有不同的物理性质和经济性能,其适应范围也各不相同。因此,在实际物流运作过程中,越来越多的货物开始采用联合运输方式,以发挥各方式的优势,获得最佳的效益。

多式联运(Multi modal Transportation),本书指国际多式联运,是在集装箱运输的基础上产生发展起来的现代运输方式。多式联运是按照多式联运合同,以至少两种不同的运输方式,由多式联运经营人将货物从一国境内接管货物的地点运至另一国境内指定交付货物的地点。在经济全球化的当今时代,多式联运在国际贸易运输中发挥着举足轻重的作用。

多式联运的优势:① 降低了传统分段运输的时间损失以及破损、盗失风险;② 减少了分段运输的有关单证和手续的复杂性;③ 降低了全程运输的各种相关费用;④ 货主只需与多式联运经营人一方联系,多式联运经营人对托运人的货物负全程责任;⑤ 多式联运经营人提供的全程运费更便于货主就运价与买方达成协议;⑥ 运输成本的降低有助于产品总物流成本的降低,从而提高产品的市场竞争力。

一般而言,物流运作过程中所采用的具体运输联合方式受多方因素影响,包括:销售形式、合同条款、营销策略、客户服务水平、运输目的地、运输线路、中转地、货物特性、可用的运输方式及其特性等。

国际货物运输中几种比较重要的联合运输方式包括:

① 海—空(Sea-Air)联运

这种联合方式兼有海运的经济性和空运的速度,在远东—欧洲的国际贸易中运用越来越广泛,适用于电器、电子产品、计算机和照相器材等高价值商品以及玩具、时装等季节性需求较强的商品。

② 海—铁(Sea-Train)联运

这是一种铁路和海运联合的运输方式,最初产生于美国。它类似于滚装运输系统,所不同的是滚装的工具是火车车厢,这种方式将不同大陆的铁路系统通过海上运输工具连接起来,适于重型货物的运输。

③ 航空—公路(Air-Road)联合

长途运输(尤其是国际长途运输)中,航空与公路的联合十分常见,行包运输和杂货运输,就常使用该种联合方式。在欧洲和美国,很多航空货物由卡车经长途运输到达各大航空公司的基地,再由飞机运往目的地。欧洲的许多大型航空公司为此建立了卡车运输枢纽作为公路运输经营的据点。

④ 铁路/公路—内河(Rail/Road-Inland)与海上—内河(Sea-Inland)

在内河运输较方便的地区,使用内河运输方式与公路、铁路运输方式联合可以利用内河运输廉价的特点。例如,我国的北煤南运就常使用该种联运方式。公路—内河联运的方式是一些内河运输网发达的国家或地区(如欧洲莱茵河流域、北美五大湖区)在国际物流运作时使用的联运方式。通常,出口货物首先使用内河运输方式从内陆地区运到出口港口,通过海运方式再由港口运输到目的国。目前,欧洲已有一些国家使用一种河海两用的船舶,使得货物无需经过海港中转就可直接从内河港口运到海上,出口各国。

⑤ 微型陆桥(Mini-Landbridge)

微型陆桥系统实际是一种国际铁海或公路/海运联运的形式。它由海运承运人签发全程提单,货主的集装箱货物,先由船舶从一国海港运到另一国海港,再由铁路承运人将货物运至内陆目的地。常见于美国/远东、美国/欧洲、美国/澳大利亚等区间的国际贸易运输线路。

⑥ 陆桥(Land-Bridge)

陆桥系统是通过海—陆或海—陆—海路线运输集装箱跨越大陆。这里,铁路运费也是由签发全程提单的海运承运人按集装箱支付的。

陆桥系统常见于以下重要的国际集装箱运输线:欧洲或中东与远东之间经西伯利亚大陆桥或新亚欧大陆桥;欧洲与远东之间经大西洋到达美国或加拿大太平洋沿岸,使用北美陆桥。

⑦ 驮背运输(Piggyback)

驮背运输是一种公路和铁路联合的运输方式,在北美和欧洲已经十分普遍。它既有铁路在长距离运输中的速度与可靠性,又具有公路运输在货物集散中的门到门和灵活性优势,因此是高效物流运作的最佳运输备选方案之一。

驮背运输在实际运作中主要有以下三种形式:

拖车(Traitor)与挂车(trailer):货物装在挂车里,用拖车运到火车站。在火车站,挂车被运上火车的平板车厢,拖车则与挂车分离。在目的地车站,再使用拖车将挂车拖运到收货人的仓库。

挂车列车(Trailer car):是一种公路和铁路两用的挂车,这种公铁两用挂车在公路上用自己的轮子挂在公路拖车后面行驶,到达火车站时,将其在公路上行驶时使用的轮子收起来,放上火车轮架,就可以在铁轨上行驶。到达目的地后,又可以还原成公路运输工具,用公路拖车将其运到客户的仓库。该技术在一些亚太地区的发展中国家(如印度)也有使用。

铁公路(Iron Highway):是20世纪90年代引人注目的一项联运新技术。所谓"铁公路"就是自己有动力,能够行驶和自动装货的火车车厢,它不需要机车、吊车和转辙装置,而是自带一套独特的装货设备。由于"铁公路"的出现,铁路公司已能直接进行"门到门"运输,而不必依赖于卡车。在800公里运距以内,"铁公路"系统比公路系统更优越,因为它不但可靠,而且费用低。

三、运输合理化的有效措施

1. 提高运输工具实载率

提高实载率的意义在于充分利用运输工具的额定能力,减少车船空驶和不满载行驶的时间,减少浪费,从而求得运输的合理化。我国曾在铁路运输上提倡"满载超轴"。其中,"满载"的含义就是充分利用货车的容积和载重量,多载货,不空驶,从而达到合理化的目的。这种做法对推动当时运输事业的发展起到了积极作用。在铁路运输中,采用整车运输、整车拼装、整车分卸及整车零卸等具体措施,都是提高实载率的有效途径。

2. 减少动力投入,增加运输能力

这种合理化的要点是少投入、多产出,走高效益之路。运输的投入主要是基础设施的建设和能耗,在设施建设已定型和完成的情况下,尽量减少能源投入,是少投入的核心。做到了这一点就能大大节约运费,降低单位物品的运输成本,达到合理化的目的。一般有效增加运输能力的措施有以下几种:

① 满载超轴:超轴的含义就是在机车能力允许情况下加挂车皮。我国在客运紧张时,也采取加长列车、多挂车皮的办法,在不增加机车的情况下增加运输量。

② 水运拖排和拖带法:竹、木等物品的运输,可不用运输工具载运,而利用竹、木本身浮力,采取拖带法运输,能节省运输工具本身的动力消耗,从而求得运输合理化;将无动力驳船编成一定队形,一般是"纵列",用拖轮拖带行驶,比船舶载乘运输运量大。

③ 顶推法:这是我国内河货运采取的一种有效方法。将内河驳船编成一定队形,由机动船顶推前进。其优点是航行阻力小,顶推量大,速度较快,运输成本低。

④ 汽车挂车法:这种方法的原理与船舶拖带、火车加挂基本相同,都是在充分利用动力能力的基础上,增加运输能力。

3. 发展社会化运输体系

运输社会化的含义是发展运输的大生产优势,实行专业分工,打破一家一户自成运输体系的状况。实行运输社会化,可以统一安排运输工具,避免对流、倒流、空驶、运力不当等多种不合理形式,不但可以追求组织效益,而且可以追求规模效益,所以发展社会化的运输体系是运输合理化的重要措施。

目前,我国铁路运输的社会化运输体系已较完善,而在公路运输中,小生产作业方式非常普遍,是推动发展社会化运输体系的重点。

4. 开展中短距离铁路公路分流,"以公代铁"的运输

这一措施的要点是在公路运输经济里程范围内,尽量利用公路。这种运输合理化的表现主要有两点:一是对于比较紧张的铁路运输,用公路分流后,可以得到一定程度的缓解,从而加大这一区段的运输通过能力;二是充分利用公路从门到门和在中途运输中速度快且灵活机动的优势,实现铁路运输服务难以达到的水平。我国"以公代铁"目前在杂货、日用百货运输及煤

炭运输中较为普遍,运输距离一般在 200 公里以内,有时可达 700~1 000 公里。

5. 分区产销平衡合理运输

在组织物流过程中,按某种货物的生产区固定于一定的消费区。根据产销的分布情况和交通运输条件,在产销平衡的基础上,按照近产近销的原则,组织货物运输,使货物经过最短的里程。它的适用范围主要是品种单一、规格简单、生产集中、消费分散和生产分散、消费集中、调运量大的货物,如煤炭、木材、水泥、粮食、生猪、矿建材料等。实行这一办法,有利于加强产、供、运、销的计划性,消除不合理运输,充分利用地方资源,促进生产合理布局,降低物流费用,节约国家运输能力。

6. 直达运输

在组织货物运输过程中,越过商业、物资仓库环节或铁路、交通中转环节,把货物从产地或起运地直接运到销地或用户,以减少中间环节。对生产资料来说,由于某些物资体太笨重,一般采取由生产厂矿直接供应消费单位(生产消费),实行直达运输的办法,如煤炭、钢材、建材等。在商业部门,则根据不同的商品,采取不同的运输方法。有些商品规格简单,可以由生产工厂直接供应到三级批发、大型商店或用户,越过二级批发环节,如纸张、肥皂等。

7. 组织"四就"直拨运输

一般批量运到的货物,首先要进分配部门或批发部门的仓库,然后再按程序分拨或销售给客户。这样往往出现不合理运输。"四就"直拨首先由管理机构预先筹划,然后就厂、就站、就库、就车(船)将货物分送给客户。

8. 合装整车运输

合装整车运输主要适用于商业、供销等部门的散件杂货运输,即把同一方向不同到站的零担货物,集中组配在一个车皮内,运到一个适当车站,再中转分运。在铁路货运中有两种托运方式,一是整车,二是零担,两者之间的运价相差很大。采取合装整车的办法,可以减少一部分费用并节约社会劳动力。

9. 提高技术装载量

提高技术装载量是组织合理运输,提高运输效率的重要内容。它一方面最大限度地利用车船载重吨位;另一方面充分使用车船装载容积。其主要做法有以下几种:

① 组织轻重配装。即把实重货物和轻泡货物组装在一起,既可以充分利用车船装载容积,又能达到装载重量,以提高运输工具的使用效率。

② 实行解体运输。对一些体大笨重,不易装卸又容易碰撞致损的货物,如自行车、科研仪器、机械等,可以将其拆卸分别包装装车,以缩小所占空间,并利于装卸和搬运,以提高运输装载效率。

③ 提高堆积技术。如多层装载、骑缝装载、紧密装载等,以提高运输效率。当然,改进商品包装,逐步实行单元化、托盘化,是提高车船技术装载量的一个重要条件。

第五节　流通加工

一、流通加工的概念、地位及作用

1. 流通加工的概念

流通加工是流通中的一种特殊形式。商品流通是以货币为媒介的商品交换,它的重要职能是将生产及消费(或再生产)联系起来,起"桥梁和纽带"作用,完成商品所有权和实物形态的转移。因此,流通与流通对象的关系,一般是保持流通对象的已有形态,完成空间的位移,实现其"时间效用"和"空间效用"。流通加工则与此有较大的区别,总的来说,流通加工在流通中,仍然和流通总体一样起"桥梁和纽带"作用。但是,它却不是通过"保护"流通对象的原有形态而实现这一作用的,它是和生产一样,通过改变或完善流通对象的原有形态来实现"桥梁和纽带"作用的。

流通加工是在物品从生产领域向消费领域流动的过程中,为了促进销售、维护产品质量和提高物流效率,对物品进行加工,使物品发生物理或化学的变化。

2. 流通加工的地位

(1) 流通加工有效地完善了流通

流通加工在实现时间空间两个重要效用方面,确实不能与运输和储存相比,因而,不能认为流通加工是物流的主要功能要素。流通加工的普遍性也不能与运输、储存相比,流通加工不是所有物流中必然出现的。但绝不是说流通加工不重要,实际上它也是不可轻视的,是起着补充、完善、提高、增强作用的功能要素,它能起到运输、储存等其他功能要素无法起到的作用。所以,流通加工的地位可以描述为是提高物流水平,促进流通向现代化发展的不可缺少的形态。

(2) 流通加工是物流中的重要利润源

流通加工是一种低投入高产出的加工方式,往往以简单加工解决大问题。实践证明,有的流通加工通过改变装潢使商品档次跃升而充分实现其价值,有的流通加工将产品利用率一下子提高,这是采取一般方法提高生产率所难以企及的。根据我国近年来的实践,流通加工向流通企业提供利润绝不亚于企业从运输和储存中挖掘的利润,故它是物流中的利润源。

(3) 流通加工在国民经济中也是重要的加工形式

在整个国民经济的组织和运行方面,流通加工是其中一种重要的加工形态,对推动国民经济的发展、完善国民经济的产业结构和生产分工有一定的意义。

3. 流通加工的作用

(1) 提高原材料利用率

利用流通加工环节进行集中下料,是将生产厂直运来的简单规格产品,按使用部门的要求进行下料。例如将钢板进行剪板、切裁;钢筋或圆钢裁制成毛坯;木材加工成各种长度及大小的板材等。集中下料可以优材优用、小材大用、合理套裁,有很好的技术经济效果。

(2) 进行初级加工,方便用户

用量小或临时需要的使用单位,缺乏进行高效率初级加工的能力,依靠流通加工可省去使用单位进行初级加工的投资从而搞活供应,方便了用户。

目前发展较快的初级加工有:将水泥加工成生混凝土,将原木或板方材加工成门窗、冷拉钢筋及冲模异型零件,钢板预处理、整形、打孔等加工。

(3) 提高加工效率及设备利用率

由于建立集中加工点,可以采用效率高、技术先进、加工量大的专门机具和设备。这样做的好处是:提高了加工质量;提高了设备利用率;提高了加工效率。其结果是降低了加工费用及原材料成本。

(4) 充分发挥各种输送手段的最高效率

流通加工环节将实物的流通分成两个阶段。一般来说由于流通加工环节设置在消费地,因此,从生产到流通加工第一阶段输送距离长,而从流通加工到消费环节的第二阶段距离短。第一阶段是在数量有限的生产厂与流通加工点之间进行定点、直达、大批量的远距离输送,可以采用船舶、火车等运载力大的运输工具;第二阶段则是利用汽车和其他小型车辆输送经过流通加工后的多规格、小批量、多用户的产品。这样可以充分发挥各种输送手段的最高效率,加快输送速度,节省运力运费。

(5) 改变功能,提高收益

在流通过程中进行一些改变产品某些功能的简单加工,其目的还在于提高产品销售的经济效益。所以,在流通领域中,流通加工可以成为高附加价值的活动。这种高附加价值的形成,主要着眼于满足用户的需要,通过提高服务功能而取得的,是贯彻物流战略思想的表现,是一种低投入、高产出的加工形式。

二、流通加工的主要形式

1. 钢板剪板

热轧钢板和钢带、热轧厚钢板等板材最大交货长度常可达7~12米,有的是成卷交货,对于使用量不大的企业来讲,单独设置剪板、下料的设备闲置时间长、人员浪费大。流通加工点进行钢板的剪板及下料加工可以有效地解决上述弊病。

剪板加工是在固定地点设置剪板机进行下料加工或设置切割设备将大规格钢板裁小,或切裁成毛坯,降低销售起点,便利用户。

2. 集中开木下料

在流通加工点将原木锯截成各种规格锯材,同时将碎木、碎屑集中加工成各种规格板材,甚至还可进行打眼、凿孔等初级加工。过去用户直接使用原木不但加工复杂、加工场地大、加工设备多,更严重的是资源浪费大,木材平均利用率不到50%,平均出材率不到40%。若实行集中下料,按用户要求供应规格料,可以使原木利用率提高到95%,出材率提高到72%左右,有相当大的经济效益。

3. 组装加工

自行车及机电设备储运困难较大,主要原因是不易进行包装,如进行防护包装,包装成本过大,而且运输装载困难,装载效率低,流通损失严重,但是,这些货物有一个共同特点,即装配较简单,装配技术要求不高,主要功能已在生产中形成,装配后不需进行复杂检测调试。所以,为解决储运问题,降低储运费用,采用半成品(部件)高容量包装出厂,在消费地拆箱组装的方式。组装一般由流通部门在所设置的流通加工点进行,组装之后随即进行销售。

4. 配煤加工

在使用地区设置集中加工点,将各种煤及一些其他发热物质,按不同配方进行掺配加工,生产出各种不同发热量的燃料,称作配煤加工。这种加工方式可以按需要发热量生产和供应燃料,防止热能浪费,或出现由于发热量过小而不能满足使用要求的情况。工业用煤经过配煤加工还可以起到便于计量控制、稳定生产过程的作用,具有经济及技术价值。

5. 冷冻加工

为解决鲜肉、鲜鱼在流通中的保鲜及装卸搬运问题,采取低温冻结方式的加工。这种方式也用于某些液体商品、药品等。

6. 精制加工

精制加工是在产地或销售地设置加工点,去除无用部分,甚至可以进行切分、洗净、分装等加工。这种加工不但大大方便了购买者,而且还可以对加工的淘汰物进行综合利用。例如,鱼类的精制加工所剔除的内脏可以制成某些药物或饲料,鱼鳞可以制成高级粘合剂,头尾可以制成鱼粉等;蔬菜的加工剩余物可以制成饲料、肥料等。

7. 分选加工

农副产品规格、质量离散情况较大,为获得一定规格的产品,采取人工或机械分选的方式加工称分选加工,广泛用于果品、粮食、棉花、皮毛原料等。

8. 分装加工

许多生鲜食品零售起点较小,为保证高效输送出厂,包装则较大,也有一些是采用集装运输方式运达销售地区。为了便于销售,在销售地区按所要求的零售起点进行新的包装,即大包装改小包装、散装改小包装、运输包装改销售包装,这种方式称分装加工。

三、流通加工合理化

流通加工是流通领域中对生产的辅助性加工,从某种意义上讲,它不仅是生产过程的"延续",实际上是生产本身或生产工艺在流通领域的延续。这个延续可能有正、反两方面的作用,即一方面可能有效地起到补充完善的作用,另一方面可能是对整个过程的负效应。各种不合理的流通加工都会产生抵消效益的负效应。

1. 不合理流通加工的形式

(1) 流通加工地点设置不合理

流通加工地点设置是决定整个流通加工是否有效的重要因素。一般而言,流通加工应设置在进入社会物流之前的产出地,如果将其设置在物流之后的消费地,则不但不能解决物流问题,而且还在流通中增加了一个中转环节,因而是不合理的。

(2) 流通加工方式选择不当

流通加工方式包括流通加工对象、流通加工工艺、流通加工技术、流通加工程度等。流通加工不是对生产加工的代替,而是一种补充和完善。一般而言,可以由生产过程延续或轻易解决的都不宜再设置流通加工。流通加工方式选择不当,会出现与生产夺利的情况。

(3) 流通加工作用不大,形成多余环节

有的流通加工过于简单,或对生产及消费者作用都不大,成了多余环节。这也是流通加工不合理的重要形式。

(4) 流通加工成本过高

流通加工成本过高,没有经济性,也是流通加工不合理的一种形式。

2. 流通加工合理化的举措

流通加工合理化是指实现流通加工的最优配置,不仅做到避免各种不合理现象,使流通加工有存在的价值,而且做到最优的选择。为避免各种不合理现象,实现流通加工合理化主要考虑以下几方面:

(1) 加工和配套结合

在对配套要求较高的流通中,配套的主体来自各个生产单位,但是,有时完全配套无法全部依靠现有的生产单位完成。进行适当的流通加工,可以有效促成配套,大大增强流通的桥梁与纽带作用。

(2) 加工和配送结合

这是将流通加工设置在配送点中,一方面按配送的需要进行加工,另一方面加工又是配送业务流程中分货、拣货、配货的一个环节,加工后的产品直接投入配货作业。这就无需单独设置一个加工的中间环节,使流通加工有别于独立的生产,而使流通加工与中转流通巧妙地结合在一起。同时,由于配送之前有加工,可使配送服务水平大大提高。这是当前重要的流通加工形式,在煤炭、水泥等产品的流通中已表现出较大的优势。

(3) 加工和合理运输结合

流通加工能有效衔接干线运输与支线运输,促进两种运输形式的合理化。利用流通加工,在支线运输转干线运输或干线运输转支线运输时原来需要停顿的环节,不进行一般的支转干或干转支,而是按干线或支线运输的要求进行适当加工,从而大大提高运输及运输转载水平。

(4) 加工和合理商流相结合

通过加工有效促进销售,使商流合理化,也是流通加工合理化的考虑方向之一。加工和配送的结合,提高了配送水平,强化了销售,是加工与合理商流相结合的一个成功的例证。此外,通过简单地改变包装加工,形成方便的购买量;通过组装加工解除用户使用前进行组装、调试的难处,都能有效地促进商流。

(5) 加工和节约相结合

节约能源、节约设备、节约人力、节约耗费是流通加工合理化重要的考虑因素,也是目前我国设置流通加工,考虑其合理化的较普遍形式。

第六节　配送管理

一、配送的概念

配送概念有许多种表述。日本工业标准表述为,将货物从物流结点送交收货人。日本《物流手册》的表述:生产厂到配送中心之间的物品空间移动叫"运输",从配送中心到顾客之间的物品空间移动叫"配送"。美国《物流管理供应链过程的一体化》表述:实物配送这一领域涉及将制成品交给顾客的运输……实物配送过程,可以使顾客服务的时间和空间的需求成为营销的一个整体组成部分。

我国出版的《现代物流学》的表述:配送是以现代送货形式实现资源最终配置的经济活动,

按用户订货要求,在配送中心或其他物流结点进行货物配备并以最合理方式送交用户。

配送是指对局域范围内的客户进行的多客户、多品种、按时联合送货活动。配送活动是指根据区域范围内各个客户所需要的各个品种要求,对配送中心的库存物品进行拣选、加工、包装、分割、组装、分装上车,并按一定路线循环一次送达各个用户的物流活动。

二、配送的发展历程

1. 萌芽阶段的配送

配送最早出现于20世纪60年代初期,在这个时期,物流运动中的一般性送货开始向备货、送货一体化方向转化。从形态上看,初期的配送只是一种粗放型单一性的活动,其活动范围很小,规模也不太大。在这个阶段,企业开展配送活动的主要目的是为了促进产品销售和提高其市场占有率。因此,在发展初期,配送主要是以促销手段的职能来发挥其作用的。

2. 发育阶段的配送

20世纪60年代中期直至80年代,在一些发达国家,随着经济发展速度的逐步加快,与此相关货物运输量的急剧增加和商品市场竞争的日趋激烈,配送得到了进一步发展。在这个时期,欧美一些国家的实业界相继调整了仓库结构,组建设立了配送组织或配送中心,普遍开展了货物配装、配载及送货上门活动。这期间,不但配送的货物种类日渐增多,而且配送活动的范围也在不断扩大。例如,在美国,已经开展了州际间的配送;在日本,配送的范围则由城市扩大到了区域。从配送形式和配送组织上看,在这个时期,曾试行了共同配送,并且建立起了配送体系。

3. 成熟阶段的配送

20世纪80年代以后,受多种因素影响,配送有了长足发展。在这个阶段,配送已演化成了广泛的、以高新技术为支撑手段的系列化、多功能性的供货活动。具体表现如下:

(1) 配送区域进一步扩大

近几年,实施配送制的国家已不再限于发达国家,许多发展中国家也按照流通社会化的要求试行了配送制,并且积极开展了配送活动。就发达国家而言,配送的活动范围也已经扩大到省际和国际。

(2) 劳动手段日益先进

技术不断更新,劳动手段日益先进,是成熟阶段配送活动的一个重要特征。发达国家在开展配送活动的过程中,普遍采用了诸如自动分拣、光电识别、条码等先进技术,并且建立起了配套的体系和配备了先进的设备,如无人搬运车、分拣机等,由此,大大提高了配送作业效率。

(3) 配送的集约化程度明显提高

随着市场竞争日趋激烈及企业兼并速度明显加快,配送组织和企业的数量在逐步减少。但是,其总体实力和经营规模却与日俱增,配送的集约化程度不断提高。由于配送组织相对集中,故配送系统处理货物的能力有了很大提高。

(4) 配送方式的日趋多样化

由于经济发展的外部环境发生了变化,不但配送规模和配送活动的范围明显在扩大,而且配送作业方式和形式也逐渐多了起来。在配送实践中,除了存在着独立配送、直达配送等一般性的配送形式以外,人们又推出了许多种新的配送方式。如共同配送、即时配送和交货代理配送等方式。

三、配送形式

1. 按实施配送的节点不同进行分类

（1）配送中心配送

这种配送的组织者是配送中心，规模大，有配套的实施配送的设施、设备和装备等。配送中心配送专业性较强，和用户一般有固定的配送关系，一般实行计划配送。需配送的商品通常有一定的库存量，一般情况下很少超越增加的经营范围。配送设施及工艺是按用户需求专门设计的，所以，配送中心具有配送能力强、配送品种多、数量大等特点，可以承担企业物资的配送及实行补充性配送等，是配送的主要形式。

（2）仓库配送

一般是以仓库为据点进行的配送，也可以是以原仓库在保持储存保管功能前提下增加一部分配送职能，或经过对原仓库的改造使其成为专业的配送中心。由于其并不是按配送中心形式专门设计和建立的，所以一般来讲，仓库配送规模较小，配送的专业化较差。但是由于利用原仓库的储存设施及能力、收发货场地、交通运输路线等，所以既是开展中等规模的配送可以选择的形式，同时也是利用现有条件而不需要大量投资的形式。

（3）商店配送

这种配送的组织者是商业或物资的门市网点。商店配送形式是除自身的零售业务外，按用户的要求将商店经营的品种配齐，或代用户外订外购一部分本店平时不经营的商品，和本店经营的品种配齐后送达用户。因此，从某种意义上讲，它是一种销售配送形式。

（4）生产企业配送

配送业务的组织者是生产企业，尤其是进行多品种生产的生产企业。这些企业可以直接从本企业开始配送，而不需要再将产品发送到配送中心进行中心配送。

由于避免了一次物流中转，所以生产企业配送具有一定的优势，但是由于生产企业尤其是现代生产企业，往往进行大批量低成本生产，品种较为单一，因此无法象配送中心那样依靠产品凑整运输取得优势。实际上，生产企业配送不是配送的主体，它只是在地方性较强的产品生产企业中应用较多，比如就地生产和消费的食品、饮料、百货等。

2. 按配送服务方式进行分类

（1）定时配送

定时配送是指按规定的时间间隔进行配送，每次配送的品种数量可按计划执行，也可以在配送之前已商定的联络方式通知配送时间和数量。由于这种配送方式时间固定，易于安排工作计划，易于计划使用车辆，对于用户来讲也易于安排接货的力量（如人员、设备等）。但是，由于配送物品种类变化，配货、装货难度较大，因此如果要求配送数量变化较大，也会使安排配送运力出现困难。

（2）定量配送

定量配送是指按规定的批量，在一个指定的时间范围内进行配送。这种配送方式由于配送数量固定、备货工作较为简单，所以可以通过与用户的协商，按托盘、集装箱及车辆的装载能力确定配送数量，能够有效利用托盘、集装箱等集装方式，也可以做到整车配送，运力利用也较好。对于用户来讲，每次接货都处理同等数量的货物，有利于人力、物力的准备工作。

（3）定时定量配送

这种方式是按照规定的配送时间和配送数量进行配送,兼有定时配送和定量配送的特点。对配送服务的企业要求比较严格,管理和作业难度较大,由于其配送的计划性强、正确性高,这种方式计划难度较大。由于适合采用的对象不多,很难实行共同配送等配送方式,因而成本较高。这种配送方式相对来说比较适合生产和销售稳定、产品批量较大的生产制造企业和大型连锁商场的部分商品配送。

(4) 定时定路线配送

这种配送方式是通过对客户分布状况的分析,设计出合理的运输配送路线,根据运输路线达到站点的时间表研究规定的运行路线进行配送,这种配送方式一般由客户事先提出商品需求计划,然后按规定的时间在确定的站点接受商品,以便安排运送和接货工作,比较适用于消费者集中的地区。采用这种方式有利于配送企业依次对多个用户实行共同配送,无须每次决定货物配装、配送路线、配车计划等问题,因而易于管理,配送成本较低。

(5) 即时配送

这种配送是完全按用户提出的时间要求和商品品种、数量要求及时地将商品送达指定的地点,它是一种灵活性很高的应急配送方式。即时配送可以满足客户的临时性急需,对配送速度及时间要求严格,因此,通常只有配送设备完备、具有较高管理和服务水平及作业组织能力和应变能力的专业化配送机构才能较广泛地开展即时配送业务。完善和稳定的即时配送服务可以使用户保持较低的库存水平,真正实现"准时制"生产和经营。

(6) 共同配送

共同配送是为了提高物流效益,对许多用户一起配送,以追求配送合理化为目的的一种配送形式。即几个配送中心联合起来,共同制订计划,共同对某地区用户进行配送,具体执行时共同使用配送车辆。具有降低配送成本;减少配送网点及设置,节约社会资源;同时也减少了车辆行驶,改善了交通及环境等优点。

共同配送可分为以下几种形式:

1) 按加工程度的不同分为:加工配送和集成配送。加工配送与流通加工相结合,在配送据点设置流通加工作业,或是流通加工与配送据点组成一体实施配送业务。集成配送只改变产品数量组成形式,而不改变产品本身的物理、化学性质,并与干线运输相配合。如大批量进货后小批量多批次发货,或零星集货后形成一定批量再送货等。

2) 按配送企业专业化程度分为:综合配送和专业配送。综合配送是指配送商品种类较多,在一个配送网点中组织不同专业领域的产品向用户配送。一般只是在形状相同或相近的不同类产品方面实行综合配送,而对于差别过大的产品难以综合化。专业配送是按产品性质和状态划分专业领域,实际上在同一形状而类别不同的产品方面也是有一点综合性的。例如中小件杂货配送,金属材料配送,燃料煤、水泥、木材、平板玻璃、化工产品、生鲜食品等的配送,都属于专业配送。

四、配送业务程序

1. 制订配送计划

配送虽然是一种物流业务,但商流是制订配送计划的依据。首先决定何时何地向何处送货,然后由配送中心安排恰当的动力、路线、运量,以便使商品安全、及时地送达用户。制订配送计划的主要依据是:

（1）根据订货合同的副本，确定货物送达地、接货人、接货方式及用户订货的品种、规格、数量、送货时间等。

（2）根据配送商品的性态、运输要求，决定运输工具及装卸搬运方法。

（3）根据分日分时的运力配置情况，决定是否要临时增减配送业务。

（4）充分考虑配送中心到送达地之间的道路水平和交通条件。

（5）调查各配送地点的商品品种、规格、数量是否能保证配送任务的完成。

2. 配送计划的下达

配送计划制订后，可以通过计算机或表格的形式及时下达用户和配送点，用户按计划做好接货准备，配送点按计划规定的时间、品种、规格、数量发货。

3. 按配送计划组织进货

各配送点接到配送计划后，审核库存商品是否能保证配送计划的完成，当数量不足或目前商品不符合配送计划要求时，要根据配送计划积极组织进货。

4. 配送点下达配送指令

配送点向其运输部门、仓储部门、分货包装部门、财务部门下达配送指令，各部门根据配送指令做好配送工作。

5. 配送发运

理货部门按配送计划将用户所需的商品进行分货和配货，进行适当的包装，并详细标明用户名称、地址、配送时间等，将计划运送给各用户的商品组合、装车，并按配送计划进行发送。

6. 送达

将用户所需的商品按照配送中心所选择的运输工具和运输路线安全、经济、高效地送达用户，并由用户在回执上签字，然后由财务部门进行结算，一次配送活动就此结束。

五、配送方法

1. 配货作业方法

配货作业是将储存的货物按发货要求分拣出来，放到发货场所指定位置的作业活动的总称。配货作业可以采用机械化、半机械化或人工作业，常采取"摘果方式"或"播种方式"完成配货作业。

（1）摘果方式。摘果方式又称挑选方式，它是用搬运车辆巡回于货物保管场所，按配送要求，从每个货位或货架上挑选出所需货物，巡回一次完成一次配货作业。一般情况，这种方式适宜于不易移动或每一用户需要货物品种多而数量较小的情况。

（2）播种方式。播种方式是将需要配送数量较多的同种货物集中搬运到发货场所，然后将每一用户所需要的数量取出，分放到每一货位处，直至配货完毕的过程。这种方式适宜于较容易移动的货物，即储存货物的灵活性较强，以及需要量较大的货物。

2. 车载货物的装配

合理装配是充分利用运输车辆容积、载重量和降低物流成本的重要手段。为了避免运力浪费，推行轻重配装，实现满载满容。事先配装达到满载满容的基本方法是以车辆的最大容积和载重量为限制条件，并根据各种货物的容量、单件货物的体积建立相应的数学模型，通过计算求出最佳方案。

3. 配送路线的确定

配送路线是否合理,直接影响到配送效率和配送效益。确定配送路线所涉及的因素较多,包括用户的要求、配送资源状况、道路拥挤情况等。在配送路线选择的各种方法中,都要考虑配送要达到的目标,以及为实现配送目标的各种限制条件等。

(1) 配送路线确定原则。配送路线确定的原则与配送目标在原则上是一致的,这些原则包括成本要低、效益要高、路线要短、吨公里要小、准时性要高、劳动消耗要少、运力运用合理等。

(2) 配送路线确定的限制条件。实现配送目标总是要受到许多条件的约束和限制。一般来讲,这些约束和限制包括所有用户对货物品种、规格、数量的要求,用户对货物运抵时间的要求,在允许通行的时间内进行配送,车辆载重量和容积的限制,以及配送能力的约束等。

(3) 配送路线的确定方法。确定配送路线的方法有很多诸如方案评价法、数学模型法、经验法、0-1规划法、节约里程法。

六、配送业务模式

1. 商流、物流一体化的配送模式

这种配送结构模式又称配销模式,在这种配送模式下,配送的主体通常是销售企业或生产企业,也可以是生产企业的专门物流机构。这些配送主体不仅参与物流过程同时还参与商流过程,而且将配送作为其商流活动的一种营销手段和策略,即参与商品所有权的让渡和转移,在此基础上向客户提供高水平的配送服务。其主要经营行为是商品销售,配送是实现其营销策略的具体实施手段,主要目的是通过提供高水平的配送服务来促进商品销售和提高市场占有率。其模式结构如图8-1所示:

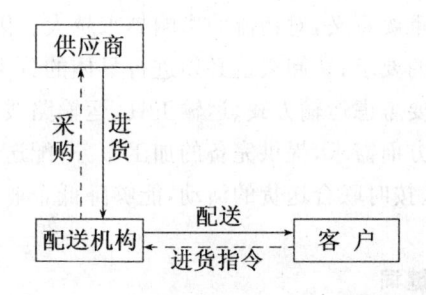

图8-1 商流、物流一体化的配送模式

商流、物流一体化的配送模式对于行业主体来说,由于其直接组织货源及商品销售,因而配送活动中能够形成资源优势,扩大业务范围和服务对象,同时也便于向客户提供特殊的物流服务,满足客户的不同需求。但这种模式对于组织者的要求较高,需要大量资金和管理级数的支持。

2. 商流、物流相分离的配送模式

在这种配送模式下,配送的组织者不直接参与商品的交易活动,即不参与商流过程,它只是专门为客户提供货物的入库、保管、加工、分拣、送货等物流服务,其业务实质上属于"物流代理"。从组织形式上看,其商流与物流活动是分离的,分属于不同的行为主体。其模式结构如图8-2所示:

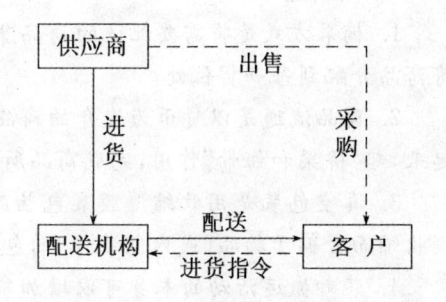

图8-2 商流、物流相分离的配送模式

在这配送模式下,配送企业的业务单一,有利于专业化的形成,提高了物流服务水平;占有资金相对较少,易于扩大服务范围和经营规模;只提供物流代理服务,企业收益主要来自服务费,经营规模较小。

这种模式的主要缺点就是配送机构不直接掌握货源,其调度和调节能力较差,另外对客户的依赖性强,容易随客户的销售不畅而导致自身配送规模的下降,经营的主动性差。

3. 共同配送模式

这是一种配送企业为实现整体配送合理化,而相互进行协作或相互提供物流便利的联合配送形式。它包括配送的共同化、物流资源利用共同化、物流设施设备利用共同化以及物流管理共同化。其标准的运作模式是:在核心企业(或调控中心)统筹安排和统一调度下,各个配送企业分工协作、联合行动,共同对某一地区或某些用户进行配送。其间,各个配送企业可建造共同仓库,也可以共同利用已建成的配送中心及其它企业的配送设施和设备。共同配送模式的运作,不但可以削减物流企业间的不正当竞争,从整体上提高供方取得价格优惠的能力,并实现优势互补,促进企业走上联合的规模经济之路。

本章小结

包装、装卸、保管、运输、流通加工、配送管理都是物流系统的构成要素。这些要素能更好地满足客户需求的多样化和个性化,对于增加物流附加价值,加快物流速度,降低物流成本,都有重要意义,对物流的影响越来越大。因此,应树立正确的包装观念,使之符合规模化和标准化的要求;装卸搬运必须进行具体的分类操作与适当的机械能力配置,以实现合理化;运输必须要考虑运输方式、运输工具、运输路线的选择,实现合理化;流通加工管理应立足于满足顾客各方面需求,提供完备的加工服务;配送是一项复杂的管理活动,是对局域范围的多客户、多品种、按时联合送货的活动,能够降低企业成本,增强竞争力,必须要实现合理配送。

关键词

包装;装卸;保管;运输;配送

Key words

packging;material hanging;warehousing;tranportation;distribution

综合练习

一、判断题

1. 摘果方式是将需要配送的商品集中搬运到发货场,发货场按门店区分不同货位,然后将商品分配到每一货位处。（　　）

2. 商品流通是以货币为媒介的商品交换,它的重要职能是将生产及消费(或再生产)联系起来,起"桥梁和纽带"作用,完成商品所有权和实物形态的转移。（　　）

3. 真空包装是用收缩薄膜裹包物品(或内包装件),然后对薄膜进行适当加热处理,使薄膜收缩而紧贴于物品(或内包装件)的包装技术方法。（　　）

4. 装卸搬运活动的本身可以增加货物的价值和使用价值,但也增加了货物损坏的可能性和成本。（　　）

5. 仓库的基本作业流程可以分为三个阶段,即货物的入库阶段、保管阶段和出库发运阶段。（　　）

6. 生产加工目的在于创造价值和使用价值,而流通加工则在于完善其使用价值并在不作大的改变情况下提高价值。（　）

二、多选题

1. 包装的功能主要有　　　　　　　　　　　　　　　　　　　　　　　　　　　　（　）
   A. 保护　　　　　　B. 便利　　　　　　C. 促进销售　　　　D. 信息传递
2. 按装卸搬运特点分类,装卸可以分为　　　　　　　　　　　　　　　　　　　　（　）
   A. 连续装卸　　　　B. 间歇装卸　　　　C. 垂直装卸　　　　D. 水平装卸
3. 按仓库主要职能的不同划分,仓库可分为　　　　　　　　　　　　　　　　　　（　）
   A. 企业仓库　　　　B. 营业仓库　　　　C. 公用仓库
   D. 农副产品仓库　　E. 专用仓库
4. 基本的运输方式有　　　　　　　　　　　　　　　　　　　　　　　　　　　　（　）
   A. 公路运输　　　　B. 铁路运输　　　　C. 水上运输
   D. 航空运输　　　　E. 管道运输
5. 关于配送的理解正确的是　　　　　　　　　　　　　　　　　　　　　　　　　（　）
   A. 以用户需求为出发点
   B. 效率优先
   C. 配与送的有机结合
   D. 在经济合理的范围内进行
   E. 末端线路活动

三、简答题

1. 为有效地支持企业的物流活动,如何使包装合理化?
2. 如何实现装卸搬运合理化?
3. 货物合理保管的原则是什么?
4. 五种基本的运输方式各有什么特点?
5. 试分析不合理的流通加工方式有哪些?如何实现流通加工的合理化?
6. 请举例说明某种商品的配送模式。

延伸阅读书目

1. 董蕊.供应链管理与第三方物流.北京:中国经济出版社,2003
2. 骆温平.物流与供应链管理.北京:电子工业出版社,2008
3. 吴晓波,耿帅.供应链与物流管理.浙江:浙江大学出版社,2003
4. 王槐林,刘明菲.物流管理学.武汉:武汉大学出版社,2005
5. 邓爱民,张国方.物流工程.北京:机械工业出版社,2002
6. 周万森.仓储配送管理.北京:北京大学出版社,2005
7. 何倩茵.物流案例与实训.北京:机械工业出版社,2004

第九章　物流基础设施

【本章提要】
1. 物流结点的功能与作用；
2. 物流结点的合理布局应考虑的问题；
3. 配送中心的作业流程及其选址；
4. 物流中心的含义、功能与规划；
5. 物流园区与物流中心的异同，物流园区的空间布局模型。

导入案例

国家公路主枢纽济南大桥货运站(济南盖家沟配货中心)是一家专门从事货物运输服务的大型企业，属于国家公路主枢纽场站之一。目前，总建设投资1.2亿元，占地面积21万 m²，地处济青高速、京福高速、220、104、308、309国道交汇处，交通便利，不受交通管制，是辐射济南及周边地区的大型货物集散地。它的特点是：(1) 标准式、花园式仓库，全市储存价格最低；(2) 市区及省内配送已形成体系；单证传递、配送收费、配送售后服务方面较规范；(3) 地处济青、京福高速交汇处，地理位置好，且提送货方便，交通不受管制；(4) 离市区较近，距市中心泉城广场6 km；(5) 24 h全天候服务。

该物流中心配套设施齐全，主要有写字楼、招待所、五羊大酒店、信息交易大厅、两个大型仓库群(每个仓库群有十个左右的平房仓库)、停车场等，规模宏大。为支持信息网络的运行，中心配备了先进的计算机系统，实现网上交易、办公、管理现代化。该配送中心起初的主要业务定位是信息配货、货物仓储、联运配送、物资中转、停车住宿、商贸办公、机械车辆展销、长途客运停靠、汽车加油维修、会议接待、进出口运输代理、大型广告开发等。但在经过一段时间的探索之后，管理者们又把配货中心的定位固定为给物流经营者搭建物流平台，包括信息平台、仓储平台和有形货运平台三个方面。即：① 作为有形货运平台：吸引广大物流经营业户承租经营用房进驻经营，已先后有佳昌物流、佳怡物流、邦达物流、华宇快运等经营较好的物流业主进驻盖家沟配货中心；② 作为信息平台：全国货运信息网，北京亚之桥货运信息咨询有限公司已在该地设立了适合于广大驾驶员应用的信息网，另外，还设立了货运信息交易大厅，可出租给广大经营业户；③ 作为仓储平台或有形货运平台：该中心吸引了海信电脑、厦新电视、海尔集团、亚洲金光纸业(外商独资)及LG电子等大企业租用仓库。还有许多企业租用自己的整体仓库。这为该中心发展城市配送提供了基地。省内的配送形式主要有零担运输、整车运输和空车配货运输服务。

第一节　物流结点

一、物流结点的含义和作用

物流结点的含义有广义和狭义之分。广义的物流结点是指所有进行物资中转、集散和储运的结点，包括港口、火车货运站、公路枢纽、大型公共仓库及现代物流（配送）中心、物流园区等。狭义的物流结点仅指现代物流意义的物流（配送）中心、物流园区和配送网点。

物流的过程，如果按其运动的程度即相对位移大小观察，它是由许多运动过程和许多相对停顿过程组成的。一般情况下，两种不同形式运动过程或相同形式的两次运动过程中都要有暂时的停顿，而一次暂时停顿也往往联接两次不同的运动。物流过程便是由这种多次的"运动——停顿——运动——停顿"所组成。与这种运动形式相呼应，物流网络结构也是由执行运动使命的线路和执行停顿使命的结点这两种基本元素所组成。线路与结点相互联系、相对配置及其结构、组成、联系方式不同，形成了不同的物流网络，物流网络的水平高低、功能强弱则取决于网络中两个基本元素的配置和两个基本元素本身。

全部物流活动是在线路和结点进行的。其中，在线路上进行的活动主要是运输，包括：集货运输、干线运输、配送运输等。物流功能要素中的其他所有功能要素，如包装、装卸、保管、分货、配货、流通加工等，都是在结点上完成的。所以，从这个意义来讲，物流结点是物流系统中非常重要的部分。实际上，物流线路上的活动也是靠结点来组织和联系的，如果离开了结点，物流线路上的运动必然陷入瘫痪。

现代物流网络中的物流结点对优化整个物流网络起着重要作用，从发展来看，它不仅执行一般的物流职能，而且越来越多地执行指挥调度、信息处理等神经中枢的职能，是整个物流网络的灵魂所在，因而更加受到人们的重视。所以，也称之为物流据点，对于特别执行中枢功能的又称物流中枢或物流枢纽。

物流结点是现代物流中具有较重要地位的组成部分，这是因为物流学形成初期，学者们和实业家都比较偏重于研究物流若干基本功能，如运输、储存、包装等，而对结点的作用认识不足。物流系统化的观念越是增强，就越是强调总体的协调、顺畅，强调总体的最优，而结点正是处在能联结系统的位置上，总体的水平往往通过结点体现，所以物流结点的研究是随现代物流的发展而发展的，也是现代物流学研究的新方向。

二、物流结点的功能

1. 衔接功能

物流结点将各个物流线路联结成一个系统，使各个线路通过结点变得更为贯通而不是互不相干，这种作用称之为衔接功能。衔接功能主要是指通过转换运输方式，衔接不同运输手段；通过装卸搬运衔接储存和运输；通过集装箱、托盘等集装处理衔接整个"门到门"运输，使之成为一体。

2. 信息功能

物流结点是整个物流系统或与其他结点相接物流的信息传递、收集、处理、发送的集中地，这种信息作用是复杂物流能联结成有机整体的重要保证。现代物流系统中的物流结点越来越多地执行指挥调度、信息处理等神经中枢的职能,物流线路上的运动一旦离开物流结点的调度、衔接,就会陷入混乱。

3. 集散功能

将分散的货物汇集起来,或集中的货物分散化,以提高物流的效率,满足顾客的需要。在货物集散过程中,往往还附带进行分拣、包装、冷冻或冷藏等简单加工。

4. 管理功能

物流系统的管理设施大都设置于物流结点,尤其是大型枢纽结点之中,实际上,物流结点大都是集管理、指挥、调度、信息、衔接及货物处理于一体的物流综合设施。整个物流系统的运转是否有序、正常和整个物流系统的效率高低取决于物流结点的管理水平。

5. 储存功能

在现代物流系统中,尽管信息技术和管理水平不断提高,物流系统运转更为顺畅、高效,但由于种种不确定性因素的存在,总需要一定的商品处于储备状态。生产和消费在时间上的差异也需要通过存储加以弥补,而当物流结点的衔接功能不能做到完全连续时,也需要储存作为缓冲。

三、物流结点的分类

在现代物流中,由于各个物流系统的目标不同以及结点在网络中的地位不同,结点的主要作用往往不同。根据其功能可分为以下几类:

1. 转运型结点

它是以连接不同运输方式或不同运输工具的物流结点。铁道运输线上的货站、编组站、车站,水运线上的港口、码头,空运中的空港,不同运输方式之间的转运站、终点站,都属于此类结点。转运型结点除了按运输方式设置外,还可以按运输的对象设置,尤其是那些物流量大、储运过程有特殊要求的货物,常通过专用转运站进行转运作业。常见的专用转运站有集装箱转运站、煤炭转运站、散装水泥转运站、石油转运站等。这种结点上货物停滞的时间较短。

2. 储存型结点

它是以存放货物为主要职能的结点。货物在这种结点上停滞的时间较长,储存型结点除了存放功能外,还要提供保养功能。特别是那些战略性储备仓库,货物储存的时间通常较长。因此,在库房的选择上,合适的地理气象环境、安全性等因素要比交通运输条件更重要。

3. 流通型结点

它是以组织物资在系统中运动包括货物集散、中转、配送等为主要职能的物流结点。流通型物流结点往往与商流相结合,其拥有者多数为流通企业或附属于流通企业集团的物流企业。流通仓库、流通中心、配送中心就属于这类结点。

4. 综合型结点

它是集合了多种功能的大型物流结点,在物流系统中集中于一个结点,全面实现两种以上主要功能,并且在结点中并非独立完成各自功能,而是将若干功能有机结合于一体,有完善设施、有效衔接和协调工艺的集约型结点。这是适应物流大量化和复杂化而产生的,使物流更为精密准确。在一个结点中要求实现多种转化而使物流系统简化,这是物流系统中结点发展的方向之一。

四、物流结点的合理布局

物流结点是组织物流活动的基础条件。由于物资的分布、需求状况、运输条件和自然环境等因素的影响,使得在同一物流网络内的不同地方,设置不同规模的结点、不同的供货范围,其整个物流系统和全社会的经济效益是不相同的,有时差别甚至很大。那么,在已有的客观条件下,在物流网络中如何设置物流结点,才能使物流费用最少而社会效益最佳,对用户的服务质量最好呢?这就是物流结点的合理布局问题。

1. 物流结点设置考虑的问题

物流结点的合理布局是以物流系统和社会的经济效益为目标,用系统学的理论和系统工程的方法,综合考虑物资的供需状况、运输条件、自然环境等因素,对物流结点的设置位置、规模、规划范围等进行研究和设计。进行物流结点布局以费用低、服务好、社会效益高为目标。结点设置应考虑以下问题:① 物流网络内应设置物流结点的数目;② 物流结点的地理位置;③ 各结点的规模(吞吐能力);④ 各结点之间的进货与供货关系。

研究和解决这些问题,一般先通过详细的系统调查,收集资料并进行系统分析,确定一些结点的备选地址,建立模型并对模型优化求解,最后进行方案评价并确定最佳布局方案。

2. 物流结点布局模型的主要约束条件

物流结点布局模型的目标是系统总成本最低,其约束条件主要在于:① 资源点向外提供的资源量不超过其生产能力;② 运达用户的物资等于它的需求;③ 各结点中转物资的数量不超过结点的设置规模(吞吐能力);④ 用户采取自达方式进货时,其每笔调运量不低于订发货起点的限制;⑤ 用户中转进货的物资应尽量集中在一个结点上,以便提高转运效率。

3. 物流结点布局的合理化

为了在不断变化的物流环境中,确保优质的物流服务,降低物流成本,西方一些大的企业在设计自身的物流网络时,出现了两种不同的发展趋势:一种是将物流结点分散化、个性化,将物流网络内的物流结点规模降低,数量增加,更加接近顾客;另一种是将物流结点集约化、综合化,将物流网络内的物流结点规模加大,数量减少,接近货物源。这两种方法各有利弊,都是企业为了适应激烈的市场竞争、建立完善物流网络体制的手段。物流结点分散与物流结点集中的利与弊如表9-1所示:

表9-1 物流结点分散、物流结点集中的利与弊

	利	弊
物流结点分散	1. 可向顾客提供高质量的服务; 2. 规模较小,利于运营服务; 3. 设备机械规模小,所需费用少; 4. 向顾客配送距离较短,配送车辆周转率高。	1. 所需人力较多,人头费负担增加; 2. 库存管理难,掌握实际库存情况也难; 3. 库存量增大; 4. 规模小,不易实现机械化、省力化; 5. 物流网络维护费用增加; 6. 物流系统层次复杂化,系统规模大型化。

续表

	利	弊
物流结点集中	1. 土地、房屋费用下降； 2. 库存减少； 3. 库存集约化，进行一元化管理； 4. 减少劳力； 5. 可以进行多品种配送； 6. 货物量增加，容易实现自动化； 7. 物流网络中物流线路减少，可实现输送合理化。	1. 输送距离延长，时间增多； 2. 为供货、发货、接受订单处理等进行联络耗费时间； 3. 需要处理的商品过多，不易减少耗费时间； 4. 设备、机械费用有可能增多。

4. 物流结点存在的问题和对策

面对物流环境的变化，物流结点一般存在以下问题：① 只追求保管效率，而不重视提高拣选等作业效率；② 以储存、保管为主要目的，没有发挥流通过程中的物流结点的重要作用；③ 配送用库存和保管用库存混在一起，保管效率和作业效率都不高；④ 物流信息系统已很普及，虽然可以清楚地了解物流结点的库存情况，但对整个公司的总体情况却无法掌握；⑤ 仓库配送结点库存的责任不清；⑥ 用于销售的库存和用于生产的库存混在一起，使库存大量增加；⑦ 流通库存分散在许多地方，滞销商品增多；⑧ 掩盖了生产和销售环节上的问题；⑨ 某些结点精简了，但信息和责任权限并未随之精简。

要解决物流结点存在的问题，关键是将库存分为配送用库存和补充用库存。也就是说，要把以配送库存为核心的单纯完成配送功能的配送中心，和以向配送中心补充货物、完成保管功能为核心的库存中心明确区分开来。这种库存分为两个处理领域，使之分别发挥作用的系统，称为双重处理系统。

一般来说，使物流结点既提高保管效率又提高物流效益是很困难的。各企业为适应顾客需要，都把改进物流结点的工作和提高配送中心的作业效率当作物流工作的重点。如把物流结点分为前方和后方，将出厂商品的大部分暂时放在后方的库存中心，而在前方的配送中心只存放接受订货最多的畅销商品，以便准确及时地交货，提高库存服务的效率，用以实现优质物流服务。

5. 进行物流结点布局的常用方法

选址在整个物流系统中占有非常重要的地位，主要属于物流管理战略层的研究问题。选址决策就是确定所要配置的设施的数量、位置以及分配方案。这些设施主要指物流网络中的结点，如制造商、供应商、仓库、配送中心、零售商网点等。就单个企业而言，选址决定了整个物流系统及其他层次的结构。反过来，该系统其他层次（库存、运输等）的规划又会影响选址决策。因此，选址与库存、运输成本之间存在密切联系。一个物流系统中设施数量增大，库存及由此引起的库存成本往往会增加。所以，减少设施数量、扩大设施规模是降低库存成本的一个措施。这也部分说明为什么近年来许多地区大量修建物流园区、物流中心，实行大规模配送的原因。

近一二十年来，选址理论发展迅速，各种不同的选址方法也越来越多。特别是电子计算机的广泛应用，促进了物流系统选址问题的研究，为不同方案的可行性分析提供了强有力的手段和多种多样的选址方法。概括起来可归纳为三大类：

（1）解析方法。通过数学模型进行物流结点布局的方法。采用这种方法,首先根据问题的特征、外部条件和内在联系建立其数学模型或图解模型,然后对模型求解,获得最佳布局方案。解析方法的特点是能获得精确的最优解。但是,这种方法对某些复杂问题难以建立恰当的模型,或者由于模型太复杂,求解困难,或要付出相当高的代价,因而这种方法在实际应用中受到一定的限制。采用解析方法建立的模型通常有微积分模型、线性规划模型和整数规划模型等,对某个问题究竟建立什么样的模型,要根据具体分析而定。

（2）模拟方法。物流结点布局的模拟方法是将实际问题用数学方程和逻辑关系的模型表示出来,然后通过模拟计算和逻辑推理确定最佳布局方案,这种方法较解析方法简单。采用这种方法进行结点布局时,分析者必须提供预定的各种结点组合方案以供分析评价,从中找出最佳组合。因此,决策的效果依赖于分析者预定的组合方案是否接近最佳方案,这也是该方法的不足之处。

（3）启发式方法。启发式方法是针对模型的纠结方法而言的,是一种逐次逼近最优解的方法,这种方法对所求得的解进行反复判断、实践修正直至满意为止。启发式方法的特点是模型简单,需要进行方案组合的个数少,因此,只要处理得当,可获得决策者满意的近似最优解。用启发式方法进行结点布局时,一般包括以下几个步骤:定义一个计算总费用的方法;拟定判别标准;规定方案改选的途径;建立相应的模型;迭代求解。

第二节　配送中心

一、配送中心的概念和类别

1. 配送中心的概念

所谓配送中心,就是把多品种、大批量物品从供货人那里通过领货、转运、分拣、保管、流通加工、信息处理,按照顾客的订单把货品配齐,迅速、准确而且方便配送的基础设施。一般来说,作为从事配送业务的物流场所或组织,应符合以下要求:① 为特定的用户服务;② 配送功能健全;③ 完善的信息网络;④ 多品种、小批量;⑤ 以配送为主,储存为辅。

2. 配送中心的类别

配送中心是专门从事货物配送活动的经济实体。随着商品流通规模的日益扩大,配送中心的数量也在不断增加。在为数众多的配送组织中,由于各自的服务对象、组织形式和服务功能不尽一致,因此,从理论上又可以把配送中心分成若干类型。总结、归纳国内外配送中心的运作情况,现实中的配送中心大体上有这样几种类型:

（1）按经济功能分类

① 供应型配送中心。即专门向某些用户供应货物,充当供应商角色的配送中心。在现实生活中,有很多从事货物配送活动的经济实体,其服务对象主要是生产企业和大型商业组织（超级市场或联营商店）,它们所配送的货物以原材料、元器件和其他半成品为主,客观上起着供应商的作用。这些配送中心类似于用户的后勤商店,故属于供应型配送中心。在物流实践中,那些接受客户委托、专门为生产企业配送零件、部件以及专为大型商业组织供应商品的配

送中心即属于供应型配送中心。我国上海地区6家造船厂共同组建的钢板配送中心和服务于汽车制造业的英国 HONDA 斯温登配件中心、美国 SUZUKI MOTOR 洛杉矶配件中心、以及德国 MAZDA MOTOR 配件中心等物流组织就是上述配送中心的典型代表。

由于供应型配送中心担负着向多家用户供应商品(其中包括原料、材料和零配件等)的任务,因此,为了保证生产和经营活动能正常运行,这种类型的配送中心一般都建有大型的现代化仓库和存储一定数量的商品。据此,供应型配送中心的占地面积一般都比较大。以欧美汽车制造业的配送中心为例,据介绍,成立于1987年3月的英国斯温登 HONDA 汽车配件配送中心,其占地面积为150万 m^2,总建筑面积7 000 m^2,经营的配件有6万种。该中心存储货物的能力,大型配件可达1 560间格,小型配件为5万箱左右。位于美国洛杉矶的 SUZUKI 汽车配件中心占地面积4万 m^2,总建筑面积8 200 m^2,经营的汽车配件达1万种。

② 销售型配送中心。以销售商品为主要目的,以开展配送为手段而组建的配送中心属销售型配送中心。在竞争激烈的市场环境下,许多生产者和商品经营者为了扩大自己的市场份额,采取了种种降低流通成本和完善其服务的办法和措施,其中包括:代替客户理货、加工和送货等,为用户提供系列化、一体化的物流服务(商品售前和售后服务)。与此同时,改造和完善了物流设施(如改造老式仓库),组建了专门从事加工、分货、拣选、配货、送货等活动的配送组织——配送中心。很明显,上述的配送中心完全是围绕着市场营销(销售商品)而开展配送业务的。从本质上看,这种配送中心所从事的各种物流活动是服务于商品销售活动的。

因隶属单位不同,销售型配送中心又可细分成三种:第一种,生产企业为了直接销售自己的产品及扩大自己的市场份额而建立的销售型配送中心。在国外,特别是在美国,这种类型的配送中心数量很多。据有关资料介绍,美国加工业的配送中心(如美国 KEEBLER 芝加哥配送中心、美国 NABYKAY COSMTICS 公司所属的配送中心)均为这种类型的配送中心。第二种,专门从事商品销售活动的流通企业,为了扩大销售而自建或合作建立起来的销售型配送中心。近几年,在我国一些试点城市所建立、或正在建立的生产资料配送中心多属于这种类型的物流组织。第三种,流通企业和生产企业联合建立的销售型配送中心。这种配送中心类似于国外的公用型配送中心。

③ 储存型配送中心。实践证明,储存一定数量的物资乃是生产和流通得以正常进行的物质保障。从商品销售的角度来看,在买方市场条件下,由于企业在销售商品的过程中,不可避免地会出现迟滞现象,因此,客观上需要有储存环节予以支持;而从生产的角度看,生产企业常常要存储一定数量的生产资料,以此保证生产连续运转和应付急需。在这种情况下,同样需要设立储存环节予以支持。再从物流运动本身来看,大范围、远距离、高水平地开展配送活动(如开展即时配送),客观上也要求配送组织储存一定数量的商品,在实际生活中,一些大型的配送中心为了满足上述要求相继改造和扩建了仓库,并配置了各种先进的专用设备,随之形成了以储存和配送商品为主要功能的物流组织。不难看出,储存型配送中心是在发挥储存作用的基础上组织和开展配送活动的,这样的配送中心多起源于传统的仓库。在国内外,这种类型的配送中心也不乏其例。中国物资储运总公司天津物资储运公司唐家港仓库即是储存型配送中心的雏型。在国外,瑞士 CIBA——GEIGY 公司所属的配送中心以及美国福来明公司的食品配送中心则是储存型配送中心的典型。上述的瑞士配送中心拥有规模居世界前列的储存仓库,可存储4万个托盘。美国福来明公司的食品配送中心,其建筑面积为7万 m^2,其中包括4万 m^2 的冷库和冷藏库,3万 m^2 的杂货仓库。它经营的商品品种有8.9万个,其中有1 200个

品种是配送业务委托方——美国独立杂货商联盟开发的。

(2) 按物流设施的归属和服务范围分类

① 自用型配送中心。这种类型的配送中心指的是:包括原材料仓库和成品仓库在内的各种物流设施和设备归一家企业或企业集团所拥有,作为一种物流组织,配送中心是企业或企业集团的一个有机组成部分。这种隶属于某一个企业集团的配送中心只服务于集团内部各个企业,通常,它是不对外提供配送服务的。例如,美国沃尔玛商品公司所属的配送中心即是公司独资建立、专门为本公司所属的连锁店提供商品配送服务的自用型配送中心。目前,随着经济的发展,大多数自用型配送中心均已转化成了公用型配送中心。

② 公用型配送中心。顾名思义,这类配送中心是面向所有用户提供后勤服务的配送组织。只要交付服务费,任何用户都可以使用这种配送中心。从归属的角度说,这种配送中心一般是由若干家生产企业共同投资、共同持股和共同管理的经营实体。在国外,也有个别的公用型配送中心是由私人或某个企业投资建立和独自拥有的。此外,据有关资料介绍,在美国,有的公用型配送中心的土地属于某一方,而设施的兴建和经营管理是由专门的经营公司来承担的。公用型配送中心的数量很多,在配送中心总量中,这种配送组织占相当大的比例。

还有一种配送中心被称为合作型配送中心,这种配送中心是由几家企业合作兴建、共同管理的物流设施。合作型配送中心多为区域性配送中心。

(3) 按服务范围和服务对象分类

① 城市配送中心。即只能向城市范围内的众多用户提供配送服务的物流组织。由于在城市范围内,货物的运距比较短,因此,这类配送中心在从事送货活动时,一般都使用载货汽车。由于使用汽车配送物资时机动性强、供应快、调度灵活,因此,在实践中依靠城市配送中心能够开展少批量、多批次、多用户的配送活动,也可以开展"门到门"式的送货业务。

因为城市配送中心的服务对象多为城市里的零售商、连锁店和生产企业,所以,一般来说,它的辐射能力都不太强。在流通实践中,城市配送中心是采取与区域配送中心联网的方式运作的。当前,我国一些试点城市所建立或正在建立的配送中心(如北京食品配送中心、无锡市各专业物资配送中心)绝大多数都属于城市配送中心。在国外,有很多配送中心也属于城市配送中心。

② 区域配送中心。这是一种辐射能力较强,活动范围较大,可以跨市、跨省进行配送活动的物流中心。如美国沃尔玛公司下属的配送中心、荷兰 Nedlloyd 集团所属的国际配送中心以及瑞典 DAGAB 公司所属乔鲁德市布洛配送中心就是这种性质的物流组织。

区域配送中心有三个基本特征:其一,经营规模比较大,设施和设备齐全,并且数量较多、活动能力强。如荷兰的国际配送中心,其业务活动范围更广,该中心在接到订单之后,24 小时之内即可将货物装好,仅用 3～4 天的时间就可把货物运到欧盟成员国的客户手中。该中心不仅在国内外建立了许多现代化的仓库,而且装备了很多现代化的物流设备。其二,配送的货物批量比较大而批次较少。例如,有的区域配送中心每周只为用户配送 3 次货物,但每次配送的货物很多。其三,在配送实践中,区域配送中心虽然也从事零星的配送活动,但这不是它的主要业务。很多区域配送中心常常向城市配送中心和大的工商企业配送商品,这种配送中心是配送网络或配送体系的支柱结构。

(4) 根据所处理或所经营的货物的种类分类

① 经营散装货物的配送中心。在国外,这类配送中心主要是合作型配送中心。其职能

是：向加工厂提供诸如石油、汽油、原材料等物资。该配送中心多设在铁路沿线和沿海地区，我国的煤炭配送中心即属上述类型。

② 经营原材料的配送中心。它的任务是向生产企业配送诸如钢材、木材、建材等物资。在发达国家，这类配送中心多以集装箱的方式配送货物。

③ 经营件货的配送中心。通常指的是配送制成品的物流中心。实践中，上述货物也是用集装箱和托盘来完成运送任务的。

④ 经营冷冻食品的配送中心。这类配送中心有加工、冷冻食品的功能。

⑤ 特殊商品配送中心。这是一种专门处理和运送一些特殊商品（如有毒物品、易燃、易爆物品、特种药品等）的配送中心。这些物流组织通常都设置在人口稀少的地区，并且对所存放的商品须进行特殊的管理。

二、配送中心的功能及其作业流程

1. 配送中心的基本功能

配送中心是专门从事货物配送活动的经济组织，它又是集加工、理货、送货等多种职能于一体的物流结点。配送中心实际上是集货中心、分货中心、加工中心功能之综合。

（1）存储功能

配送中心的服务对象是为数众多的生产企业和商业网点（如：超级市场和连锁店），按照用户的要求及时将各种配装好的货物送交到用户手中，满足生产需要和消费需要。为了顺利而有序地完成任务及更好地发挥保障生产和消费需要的作用，通常配送中心都要兴建现代化的仓库并配备一定数量的仓储设备，存储一定数量的商品。某些区域性大型配送中心和开展代理交货配送业务的配送中心，不但要在配送货物的过程中存储货物，而且它所存储的货物数量更大、品种更多。

（2）分拣功能

作为物流结点的配送中心，其服务的众多企业客户中，彼此之间存在着很多差别：不仅各自的性质不尽相同，而且其经营规模也不一样。在订货或进货的时候，不同的客户对于货物的种类、规格、数量等会提出不同的要求。面对这种情况，为了有效地进行配送，配送中心必须采取适当的方式对组织进来的货物进行拣选，按照配送计划分装和配装货物。这样，在商品流通实践中，配送中心除了能够存储货物，具有存储功能以外，它还有分拣货物的功能，能发挥分拣中心的作用。

（3）集散功能

在物流实践中，配送中心凭借其特殊的地位及各种先进的设施和设备能够将分散在各个生产企业的产品集中到一起，经过分拣、配装，向多家用户发运，如图 9-1 所示。配送中心也可以把各个用户所需要的多种货物有效地组合（或配装）在一起，形成经济、合理的货载批量。配送中心在流通实践中所表现出的这种功能亦即（货物）集散功能，也有人把它称为配货、分放功能。

集散功能是配送中心所具备的一项基本功能。实践证明，利用配送中心来集散货物，可以提高载货汽车的满载率，并由此可以降低物流成本。

（4）衔接功能

通过开展货物配送活动，配送中心能把各种工业品和农产品直接运送到用户手中，客观上

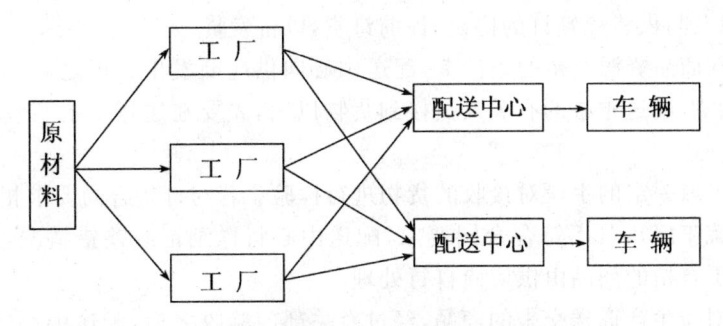

图 9-1 配送中心集散功能示意图

可以起到媒介生产和消费的作用。这是配送中心衔接功能的一种重要表现。此外,通过集货和存储货物,配送中心又有平衡供求的作用,能有效地解决季节性货物的产需衔接问题,这是配送中心衔接功能的另一种表现。

(5) 加工功能

为了扩大经营范围和提高配送水平,目前国内外许多配送中心都配备了各种加工设备,由此而形成了一定的加工(系统加工)能力。这些配送组织能够按照用户提出的要求和根据合理配送商品的原则,将组织进来的货物加工成一定的规格、尺寸和形状,由此形成了加工功能。

加工货物是某些配送中心的重要活动,不但大大方便了用户、省却了后者不少烦琐劳动,而且也有利于提高物质资源的利用率和配送效率。此外,对于配送活动本身来说,客观上则起着强化其整体功能的作用。

2. 配送中心的作业流程

不同类型的配送中心,其作业流程的长短不一,内容各异,但作为一个整体,其作业流程又是统一的、一致的。关于配送中心的作业流程,我们可以从两个方面去进行说明,相应地可以提出一般的作业流程和特殊的作业流程两个概念。

(1) 配送中心的一般作业流程

所谓的一般作业流程指的是:作为一个整体来看待,配送中心在进行货物配送作业时所展现出的工艺流程。从一定意义上说,一般作业流程也就是配送中心的总体运动所展示的工艺流程。

① 接受并汇总订单。无论从事何种货物配送活动,配送组织都有明确的服务对象。无论何种类型的配送中心,其经营活动都是有目的的经济活动。在未曾进行实质性的配送活动之前,都有专门的机构以各种方式收集用户的订货通知单并汇总订单。按照惯例,接受配送服务的各个用户(工商企业和商业网点)一般都要在规定的时间以前将订货单通知配送中心,后者则在截止时间之后将各个用户的订货单进行汇总,以此来确定所要配送货物的种类、规格、数量和配送时间等。

收集和汇总用户的订货单是配送中心组织、调度诸如进货、理货、送货等活动的重要依据,它是配送中心作业流程的开端。

② 进货。配送中心的进货流程包括以下几种作业:

A. 订货。配送中心汇总用户的订货单以后,首先要确定配送货物的种类和数量,然后要查询本系统现有库存物资中有无所需要的现货。如有现货,则转入拣选流程;如果没有或现货数量不足,则要及时向供应商发出订单进行订货。配送中心有时也会根据各用户需求情况或商品销售情况以及与供货商签订的协议,提前订货,以备发货。

　　B. 接货。在商品资源宽裕的条件下,配送中心向供应商发出订单之后,后者根据订单的要求很快组织供货,配送中心的有关人员接到货物以后,先要在送货单上签收,继而还要对货物进行检验。

　　C. 验收。采取一定的手段对接收的货物进行检验。若与订货合同要求相符,则很快转入下一道工序(分拣工序);若不符合合同要求,配送中心将详细记载差错情况,并且拒收货物。按照规定,质量不合格的商品由供应商自行处理。

　　D. 分拣。对于生产商送交来的商品,经过有关部门验收之后,配送中心的工作人员随即要按照类别、品种将其分开,分门别类地存放到指定的仓位和场地,或直接进行下一步操作——加工和选拣。

　　E. 存储。为了保证配送活动正常运行,也为了享受价格上的优惠待遇,有些配送中心常常大批量进货,继而将货物暂时存储起来。由此,在进货流程中又增加了一项存储作业。

　　③ 理货和配货。为了顺利、有序地出货,同时为了便于向众多的客户发送商品,配送中心一般都要各种货物进行整理,并依据订单要求进行组合。理货和配货是整个作业流程的关键环节,也是配送运动的实质性内容。

　　从理货、配货流程的作业内容来看,它是由以下几项作业构成的:其一是加工作业;其二是拣选作业;其三是包装作业;其四是组合或配装作业。具体情况概述如下:

　　A. 加工作业。在配送中心所进行的加工作业,有的属于初级加工活动:如按照用户的要求,把一些原材料切割或裁成一定尺寸的坯件;有的系辅助性加工:如按照与生产企业达成的协议,在配送中心给服装等商品拴上标签、套上塑料袋等;也有的加工作业属于深加工活动:如把蔬菜、水果等食品进行冲洗、切割、过称、分份和装袋等。加工作业属于增值性经济活动,完善了配送中心的服务功能。

　　B. 拣选作业。有人把这项作业称为出货的第一个环节。实际上,它应当属于理货、配货范围。拣选作业就是配送中心的工作人员根据要货通知单(或订货单)从储存的货物中拣出用户所需要的商品的一种活动。

　　目前,随着配送货物数量的不断增加和配送范围的日益扩大,以及配送节奏的明显加快,许多大型的配送中心已经配置了自动化的分拣设备,并开始应用自动分拣技术拣选货物。

　　C. 包装作业。配送中心将用户所需要的货物拣选出来以后,为了便于运输和识别各个用户的货物,有时还要对配备好的货物重新进行包装,并在包装物上贴上标签。这样,在拣选作业之后,常常续接包装作业。

　　D. 配装作业。为了充分利用载货车辆的容积和提高运输效率,配送中心常常把同一条送货路线上不同用户的货物组合、配装在同一辆载货车上,在理货和配货流程中还需完成组配或配装作业。

　　在配送中心的作业流程中安排组配作业,把多家店铺的货物混载于同一辆车上进行配载,不但能降低送货成本,而且可以减少交通流量、改变交通拥挤状况。

　　④ 出货(或送货)流程。这是配送中心的末端作业,也是整个配送流程中的一个重要环节。它包括装车和送货两项经济活动。

　　A. 装车。配送中心的装车作业有两种表现形式:其一是使用机械装卸货物,其二是利用人力装车。通常,批量较大的商品都将其放在托盘上,用叉车进行装车。有些散装货物,或用吊车装车，或用传送设备装车。因各配送中心普遍推行混载送货方式，故装车作业有如下要求：按送货点的先后顺序组织装车，先到的要放在混载货体的上面或外面，后到的要放在下面或里面；要做到轻者在上，重者在下，重不压轻。

B. 送货。一般情况下，配送中心都使用自备的车辆进行送货作业，有时也借助于社会上专业运输组织的力量，联合进行送货作业。此外，为适应不同用户的需要，配送中心在进行送货作业时，常常做出多种安排：有时是按照固定时间、固定路线为固定用户送货；有时也不受时间、路线的限制，机动灵活地进行送货作业。

（2）配送中心的特殊作业流程

所谓的特殊作业流程是指某一类配送中心进行配送作业时所经过的程序。其中包括不设储存库的配送工艺流程和带有加工工序的配送工艺流程。

① 不设储存库的作业流程。在流通实践中，有的配送中心主要从事配货和送货活动，本身不设置储存库和存货场地，而是利用设立在其他地方的公共仓库来补充货物。在其配送作业流程中，没有储存工序。为了保证配货、送货工作顺利开展，有时配送中心也暂存一部分货物，但一般都把这部分货物存放在理货区，不单独设置储货区。实际上，在这类配送中心内部，货物暂存和配货作业是同时进行的。配送生鲜食品的配送中心通常都按照这样的作业流程开展业务活动。

② 加工型配送中心的作业流程。加工型配送中心多以加工产品为主，在其配送作业流程中，储存作业和加工作业居主导地位。由于流通加工多为单品种、大批量产品的加工作业，并且是按照用户的要求安排的，因此，对于加工型的配送中心来说，虽然进货量比较大，但是分类、分拣工作量并不太大。此外，因加工的产品种类较少，一般都不单独设立拣选、配货等环节。加工好的产品可直接运到按用户户头划定的货位区内，并且进行包装、配货。

③ 分货型配送中心的作业流程。分货型配送中心是以中转货物为主要职能的配送组织。一般情况下，这类配送中心在配送货物之前都先要按照要求把单品种、大批量的货物（如不需要加工的煤炭、水泥等物资）分堆，然后再将分好的货物分别配送到用户指定的接货点。其作业流程简单，无需拣选、配货、配装等作业程序。

三、配送中心的内部结构

配送中心的种类很多，其规模大小各异。然而，无论是哪一种类型的配送中心，其内部结构基本上都是相同的。也就是说，各种配送中心都是由指挥系统、管理系统和各种作业区组成的。现以一般性的配送中心为例，分别叙述各个系统的性质和职能。

1. 指挥和管理系统（管理机构）

指挥和管理系统是配送中心的中枢神经。其职能是：对外负责收集和汇总各种信息，并做出相应的决策；对内负责协调、组织各种活动，指挥调度各类人员，共同完成配送任务。就其位置而言，有的集中设在某一区域内，有的则分布在各个作业区，由一个调度中心统一进行协调。

2. 作业区

因配送中心的类型不同，作业区的构成及其面积大小也不尽相同。一般的配送中心，其作业区包括以下几个部分：

（1）接货区。在这个作业区内，工作人员须完成接收货物的任务和货物入库、拣选之前的准备工作，如卸货、检验、分拣等工作。因货物在接货区停留的时间不太长，并且处于流动状态,故接货区的面积相对来说都不算太大。它的主要设施有铁路(或公路)专用线、卸货站台和验货场区。

(2) 储存区。在这个作业区只存储或分类存储着经过检验后的货物。由于所进货物需要在这个区域内停留一段时间,并且要占据一定的位置,因此,相对而言储存区所占的面积比较大。据介绍,这个作业区大体上要占整个作业区面积的一半左右,个别配送中心(如煤炭、水泥配送中心)的储存区面积甚至要占配送中心总面积的一半以上。

储存区是存储货物的场所,在这个区域内一般都建有专用仓库(包括现代化的立体仓库),并且配备着各种设备。其中包括:各种货架、叉车和吊车等起重设备。从位置上看,储存区多设在紧靠接货站台的地方,也有的储存区设在加工区的后面(如荷兰 NEDlloyd 集团所属的国际配送中心)。

(3) 理货区。理货区是配送中心的工作人员进行拣货和配货作业的场所,其面积大小因配送中心的类型不同而异。一般说来,拣选和配货工作量较大的配送中心(或者说,向多家用户配送多种商品只按照少批量、多批次方式配送商品的配送中心),其理货区的面积都比较大;反之,拣选及配货任务不太大的配送中心,其理货区所占的面积也不大。

与其他作业区一样,在理货区内也配备着许多专用设备和设施,其中包括这样一些设备或设施:手推载货车、重力式货架和回转式货架、升降机、传送装置、自动分拣设施等。包括拣选、配货在内的理货作业是配送中心作业流程中的一项重要作业,其效率高低不仅直接影响下道工序的正常操作,而且直接影响整个配送活动的运行质量及其效益。从这个意义上说,理货区是配送中心的重点作业区。

(4) 配装区。由于种种原因,有些分拣出来并配备好的货物不能立即装车发送,而是需要集中在某一场所等待统一发运,这种放置和处理待发送货物的场地就是配装区。在配装区内,配送中心的工作人员要根据每个货主的货物数量进行分放、配车和选择装运方式(单独装运还是混载同运)。因在配装区内货物转瞬即出、停留的时间不长,所以,货位所占的面积不大,相对而言要比储存区小得多。

需要指出的是,有一些配送中心,其配装区是和理货区或发货区合在一起的,因此,配装作业常常融合于其他相关的工序中。此外,因配装作业的主要内容是分放货物、组配货物和安排车辆等,故在这个作业区内除了配置计算工具和小型装卸机械、运输工具以外,没有什么特殊的大型专用设备。

(5) 发货区。发货区是工作人员将组配好的货物装车外运的作业区域。从布局和结构上看,发货区和进货区类似,也是由运输货物的线路和接载货车的站台、场地等组成的。所不同的是,发货区位于整个作业区的末端,而进货区位于首端。

(6) 加工区。有很多从事加工作业的配送中心,在结构上除了设置一般性的作业区以外,还设有配送货加工区。在这个区域内,配备着加工设备,如剪床、锯床、打包机、配煤生产线等。因加工工艺有别,各个配送中心的加工区所配置的设备也不完全相同。和储存区一样,加工区所占的面积也比较大,尤其是煤炭、水泥、木材等生产资料加工区,所占面积更为广大。

四、配送中心的选址和设施

1. 配送中心的选址

配送中心的任务是向用户提供配送服务,其选址极其重要,配送中心位置的恰当与否,关系到配送效率、物流成本以及顾客服务水平,对企业的销售战略会产生重要影响。配送中心的选址既要考虑到配送范围的距离、集货渠道的距离、实际交通状况,又要考虑时间、费用和经济效益等因素。一般地说,如果配送范围广,则配送中心数量少,离顾客的距离远;如果配送范围窄,则要增加配送中心数目,离顾客的距离也就近。选址的一般原则:① 在主要交通网的枢纽处,配送中心和供求地之间交通便利,距离较近;② 以配送圈的重复程度作为与临近配送中心的适当距离;③ 配送中心所在地,土地既宽敞、充足,地价经济,又无建设限制规定的区域;④ 不对周围居民环境造成影响。

2. 配送中心的设施规划

配送中心按功能可分为进货区、储存区、分拣区以及其他功能区,在预定的空间内合理地布置好各功能块的位置是非常重要的。

设施规划与设计的原则如下:

(1) 根据系统的概念运用系统分析的方法求得整体最优化。同时也要把定性分析、定量分析和个人经验结合起来。

(2) 以流动的观点作为设施规划的出发点,并贯穿设施规划的始终,因为企业的有效运行依赖于人流、物流、信息流的合理化。

(3) 从宏观(总体方案)到微观(每个部门、库房、车间),又从微观到宏观的过程。例如,布置设计要先进行总体布置,再进行详细布置。而详细布置方案又要反馈到总体布置方案去评价,再加以修正,甚至从头做起。

(4) 减少或消除不必要的作业流程,这是提高企业生产效率和减少消耗的最有效的方法之一。只有在时间上缩短作业周期,空间上少占容积,物料上减少停留、搬运和库存,才能保证投入的资金最少、生产成本最低。

(5) 重视人的因素。作业地点的设计,实际是人—机环境的综合设计,要考虑创造一个良好、舒适的工作环境。

第三节 物流中心

物流中心是物流网络的结点,具有物流网络结点的系列功能。把握物流中心的含义、类型、功能与地位,是依托不同层次物流设施展开物流活动、指导物流运营与管理的基础。

一、物流中心的含义与类型

1. 物流中心的含义

物流中心一词政府部门、许多行业、企业在不同层次物流系统化中使用得十分频繁,而不同部门、行业、企业的人们对其理解又不尽一致。概括起来,对物流中心的理解可以归纳为以下几种表述:

(1) 物流中心是从国民经济系统的要求出发,所建立的以城市为依托,开放型的物品储存、运输、包装、装卸等综合性物流业务的基础设施。这种物流中心通常由集团化组织经营,一般称之为社会物流中心。

(2) 物流中心是为了实现物流系统化、效率化,在社会物流中心下所设置的货物配送中心。这种物流中心从供应者手中受理大量的多种类型货物,进行分类、包装、保管、流通加工、信息处理,并按众多用户要求完成配货、送货等作业。

(3) 物流中心是组织、衔接、调节、管理物流活动的较大物流结点。由于物流结点的种类很多,但大多可以看作是以仓库为基础,为各物流环节提供延伸服务的依托。为了与传统的静态管理的仓库概念相区别,将涉及物流动态管理的新型物流结点称为物流中心。这种涵义下的物流中心数目较多,分布也较广。

(4) 物流中心是以交通运输枢纽为依托,建立起来的经营社会物流业务的货物集散场所。由于货运枢纽是一些货运站场构成的联网运作体系,实际上也是构成社会物流网络的结点,当它们具有实现订货、咨询、取货、包装、仓储、装卸、中转、配载、送货等物流服务的基础设施、移动设备、通信设备、控制设备,以及相应的组织结构和经营方式时,就具备了成为物流中心的条件。这类物流中心也是构筑区域物流系统的重要组成部分。

(5) 国际物流中心是指以国际货运枢纽(如国际港口)为依托,建立起来的经营开放型的物品储存、包装、装卸、运输等物流作业活动的大型集散场所。国际物流中心必须做到物流、商流、信息流的有机统一。当代电子信息技术的迅速发展,能够对国际物流中心的"三流"有机统一提供重要的技术支持,这样可以大大减少文件数量及文件处理成本,提高"三流"效率。

综上所述,在更一般的意义上,可以将物流中心理解为:是处于枢纽或重要地位的、具有较完整的物流环节,并能将物流集散、信息和控制等功能实现一体化运作的物流结点。将物流中心的概念放在物流系统化或物流网络体系中考察才更有理论和实践意义。物流系统是分为若干层次的,依物流系统化的对象、范围、要求和运作主体不同,应用其概念的侧重点也就有所不同。此外,社会、经济、地理、体制及其他因素,都可能对物流中心的组织设计、组建与运作产生影响,因而,对物流中心作进一步分析是很有必要的。

2. 物流中心的类型

不同类型的物流结点在物流链管理中的主要功能或侧重点亦有所差别,诸如集货、散货、中转、加工、配送等。由于物流中心分布的地理位置及经济环境特征不同,这种主要功能差别带有区域经济发展要求的特点。

(1) 货运枢纽站场

货运枢纽一般是区域性货物运输网络的若干结点(站场)——一系列相关货运站场的集合。货运站场的种类很多,往往涉及大范围多种运输方式以及多种运输方式的协作运营,在区域和全国物流系统化中扮演着十分重要的角色,因而其主要功能和布局也很有特色。货运主枢纽及各类货运站场应属于区域物流设施范畴。从物流高级化发展的趋势分析,货运站场作为区域干线运输的结点,能否与城市物流中心(配送中心)之间很好的衔接并分工协作,是实现更大范围物流合理化的关键环节。

(2) 各类物流中心的类型

① 集货中心。它是将分散生产的零件、生产品、物品集中成大批量货物的物流结点。这样的物流中心通常多分布在小企业群、农业区、牧业区等地域。集货中心的主要功能是:集中货物,将分散的产品、物品集中成批量货物;初级加工,进行分拣、分级、除杂、剪裁、冷藏、冷冻等作业;运输包装,包装适应大批量、高速度、高效率、低成本的运输要求;集装作业,采用托盘系列、集装箱等进行货物集装作业,提高物流过程的连贯性;货物仓储,进行季节性存储保管作业。

② 送货中心。它是指将大批量运抵的货物换装成小批量货物并送到用户手中的物流结点。送货中心运送的多是集装的、散装的、大批量、大型包装的货物,支出的是经过分装加工转换成小包装的货物。此类物流中心多分布在产品使用地、消费地或车站、码头、机场所在地。其主要功能是:分装货物,大包装货物换装成小包装货物;分送货物,送货到零售商、用户;货物仓储。

③ 转运中心。实现不同运输方式或同种运输方式联合(接力)运输的物流设施,通常称为多式联运站、集装箱中转站、货运中转站等。转运中心多分布在综合运输网的结点处、枢纽站等地方。这类物流中心的主要功能是:货物中转,不同运输设备间货物装卸中转;货物集散与配载,集零为整、化整为零,针对不同目的地进行配载作业;货物仓储及其他服务。

④ 加工中心。将运抵的货物经过流通加工运送到目的地或使用地点。这类物流结点侧重于对原料、材料、产品等的流通加工需要,配有专用设备和生产设施。物流过程的加工特点是将加工对象的仓储、加工、运输、配送等形成连贯的一体化作业。这类物流中心多分布在原料产地、产品产地或消费地。经过流通加工后的货物再通过使用专用车辆、专用设备(装置)以及相应的专用设施进行作业,如冷藏车、冷藏仓库、煤浆输送管道、煤浆加压设施,水泥散装车、预制现场等,可以提高物流质量和效率并降低物流成本。

⑤ 配送中心。它是将取货、集货、包装、仓库、装卸、分货、配货、加工、信息服务、送货等多种服务功能融为一体的物流结点,也称为配送中心(城市集配中心)。配送中心是物流功能较为完善的一类物流中心,应分布于城市边缘且交通方便的地带。

⑥ 物资中心。它是依托于各类物资、商品交易市场,进行集货、储存、包装、装卸、配货、送货、信息咨询、货运代理等服务的物资商品集散场所。一些集团企业的物流中心,就是依靠各类物资交易市场而形成的。全国一些有影响的小商品市场、时装市场、布匹市场等也初步形成了为用户提供代购、代储、代销、代运及其他一条龙相关服务的场所和组织;有的已经成为全国性的小商品、布匹、时装等专业性物流中心。目前,此类物流中心的电子信息技术应用水平还很低。

众多不同类型的物流中心说明,因为社会经济背景不同,经济地理、交通区位特征不同,物流对象、性质不同,所形成物流中心模式也不同,强求一律用同一模式限定物流中心的功能和基础设施建设是不切合实际的。但是,不同类型的物流中心应当充分履行其在物流系统化中的功能,既要满足各层次物流的需要,又要避免物流设施重复建设。

对于第三方物流经营者而言,以货运枢纽站场、货运站为依托,建立区域物流中心、城市集配中心,是借助原货运业优势展开延伸服务的基本方式。将原单一功能的集货、送货、中转、贸易中心因地制宜地加以完善,使其成为具有衔接干线运输,能进行城市、厂区配送作业等多功能的物流中心,也是较有利的选择。

3. 综合物流中心

(1) 综合物流中心的定义

综合物流中心是将两种以上不同类型的物流中心集约在一起,成为一个有综合职能和高效率的物流设施。将铁路货站和公路运输货站集约在一起的综合物流中心,这是较为简单、较为实用、较为广泛的一种综合物流中心。此外,还有将铁路货站、公路货站、港口码头集约在一起的,将铁路货站、公路货站、航空货站集约在一起的综合物流中心。当然,从理论上讲,也还可以有将铁路货站、公路货站、港口码头、航空货站集约在一起的综合物流中心。但是,由于水运和空运两种运输方式的运输对象有差异,运费负担能力有差异,物流速度有差异,将这两种物流方式通过综合物流中心加以衔接也许是不现实的,所以实际上这种综合物流中心存在的可能性极小。

(2) 综合物流中心的运行方式

由于综合物流中心的种类不同,其内部的规划、设备配置、业务流程、运行方式也会有所区别,这里仅以集约了铁路运输货站、公路运输货站的综合物流中心运行方式为例,探讨其运行的特点。

综合物流中心把大型的铁路货站和公路货站集约在一处,使公路、铁路运输实现了有效衔接。如果实行有效的计划,甚至可以大规模地实现汽车、火车之间的不落地装卸。另一方面,经济规模达到一定程度的大、中城市之间,综合物流中心可以实现相互的直达列车运行,从而不再采用传统的必须经过大规模编组站进行编组的铁道运输方式。在一个城市建立一个大规模的综合物流中心,充分利用铁路干线运输数量大、成本低、速度快的优势和汽车末端运输灵活、直接到户的优势,就可以不再采用传统的小货站、专用线接、发铁道货物的运行方式。

(3) 综合物流中心是经济发展的必然产物

① 城市之间经济交往的扩展造成的物流量的急剧增加。城市之间因为经济交往的扩大从而促成物流量的急剧增加,这是建立综合物流中心的最基本条件。物流量增加,就可以大规模的实现城市之间直达货车的开通,就可以实现班车式的直达专列,这样就可以不再采用必须经过编组、凑整的传统铁路运输方式,这就给综合物流中心提供了设立的可能性。

② 末端物流配送系统的广泛建立。城市之间物流数量的增加促成城市之间可以实现铁路直达列车运行,这只解决了干线运输问题。如果没有有效的方式来代替分布在城市各个方位的小货站和专用线的问题,城市之间的货运量不能集中在综合物流中心,这就无法保证综合物流中心之间的大规模直达列车的货运。因此,解决末端物流的问题便成为综合物流中心的非常重要的支撑要素。

③ 城市更加注重可持续发展。城市对可持续发展的重视也是建立综合物流中心的重要条件。交通阻塞、车辆噪音、空气污染、车祸事故等现代城市的重要问题日益被重视。因此通过合理的物流规划和物流组织,限制汽车在城市中的运行时间和运行数量,减少货运铁路、专用线、货运站在城市内的占地是各个城市都十分重视的问题。采用综合物流中心的方案,可以有效地为解决这些问题提供可行的选择,因此受到了重视。

④ 科技进步对综合物流中心提供了全方位的科技支持。综合物流中心的方案之所以在过去不可能被采用,重要原因是科技不能支撑这种大规模集约型的物流结点。现代科学技术已经可以为综合物流中心的若干关键领域提供强有力的支撑。例如,高效的信息系统给完善的计划提供了保证,完善的计划系统可以对时间做出精确的安排,有效的末端物流系统可以保证集货、配送的准时,先进的装卸系统可以实现多种形式的火车与汽车之间直接衔接,计算机网络可以保障各个业务环节的畅通等。所以,由于现代科学技术的作用,可以实现这一系统的创新。

(4) 综合物流中心的作用

物流中心的集约作用表现在以下几方面:量的集约,将过去许多个货站、场集约在一处;货物处理的集约,表现在将过去多处分散的货物处理,集约在一处;技术的集约,表现在综合物流中心中采用大规模处理设备;管理的集约,体现在利用现代化手段进行有效地组织和管理。

综合物流中心的有效衔接作用,主要表现在实现了公路、铁路两种不同运输形式的有效衔接。综合物流中心对联合运输的支撑作用,主要表现在对已经应用的集装、散装等联合运输形式,通过综合物流中心使这种联合运输形式获得更大的发展。综合物流中心对于联合运输的扩展作用,受条件的限制,联合运输只在集装系统等领域才获得了稳固的发展,其他散杂和分散接运的货物很难进入联合运输的领域。采用综合物流中心后,可以通过综合物流中心之间的干线运输和与之衔接的配送、集货使联合运输的对象扩展。

综合物流中心对提高物流水平的作用主要表现在缩短了物流时间,提高了物流速度,减少了搬运、装卸、储存时间,提高了准时服务水平,减少了物流损失,降低了物流费用。

综合物流中心对改善城市环境的作用主要表现在减少了线路、货站、货场、相关设施在城市内的占地,减少车辆出行次数,集中进行车辆出行前的清洁处理,从而减少噪音、尾气对城市环境的污染。

综合物流中心对促进城市经济发展的作用主要表现在降低物流成本带来了降低企业生产成本从而促进经济发展方面,以及完善物流系统在保证供给、降低库存从而解决企业后顾之忧方面。

(5) 建立综合物流中心需要革除体制弊端

我国建立综合物流中心的体制条件是不具备的。虽然几经改革,在我国经济领域中,部门分割的问题、地区分割的问题是阻碍包含综合物流中心在内的物流大系统得以建立和完善的重要原因。我国重要的大城市在制订发展规划时,公路交通领域在规划自己的各级枢纽和物流中心,铁路部门也在规划自己的货运站(场)及线路、编组站,很少有统筹几个方向的综合规划。如果交通、铁道部门都按各自的规划,投入巨资建成了独立运行的物流中心,事先不综合规划,一旦建成之后,就会加剧不同运输方式的分割,使不同运输方式的有效衔接更加困难。届时,再提出综合物流中心这样的综合设施或综合枢纽的问题为时已晚。革除这个制度的缺陷,需要在物流领域采取更高层次的计划手段,解决过分分散和部门分割的问题。

二、物流中心的功能与地位

物流中心的基本功能可以从三个层次来认识,完整意义的物流中心在物流链管理、物流网络运作、区域经济圈形成等方面,地位是十分重要的。

1. 物流中心的功能

物流功能的绝大部分作业可以在物流中心或以物流中心为基地的延伸服务过程中完成。所以,高层次物流中心应当在区域物流系统化中,有效地履行货物集散中心、物流信息中心、物流控制中心的全部功能。

(1) 货物集散中心

货物集散中心是物流系统化中物流网络体系的特点,是物流基本功能充分表现的场所。实现普通货物集散的基本物流作业过程,需要相应的物流基础设施和设备,包括:仓库及货物仓储设施、设备;物流装卸搬运设施设备;停车场地及辅助性服务设施;办公场所及通信设备、计算机化管理设备和其他辅助设施。

这些是最基本的内容,涉及集装箱多式联运、特种货物运输等的物流作业堆场、拆箱等作业,还应有集装箱堆场、拆箱等作业场地、特种货物仓库、专用起重设备等。处在这一功能层次物流中心的中心功能是货物集散,可以用人工作业方式或简单的管理设备完成现场货物集散、物流信息处理、物流运行和控制作业。

(2) 物流信息中心

物流信息中心是物流系统的中枢神经,是沟通物流网络体系运行的血脉,也是进行物流过程调控的前提与基础。物流信息中心可以相对独立于货物集散中心。但完整地实现这一层次功能,物流信息中心应能够作为联结物流作业现场与中心指挥功能的基地,除了一般信息作业手段外,还需要相应的电子数据加工处理设备,包括:

① 通讯联络系统。它包括固定通信和移动通信设施设备,电子计算机及外转设备,以及处在发展中的多媒体传输设备等,可以播发各种物流信息。

② 计算机网络系统。建立企业内联网,并与国际互联网或其他相关网络,如国家经济信息网进行联接,建立物流信息管理系统。

③ 车载通信系统。运行中的车辆能与中心的计算机网络相联系,物流中心直接进行车辆调度及相关物流作业。

这一层次功能的核心内容是信息咨询、配载服务、车辆调度等。具有相应硬件的物流中心,可以迅速采集、整理、处理有关数据,为高质量和低成本物流运作提供技术支持。其中软件开发与应用是关键,它关系到物流信息中心实际功能的发挥。

(3) 物流控制中心

物流控制中心是使物流各项功能有效协同起来运行的指挥调度和掌握全局服务项目、业务量、服务质量、货物动向、车辆状态、运营成本等的控制机构。物流控制中心是位于货物集散中心、物流信息中心功能之上的最重要的决策智能结构层。物流控制中心能使整个物流过程衔接起来,形成动态管理的企业、区域、全国乃至国际物流网络体系,进行物流链管理。

为了能够形成物流网络化经营的组织及运行机制,需要将物流系统的硬件设施和软件的组织设计最佳地组合起来,达到预期物流质量控制、物流过程控制和物流成本控制的总目标。这三个层次功能的综合集成范围可以遍及区域、全国乃至全球范围,其中,物流信息中心是被赋予特殊作用的系统,它可以形成相对独立的系统,也可以与货物集散中心综合集成,也可以单独与物流控制中心功能实现综合集成,或与部分控制中心功能的综合集成,范围也可以遍及全球。但是物流控制中心必须与物流信息中心实现功能综合集成,否则,控制中心的功能是无法充分实现的。它们之间的关系见图9-2所示:

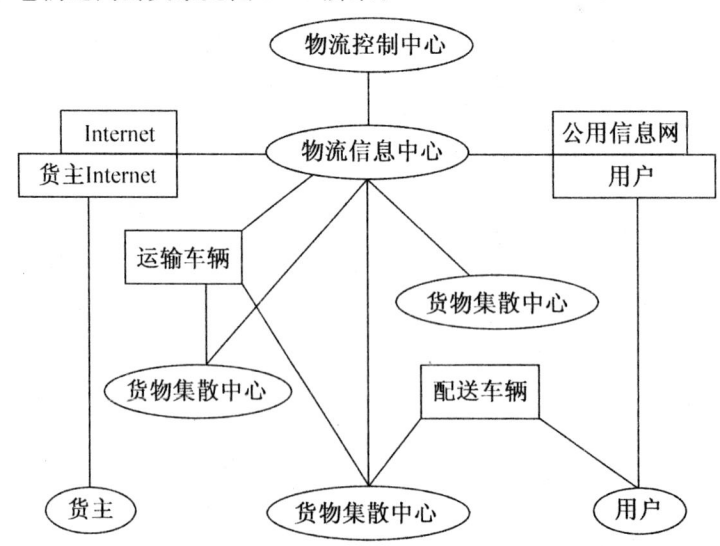

图9-2 物流信息中心与控制中心功能示意图

2. 影响建设物流中心的主要因素
(1) 物流中心在供应链中的位置

为了提高效率、降低成本,供应链中的物流活动应该按照专业化原则进行组织,以物流中心为基础组织物流就是这种专业化要求的具体体现。原材料供应商、制造商、分销商、零售商、专业物流商都需要物流中心,他们也都可以自己建设物流中心,由于在供应链中所处的位置不同,他们所需要的物流中心的功能不完全相同。原材料供应商需要物流中心将原材料配送给工厂,物流中心的客户主要是工厂,物流中心处理的对象主要是生产商品所需的原材料。制造商需要的物流中心有两种,一种是为制造活动提供支持的物流中心,它的功能要求与原材料供应商需要的物流中心相同;另一类是为制造商的产品分销提供支持的物流中心。国内外的例子都表明,制造商自己直接建立分销网络的情况越来越普遍。分销商一般从事专业批发业务,物流作业具有大进大出、快进快出的特点,它强调的是批量采购、大量储存、大量运输的能力,大型分销商需要大型的仓储和运输设施。另外,分销商属于中间商,需要与上游、下游进行频繁的信息交换,因此需要有与上游、下游具有良好信息接口的高效信息网络。作为供应链的末端机构,零售商尤其是采用连锁组织形式的零售商需要配送中心提供订单处理、采购、分拣、选拣、配送、包装、加工、退货等全方位的服务,其功能要求比较复杂。

第三方物流业者利用物流中心这一载体向客户提供物流服务,它所需要的物流中心可以是只有某一方面功能(如仓储、运输、配送)的专业物流组织,也可以是只有综合功能的物流中心,还可以是具备集商流、物流、信息流及其他延伸的增值服务于一体的物流组织。它提供的物流服务必须高度专业化。一条供应链可能由几个物流中心组成,因此必须清楚要建设的物流中心在供应链中处于哪个环节,要满足的客户到底是哪些,进而才能决定到底需要哪些功能去满足目标客户的需求。

(2) 公共型物流中心还是自用型物流中心

与自用型物流中心相比,公共型物流中心面对的客户更加广泛,供应链中的任何成员均可成为客户。而我们知道,不同的供应链成员的物流服务需求是不相同的,并且无论从物流服务需求方还是从提供方来说,对提供的每一项物流服务都要用专业水准来衡量,这就决定了公共型物流中心经营管理的复杂性。

公共型物流中心需要的物流设施一般应有一定规模,从功能设计上可以只提供一种或少数几种具有明显竞争优势的主要物流服务,也可以提供综合性的配套物流服务,大型物流中心的功能必须具有综合性和配套性的特点。我国非常需要公共型的物流中心,它不仅可以提高物流服务的专业化水平,而且有利于提高物流行业的资源利用效率。目前的实际情况是,原材料供应商、制造商、分销商、零售商纷纷建立自用型物流中心,造成了重复建设和资源浪费。另外需要承认的是,我国最好的物流中心并不是公共型的物流中心而是自用型的物流中心,这说明在我国建设公共型物流中心具有广泛的市场潜力。

(3) 物流中心所处理的商品

物流中心的功能设计要与商品的特性相吻合,物流中心能处理的商品种类总是有一定限制的。比如国外有专门的服装物流中心、电器物流中心、食品物流中心、干货物流中心、图书物流中心等,有的甚至是专门处理某一更小类别商品的物流中心。试图建立一个能满足所有商品物流需要的物流中心是不实际的,因为物流中心处理不同的商品要有一些专用的设施。一个物流中心没有必要也不可能配备能处理所有商品的物流设施设备,哪怕是公共型的物流中心现在也有分工越来越细的趋势,除了要考虑设施设备的配置外,还要考虑物流作业规模及作业批量等因素。

(4) 物流中心采取何种经营管理模式

公共型物流中心可以按照如下模式建设、经营和管理。由一家公司对物流中心项目进行总体策划,由该公司聘请专家进行可行性论证和功能业务流程、管理制度设计,请专业设计公司进行工程设计并编制项目总体设计方案,发展商按专业设计公司提交的总体设计方案组织项目建设的招标。从投标的公司中选择一家或几家公司进行项目的基础设施建设,可以采取BOT方式。选择专业的物业管理公司对物流中心的设施设备进行管理。由项目发展商组织招商,重点引进具有国际品牌的国内外大客户,他们具有较大的物流业务需求。招商是项目发展成败的关键,但招商是否成功与物流中心本身的条件有关。选择一家专业物流管理公司对物流中心的物流业务进行管理。

以上模型体现了一种供应链合作关系,充分发挥了各参与公司专业化分工的优势,采用上述模式建立物流中心,如果发展商的策划能力、协调能力及管理水平比较高,则物流中心的功能应该尽可能地完备。

3. 物流中心的地位

不同性质的物流中心在不同范围的物流链管理中所起的作用不同。完整意义上的物流中心应当成为区域经济圈的枢纽、运输网的依托和物流链管理的中枢。

(1) 物流链管理的中枢

物流链管理可以分不同层次或范围来认识物流中心,企业物流链管理内容是非常具体的品种、数量、时间、场所等。更大范围的物流链管理在某些重要的物流环节如运输、过境运输等管理中,物流中心始终在物流链管理中处于中心地位,在物流链运作中起指挥中枢作用,指导并能控制物流链合理运作。随着电子信息技术对其支持水平的提高,物流中心在物流链管理中的中枢地位能够完全确立。

(2) 运输网的依托

随着现代运输手段的发展和运用,货物的空间效用、时间效用已得到充分地重视和运用。完整意义上的物流中心已成为选择运输手段所需考虑的重要因素,例如,在欧洲运输手段选择的一般概念范围是:从物流中心(运输枢纽)至 250 km 范围选择 3 h 可完成送达的厢式车,从物流中心至 300 km 范围,3 h 到达可选货车,从物流中心至 320 km 范围,一般由 4h 的铁路运输完成或 3 h 的高速铁路运输实现,从物流中心至欧洲任何地方或城市之间在 3 h 内,可利用航空运输为实现时空效率的手段。物流中心作为物流网的依托,能够使线网"骨骼"与业务经营的"血肉"合为一体。

(3) 经济圈的枢纽

大范围的物流中心在区域经济圈的确立中处于重要的基础地位。例如,在法国巴黎南部最大的中心市场,就会看到现代物流研究的主要课题更多集中在物流总成本的控制、物流系统集约化、全国物流系统的构筑等方面,这正是抓住了物流效益的重要环节。物流中心的理论应用与实践在我国还处于初级阶段,但是新技术的投入与传统经营思想、经营方式的不适应已暴露了许多问题。因此,在物流中心的规划中,应当注意吸取国外的经验,完善物流中心、物流网络及运行在中国的实践。在此过程中把握物流中心的选址区域、规模、运营机能,对于物流网络规划、建设与运营有着重要作用。

三、物流中心的规划

不同类型的物流设施,其规划与筹建主体不同,从某种程度上也影响到物流中心的运行。物流中心是服务于区域或社会物流的,而社会物流过程又与资源分布、经济地理、工业布局、运输网络等密切相关。由于我国地域经济发展很不平衡,政府及主管部门、第三方物流经营者必须根据各地区的社会经济特点,确定物流中心建设与完善的规划方案和实现一定范围物流系统的途径与方式。

1. 物流中心规划的主体

物流中心是物流网络中的结点,更多地体现为道路运输系统的基础结构,也是不同运输方式选择决策的抉择点和协作、协调的结合部。在形成以中心城市为核心的经济圈或区域经济圈的体系中,物流中心有举足轻重的地位和作用;在物流中心的规划、筹建、运营方面直接影响到的不仅是道路运输基础设施运用效率,很多情况下,还与城市规划、经济圈的经济运行有密切的关系;从区域经济圈形成与运行的角度分析,完整意义上的物流中心已是多学科研究的交叉区的结合部。所以,中国大范围的物流设施规划是由政府主管部门指导和组织制订的。

物流网络、物流中心及物流基础设施的规划与筹资、融资、建设与运行密切相关。投资主体将向多元化方向发展,民营企业也将成为投资主体之一,此外,还涉及外国资本投入物流基础建设的动作方式如 BOT。投资与运营体制反过来也会影响物流设施规划。

还应注意到,不同部门之间在物流规划、建设、运营及管理等过程中的观念、认识的不协调也会产生许多问题。如物流中心选址建设取得土地使用权难度很大,土地费用很高;物流中心的信息化、机械化、自动化有很多困难;各行业的企业在物流结点选址上无秩序,在住宅区有大量大型货车通过;物流中心周边交通阻塞、交通事故增加、环境恶化等问题。这些不仅在发达国家中成为严重的社会问题,在发展中国家中也直接影响到可持续发展战略的实现。

2. 物流中心规划涉及的因素

多层次、多类型理解物流中心的涵义,并以此指导物流中心的设立是符合中国国情的。而一下子将物流中心概念的层次拔得很高,就会使许多在社会物流系统化中地位很重要,但由于种种原因尚存在一些缺陷的物流结点,遗憾地被排斥于物流中心、区域物流系统之外,这样做会使人们感到物流中心可望而不可及,影响人们进行开发区域或社会物流网络体系的积极性及区域物流网络的形成进程,这样会直接影响到物流服务水准的提高和社会物流总成本的降低。进行物流中心规划需要考虑以下主要因素:① 区域经济发展背景资料。包括社会经济发展规划,产业布局,工业、农业、商业、住宅布局规划;② 交通运输网及物流设施现状。包括交通运输干线、多式联运中转站、货运站、港口、机场布局现状;③ 城市规划。包括城市人口增长率,产业结构与布局。一些城市的物流中心选择不合适,往往会在主干线通道上造成交通阻塞,造成能源浪费、车辆空载率增高、调度困难等问题;④ 环境保护与社会可持续发展。

有关研究表明,在澳大利亚城市交通阻塞的损失可能低于英国和其他一些国家,但是若包括外延成本,在澳大利亚最大的城市墨尔本和悉尼的交通阻塞成本估计为 18 亿澳元和 21 亿澳元。在中国尚未见到此类数据报导,但据一些较大城市的观测,此类损失也不可低估。运输车辆的实载率与降低物流费用有一定的利害关系,根据日本汽车运输统计年报推算,在日本小型货车的实载率呈下降趋势,这一点在中国也十分突出。我们在规划物流中心时就应当充分注意到,这一问题不仅涉及城市交通阻塞、物流中心选址,而且涉及筹资组建与运营以及运输经营集约化等综合性问题。

第四节　物流园区

一、物流园区的概念与功能

1. 物流园区的概念

物流园区的形式及概念来源于日本,由于物流园区给物流企业和其所在的城市带来极大的经济与社会效益,引起了人们广泛的重视,之后在欧洲也得到较快的发展。随着现代物流业在我国的起步发展,许多城市也纷纷规划和建设物流园区,以促进区域及城市物流业的发展。

关于物流园区的概念,国内外尚无明确统一的定义。这里综合有关学者的阐述定义如下:物流园区是指集中运输方式衔接地形成的物流结点活动的空间积聚体,是在政府规划指导下多种现代物流设施设备和多家物流组织机构在空间上集中布局的大型场所,是具有一定规模和多种服务功能的新型物流业务载体。它按照专业化、规模化的原则组织物流活动,园区由各经营主体通过共享相关基础设施和配套的服务设施,发挥整体优势和互补优势,进而实现物流的集约化、规模化效应,促进载体城市的可持续发展。

2. 物流园区与物流中心

物流园区与物流中心是既有相似点但又有区别的两个概念:物流园区是物流中心发展到一定阶段的产物,是多个物流中心的空间积聚载体。物流园区与物流中心的主要区别在于前者不一定是物流经营和管理的实体,而是多个物流经营企业或组织在空间实现集中的场所;而后者是物流经营和管理的实体。此外,由于"中心"一词具有相对性,当某个地区(城市)物流业务集散性较强,在其上层地域空间内处于中心地位时,亦可称为"物流中心"。例如,上海可称是我国华东地区的物流中心,此时的物流中心不是物流理论通常所指的物流设施,而应是物流中心城市。显然,物流中心城市对一个地区的宏观经济的影响是一个物流园区所不能比拟的。由此可见,可以建立一个由物流中心城市、物流园区、物流中心、配送中心到传统运输场站、仓库等这样一个物流结点层次体系。

3. 物流园区的功能

(1) 基本功能

① 集约功能。物流园区首先要有量上的集约,要有一批物流企业在此集中经营。从这个意义上讲,物流园区可以被视作一个物流业的开发区。当然,量上的集约并不意味着经营项目上的趋同,而要注重业内的分工细化。在这方面,可以借鉴日本物流团体的经验:搞仓储的不搞运输;跑长途的不做市内配送。实现本企业的专业特色,降低本企业的专业运作成本,实行规范服务,以此来增强企业的市场竞争能力。非本企业专长的业务,其运作成本肯定比专业公司高,应该转让给专业公司去做,以实现优势互补,形成集合优势。此外,它在技术、设备、规模管理上也应该有非常强的集约功能。

② 综合运作与转运衔接功能。物流园区在实现集约功能的同时,还应该体现其综合的功能,如深圳平湖物流园区的功能定位就是"五位一体",即市场信息、现代仓储、专业配送、多式联运和市场展示及交易,以实现产业运作的配套化和系统化。物流园区的综合功能还应该体

现在发挥有效衔接作用上，主要表现在实现公路、铁路、河运、海运等不同运输形式的有效衔接上。

综合功能的另一方面是商流与物流的统一。由于我国目前对物流的认识与西方发达国家相比还有差距，物流企业的利润相对较低，提供的服务中增值部分较少。因此，在建设园区的同时，应该增加其中商业设施，如会展中心、大型批发市场等，利用市场的"选市"功能来拉动物流需求，带动物流业的发展。

③ 指挥功能。综合性、大规模的物流园区同时也是指挥、管理和信息中心，通过园区将信息集中，达到指挥调度的功能。

④ 辐射、拉动功能。作为一个物流园区，它的服务区域不能仅仅按行政区域来划分，还应该考虑它自身的辐射、拉动半径，这个半径很可能不再局限于某个行政区域，而是一个经济区域。

⑤ 其他功能。作为一种公共事业，物流园区除了承担以上功能之外，还应该在软件建设和物流平台开发方面发挥应有的创新作用。比如，信息系统的构筑、专业人才的培养培训、产业政策的研究制订、物流理论的研究探讨等。

(2) 拓展功能

① 整合现有资源，引入现代机制。通过引进第三方物流的产业组织形式，建立现代物流企业，以及将传统的储运企业转变为现代物流企业，即从整合现有物流资源入手建设物流园区有利于促进现代物流业的形成，提高物流社会化程度，为企业优化物流系统提供市场环境。对于中小工业企业来说，第三方物流能够规避自身在物流上的劣势，充分发挥其在生产制造方面的优势。对于物流企业来说，应提高现有设施、设备条件，树立新型物流意识，进行专业化、现代化的物流运作，降低物流成本。在工业园区的规划中，可通过入驻优秀物流企业，发挥园区物流系统的作用，吸引优秀工业企业入园。

② 通过物流园区，带动产业链的发展。物流园区的一个重要功能是集聚效应，通过集聚扩大了企业的商圈，增加了交易的机会。同时，通过物流园区将零散的资源进行优化整合，将产业发展链中的采购、供应、会展、销售、客户服务以及交易结算、物流、信息反馈等各项功能集中在一起，充分发挥其经济集聚作用，降低流通成本，提高经营效率，不仅使本企业的综合竞争力得以提升，还能够带动产业链条上的相关企业降低成本，提高竞争力。物流园区的建设对整合流通产业链、提升流通业整体水平、促进产业快速发展起着重要作用。

③ 创造良好的投资环境。从以往工业园区的实践经验看，吸引企业和资金入园，提供优惠政策是一方面；提供适合企业发展的优良园区环境（基础设施、物流系统）是更为重要的另一方面。完备的基础设施和物流系统的支持能够使入园企业降低运营成本，增加企业效益，这会给企业带来实实在在的好处，使企业获得更强的综合竞争能力。因此，在园区的规划中，基础设施和物流系统建设规划是极为重要的部分。

④ 改善城市环境。通过优化整合现有零散资源，发挥园区系统、整合的优势，采用统一发展的模式，以利于生产、方便生活、优化交通、改善环境、满足城市功能发展的需要，有利于提高城市形象，成为城市功能的重要组成部分。

从各国和各城市的实践来看，在转化的过程中，城市规划的重要性将会越来越清楚地显现出来，并且规划的先进程度将直接影响城市进一步发展的速度。随着我国经济环境的不断改善，物流作为城市功能的重要组成部分已被大多数人所接受。因此，可以充分利用园区的建设,政府统一规划,将分散的工业及物流设施整合进园区内,重新定位城市功能,改善城市环境,树立一个全新的城市形象。

二、物流园区在现代物流系统中的地位与作用

1. 物流园区是物流系统的重要组成部分

物流园区是物流网络系统结点的一种重要新生类型。由于其强大的集聚效应,吸引着国内外物流企业,引起了各级政府部门的高度重视,因而成为物流结点的主要发展方向,它将是我国物流业与国际接轨的重要先行领域。

2. 物流园区是物流系统实现高效运作的重要保证

物流园区对现代物流活动具有组织集成和综合管理的职能。它通过集中布置物流设施和实现物流企业集聚,克服物流结点分散布局造成的规模过小、相互间配合协作差以及设施设备利用率低等弊端,以实现各类物流企业的集中布局。通过对物流园区的科学规划和系统设计,可以发现并解决现有物流网络"点线"能力不协调问题,并使工商、税务、海关、环保等职能部门进入园区,可以为不同专业物流企业系统运作创造一个良好的环境,实现依法经营、规范运作的目标,有利于发挥各种物流企业的互补优势并形成整体优势,从而提高整个物流的运作效率。

3. 物流园区是物流业良性发展的重要基础

物流企业是物流市场运作的主体,为物流企业创造良好的经营条件及提高其经营效益是物流业良性发展的根本前提。物流园区首先通过集中用地实现物流企业空间的规模化,如日本建成的20多个大型物流园区平均占地74万平方米;荷兰建成的14个物流园区平均占地45万平方米;德国纽伦堡物流园区占地700万平方米,不莱梅货运中心占地100万平方米。在此基础上,物流园区可实现公用基础设施的集中布局、物流企业的集中布局和货物的集中处理。物流园区的这种集约作用可提高物流服务质量,便于实现物流运作的规模化、现代化和标准化,提高物流速度,有利于实现物流企业生产费用的降低以及规模化和专业化经营,为物流业的良性发展提供重要的基础条件。

4. 物流园区是物流系统先进发展水平的集中表现

物流园区的发展是实现物流由传统的分散化运作方式向集成化、规模化方向转变的关键。园区内聚集的大量同类企业,一般采用类似生产流程式的业务处理和大规模处理设备,实现技术集约化,有利于技术和经验的交流,促进物流业的科技进步,这是现代物流发展水平的集中体现和重要标志。

总之,物流园区是物流组织活动相对集中的区域,对现代物流活动具有组织集成和综合管理的职能。物流园区的建设运营,是实现既有的物流系统完善和发展的重要契机,对提高物流业运作效率和物流企业经营效益,降低工商企业物流作业成本具有重要作用。

三、物流园区的空间数量关系

1. 物流园区的空间数量关系含义

在一定地域范围内,合理确定物流园区的数量与规模的关系是物流园区宏观布局规划的重要内容。到目前为止,尚缺乏有效的分析方法,现在一般使用较多的是交通运输量规划的四阶段法。然而,该方法将结点的数量与规模互为因果的分析使获得的措施实用性较弱,改进的

方法一般是预先设定若干结点,然后进行各结点流量分配以确定各结点的规模。但其中结点数量的设定缺乏科学的理论依据,一般凭借经验确定。另外,既有的物流结点布局规划往往着眼于单一结点的规划设计,有些多结点联合布局规划的研究也基本上属于中观选址分析,缺乏从宏观层面入手的分析研究。因此,从宏观角度分析研究物流园区的合理数量范围对于物流园区资源的优化配置具有重要的意义。

2. 物流园区空间布局的一般结构模型

克利斯泰勒(W. Christaller)在1933年提出了中心地理论,在讨论货物G的最大销售范围时,只考虑一个生产点时的情况,所以它的市场区是圆形的。让所有的人都由一个生产点提供服务显然是不可能的,超额利润的存在,必将吸引其他生产者进入并设点生产。由于新生产者的自由进入,使原有生产者的最大销售范围逐渐缩小,直到产生门槛范围为止。这样,G货物的生产点在该地区最终达到饱和状态,每个生产点的市场区都是圆的,如果彼此之间相切而又不重叠的话,圆与圆之间必将存在空隙,居住在空隙的消费者将得不到供应;如果不露空白,则圆与圆必须重叠,这时居住在重叠区内的消费者有两种可供选择的区位。按照消费者到最近距离供应点的假设,重叠区可平均分割为两部分,其中位于平分线上的消费者到两个相邻的生产点的距离是相等的,这条线被称为无差别线。由于重叠区被分割,圆形的市场区即被六边形的市场区所代替。

实际上,一个中心地能够提供多种货物,每一种货物的门槛范围和最大销售范围都是不相同的:凡门槛较低的,相应最大销售范围也较小;而另一些门槛较高的,销售范围也较大。前者称为低级货物,后者称为高级货物。由于门槛的限制,每个中心地不可能提供所有的货物和服务,货物供应点出现的频率,与货物的等级成反比,例如,低级货物在很多中心地都可购到,高级货物则只有少数地方才能提供。克利斯泰勒认为,货物供应点都能够排列成有顺序的等级体系,一定等级的中心地不仅提供相应级别的货物和服务,还提供所有低于那一级别的货物和服务。

3. 在多种因素影响下的物流园区空间布局结构模型

克利斯泰勒认为,中心地等级体系有三种形态,分别受市场、交通、行政三个不同因素的影响而形成。同样,这三个因素也影响物流园区空间布局的结构。

(1) 市场因素影响下的物流园区空间布局结构

由以上的分析可见,图9-3所显示的物流园区空间结构是在物流市场因素影响下形成的,物流园区的服务地域范围按照一定比例发生变化,在一个第m层次的六角形的物流园区内,其任何一条服务范围的边界都与其他的物流园区服务市场地域的全部,以及相邻的6个$m-1$层次物流园区服务市场地域的1/3部分接壤。这样,一个第m层次的物流园区服务市场地域包含着$1+6\times1/3=3$个$m-1$层次物流园区服务市场地域。这表明,各物流园区的市场服务地域范围是其低一级的物流园区服务地域范围的3倍,可称为3^m关系。如果用a表示市场比,则可以称该种物流园区空间布局结构系统为$a-3$系统。

(2) 交通因素影响下的物流园区空间布局结构

在交通因素的影响下,一般情况是同层物流园区之间存在着交通线路连接,而交通线的中点地带是其两端物流园区服务力较弱的地区,于是,各个物流园区布局在连接两个比自身高一层的物流园区的交通线的中带内。这样,在m层次的物流园区服务市场的地域中,便含有一个完整的$m-1$层次物流园区的服务市场地域,并且在该个$m-1$层次物流园区的周围还有6

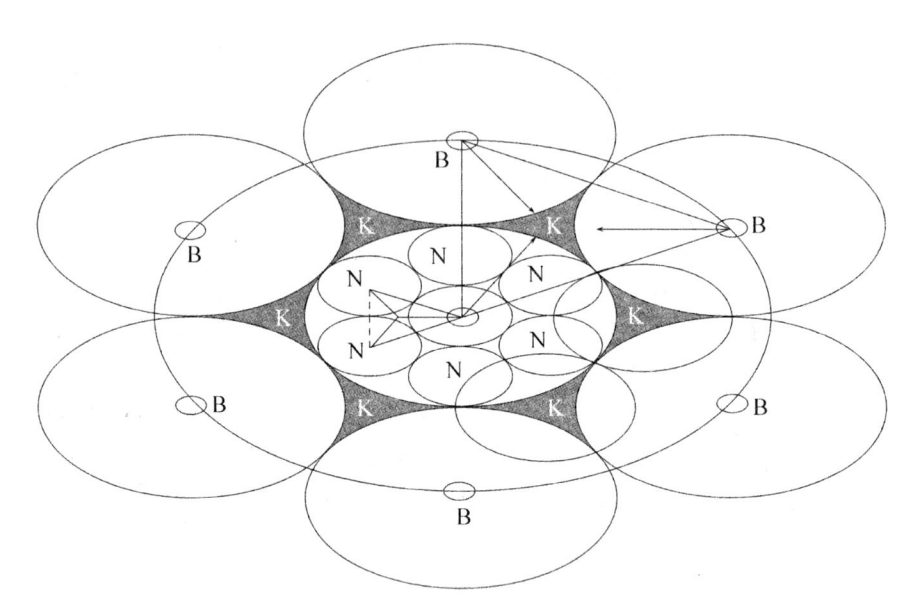

图 9-3 市场因素作用下不同层次物流园区布局示意图

个 $m-1$ 层次物流园区服务市场地域的 1/2 部分。这样,1 个第 m 层次物流园区服务市场地域包含着 $1+6×1/2=4$ 个 $m-1$ 层次物流园区服务市场地域。这表明,各物流园区的市场服务地域范围是其低一层次的物流园区服务地域范围的 4 倍,可以称这种物流园区空间布局结构系统为 $a-4$ 系统。

(3) 行政因素影响下的物流园区空间布局结构

行政政策影响反映在空间上,就是物流园区所在的特定行政地区与其他地区的差异。因此,现实的行政区划对于物流园区的空间布局也有较重要的影响,主要表现在单一物流园区的地域范围应较完整地属于一个行政区域,即该种物流空间布局结构系统属于 $a-7$ 系统。但在行政因素影响下的物流园区空间布局结构难以成为整齐的正六边形结构,而是随着行政地域不同呈现出不规则的结构,低层次物流园区或物流结点完整地属于低级行政区划(如县和市区),中间层次的属于城市,其上是省区等。

(4) 多因素影响下的物流园区空间布局结构

由前面的分析可知,在单一因素作用下的物流园区空间布局结构中,相邻层次物流园区的服务市场地域范围比 a 是固定的。但是,实际上,物流园区的布局是在这些因素的联合作用下最终形成的,因此,其空间布局结构应是上述结构的混合一体化结构,相邻层次的物流园区服务地域市场比 a 不是固定的值。当然,根据 a 取值顺序的不同,可以形成不同具体结构的物流园区空间布局体系。一般情况下,在物流客户与传统场站、配送中心等物流基本层次园区(结点)之间,交通线路连接性较好,因此决定物流园区布局结构的因素主要体现在市场因素上,随着物流园区层次的提高,集装箱运输和多式联运等功能的进入,交通通道、海关口岸等因素逐渐对物流园区空间布局产生主要影响,而在物流园区整体空间布局中,行政因素均为重要的影响。

综上所述,物流园区空间布局结构具有如下特征:一是物流园区与整个物流结点系统具有层次性,而且各层物流园区与其具备的职能相对应;二是物流园区按照一定的规律分布,一般是三个同层物流园区构成的三角形重心是其低一级物流园区布局的大致合理区位；三是各层物流园区（包括其他物流结点）的服务市场地域面积呈几何级数变化。

本章小结

物流结点是现代物流中具有较重要地位的组成部分，物流结点对优化整个物流网络起着重要作用。物流结点一般具有衔接、信息、集散、管理和储存等五种功能。根据物流结点的功能，可以分为转运型结点、储存型结点、流通型结点和综合型结点。应该合理设置物流结点，使物流费用最少而社会效益最佳，同时对用户的服务质量达到最好。配送中心是专门从事货物配送活动的经济实体。配送中心按照经济功能、物流设施的归属和服务范围、服务范围和服务对象、所处理或所经营的货物的种类可以分成不同的类型。配送中心具有存储、分拣、集散、衔接和加工等功能。配送中心的选址十分重要，其设施规划与设计应遵循一定的原则。物流中心是处于枢纽或重要地位的、具有较完整的物流环节，并能将物流的集散、信息和控制等功能实现一体化运作的物流结点。典型的物流中心主要有集货中心、送货中心、转运中心、加工中心、配送中心和物资中心。物流中心具有货物集散中心、物流信息中心、物流控制中心等功能。完整意义上的物流中心应当成为区域经济圈的枢纽、运输网的依托和物流链管理的中枢。物流园区是在政府规划指导下多种现代物流设施设备和多家物流组织机构在空间上集中布局的大型场所，是具有一定规模和多种服务功能的新型物流业务载体。物流园区具有集约、综合运作与转运衔接、指挥、辐射与拉动等基本功能以及拓展功能，在现代物流系统中具有重要的地位和作用。

关键词

物流结点；配送中心；物流中心；物流园区

Key words

logistics point; distribution center; logistics center; logistics park

综合练习

一、判断题

1. 物流结点上信息和责任权限比较精简。（ ）
2. 区域配送中心辐射能力较强，活动范围较大，可以跨市、跨省进行配送活动。（ ）
3. 在公共型物流中心和自用型物流中心中，自用型物流中心面对的客户更加广泛，供应链中的任何成员均可成为客户。（ ）
4. 物流园区与物流中心的主要区别在于前者不一定是物流经营和管理的实体，而是多个物流经营企业或组织在空间实现集中的场所；而后者是物流经营和管理的实体。（ ）

二、多项选择题

1. 物流结点集中的弊端包括（ ）

　　A. 输送距离延长，时间增多

　　B. 设备、机械费用有可能增多

C. 需要处理的商品过多,不易减少耗费时间

D. 所需人力较多,人头费负担增加

E. 物流系统层次复杂化,系统规模大型化

2. 配送中心的基本功能包括 （ ）

A. 存储功能　　　　　　B. 分拣功能

C. 集散功能　　　　　　D. 衔接功能　　　　　E. 加工功能

3. 物流园区的基本功能包括 （ ）

A. 集约功能　　　　　　B. 综合运作与转运衔接功能

C. 加工功能　　　　　　D. 辐射功能

E. 指挥功能

三、讨论题

1. 物流结点有哪些功能？其作用是什么？
2. 简述配送中心的作业流程。
3. 在进行物流中心的规划时,应考虑哪些因素？
4. 物流园区与物流中心有何异同？
5. 多因素影响下的物流园区的空间布局结构如何？

延伸阅读书目

1. 蔡启明.现代物流管理.上海:立信会计出版社,2004
2. 岳正华,黎明.现代物流学概论.北京:中国财政经济出版社,2003
3. 夏春玉.现代物流学概论.北京:首都经济贸易大学出版社,2004
4. 吴晓波,耿帅.供应链与物流管理.杭州:浙江大学出版社,2003
5. 汝宜红.物流学.北京:中国铁道出版社,2003
6. 孟祥茹,吕延昌,孙学琴.现代物流管理.北京:人民交通出版社,2001

第十章 物流业务外包管理

【本章提要】

1. 了解物流业务外包的理论；
2. 掌握选择物流业务外包所需要考虑的问题；
3. 掌握物流业务外包决策分析；
4. 了解第三方物流的评价分析与选择。

导入案例

20世纪80年代，海金只是中国国际期货有限公司下属的一个有色金属交割仓库，主要业务是仓储。由于有色金属比重大，对仓库环境要求不高，且实物的流通性不强，因此海金的仓储设施显得简陋、狭小且不上档次。中国国际期货有限公司生意红火时，海金的日子过得很舒适，后来由于国家政策调整，期货业务几近停顿。海金马上面临"无米下锅"的窘境，员工无活可干，面临着生存危机。

海金开始寻找市场，发现能够成为企业第三利润源的"第三方物流"的市场空间是企业生存发展的宽阔舞台。他们找到在中国从事高压电气产品生产的德国企业ABB公司，直言要求把原材料的"进"与产成品的"出"这两端的物流管理承包下来。双方本着互惠的原则，签订了年物流费28万元的合同。对于身处困境的海金人来说，28万元的物流管理费虽然不多，但是毕竟有了活干，有了收入，并且还充分利用了企业仓储的条件，因此，28万元是完全可以接受的。对于ABB公司来说，原先从事工作的员工是10多个人，后来压缩到三四个人，还要投资车辆、起重设备以及仓库设施等，这些相关费用每年就达30多万元，而将进出物流管理这些非核心业务转包给海金后，省掉了仓库和仓储设施，省去了运输车辆，减少了相关人员的费用支出，物流管理的事情由海金包下来，ABB方面只需一个人在有业务时与海金有关方面接触协调，ABB公司的决策层与海金就签了2年的合同。

自从与ABB公司结成合作伙伴，海金就真正走上了以第三方物流为主业的创业路。原来用来存放有色金属的低矮、狭小的仓库显得不适用了，长达几米、重达数吨、体积庞大的电器设备，如几十万千伏的变压器、高压开关等，要求的仓储条件较高。海金就新开辟了2 000平方米的仓储用地，其中1 000平方米地面硬化加工，用于存放可露天暂放的电器设备；1 000平方米建起了库房，存放那些需要防雨防晒的电器产品。ABB的原材料来了，由海金负责验收、入库、送至车间；ABB的产品出厂后，海金负责发货，或雇主运送，或自己运送。

> 由于服务周到，物流管理水平规范、效率高，海金的物流管理业务迅速扩大，西门子等国外大型企业也把一些物流业务交由海金来做。如今海金的声誉大振，生意红火，而ABB的物流业务只占海金业务的一小部分了。

第一节 物流业务外包概述

一、物流业务外包的定义

物流业务外包，是指一家企业（甚至多家企业）将部分或全部的物流相关作业与规划委交专业物流公司办理的一种企业间合作分工经营管理模式。基于专业物流公司对买卖双方而言属第三方（或谓第三者）的角色，所以提供物流业务外包服务的专业物流公司往往被称为第三方物流公司。

当一个社会商业形态愈趋发达、渠道结构愈趋细致化及顾客化、市场涵盖范围愈来愈广时，商业流通的机制将愈趋复杂，流通管理的难度亦将更加困难。为求商品与服务的流通经济效益，商流、物流、情流（信息流）、资金流及人流等渠道功能的专业分工成为必要的手段。专业分工的目的主要在于追求专业经验与技术的累积、规模经济的达成、科学技术的应用、商业情报的快速传输、人力资源的有效培育，使国内与国外市场需求可实时获得满足。企业物流业务外包风潮的形成自然是进步商业社会的一个现象。

物流业务外包服务的观念已经被广泛运用在制造业当中。在美国，物流业务外包风潮在20世纪80年代进入高峰，在1991至1995年之间，全美前500大制造业运用专业物流服务公司的比例也由37%增至60%。这些服务业务的项目包括：仓储管理、货件并合、信息系统、车队管理、费用协商以及运输业者选用等。另外还包括一些重要的供应链活动，例如顾客备用零件和存货供应与补充都交由专业物流服务公司处理。随着物流业务外包服务范围的扩展，其中在已开发与开发中经济区域的潜在市场仍相当庞大，估计每年约有9 000亿美金的营业额。

二、物流业务外包的形式

在实施物流业务外包活动中，确定核心竞争力是至关重要的。因为在没有认清什么是核心竞争优势之前，从外包中获得利润几乎是不可能的。核心竞争力首先取决于知识，而不是产品。物流业务外包主要包括以下几种方式：

1. 临时服务和临时工

一些企业在完全控制他们主要产品生产过程的同时，外包一些诸如自助餐厅、邮件管理、门卫等辅助性、临时性的服务。同时企业更偏向于使用临时工，而不是雇佣工。企业用最少的雇佣工最有效地完成规定的日常工作量，而在有辅助性服务需求的时候雇佣临时工去处理。因为临时工对失业的恐惧和报酬的重视，使他们对委托工作认真负责，从而提高工作效率。临时性服务的优势在企业需要有特殊技能的职工而不需永久拥有，这在企业有超额工作时尤为显著。这样企业可以缩减过量的经常性开支,降低固定成本,同时提高劳动力的柔性,提高生产率。

2. 子公司

为了在竞争中形成竞争优势,大量的企业将"控制导向""纵向一体化"的企业组织分解为独立的业务部门或公司,形成母公司和子公司。就理论上而言,这些独立的部门性公司几乎完全脱离母公司,变得更加有柔性、效率和创新性,同时,因为减少了"纵向一体化"环境下官僚作风的影响,他们能更快的对快速变化的市场环境做出反应。

1980年,IBM公司为了在与苹果公司的竞争中取胜,将公司的七个部门分解出去,创立了七个独立的公司。这些子公司更小、更有柔性,能更有效地适应不稳定的高科技市场,这使得IBM迸发出前所未有的创造性,最终在与苹果公司PC机上的竞争取得了胜利。

3. 与竞争者合作

与竞争者合作可以使在同一行业的两个公司把资源投入到共同的任务(诸如共同的开发研究)中,这样不仅可以使企业分散开发新产品的风险,同时,也使企业可以获得比单个企业更高的创造性和柔性以及规模经济效应。

Altera公司与竞争者英特尔公司的合作就是一个最好的例证。Altera公司是一个生产CMOS逻辑设备的领头企业,当时它有了一个新的产品设想,但没有其中所需硅片的生产能力,而这正是竞争对手英特尔公司的长项。因此,他们达成了一个协议:英特尔公司为Altera公司生产这种硅片,而Altera公司授权英特尔公司生产和出售Altera的新产品。这样,Altera获得了英特尔的生产能力,而英特尔获得了Altera新产品的相关利益。

尤其在技术更新很快的高科技领域,要获得竞争优势,企业就必须尽可能小且有柔性,这样与其他公司建立合作关系成为一种必然的选择。

4. 完全业务外包

业务外包的另一种方式是转包合同。在通信行业,新产品寿命周期基本上不超过1年,MCI公司就是靠转包合同而不是靠自己开发新产品在竞争中立于不败之地。MCI公司的转包合同每年都在变换,他们有专门的小组负责寻找能为其服务增值的企业,从而使MCI公司能提供最先进的服务。他的通信软件包都是由其他企业所完成的,而他所要做的(也就是他的核心业务)是将所有通信软件包集成在一起为客户提供最优质的服务。

三、物流业务外包的运作程序

物流是重要的企业流程,企业如欲将物流业务外包,必须深思熟虑,通过严谨的程序推行,方能达到业务外包的效果。以下是物流业务外包成功的企业采用的程序,可供参考使用。

1. 计划阶段

(1) 策略设计

物流业务外包的目的何在?企业策略与物流业务外包的目标必须一致。物流业务外包的目的设定的原则,例如将原为6天的订单周期降低到3天,作为物流业务外包开展时的政策目标。

(2) 内部营销

企业物流变革的影响层面甚广,制造、营销、财务均受到影响。物流业务外包是一个企业物流的大变革,提案的物流主管必须就业务外包的策略理念及目标,通过不同方法向其他关联部门推销,以避免推行时遭遇反对与阻力。

(3) 细部设计

将原来自有物流功能及工作转交给专业物流公司的过程,将是一个大工程,必须由双方资深物流主管组成项目团队,就业务外包的阶段及步骤、所需的人力及物力等项目详细规划设计,使业务外包工作得以循序渐进,顺利推展。

2. 构建阶段

(1) 选择合适合作伙伴

通常物流业务外包的第一项工作是选择数家优良的专业物流公司加以访视,了解各家公司的专长与特性,进而选择一家洽商业务外包为宜。

(2) 契约议订

物流业务外包对双方企业均涉及相当程度的经营风险,必须就权利义务详细推敲,例如风险发生时的分摊方式,议订出对双方均有利的委托契约。

(3) 推展

一旦签订业务外包契约,企业即可根据详细设计的步骤,推展物流业务外包的相关工作。在推展过程中,如因一些未预期因素的影响而需修订原定步骤,双方企业仍应充分沟通,排除不利因素,方能成功。

3. 维续阶段

(1) 管理关系

虽然物流业务外包可降低企业物流工作上的负荷,但企业仍需随时谨慎监控物流公司的工作,并维持密切的工作关系,使物流的持续流程得以达成,双方关系得以强化。

(2) 评价绩效与奖励

企业物流业务外包的一个重点是企业必须设定精确的绩效评价系统来评估物流公司的绩效,并据此与其协商改善的方向与重点。当然,当物流公司的绩效甚佳时,企业亦应设立一种奖励方法,以肯定物流公司所做的努力。

(3) 持续改善

为求业务外包绩效得以达到企业设定目标,企业双方应建立一套可持续改善物流绩效的机制,并共同努力追求。

四、企业物流业务外包应注意的问题

在实际运作过程中,物流需求方要想成功地实施外包,并与供应商建立良好、互利、长期的合作关系,应注意以下问题。

1. 正确理解物流外包

尽管"物流外包"是时下十分流行的词汇但并不是每一家企业都适宜追赶这个时尚,企业在决定是否将物流外包前,应深入分析内部物流状况,探讨物流是否为其核心能力,能否为企业带来外部战略利益。企业还要确认外界是否存在有能力和可供选择的物流供应商。否则,实施物流外包不仅不能成功,反而会产生一系列问题。企业只有在有了合适的合作伙伴、内部管理层也认识到外包的重要性后,才能决定实施物流外包。

企业在看清自身物流状态后,还要深入考虑以下问题:如何在有效衔接的基础上,调整业务流程,进行职能变革;如何持续有效地监控外包物流;企业文化是否鼓励创新与变革;企业领导和员工对变革持何种态度等。

2. 严格筛选物流供应商企业

在选择物流供应商时,首先要改变一个观点:仅着眼于企业内部核心竞争力的提升,而置供应商的利益于不顾。企业应以长远战略来对待物流外包,既实现利益最大化,也要兼顾物流供应商的持续发展。

在选择物流供应商时,企业要在深入分析内部物流状况和员工心态的基础上,充分调查供应商的管理水平、战略导向、信息技术支持能力、自身的可塑性和兼容性、行业运营经验等。在诸多参考系数中,战略导向尤为重要,它是确保物流供应商拥有与需求企业相匹配的发展战略的关键。

企业在选择中,对于物流供应商的报价要认真分析、衡量。企业应根据供应商自身的成本确定报价是否合理,而不应该依据市场价格。此外,要注意报价应包括各项作业的成本明细,而不仅仅是一个总数。对于供应商的承诺,尤其是涉及政府政策或战略的项目,企业必须要求它来自供应商的最高管理者,以避免在履约过程中,出现双方对相关条款理解不一致的现象。

3. 明确列举服务要求

服务要求模糊是许多物流外包合作关系不能正常维持的主要原因。例如:供应商在没有充分了解货物流量、货物类别、运输频率的情况下,就提交了外包投标书,又因为缺乏应有的物流专业知识,不能向供应商正确详细地描述物流活动等。由于物流外包的供需双方在事前未将服务需求量化或量化不够明确,会使双方在理解条款上出现偏差——供应商觉得需求方要求过高,而需求方又会认为供应商未认真履行合约。

4. 合理选择签约方式

企业在签署物流外包合约时。应分别与供应商签订仓库租赁合约和操作合约。这样一来,两个合约便可以单独履行,互不影响——即使取消了操作合约,仓库租赁合约仍然生效。企业还要注意不同商业文化的差异,特别要考虑其上下游企业的特殊性,从而进行有效协调,确保其与物流供应商所签订的合约可满足各方需求。

5. 共同编制操作指引

实施物流外包的企业不应认为作业只是供应商单方面的工作。对于物流需求商而言,与供应商一起制订相应作业流程、确定信息沟通渠道、编制操作指引,对保证双方对口人员在作业中步调一致十分重要。此外,操作指引还为企业检验供应商的服务是否符合要求提供了标准和依据。

6. 提前解决潜在问题

在物流外包过程中,需求方比供应商更容易出现工作官僚化,甚至企业内部物流经理会把供应商当作威胁自己地位的竞争对手看待。当物流供应商规模越来越大时,它同样会出现工作官僚化的趋势。因此,当供需双方建立外包合作关系后,认真细致地考虑未来会发生的变化及潜在问题,并在问题出现之前提出解决方案。这对保障外包顺利实施不无裨益。双方可以经常探讨如何解决可能出现的问题,如如何处理客户投诉、服务质量下降、应变能力降低等。

7. 积极理顺沟通渠道

计划错误是导致外包合作失败的首要原因,沟通不畅则是第二位的失败原因。对物流外包企业而言,它的物流供应商其实是其顾客关系的重要组成部分,因此应将物流供应商纳入整个业务链中,建立畅通的沟通渠道。此外,在履行物流外包合约过程中,双方也要花费时间与精力相互沟通,探讨合约本身存在的问题,以及合约以外的问题。这对维持合作关系很重要。一旦出现问题,物流供需双方应理性对待,不要冲动,应给对方以考虑和回复的时间。

8. 明确制订评估标准

一般情况下,合约条款是企业评估物流供应商服务水平的标准。然而多数物流外包合约条款只描述结果,凭借它并不能对外包业务过程进行有效的评估,也无法建立适宜的持续改进机制。因此,双方应根据合约,在充分沟通协商的基础上,详细列举出绩效考核标准,立足实际,不能要求过高,供应商可能无法达到;同时要有可操作性,标准应该包含涉及企业发展的所有重要因素。同时,这个评估标准要不断更新,以适应总体战略的需要。

物流需求商不仅要对供应商进行不断考核,也要持续对内部和外包活动相关的职能进行监控。

9. 适时采用激励方法

企业管理层在认可物流外包的绩效后,应适时承认物流供应商以及企业内部相关职能部门的工作。表扬、奖励乃至一次晚宴都可以形成激励因素,管理者要充分运用有效的方式鼓舞物流供应商的士气。

10. 持续巩固合作关系

物流外包意味着供需双方利益是捆绑在一起的,良好的合作关系能使供需双方受益,而任何一方的不良表现都会损害双方的利益。因此,供需双方自我真诚的评估和定位、相互信任、忠诚履行承诺是建立良好外包合作关系的关键因素。

五、物流业务外包的原因

1. 集中精力发展核心业务

在企业资源有限的情况下,为取得竞争中的优势地位,企业只掌握核心功能,即把企业中知识和技术依赖性强的高增值部分掌握在自己手里,而把其他低增值部门虚拟化。通过借助外部力量进行组合,其目的就是在竞争中最大效率地利用企业资源。如耐克、可口可乐等企业就是这样经营的,它们没有自己的工厂,而是把一些劳动密集型的部门虚拟化,并把它们转移到许多劳动成本低的国家进行生产,企业只保留核心的品牌。

2. 分担风险

企业可以通过外向资源配置分散由政府、经济、市场、财务等因素产生的风险。因为企业本身的资源是有限的,通过资源外向配置,与外部合作伙伴分担风险,企业可以变得更有柔性,更能适应外部变化的环境。

3. 加速企业重组

企业重组需要花费很长的时间,而且获得效益也需要很长的时间,通过业务外包可以加速企业重组的进程。

4. 辅助业务运行效率不高、难以管理或失控

当企业内出现一些运行效率不高、难以管理或失控的辅助业务时。需要进行业务外包。值得注意的是这种方法并不能彻底解决企业的问题,相反这些业务职能可能在企业外部更加难以控制。在这种时候,企业必须花时间找出问题的症结所在。

5. 使用企业不拥有的资源

如果企业没有有效完成业务所需的资源,而且不能盈利时,企业也会将业务外包。这是企

业业务临时外包的原因之一,但是企业必须同时进行成本/利益分析,确认在长期情况下这种外包是否有利,由此决定是否应该采取外包策略。

6. 实现规模效益

外部资源配置服务提供者都拥有能比本企业更有效、更便宜的完成业务的技术和知识,因而他们可以实现规模效益,并且愿意通过这种方式获利。企业可以通过外向资源配置避免在设备、技术、研究开发上的大额投资。

第二节　物流业务外包决策分析

企业进行物流外包决策是一个复杂的过程,应该考虑到企业自身的战略、所处的竞争环境、企业状况、外部的经济因素等。大多数企业往往倾向于扩大其外包业务数量,而忽视这些决策的战略和战术的重要性,不恰当的外包决策可能会削弱企业的核心竞争力,甚至架空企业的权力。企业需要考虑能够外包的物流领域、第三方物流服务商的状况和可能引起的风险,在此基础上决定外包和自营领域,以获得长期的竞争优势。

一、企业如何进行物流外包决策

1. 企业必须识别自己的核心技能

企业必须找到一种有效方法,确定哪些领域需要自营以加强其控制力,哪些领域能够外包给第三方物流服务商以利于企业更好地专注于核心业务,从而提高企业的竞争力。如宝洁公司的核心技能领域是其市场营销领域,3M公司的核心技能领域是其精密涂层和聚合物等技术领域。

2. 企业需要考虑自己所处的竞争环境

为了确保外包政策的实施能够使企业获得长期竞争优势,企业应该考虑在该领域中竞争者的位置。企业需要考虑其在供应链中的位置。如果某种产品的供应很重要,那么该产品的供应商可能需要更多的自营以获得对该产品更多的控制力。企业也可以考虑与一个或多个企业,甚至与作为某个特殊行为发起人的竞争者组建一个合资企业。这样做的主要动力是,分组投资成本和增强抗风险的能力,提供追求新技术、进入新市场的机会。

在考虑上述两个因素后,企业要对自己的状况作一个综合分析。企业自身状况将对外包产生影响。以制造业为例,外包业务分析的选择对制造能力、生产力、设备和技术都将产生影响。分析自身状况需要考虑以下因素:机器能力——不足或过剩、可获得的劳动力——质量和技能、工艺生产能力及其可靠性、订货提前期、该生产量下的成本效率、员工的健康和安全、环境因素、储存空间的大小、运输能力等。

3. 企业需要考虑所面临的经济因素

考虑到成本和投资的商业损失,经济因素将影响外包决策。这些经济因素包括公共政策、垄断政策和交易成本。交易成本是在全部相关过程中,与买卖以及涉及物料供应的行为相关的费用。更深入的成本考虑则涉及业务的营业费用。

二、企业物流外包风险

在充分考虑到上述因素后,企业可以初步决定哪些业务可以外包给第三方物流服务商,但是,在决定外包之前,还需要对外包的风险做一个详细的分析,以制订应急计划,争取有效地控制风险。企业的物流业务外包主要有以下风险:

1. 对企业有关职能部门的冲击

如果外包是因为企业能力有限,产生的问题还容易解决。但是,企业物流活动的外包往往会影响企业的内部业务流程,需要对企业的内部业务流程重组,这个过程很可能对所有员工都产生影响,遭到企业内部员工的抵制从而对企业正常的生产经营产生负面影响。

2. 可能会降低用户的满意度

非核心业务的外包可能对企业员工产生负面的效果,可能影响企业的核心业务,会削弱甚至偏离全面质量管理或连续改进的初衷。另外,企业过于依赖第三方物流服务商,却无法控制或影响他们。从长期来看,企业对于对物流活动的失控可能阻碍核心业务与物流活动之间的联系,从而降低用户的满意度。

3. 外包可靠性风险

如果企业因某些原因外包了一些战略性的物流业务,这些决策将存在严重的可靠性风险。如果这种风险很大,将对整个供应链产生影响,其下游企业唯一可采取的办法就只能通过高花费来开发所需的能力或只剩下一个缺乏供应能力的供应商。

4. 第三方物流服务商可能提供较差的服务或提高价格

企业必须不断提高对第三方物流服务商管理的能力以便外包更多的物流业务。企业必须决定管理第三方物流服务商需要什么技能,尤其要决定,为了有效管理第三方物流服务商还需要多少技术设计或信息系统的专家技能。短期内企业能够以管理第三方物流服务商的知识和能力来弥补其技术职能成本。但事实上存在着这样的风险,通过物流活动的长期外包,第三方物流服务商会认识到企业缺乏相关的专家技术,而提供较差的服务或提高价格,这样一来,就会使企业蒙受损失。物流活动是完全依赖第三方物流服务商而接受一些风险,还是自身保留一些专家技术来处理相关风险,企业需要在这两者之间找到平衡点。

5. 外包依赖程度应控制

企业需要在长期依赖一个第三方物流服务商和依赖多个第三方物流服务商之间权衡。长期依赖某一个第三方物流服务商会对其资本投资、效率提高具有潜在的好处,但同时又会使其滋生自满情绪而让企业难以控制。为了便于控制,企业应该选择多个第三方物流服务商,但是这种短期行为又会令企业的成本提高或服务质量降低。

企业在外包物流风险和收益之间反复进行权衡,一旦企业确定了外包物流决策,则需要选择第三方物流服务商。实际上,企业在风险和收益的权衡过程中就需要考虑第三方物流服务商的实力。选择第三方物流服务商的主要因素有价格、质量、服务商的信誉、业务范围和过去的经验等。

企业需要与第三方物流服务商形成一种伙伴关系,两者的员工一同工作,整合双方的信息系统以利于合作。研究表明,第三方物流服务商提供一份详尽的、令人满意的计划是非常重要的。同时,企业对第三方物流服务商的态度应该是:先将单项物流活动(如运输或仓储)外包给第三方物流服务商,再增加多项物流活动的外包,如采购、包装等。

第三节 物流业务外包战略实施

在众多原因中,降低成本可以算是企业决定采取外包最重要的因素之一。降低成本对企业而言,一直是非常重要的课题,但是目前许多供应商不敢保证通过外包能得到明显成本降低且质量高低是很难衡量评定的。

企业决策人员针对外包议题进行讨论之前,如果要先从列举的诸多因素当中选择三个实行外包的首选因素,降低成本必然会被列入其中。否则,如果忽略了成本因素而只提到企业自身专注于核心竞争力的建立上及改善产品进入市场的时间等,这样的讨论将不切实际。虽然,在外包决策中,也必须考虑到许多其他不实际的风险因素,例如失去主控权、高风险、长期的合约牵制和安全性等。但是,降低成本往往是三个优先选择之一,它将成为导致外包的核心因素,因为它是最易了解、最清楚以及最不受争议的因素。同时企业可以借着外包得到一些额外的重要价值。

但是,只有在成本降低真的是一个主要的驱动因素的时候,才将其视为实施外包的目标。不要问外包供应商是否能够协助企业省下经费,而要在进行外包作业时评量降低营运成本的可能性。在外包成本、服务与企业等种种议题中,寻求一个最佳的平衡点。整个外包生命周期的管理是一个重要的观念,由于客户的不关注或是误解将可能导致内部或外部成本的增加,节省经费目标的实现将迢迢无期。

一、物流业务外包战略的实施阶段

对于物流外包战略的决策,各企业情况不同所选择的物流外包业务、外包方式等不尽相同,但外包战略的贯彻执行情况如何,却是影响企业兴衰成败的关键。物流外包战略的实施有以下三个阶段:

1. 企业的内部分析和评估阶段

这一阶段的主要内容是企业的高层管理者确定外包的需求并制订实施的策略。在制订外包策略时,要从以下几方面考虑:① 明确企业的经营目标和外包之间的联系;② 明确需要外包的领域;③ 明确从哪些外包的业务中可以获得最快或最佳的投资回报;④ 与员工进行沟通,赢得员工的支持和士气。

2. 评估自己需求,选择外包服务企业阶段

在这一阶段,企业高层管理者要注意以下方面:① 听取来自内外部各方面专家(包括法律、人力资源、财务、外包的业务等)的意见;② 综合分析并做出外包服务建议书。主要涉及服务等级、需要解决的问题以及详尽的需求等,从而按照自己需求,寻找合适的外包服务企业;③ 外包服务企业要能理解你的经营理念、价值观和企业文化;④ 外包服务企业是否真正了解我方需求;⑤ 外包服务企业是否有足够的能力解决客户的问题;⑥ 外包服务企业的财务状况分析。

3. 物流业务外包的实施和管理阶段

企业作为用户,在这一阶段要保持对外包业务性能的随时监测和评估,及时同外包服务企业交换意见。在外包实施的初期,内部管理中要做到如下两个方面:① 帮助员工适应这一新

的做事方式,取得内部合作;② 准备预案,以应对外包中可能出现的问题。

二、外包战略的选定

在外包战略实施中,就大多数企业而言,要解决的难题是向新经营模式过渡的同时,不能破坏企业目前的运作,不能向外包服务企业做出过多让步或削弱自身确实有特色的生产能力。转换过程的首要问题是结合自己企业情况选好外包战略,核心问题就在于对外包服务企业的日常有效管理、掌握生产进度与投资以及人力资源管理,这是外包战略实施成败的关键。

1. 选择外包服务企业的方法

(1) 选择外包服务企业的条件:技术能力(质量兼顾);管理能力(成本与交货期的控制);经营能力(经营者个人的能力);地理条件(便于搬运、联络);特殊关系(如人情等)。

(2) 选择适量的外包服务企业:少量生产时,一种物品确定一个供应商;批量生产时,可分为两个或三个供应商分散发包;公司不生产的品种,同类品分散发包给数家厂商。

(3) 依地理条件选择外包服务企业。外包服务企业距离的远近,关系到运输费用及交货期限,所以,选择应随实际情况而确定。利用临近外包服务企业的情况:量少者、片断的工作、急需品、体积笨重而价格低者。利用远距离外包服务企业的情况:量多者、整批的工作、交货期限远期者、重量轻而易搬运者、具有特殊技术或专业的制造厂商。

2. 选定外包业务的方法

(1) 外包品种的决定:自营生产(品质技术许可);业务外包(缺乏生产设备与场所);部分自营、部分外包(可以自行生产,但能力不足)。

(2) 选择自营或外包的情况:① 种类多、数量少且不常用于生产的物品可利用外包服务方式;② 大量机械化、自动化的流水生产作业,多为自营生产;③ 交货期短的特殊物品,需要自营生产;④ 专业化制造的零部件,需要外包服务;⑤ 地域性的限制,如企业附近可利用的工厂少时,考虑到交货期限和运输费用的问题,公司可自营生产,反之,可利用外包服务企业。

从企业与外包服务企业的不同立场看,其外包管理要求的重点各自不同。

从企业的立场来看,外包管理的重点:外包服务企业须确实遵守约定的交货期;须做好质量管理以保证产品质量;须设法以低成本生产高品质的产品;外包服务企业须配合发包企业生产的能力;须有特殊、优越的技术管理。

从外包服务企业立场来看,外包管理的重点:企业外包品的订货量平均化且具有持续性;贷款支付及时且迅速;提高订货单价;改善采购管理的手续。

外包服务企业须尽力实现从企业的立场提出的五个项目,以提高其水准,并促使其发展;企业也须诚意地指导和协助外包服务企业,并尽力做到从外包服务企业立场提出的四个项目。双方之间协调合作才能使合作取得成功,双方都能获得发展。

第四节 第三方物流的选择

第三方物流是物流发展到高级阶段的产物,在现代电子信息技术的支持下,第三方物流正在逐渐形成新的理论体系和运作方式。第三方物流国外又称为合同物流或物流外部化。实践证明,第三方物流作为现代物流发展的重要方向之一,具有技术的先进性与经济上的节约性。

第三方物流的优质服务既满足了客户复杂多变的物流要求,同时又促进了自身的蓬勃发展,从而推进经济和社会的协调发展。

随着企业的生产经营活动越来越复杂,要实现企业物流活动的合理化,仅仅将物流系统范围局限在企业内部已经远远不够,建立企业间、跨行业的物流系统网络,将原材料生产企业、制品生产企业、批发零售企业等供应链上下游相关企业的物流活动有机结合起来,形成一个供应链系统,是构筑现代物流大系统的要求。第三方物流企业通过其掌握的物流系统开发设计能力、信息技术处理能力、综合物流服务能力等成为建立企业间物流系统网络的组织者,完成个别企业,特别是小企业所无法实现的物流服务的工作。

一、第三方物流的构成

第三方物流是社会化分工和现代物流发展的方向,目前我国基本上还没有几个真正意义上的现代化第三方物流企业,这是当前物流发展中最薄弱的环节。据调查统计,在工业企业中,原材料的物流交由第三方物流完成的占18%,商品销售物流仅占16%,虽然我国物流企业的数量在近几年迅速增加。我国经济中出现的许多物流企业,主要由四种企业组成:

一是国际物流企业,如丹麦有利物流公司等。这些国际物流公司一方面为其原有的客户——跨国公司进入中国市场提供延伸物流服务,如丹麦有利为马士基船运公司及其货主企业提供物流服务;另一方面,针对中国市场正在生成和发展的专业化物流需求提供服务,如UPS、TNT等国际大型物流企业纷纷进入中国的快递市场。

二是由传统运输、储运及批发贸易企业转变形成的物流企业。它们依托原有的物流业务基础和在客户、设施、经营网络等方面的优势,通过不断拓展和延伸其物流服务,逐步向现代物流企业转化。例如,中国发展规模较大的物流企业——中外运集团在与摩托罗拉(中国)公司的合作中,根据客户市场的发展和物流需求的变化,不断规范、调整和创新企业的物流服务内容,提高服务质量,使物流服务内容从简单空运发展为全程物流服务,服务区域从天津市场扩展至全国,服务规模从最初的几笔货物发展到每月数百吨,成为摩托罗拉(中国)公司最主要的物流服务供应商。

流通系统的国有储运公司拥有大量的物流设施,经过几十年的发展,在仓储、运输等方面拥有一整套严格的制度和丰富的经验,但由于受传统体制与历史包袱的影响,在发展现代物流配送的道路上步履维艰,其服务观念、服务功能与服务水平等与市场需要相比,存在不同程度的差距。

三是新兴的专业化物流企业,如广州的宝供物流公司、北京华运通物流公司等。这些企业依靠灵活的竞争策略和对专业化物流的认识,在市场竞争中发展较快,成为我国物流产业发展中一支不容忽视的力量。在物流企业不断涌现并快速发展的同时,物流服务形式也有了一定程度的发展。一方面围绕货运代理、商业配送、多式联运、社会化储运服务、流通加工等专业化物流服务发展比较迅速。以货运代理为例,目前我国货运代理企业有数千家,整体发展比较规范。典型的货运代理企业如中外运,能够提供包括报关、商检、运输合同管理等专业化的物流服务。它依靠先进的经营理念、多样化的服务手段、科学的管理模式在竞争中赢得了市场地位。另一方面是正在起步的系统化物流服务或全程物流服务,即由物流企业为生产、流通企业提供从物流方案设计到全程物流的组织与实施的物流服务。目前,国内物流企业刚刚开始这方面的尝试,还缺乏成功的运作经验和实例。

四是企业自建的物流机构向第三方物流企业转化而形成的物流企业,如海尔物流。这部分物流企业具有自己的销售网络,可以在此基础上建成专业化的物流网络。

二、第三方物流的选择与实施的步骤

1. 分析本企业的物流系统

首先看企业是否有自营物流的能力。企业的自营物流能力是指企业自己经营物流的能力。即企业具备的物流设施和技术。如果没有,就将物流外包;如果有自营物流的能力,就要考虑企业物流系统的战略地位、物流总成本和服务水平。

(1) 企业物流系统的战略地位

企业物流系统的战略地位一般可从以下几方面进行判断:它们是否高度影响企业业务流程?它们是否需要相对先进的技术,采用此种技术能否使公司在行业中领先?它们在短期内是否不能为其他企业所模仿?

如能得到肯定的回答,那么就可以断定物流子系统在战略上处于重要地位。由于物流系统是多功能的集合,各功能的重要性和相对能力水平在系统中是不平衡的,因此还要对各功能进行分析。

某项功能是否具有战略意义,关键就是看它的替代性。若其替代性很弱,提供服务的物流公司少或物流公司很难完成,几乎只有本企业才具备这项能力,企业就应保护好、发展好该项功能,使其保持旺盛的竞争力。

(2) 企业物流系统的总成本

物流总成本可用公式表示:$D=T+S+L+F_w+V_w+P+C$

上式中,D 为物流系统总成本;T 为该系统的总运输成本;S 为库存维持费用,包括库存管理费用、包装费用以及返工费;L 为批量成本,包括物料加工费和采购费;F_w 为该系统的总固定仓储费用;V_w 为该系统的总变动仓储费用;P 为订单处理和信息费用,指订单处理和物流活动中广泛交流等问题所发生的费用;C 为顾客服务费用,包括缺货损失费用、降价损失费用和丧失潜在顾客的机会成本。这些成本之间存在着二律背反的现象。例如,在考虑减少仓库数量时,虽然是为了降低保管费用,但是在减少仓库数量的同时,会带来运输距离变长、运输次数增加等后果,从而导致运输费用增大。如果运输费用的增加部分超过了保管费用的减少部分,总的物流成本反而增大了,这样减少仓库数量的措施就没有了意义。在选择和设计物流系统时,要对系统的总成本加以检验,最后选择成本最小的物流系统。

(3) 物流服务水平

物流服务水平是物流能力的综合体现,它指消费者对物流服务的满意度。工商企业重视物流不仅仅是为了节约成本,而是越来越认识到物流对提高顾客服务水平的重要性。这种物流服务的衡量要素包括三个部分,即事前要素、事中要素和事后要素。

顾客服务的事前要素是指公司的有关政策和计划,如服务政策、组织结构和系统的灵活性;顾客服务的事中要素是指在提供物流服务的过程中影响顾客满意度的各要素,如定货周期、库存水平、运送的可靠性等;顾客服务的事后要素是指产品在使用中的维护情况,如维修服务、对顾客的抱怨处理和产品退换等。

2. 第三方物流企业评价与选择

当企业不具备自营物流的能力时,就要将物流业务外包出去。企业可以将物流业务外包给一家第三方物流企业,也可以外包给多家第三方物流企业。要想选择好第三方物流企业,就必须对第三方物流企业进行合理的评价。

(1) 第三方物流供应商的核心竞争力。例如,联邦快递和联合包裹服务公司最擅长的服务是包裹的限时速递;中国储运总公司的核心竞争力在于其有大型的仓库。

(2) 第三方物流供应商是自拥资产还是非自拥资产。自拥资产的公司具备较大的规模、丰富的人力资源、雄厚的客户基础、先进的系统,但是他们倾向于自己决定工作安排,存在官僚作风,需要较长的决策周期。非自拥资产的公司在运作上更加灵活,对于企业所提出的服务内容可以自由组合,调配第三方物流供应商。但是因为其资源有限,物流服务价格会偏高。

(3) 第三方物流供应商服务的地理范围。第三方物流供应商按照其所服务的地理范围可分为:全球性、国际性、地区性和地方性第三方物流供应商。选择第三方物流供应商时要与本企业的业务范围相一致。

(4) 第三方物流服务的成本。在计算第三方物流服务的成本时,首先要弄清自营物流的成本,然后将两者进行比较选择。

(5) 第三方物流的服务水平。评价方法与本企业的物流系统服务水平的评价方法相同。

对于第三方物流评价的主要指标是物流服务水平和物流成本。值得提出的是,中国仓储协会于 2001 年 2 至 4 月组织了第三次全国范围内的物流供求状况调查,调查范围覆盖全国的生产、商业和储运及物流企业,通过邮寄问卷的形式,调查企业 2 000 家,回收 230 份,有效问卷 219 份。调查表明:在采用第三方物流的企业中,有 67% 的生产企业和 54% 的商业企业对第三方的物流服务感到满意,有 23% 的生产企业和 7% 的商业企业对第三方的物流服务不满意。不满意的原因中,首先是因为作业速度慢和物流信息不及时,其次是作业差错率高、运作成本高。从中可看出生产企业和商业企业对第三方物流服务首先关心的是运作质量和运作能力,其次才是成本。

3. 第三方物流的实施

企业选定了第三方物流供应商后,通过合同的形式达成协议,之后便是第三方物流的实施。企业与第三方物流供应商合作,应该注意以下问题。

(1) 处理好双方的关系

企业与第三方物流供应商之间的关系应该是合作伙伴关系。企业与第三方物流供应商合作失败的主要原因是:开始运作时,没有投入足够的时间,双方存在交易的心理。在最初的六个月至一年的时间内有效地开展合作是最困难的,也是最关键的。企业必须明确,成功关键需要什么,并能够向第三方物流供应商提供所需的信息并说明自身的需求。第三方物流供应商必须彻底、认真地考虑和讨论这些需求,并制订出具体的解决方案。双方都必须投入足够的时间和精力确保合作成功。双方应该牢记,这是一个互惠互利、风险共担的合作联盟。企业应该考虑如何将第三方物流供应商融入自己的物流战略规划。

(2) 有效地沟通

一般来说,有效地沟通对于任何一个外包项目的成功都是非常必要的。首先,对于企业来说,各个部门的管理者之间、管理者与员工之间必须互相沟通,明确为什么进行物流业务外包,从外包中期望得到什么。这样,所有的相关部门才能与第三方物流供应商密切配合,员工也不会产生抵触的心理。其次,企业与第三方物流供应商也要进行有效地沟通,确保合作的顺利进行。

(3) 其他注意点

① 第三方物流供应商必须为企业所提供的数据保密；
② 对绩效衡量的方式必须一致；
③ 讨论附属合同的特定标准；
④ 在达成合同前要考虑争议仲裁问题；
⑤ 协商合同中的免责条款；
⑥ 确保通过物流供应商的定期报告来实现绩效目标。

本章小结

当今社会，企业竞争的焦点主要集中在知识、信息和创造力上，选择并形成企业自身的核心竞争力是企业的最终抉择。物流业务外包正是在这种背景下产生的。

所谓物流业务外包，就是企业为集中资源、节省管理费用，增强核心竞争能力，将其物流业务以合同的方式委托给专业的物流公司(第三方物流)运作。物流业务外包是一种长期的、战略的、相互渗透的、互利互惠的业务委托和合约执行方式。

企业选择物流业务外包有多种原因，最主要在于其可以使企业集中精力研发新产品，以尽快占领市场。但企业物流外包是一个复杂的过程，应该考虑到企业自身的战略、所处的竞争环境、企业现状、外部经济环境等因素。另外还应分析物流业务外包存在的风险，并制订应对计划，以争取有效地控制风险。

外包面临的最主要的风险有：外包会泄露商业秘密；外包可减弱价格歧视而减低垄断利润；外包可能面临不完全竞争的影响；外包会增加协调难度；外包会使专用性资产投资不足；外包有可能减少企业的学习机会和竞争力的培养机会。

选择外包服务企业时，要选择外包服务企业的条件，选择适量的外包服务企业，要依地理条件选择外包服务企业。

第三方物流是物流发展到高级阶段的产物；在现代电子信息技术的支持下，第三方物流正在逐渐形成新的理论体系和运作方式。第三方物流国外又称为合同物流或物流外部化。第三方物流与以前的外部委托的不同点是：第三方物流不仅承担运输和保管职能，而且还承担着仓储、库存督理、流通加工、降低成本、优化服务等职能，将企业应当承担的一些物流职能全部交由第三方物流企业来做。此外，第三方物流还承担着信息职能，它能够按照货主企业的要求，利用现代各种信息技术手段优化物流计划，并实施这些物流计划。

评价选择第三方物流时，需要从企业自营物流系统分析、第三方物流企业评析和第三方物流条件选择外包服务企业。

关键词

物流业务外包；核心竞争力；决策分析；战略实施；第三方物流

Key words

logistics outsourcing; core competitiveness; decision analysis; implementation of strategy; 3PL

综合练习

一、判断题

1. 企业实施业务外包,是将自身的优势功能集中,劣势功能虚拟化,即将劣势功能转移出去,借企业外部资源的优势来弥补和改善自己的劣势。（　　）

2. 核心竞争力富有战略价值,它能为客户带来阶段性、关键性的利益,为企业创造阶段性的竞争主动权,为企业创造超过同业平均利润水平的超值利润。（　　）

3. 企业将物流业务分成两大部分,一是可以自营的业务,二是非自营的业务,企业将非自营业务或低效的自营业务外包给第三方物流供应商。（　　）

4. 企业可以通过外向资源配置,分散由政府、经济、市场、财务等因素产生的风险。（　　）

5. 业务外包的理论基础是资源外部化,资源外部化是指由于任何一个企业的资源都是有限的(资源的有限性正是经济学和管理学研究的起因),为了获取长期竞争优势,企业就不得不将其有限的资源集中于核心能力上,为顾客提供独特而卓越的价值。（　　）

二、选择题

1. 企业核心竞争力的本质简单地概括为（　　）
   A. 企业的资源　　　　　　　　　B. 企业的市场
   C. 企业的环境　　　　　　　　　D. 企业的信誉

2. 物流业务管理外包是指企业拥有物流设施的产权,将(　　)外包出去。
   A. 业务职能　　　　　　　　　　B. 管理职能
   C. 服务职能　　　　　　　　　　D. 计划职能

3. 企业物流外包的风险是（　　）
   A. 对企业有关职能部门的冲击
   B. 可能会降低用户的满意度
   C. 外包可靠性风险
   D. 第三方物流服务商可能提供较差的服务或提高价格
   E. 外包依赖控制程度应控制

4. 第三方物流的构成部分是（　　）
   A. 国际物流企业
   B. 企业自建的物流机构向第三方物流企业转化而形成的物流企业
   C. 由传统运输、储运及批发贸易企业转变形成的物流企业
   D. 新兴的专业化物流企业

5. 企业制订外包策略时,需要注意以下事项（　　）
   A. 明确企业的经营目标和外包之间的联系
   B. 明确哪些业务领域需要外包
   C. 在确定了要外包的业务后,还需要收集大量的材料和数据以确定从哪些外包的业务中可以获得最快或最佳的投资回报
   D. 与员工进行开诚布公的沟通

三、讨论题

1. 企业实行物流业务外包的原因。

2. 物流外包给企业带来哪些风险?
3. 如何对企业物流业务外包进行决策分析?
4. 选择第三方物流企业的过程。
5. 企业物流业务外包的形式。
6. 物流业务外包的战略是如何实施?

延伸阅读书目

1. 张强.现代物流管理.北京:北京理工大学出版社,2006
2. 王丰.现代物流概论.北京:人民交通出版社,2002
3. 刘胜春,李严锋.第三方物流.大连:东北财经大学出版社,2006
4. 丁力.第三方物流企业运作管理.长沙:湖南科学技术出版社,2003
5. 汝宜红.物流学.北京:中国铁道出版社,2006
6. 周启蕾.物流学概论.北京:清华大学出版社,2007

第十一章 逆向物流管理

【本章提要】
1. 逆向物流的概念、特点和作用;
2. 逆向物流管理中的关键问题及其解决方法;
3. 逆向物流管理的流程。

导入案例

墨盒是复印机的耗材。一般情况下,墨盒内墨粉用完后,客户就将墨盒作为废品丢进垃圾桶。从1990年起施乐公司开始回收旧的墨盒作为原材料制作新的墨盒。回收实施六个月之后,回收部门开始获利;同时实现了成本的节约,也使公司能够降低产品价格,增强了市场竞争力。

当顾客打开墨盒的包装时,同时会收到一个形似飞机的并已付费的美国或加拿大的邮包,如果顾客承诺归还墨盒,就可以再次以优惠的价格买下它。施乐公司的墨盒返还率为60%。这些回收的墨盒被送到两个专门的处理中心。在那儿,这些墨盒被拆卸、清洗和检查。废弃的部分将被搜集起来作为原材料,而那些好的剩余部分则将被刷新并运送到另一个地方进行再制造。所以施乐公司的产品是新部件与再制造部件的混合,很难找出全新的产品与再制造的产品的区别。

此外,施乐公司的复印机里的所有塑料都注入了延缓燃烧的材料,塑料已获准可重复使用五次。而且施乐公司自己控制这项工艺,以保证产品质量和利润。

施乐公司现在每年再制造大约100万个零件和15万台办公设备。即使它的售价较低,但是由于它的低廉的成本,公司仍然在节约的基础上找到了新的利润增长点。

第一节 逆向物流概述

一、逆向物流的概念和产生

从现代物流的角度来看,施乐公司的墨盒再造成功的关键实际上是利用逆向物流(Reverse Logistics)给企业带来了巨大利益,而且实现盈利的时间也很快。那么,什么是逆向物流?逆向物流是怎样产生的?

美国物流管理协会在其公布的《供应链全景——物流词条术语2003年9月升级版》中,对逆向物流给出如下解释：由于修理和信誉问题，对售出及发送到顾客手中的产品和资源的回流运动实施专业化的物流管理。

从逆向物流发展的现状来看，逆向物流的完整概念可以描述为：逆向物流是与传统物流方向相反，为恢复价值或合理处置，而对原材料、中间库存、最终产品及相关信息，从消费地到起始点的实际流动所进行的有效计划、管理和控制过程。其流程如图11-1所示：

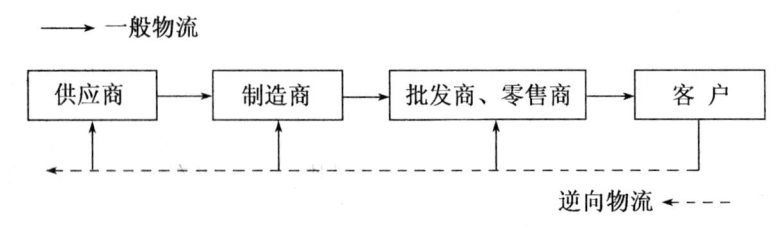

图 11-1 逆向物流流程

逆向物流的范围很广，从使用过的包装到处理过的电脑、电器设备，从未售商品的退货到机械零件的回收、汽车的召回等，都可以归入逆向物流的范畴。逆向物流产生的原因有以下几点：

1. 市场竞争

首先，竞争的加剧和产品供应量的增加，意味着最终客户或买家在整个供应链中地位的提升。为了获得顾客的忠诚，让顾客得到更多的让渡价值，现在绝大多数制造商、分销商、零售商都极大地放宽了退货、换货政策。这种情况在国外更为明显，这是由于他们奉行的是自由退货政策，顾客可以在购买商品后可获得无条件退货。在美国，大多数返还给最上层供应商的商品（要么来源于消费者，要么是因为未售出）都被最初的供应商收回，由他们对这些产品进行再加工和处理。这种趋势在所有行业都有所发生，即便是航空业，航空公司会要求供应商收回并处理不需要的包装物品。企业的自由退货政策和上层供应商的产品回收必然会产生逆向物流问题。

其次，为了维护和建立商誉，企业主动回收产品形成逆向物流。这种事例在最近数年的各种召回事件中得到了集中体现。世界上最大的芯片公司Intel公司在奔腾Ⅱ时代，曾经将新发售的存在浮点计算错误的所有芯片回收，公司蒙受了上亿美元的损失；而在2003年8月25日，广州本田公司宣布由于发动机产生较大振动时可能导致通气管接头松脱，使发动机内循环的废气排放到大气中，将对2.0升和2.4升新雅阁免费更换发动机通气管组件，北京用户可以在9月10日后与广州本田公司在京的6家特约销售服务店联系。在北京地区共有3 000辆这样的车，而这两种车型中符合召回条件的全国共有3.1万辆。以上这些行为都是公司出于维护商誉而采取的行动，这时也必然产生逆向物流。

再次，稳定分销商、零售商和客户。比较自由的退货政策，同样也会使供应链上的分销商与零售商感到放心，可以促使他们多进货，降低了他们买非畅销产品的风险。同时由于不同供应链的政策不同，转换供应商就有可能会增加退货成本，所以分销商与零售商在离开原有供应链时将会产生犹豫。同时，制造商接受供应链上伙伴的退货和自己实施主动的回收、再加工再制造相结合，将有利于更新供应链上的库存，加速新品的流转，从而保护了供应链上各个结点成员的边际利润。

2. 政府立法

随着人们环保意识的增强、环保法规约束力度的加大,企业被迫承担起更多回收产品的责任。在工业化世界中,政府的环境立法有效地推动了企业对他们所制造产品的整个生命周期负责。顾客对全球气候变暖、温室效应和环境污染的关注加深了这种趋势。

强制性的法律法规使得企业不得不采取积极的应对措施,加强逆向物流的管理,以期达到法律的要求。为了减少垃圾掩埋法的废品处理方式,欧盟制订了包装和包装废品的指导性意见,并在欧盟成员中形成法律。意见中规定了减少、再利用和回收包装材料的方法,并根据供应链环节中不同成员的地位和相应的年营业额,提出了企业每年进行垃圾回收和产品再生的数量要求。欧盟委员会2004年要求欧盟各成员国尽快依照欧盟有关保护环境的指导性法律,制订和完善本国废旧电器处理的法律和措施,减少废旧电器对环境造成的污染,保护公民的健康。

我国《中华人民共和国环境保护法》以及详细的实施细则相关规定对企业产生影响。一方面是厂商有义务进行回收处理废旧产品及有关垃圾等,另一方面由于垃圾填埋和焚化费用的不断上涨,厂商也愿意用回收利用的方式来处理旧货,这样也形成了逆向物流。我国于1993年公布了《中华人民共和国消费者权益保护法》和一系列的保护消费者权益的条例、规章,如家电、计算机的三包条例等。这些法规规定了消费者应具有的九项权利:安全权;知情权;选择权;公平交易权;求偿权;受尊重权;获得知识权;结社权;监督权。这些基本规定赋予的消费者的权利,迫使厂商必须在经营活动中予以遵守。而当消费者进行权益主张时,企业有多种正确的对应处理方式与具体手段,其中之一就是积极实施逆向物流。

3. 价值回收与废弃物的适当处置原因

价值回收也是影响企业实施逆向物流的重要原因。据美国汽车零部件再制造协会估计,1998年再制造的汽车零部件约为360亿美元。保守估计,在美国约有12 000家汽车零部件再制造商。同时50%的新启动器也是来自于再制品,这些活动同时还使美国一年节约了几百万加仑的原油以及大量的钢材和其他金属。

二、逆向物流的特点

1. 逆向物流产生的地点、时间和数量是不确定的,预测难度大

逆向物流完全不同于正向物流,可以事先根据生产、销售情况或者相关的历史资料做出明确、清晰的物流计划,剩下的就是在实际操作中根据计划与实际的偏差不断地加以改进。逆向物流特别是退货物流一般来讲不会有历史数据做参考,它的零星发生和大规模突然发生都是很难预测与计划的,往往只能是在事情发生以后,才开始被动地应付。对于回收物流来讲,由于是厂商主动采取的行为,因此在总量、地域上是会有较清楚的认识,然而顾客何时、何地将这些产品退回却是不定的,所以回收物流也具有难以预测性,同样也加大了处理时的复杂程度。相应地,废弃物处理物流由于作为其来源之一的退货物流、回收物流具有较大的不确定性,也带有了这样的特点。

2. 发生逆向物流的地点分散,运输路径不明确

逆向物流的发生一般较为分散、无序,不可能集中一次向接受点转移。被退还的产品运抵退货处理中心后,其进一步去向并不明确,这一点与正向物流并无两样,因为运抵配送中心的产品在没有接到订单之前也是处于暂时储存状态,直到接到订单再进行送货。两者的不同之

处在于送往目的地的决策方式不一样。正向产品几乎不需要运送地决策,只是根据订单按客户要求来安排运送时间、地点即可,甚至在有些情况下(订做或对接运送),在货物运抵配送中心的同时就已经知道了其即将运达的目的地。而逆向物流与正向物流不同,管理人员需要花费相当长的时间来决定各种退货的去向(如前文所述),还要考虑生产商对于退还商品处理的特殊规定,如在二级市场转卖的商品去除标识等,这些都使得在逆向物流中对商品的处理选择众多、方向不明。

3. 逆向物流发生的原因特殊

逆向物流中的退货物流、回收物流都有一部分体现企业的某些方面出现了问题,从而导致上述物流的出现。一个典型的例子是福特公司的"探险者"越野车使用火石公司的轮胎有质量问题,导致汽车出了数起严重车祸,而福特公司与火石公司内部都对此处理不力,也不积极召回汽车,直到法院开始进行多起诉讼受理后,福特公司才宣布将免费更换1300万只轮胎,此举将花费30亿美元,同时将火石公司告上法庭,并宣布不再使用火石公司的轮胎,使两家公司持续了近百年的合作关系终结。这个案例是对企业必须在事情变得更糟之前,及时注意逆向物流中的问题的一个最好注解,它使我们明白无论是质量问题还是竞争压力或环保原因引起的逆向物流都反映了企业在某一方面的缺失,及早解决始终是面对问题唯一正确的选择。

对某些行业来讲逆向物流带有强制性,这是由逆向物流的法律原因决定的。在美国规定阴极射线管显示器被禁止填埋,因为它所含有的多种有害物质,如汞、铅等将对环境造成长期的危害,所以必须由制造商回收处理。美国禁止将电话号码本填埋,因为第一它占用许多空间,第二可以用更好的方法处理它,比如进入造纸厂进行再生。

逆向物流的处理系统与方式复杂多样,不同处理手段对恢复资源价值的贡献差异显著。对逆向物流特点的重视与否,形成了企业逆向物流管理能力以及水准高低的分水岭。

三、逆向物流的作用

逆向物流的作用包含两方面,即逆向物流的社会作用和逆向物流对企业的经济价值。其作用主要体现在以下几个方面:

1. 提高客户满意度,增加竞争优势

在当今以客户为中心的经济环境下,和客户的关系是决定企业生存和发展的重要因素。众多企业通过逆向物流提高顾客对产品或服务的满意度,赢得顾客的信任,从而增加其竞争优势。对于最终顾客来说,逆向物流能够确保不符合订单要求的产品及时退货,有利于消除顾客的后顾之忧,增加其对企业的信任感及回头率,扩大企业的市场份额。正如专家所言的那样,如果一个公司要赢得顾客,它必须保证顾客在整个交易过程中心情舒畅,而逆向物流战略是达到这一目标的有效手段。另一方面,对于供应链上的企业客户来说,上游企业采取宽松的退货策略,能够减少下游客户的经营风险,改善供需关系,促进企业间战略合作,强化整个供应链的竞争优势。特别对于过时性风险比较大的产品,退货策略所带来的竞争优势更加明显。

2. 降低物料成本,增加企业效益

减少物料耗费,提高物料利用率是企业成本管理的重点,也是企业增效的重要手段。然而,传统管理模式的物料管理仅仅局限于企业内部物料,不重视企业外部废旧产品及其物料的有效利用,造成大量可再用性资源的闲置和浪费。由于废旧产品的回购价格低、来源充足,对这些产品回购加工可以大幅度降低企业的物料成本。特别是随着经济的发展,资源短缺日益加重,资源的供求矛盾更加突出,逆向物流越来越显示其优越性。

3. 改善环境行为,塑造企业形象

随着人们生活水平和文化素质的提高,环境意识日益增强,消费观念发生了巨大变化,顾客对环境的期望越来越高。另外,由于不可再生资源的稀缺以及环境污染日益加重,各国都制订了许多环境保护法规,为企业的环境行为规定了一个约束性标准。企业的环境业绩已成为评价企业运营绩效的重要指标。为了改善企业的环境行为,提高企业在公众中的形象,许多企业纷纷采取逆向物流战略,以减少产品对环境的污染及资源的消耗。

第二节　逆向物流管理

一、逆向物流管理的关键问题

和物流管理一样,逆向物流管理的主要内容包括逆向物流的计划、控制和信息系统等内容。下面就逆向物流管理的关键问题进行有关描述。

1. 逆向物流管理中的关键问题

逆向物流管理的目标是高效率、高效益地对逆向物流活动进行计划、实施和控制。因此可以把逆向物流管理中的关键问题以这个定义为标准归类为以下几个方面:

(1) 逆向物流计划方面的问题

逆向物流的发生、扩大、消失具有很大的不确定性,因此怎样的方法才能使企业具有一定的预知能力,从而加强相应安排的计划性,避免大的冲击,是逆向物流的关键问题之一。

(2) 逆向物流的高效率与高效益实施方面的问题

增强实施能力主要面对和需要解决的问题是:对于退回的产品,企业在哪里处理它们才是最有效率、最经济的;一个产品应该怎样才能使它易于被企业进行处置,从而使企业方便、迅速地获得回收价值。

(3) 对逆向物流控制方面的问题

从逆向物流的来源和实行原因中可以看到,企业在面临退货、产品回收时,就存在何种商品在何种情景下允许被退换,退换的程序是怎样的等十分具体的问题。这是实施逆向物流管理的第一道难题,也是企业进行相关控制的起点。

企业需要随时掌握物流与逆向物流中发出的和退回的产品目前是处于什么样的状况之类的信息,并确定企业应该用怎样的手段来进行监控,从而保证信息的实时获取。

(4) 商流、信息流、物流、资金流统一的问题

除了以上三方面的问题外,逆向物流与其他企业物流一样,也面临商流、信息流和资金流统一的问题。假定企业的逆向物流行为是伴随契约必然产生的,同时资金是有保证的,那么只需要考虑有效地组织信息流方面的问题,即高效率、高效益地对逆向物流活动进行计划、实施和控制需要怎样的数据库系统以供决策参考和实时控制。它应当包含哪些基本内容才能涵盖逆向物流实施中的各个方面的重要信息。

上面这些问题都是企业在实现逆向物流管理的目标过程中会遇到并需要解决的关键问题,所以应该对它们进行仔细的分析后,给出较好的处理方法,以便让企业的逆向物流管理获

得成功。当然,应该还有别的一些关键问题,不过如果能够针对上述四个方面的问题找到一些有用的解决方案并切实执行它们,那么对于企业逆向物流管理目标的达成就一定会起到十分积极的作用。

2. 逆向物流管理中问题的解决方法

(1) 对逆向物流的预测

良好的计划是保证企业的采购、生产、销售获得成功的必要条件。逆向物流的一个重要特点就是它产生的地点、时间和数量的不确定性,企业要成功实施逆向物流管理就必须寻找一个好的预测方法,从而使不确定性尽可能地降低。

一个典型的新产品的生命周期可以划分为四个阶段:导入期、成长期、成熟期和衰退期。虽然说很难特别精确地划分出一个产品的这四个时期(特别是在成长期与成熟期之间),但是仍然可以大致地知道自己企业的产品的销售形态,从而根据不同的表现形式进行科学的预测。可以根据线性模型、指数模型等进行预测,也可以根据经验数据进行大致估算。

(2) 建立集中退回处理中心

一般来说,逆向物流在处理退货和回收问题上应建立集中退回处理中心。集中退回处理中心不仅要承担物流中心所具备的仓储、配送职能,它还要承担详细地鉴别产品的外观、品质、可拆卸程度的责任,并完成产品的分类、清洁、拆卸的工作,然后它要根据采购物流的具体订货模型立即或经过一定时间储存后发给相关的使用部门,因此,集中退回处理中心既处于连接零售商、分销商、制造商、供应商的承上启下的位置,又具有节约成本和创造价值的双重作用,所以它应是供应链中实施逆向物流活动的枢纽。

(3) 产品设计可拆卸性

产品的可拆卸性可以大大方便企业的产品维修,也可以减少逆向物流的量和成本。

(4) 从源头进行控制——规范、科学地实施退货与回收的进入控制

在有效地对逆向物流活动进行了预测和建立专门的集中退回处理中心以及采用新的设计思想后,还应该关注的就是控制问题。逆向物流涉及通过顾客让渡价值获得顾客忠诚的问题,因此直接与顾客打交道的现场控制应该是控制中的一个特别重要的方面。与顾客接触最频繁的就是零售商,所以着重考察的也就是零售商的现场控制。

(5) 应用有效的产品识别与跟踪技术

企业如何进行逆向物流有效控制的问题,是一种全程的监控。全程监控的最好方法就是利用先进的技术。例如,借助无线电射频识别技术,在逆向退货物流和回收物流产生时,可以借此系统方便地知道该产品的各种基本信息。此外,当接收退货和实行回收后,可以用它最大限度地减轻一线联系员工的信息输入工作,降低了他们的工作强度与繁琐度,有利于提高管理的效率。

(6) 构筑逆向物流管理的系统

逆向物流管理涉及供应链的所有参与者,因此必须建立起专门的信息系统来全面管理各种相关数据,所以信息系统理所当然是成功实施逆向物流管理的关键因素之一。

二、逆向物流管理的流程

典型的逆向物流从消费者流向生产商的过程可以分为四级:第一级是零售商,第二级是分销商,第三级是生产商,第四级是供应商。根据逆向物流的方向,把逆向物流管理流程分为零

售商、分销商、制造商和供应商管理流程。逆向物流业务主要有回收、检验、分类和处理等。

(1) 回收。分为内部回收和外部回收,前者主要指报废零部件及边角材料的回收,后者主要指退货、召回产品、报废产品回收等。

(2) 检验。各级结点对于流经该级的逆向物流要作检验,以控制逆向物流的不合理形成。如零售商通过检验退货,控制客户的无理由退货;配送中心通过检验,决定产品是否再分销。

(3) 分类。在每个检验的过程中,都需要分类,确定产品回流的原因,以便对流经该级结点的逆向物流进行分流处理。

(4) 处理。对流经各级结点的逆向物流,经各级结点分类后,先由自身结点处理。对不能处理的向下一级结点转移,由下一级结点处理,直到生产商终端。零售商对逆向物流中的可再销售产品继续转销,无法再销售产品交由配送中心处理;配送中心对可再分销产品继续分销,无法销售产品转移到生产商处理;生产商对可维修产品进行维修,然后再销售,对不可维修的产品、回收报废产品及零部件、生产中的报废零部件以及边角材料通过分拆、整理重新进入原料供应系统;对退回产品通过分拆,进行更换零部件或技术改造等补救措施,重塑产品价值;对于产品包装物,以及分解后的不可再利用部件,要采取填埋、机械处理等环保方式处理。

从以上分析可以看出,供应链的各个结点都会涉及逆向物流业务。因此,企业应该成立专门的逆向物流管理部门,管理逆向物流过程中产生的资金流、信息流、实物流等,并通过与正常的供应链系统信息共享协调供应链各结点的逆向物流业务,减少与供应链业务的冲突。

1. 零售商逆向物流管理的流程

零售商的一线直接联系员工要负责接待顾客的退货和处理产品的回收。基本上可以认为是第一个处理产品的逆向物流问题的人,所以他必须做好退回的进入控制。首先,必须在资料库中检索、查询该产品是否是属于公司政策范围内的退货,依据所获得的信息作出相应的处理;如果是肯定的问答,就必须判断产品的状况,然后根据企业对自己的授权情况确定是由自己处理,还是交给上级;如由自己处理接着就是进行全额或部分的退款,并将处理情况输入信息系统;最后,需要做出判断:该产品是进行再销售、维修、降级处理还是将其进入本企业的储运部门运往上游,并在其授权范围内自主行动。经过这样一系列的作业过程,其发挥了把好退货和回收的入门关的作用。

储运部门安排运输退回产品运往集中退回处理中心(假设供应链为逆向物流建立了一个集中退回处理中心或至少是制订了一个已有的物流中心专门负责退回问题)。正如在物流中一样,信息流应该先于物流,所以应该先向退回中心提前发送详细的产品信息,同时还要向财务部门发出发货信息。财务部门根据销售部门与库存储运部门的信息作出账目上的处理,对于销售额的损失根据供应链企业间的规定或者向上家要求补偿或者由本企业承担。至此退回处理的第一阶段完成。在经过一定时期的累积过后,零售商的管理部门应根据原始数据作出详细的分析报告。一方面据此为今后的订货作参考,另一方面也可以向制造商提出改进建议;同时还可以用它来改变管理的相关规定和进行员工的绩效考核。至此整个阶段才完成并进入下一次循环,整个流程如图 11-2 所示。

2. 分销商逆向物流管理的流程

分销商在逆向物流中的地位和行为与零售商相似,也有可能接受顾客的直接退货和召回过去售出的产品,因此也要经历如同零售商销售部门一样的识别、入门控制、实施、处置方式判断四个阶段来处理退回。不同之处是要将可用于再次销售的产品进入物流系统,再运往零售

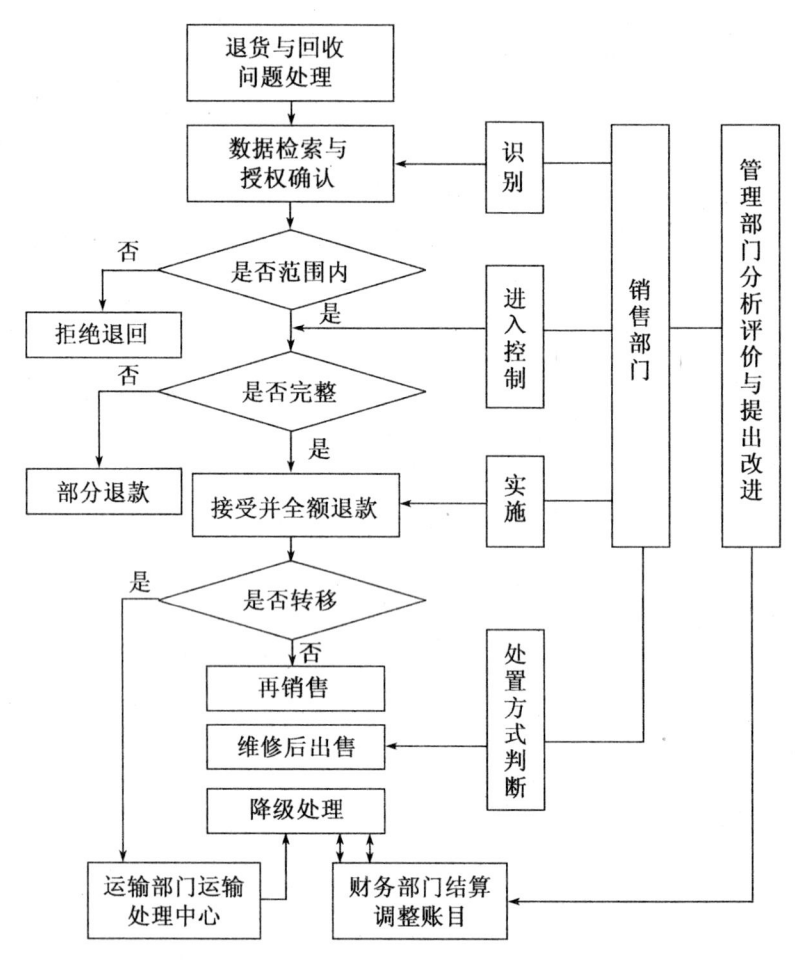

图 11-2 零售商的逆向物流作业流程

商售卖;同时还要接收零售商不作现场销售、维修、降级处理的产品,连同本企业收集的同类产品一并转运到集中退回处理中心。集中退回处理中心进行相关作业后将用于再制造和用于再循环的部分分别运往制造商和供应商进行加工。其简略的流程如图 11-3 所示:

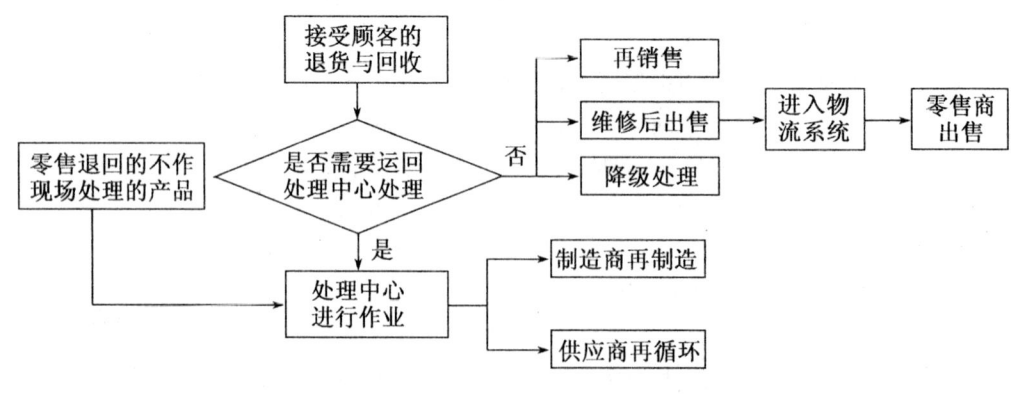

图 11-3 分销商的逆向物流流程

3. 制造商逆向物流管理的流程

因为集中退回处理中心在供应链中集收集、储存、鉴定、测试、分类、清洁、拆卸于一体,一方面承接下游零售商、分销商的退回,另一方面又连接制造商,因此它是整个逆向物流活动实施的枢纽。但它的重心仍是与制造商相协调以便顺利地实现逆向物流回收价值这一经济目的,以及通过它将一部分无利用价值的部分进行废弃处理。整体上,它还是与制造商的作业流程的关系更紧密,集中退回处理中心和制造商的逆向物流。流程如图11-4所示:

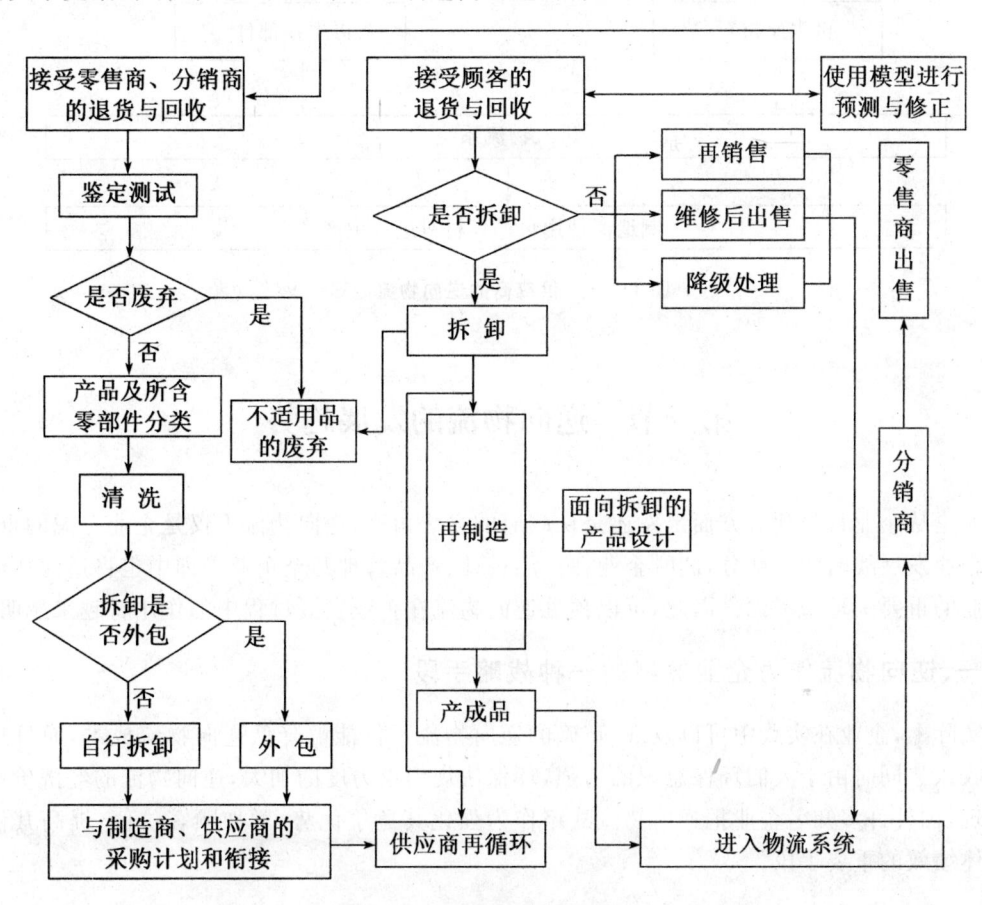

图11-4 制造商的逆向物流流程

4. 供应商逆向物流管理的流程

供应商在逆向物流中的地位处于弱势。在特殊的情况下也可能会收到顾客的退货,如顾客认为是由于原材料品质造成了产品的质量问题。一般它只是接收集中退回处理中心和制造商转来的用于再循环的物品,将其作为自己生产的原料,这样使它节约了成本。制成的零部件或新的原材料又成为制造商生产产品的基本部件和原料。供应商的逆向物流流程如图11-5所示:

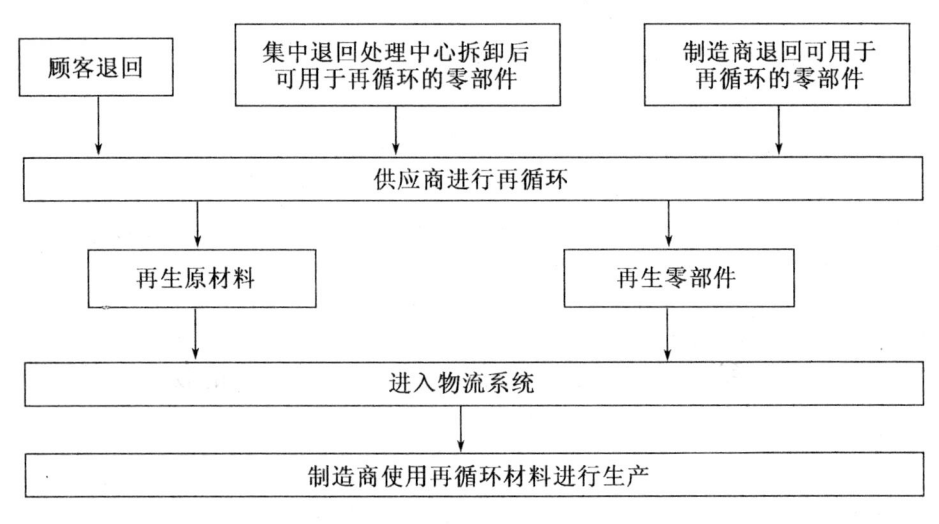

```
┌─────────┐  ┌──────────────────┐  ┌──────────────────┐
│ 顾客退回 │  │集中退回处理中心拆卸后│  │制造商退回可用于  │
│         │  │可用于再循环的零部件│  │再循环的零部件    │
└────┬────┘  └────────┬─────────┘  └────────┬─────────┘
     │                │                      │
     └────────────────┼──────────────────────┘
                      ▼
          ┌────────────────────┐
          │   供应商进行再循环   │
          └──────────┬─────────┘
              ┌──────┴──────┐
              ▼             ▼
        ┌─────────┐   ┌─────────┐
        │再生原材料│   │再生零部件│
        └────┬────┘   └────┬────┘
             └──────┬──────┘
                    ▼
          ┌────────────────────┐
          │    进入物流系统     │
          └──────────┬─────────┘
                    ▼
          ┌────────────────────┐
          │制造商使用再循环材料进行生产│
          └────────────────────┘
```

图 11-5 供应商的逆向物流流程

第三节 逆向物流的发展趋势

无论从企业自身利益方面出发还是从政府的立法角度，逆向物流不仅是企业考虑的重点，也是企业发展战略的一部分，同时企业在产品设计、产品管理乃至企业管理中也将逆向物流作为企业的重要一环来考虑。因此，可以预见逆向物流在企业发展过程中的作用将越来越明显。

一、逆向物流作为企业发展的一种战略手段

实际上，企业在实践中可以发现，正确的逆向物流不仅能够降低逆向物流成本，而且还会提高收入。同时由于人们环保意识的增强，环保法规约束力度的加大，逆向物流的经济价值逐步显现，国外许多知名企业把逆向物流战略作为强化其竞争优势、增加顾客价值、提高其供应链整体绩效的重要手段。

二、在企业产品设计时就充分考虑企业将来的逆向物流

对于企业来说，逆向物流将不可避免，一些优秀的企业在产品设计时就开始考虑可拆解性，产品的模块化、标准化，以利于逆向物流的开展，延长产品的生命周期。从家电厂商到汽车制造商的一大批厂商正在研究新的方法，用可分解的思想设计他们的产品。这项研究分为三个方面：如何实现为了分解目的的新品设计；现有产品如何分解；增加回收产品及部件的机会。

制造系统一般都是为了实现高效装配过程而设计，但是现在的要求却是产品的设计和制造能够适应处理和回收的要求，可以方便地进行产品分解工作。例如，重新设计装配件，减少装配过程中螺栓的使用数量（当然不能牺牲功能），这样会加快产品的分解过程。当企业可以分解大多数产品时，产品设计的目标必须是使产品分解的成本低于部件带来的收入。还应注意，不同的分解部件有不同的获利机会。

德国巴伐利亚汽车公司（BMW）已经宣布了一个战略目标：在 21 世纪设计出一种面向分

解的汽车。当产品生命周期结束时,BMW 的经销商可以将汽车回收后分解,然后把分解后的部件投入到新车的生产线中。

为了延长产品生命周期,许多公司正在采用模块化的设计技术并使用标准化的产品接口。由大量标准化零部件组装而成的产品可以方便地进行升级,而不是废弃,仅仅用新部件替代过期部件就可以达到这样的目的。

以老型号产品中的标准化部件和模块为基础进行新产品的设计制造,使企业有机会利用老型号产品中的零部件。企业分解一种老型号产品时,就有很多机会把老部件重新应用到新产品之中。

三、企业更注重通过逆向物流回收更多的物资及其产生的物资效益

许多行业正在给那些允许他们回收更多物资的系统投资,汽车工业最为突出。例如,1992年通用汽车公司成立了美国汽车研究委员会,福特和克莱斯勒则在新技术中引入了"预竞争"理论研究。其中的一个研究机构——汽车回收合作组织,不仅仅由主要的汽车制造商参与,而且也依赖于供应商、原材料制造商、大学和相关工业协会的参与。

这个合作组织正在编制废旧汽车零件和原料数据库,以辨识如何回收并利用物资。废料经销商已经在每年 1 000 万辆的废旧车辆中提取了 95% 的铝和钢铁以及主要的黄铜和紫铜,然后把它们卖给二级回收市场。现在,残余的汽车材料,例如,橡胶挡风雨条、泡沫坐垫、合成塑料和玻璃被当作无用品处理,而汽车回收合作组织正在积极地考虑怎样把这些物品回收和再利用。

在过去的几年当中,企业在产品中应用回收物资方面取得了显著的进步。这些物资带来了直接的效益,减少了长期的废品处理成本。例如,据报道,某新型汽车的油箱使用的聚乙烯材料含有 35% 的回收塑料成分。

本章小结

逆向物流是与传统物流方向相反,为恢复价值或合理处置,而对原材料、中间库存、最终产品及相关信息,从消费地到起始点的实际流动所进行的有效计划、管理和控制过程。逆向物流的特点包括:逆向物流产生的地点、时间和数量不确定,预测难度大;发生逆向物流的地点分散,运输路径不明确;逆向物流发生的原因特殊。逆向物流的作用包括:提高客户满意度,增加竞争优势;降低物料成本,增加企业效益;改善环境行为,塑造企业形象。逆向物流管理的关键问题包括逆向物流计划方面的问题、逆向物流的高效率与高效益实施方面的问题、对逆向物流控制方面的问题以及商流、信息流、物流、资金流统一的问题。根据逆向物流的方向,逆向物流管理流程分为零售商、分销商、制造商和供应商管理流程。逆向物流的发展趋势包括:逆向物流作为企业发展的一种战略手段;在企业产品设计时就充分考虑企业将来的逆向物流;企业更注重通过逆向物流回收更多的物资及其产生的物资效益。

关键词

逆向物流;逆向物流管理;流程;发展趋势

Key words

peverse logistics; management of reverse logistics; flowsheet; development tendency

综合练习

一、判断题

1. 逆向物流是为恢复价值或合理处置,而对原材料、中间库存、最终产品及相关信息,从消费地到起始点的实际流动所进行的有效计划、管理和控制过程。（ ）
2. 逆向物流产生的地点、时间和数量不确定,但预测的难度不大。（ ）
3. 对很多企业来说,在企业产品设计时应充分考虑企业将来的逆向物流。（ ）

二、多项选择题

1. 逆向物流系统应具备以下功能 （ ）
   A. 提供信息渠道　　B. 退货信息在线录入　　C. 退货集中管理
   D. 回收报废产品信息的在线录入　　E. 回收报废产品的集中管理
2. 逆向物流管理的流程包括 （ ）
   A. 回收　　B. 检验　　C. 转运
   D. 分类　　E. 处理

三、讨论题

1. 简述逆向物流产生的原因。
2. 逆向物流有哪些特点？逆向物流对企业有哪些作用？
3. 逆向物流管理中的关键问题是什么？
4. 简述制造商逆向物流管理流程。

延伸阅读书目

1. 王成.现代物流管理实物与案例.北京:企业管理出版社,2001
2. 王之泰.现代物流学.北京:中国物资出版社,2002
3. 宋华.现代物流与供应链管理.北京:经济管理出版社,2000
4. 张声书,佐伯弘治.中国现代物流研究.北京:中国物资出版社,1998
5. 孙秋菊.现代物流概论.北京:高等教育出版社,2003
6. 孟祥茹,吕延昌,孙学琴.现代物流管理.北京:人民交通出版社,2001

第十二章　国际物流

【本章提要】
1. 掌握国际物流的内涵和特征；
2. 掌握国际物流的系统、业务与运输方式；
3. 了解国际货物的包装与仓储；
4. 掌握保险基本知识及其在国际运输中的作用。

导入案例

德国邮政的"胃口"真的是越来越好，收购了DH，整合旗下所有物流业务并统一到DH品牌下才刚刚两年多，几乎没做什么大的休整，就又发动了新一轮更大的收购行动。而在1995年以前，德国邮政还是一家以臃肿不堪、效率低下、服务态度不尽人意的官僚机构。10年之后，出资55亿欧元现金加股票收购了英国物流集团Exel，德国邮政不但成为营业收入在430亿欧元的全球邮政行业的先行者和领头羊，而且成为世界上最大的物流集团。

德国邮政的CEO崇文礼圈点了集团成功的五个关键因素：① 实现全球化；② 技巧娴熟地整合；③ 不要为了规模去寻求并购；④ 要像朋友而不是敌人那样对待工会；⑤ 对监管的解除善加利用。

看来的确如此，单从净收入来看，德国邮政的四大业务：邮政、快递、物流和金融，分别占据49%、21%、18%和12%。特别是对于物流业务在地域上的分布来说，德国、法国、意大利和欧洲其他国家分别占23%、17%、8%和23%，斯堪的纳维亚、美洲、远东澳洲分别占12%、11%和6%。疯狂的并购扩张战略，同一品牌扩张战略，抢先进入的扩张战略，这三大扩张战略加上技巧娴熟的整合，德国邮政仅仅用了短短10年的时间就打造出今天德国乃至世界上最大的物流集团，真正实现了全球化。

随着经济的日益全球化，越来越多的企业意识到，市场已经不仅仅局限于国内，已延伸到整个世界。一些有实力的大企业都在推行国际战略，在世界范围内寻找贸易机会，寻找最理想的市场，寻找最好的生产基地，这就将企业的经济活动领域由地区、国家扩展到国际范围。因此企业把国际物流发展战略放在议事日程上，更新自己的物流观念，扩展物流设施，按照国际物流要求开展物流服务，可以说国际物流已经成为现代物流发展的重要领域与趋势。

第一节　国际物流概述

一、国际物流的发展历史

第二次世界大战以后,国际间的经济交往越来越广泛,越来越活跃,尤其在20世纪70年代石油危机以后,原本为满足运送必要货物而运输的观念已不能适应新的要求,系统物流就是在这个时期进入国际领域的。

20世纪60年代开始形成了国际间的大数量物流,在物流技术上出现了大型物流工具,如20万吨的油轮、10万吨的矿石船等。

20世纪70年代,由于石油危机的影响,国际物流不仅在数量上进一步发展,船舶大型化趋势进一步加强,而且随着提高国际物流服务水平的要求,国际间各主要航线的定期班轮都投入了集装箱船,把散杂货的物流水平提了上去,使物流服务水平获得很大提高。

20世纪70年代中、后期,国际物流领域出现了航空物流大幅度增加的新形势,同时出现了更高水平的国际联运。船舶大型化的趋势发展到一个高峰,出现了50万吨的油船、30万吨左右的散装船。

20世纪80年前、中期,国际物流的突出特点,是在物流量不继续扩大的情况下出现了"精细物流",物流的机械化、自动化水平的提高,同时,伴随新时代人们需求观念的变化,国际物流着力于解决"小批量、高频度、多品种"的物流,现代物流不仅覆盖了大量货物、集装杂货,而且也覆盖了多品种的货物,基本覆盖了所有物流对象,解决了所有物流对象的现代物流问题。

20世纪80、90年代,在国际物流领域的另一大发展,是伴随国际联运式物流出现的物流信息和电子数据交换(EDI)系统。信息的作用,使物流向更低成本、更高服务、更数量化、更精细化方向发展,这个问题在国际物流中比国内物流表现更为突出,几乎物流的每一活动都有信息支撑,物流质量取决于信息,物流服务依靠信息。可以说,国际物流已进入了物流信息时代。

20世纪90年代,国际物流依托信息技术发展,实现了"信息化"。信息对国际物流的作用,依托互联网公众平台,向各个相关领域渗透,同时又出现了全球卫星定位系统、电子报关系统等新的信息系统,在这个基础上,构筑国际供应链,形成国际物流系统,使国际物流水平进一步得到了提高。

二、国际物流的内涵和特征

1. 国际物流的含义

国际物流(International Logistics,IL),是组织原材料、在制品、半成品和制成品在国与国之间进行流动和转移的活动。它是相对于国内物流而言的,是发生在不同国家间的物流,是国内物流的延伸和进一步扩展,是跨国界的、流通范围扩大了的物的流通,有时也称其为国际大流通或大物流。

对国际物流的理解分为广义和狭义两个方面。广义的国际物流是指各种形式的物资在国与国之间的流入和流出,包括进出口商品、暂时进出口商品、转运物资、过境物资、捐赠物资、援助物资、加工装配所需物料和部件以及退货等在国与国之间的流动。而狭义的国际物流是指与一国进出口贸易相关的物流活动,包括货物集运、分拨配送、货物包装、货物运输、申领许可文件、仓储、装卸、流通加工、报关、保险等。换句话说,当某国一企业出口其生产或制造的产品给在另一国的客户或消费者时,为了消除生产者与消费者之间的时空差异,使货物从卖方的处所物理性地移动到买方处所,并最终实现货物所有权的跨国转移,国际物流的一系列活动就产生了。

国际物流的实质是按照国际分工协作的原则,依照国际惯例,利用国际化的物流网络、物流设施和物流技术,实现货物在国际间的流动和交换,以促进区域经济的发展和世界资源的优化配置。国际物流是国际贸易的一个必然组成部分,各国之间的相互贸易最终都将通过国际物流来实现。

国际物流的总目标是为国际贸易和跨国经营服务,使各国物流系统相互"接轨"。即选择最佳的方式和路径,以最低的费用和最小的风险,保质、保量、适时地将货物从某国的供方运到另一国的需方,使国际物流系统整体效益最大。

在国际物流活动中,为实现物流合理化,必须按照国际商务交易活动的要求来开展国际物流活动。并且,不仅要求降低物流费用,而且要考虑提高顾客服务水平,提高销售竞争能力和扩大销售效益,即提高国际物流系统的整体效益,而不仅仅是提高局部效益。

国际物流过程离不开贸易中间人,即由专门从事商品使用价值转移活动的业务机构或代理人来完成,如国际货物的运输是通过国际货物运输服务公司(代理货物的出口运输)。另外如报关行、出口商贸易公司、出口打包公司和进口经纪人等,它们主要是接受企业的委托,代理与货物有关的各项业务。这主要是因为在国际物流系统中,很少有企业能依靠自身力量办理和完成这些复杂的进出口货物的各项业务工作。

2. 国际物流的主要特征

(1) 国际物流快速反应

国际物流服务提供者对上下游的物流、配送需求的反应速度越来越快,前置时间越来越短,配送间隔越来越短,物流配送速度越来越快,商品周转次数越来越频繁。

(2) 国际物流功能集成化

国际物流着重于将物流与供应链的其他环节进行集成,包括物流渠道之间的集成、物流渠道与商流渠道的集成、物流环节的集成与物流功能的集成等。

(3) 国际物流服务系列化

国际物流强调物流服务功能的恰当定位与完善化、系列化。除了传统的物流服务外,现代物流服务的外延向上扩展至市场调查与预测、采购及订单处理;向下延伸至配送、物流咨询、物流方案的选择与规划、库存控制策略建议、货款回收与结算、教育培训等增值服务;在内涵上则提高了以上服务对决策的支持作用。

(4) 国际物流作业规范化

国际物流强调功能、作用流程、作业动作的标准化与程序化,使复杂的作业变成简单的、易于跨国界、跨区域推广与考核的作业。国际物流的标准化要求较高,要使国际间物流畅通起来,统一标准是非常重要的,可以这样说,如果没有统一的标准,国际物流水平是无法提高的。目前,美国、欧洲基本实现了物流工具、设施的统一标准,如托盘采用 $1\,000 \times 1\,200$ 毫米,集装箱的几种统一规格及条码技术等,这样一来,大大降低了物流费用,降低了转运的难度。而不向这一标准靠拢的国家必然在转运、换车等许多方面要多耗费时间和费用,从而降低其国际竞争能力。

(5) 国际物流目标系统化

现代国际物流从系统的角度统筹规划一个公司整体的各种物流活动,处理好物流活动与商流活动及公司目标之间、不同物流活动相互之间的关系,在实现每个物流环节最优化的同时,追求整体活动的最优化。

(6) 国际物流手段现代化

国际物流使用先进的技术、设备与管理为客户提供服务、生产、流通、销售,规模越大,范围越广,物流技术、设备及管理的现代化、自动化、机械化、无纸化和智能化就越普遍。

(7) 国际物流组织网络化

国际物流需要有完整的、健全的物流网络体系,网络上点与点之间的物流活动保持系统性、一致性,这样可以保证整个物流网络有最优的库存总水平及库存分布,运输与配送快速机动,既能收拢又能展开。

(8) 国际物流系统信息化

由于计算机信息技术的应用,国际物流过程的可见性明显增加,从而可以加强供应商批发商、零售商等在组织物流过程中的协调和配合以及对物流过程的控制。

(9) 国际物流服务社会化

众多工商企业更倾向于采取资源外取的方式,将本企业不擅长的物流环节交由专业物流公司,或者在企业内部设立相对独立的物流专业部门,而将有限的资源集中于自己真正的优势领域。

(10) 国际物流活动全球化

跨国公司普遍采取全球战略,在全世界范围内进行物流的选择和配置,着眼于物流技术和系统在全球大市场的推广。

3. 国际物流的分类

(1) 按照物流活动参与国家的发达程度,国际物流可以分为:发达国家与发达国家之间的国际物流;发达国家与发展中国家之间的国际物流;发展中国家与发展中国家之间的国际物流。

(2) 按照国际物流货物的运载形式,国际物流可以分为:以国际远洋运输为主的国际物流;以国际航空运输为主的国际物流;以国际铁路运输为主的国际物流;大陆桥国际物流和国际多式联运物流等。

(3) 按照国际物流经营方式,国际物流可以分为:顾客服务驱动的国际物流;建立综合供应链系统的国际物流;运用库存波动作为缓冲器的国际物流;运用信息技术支撑的国际物流和运用第三方物流形式的国际物流。

第二节　国际物流系统

一、国际物流系统的一般要素

1. 实物,即国际物流系统的劳动对象、劳动工具和劳动手段。缺少了劳动对象,国际物流系统便成为无本之木、无源之水。劳动工具和劳动手段包括各种物流设施、工具、各种消耗材料(如燃料和保护材料)等。

2. 劳动者,是现代物流系统的关键要素和第一要素。缺少这一核心要素,国际物流系统根本运转不起来。提高劳动者的素质是建立一个合理化的国际物流系统并使它有效运转的根本所在。

3. 资金,是交换的货币媒介。实现交换的国际物流过程,实际上也就是资金的运动过程。国际物流本身也是以货币为媒介,国际物流系统建设是资金投入的一大领域,国际物流系统离开资金这一重要的要素也就不可能得以实现。

二、国际物流系统的功能要素

国际物流系统的功能要素指的是国际物流系统所具有的基本能力有效地组合、联结在一起,形成了国际物流系统的总功能,因此便能合理、有效地实现国际物流系统的总目的,实现其自身的时间和空间效益,满足国际贸易活动和跨国公司经营的要求。

国际物流系统的功能要素一般认为有采购、包装、储存保管(仓储)、流通加工、出入境检验检疫和通关、装卸搬运、运输、物流信息处理等。如果从国际物流活动的实际工作环节来考察,国际物流也主要由上述八项具体工作构成,这八大功能要素也相应地形成各自的一个子系统。

1. 国际物流采购子系统

随着国际物流管理内涵的日益拓宽,采购功能在企业中变得越来越重要。要真正做到低成本、高效率地为企业国际物流服务,采购就需要涉及企业的各个部门。采购的功能是选择企业各部门所需要的适当物料,从适当的来源(包括全球采购),以适当的价格、适当的送货方式(包括时间和地点)获取适当数量的这些原材料。

2. 国际物流包装子系统

杜邦定律(美国杜邦化学公司提出)认为63%的消费者是根据商品的包装装潢进行购买的,国际市场和消费者是通过商品来认识企业的,而商品的商标和包装就是企业的面孔,它反映了一个国家的综合科技文化水平。

在考虑出口商品包装设计和具体作业过程时,应把包装、储存、搬运和运输有机联系起来,统筹考虑,全面规划,实现现代国际物流系统所要求的"包、储、运一体化",即从开始包装商品时就考虑储存的方便、运输的快速,以加速物流,减少物流费用,符合现代物流系统设计的各种要求。

3. 国际物流储存保管子系统

商品储存、保管使商品在其流通过程中处于一种或长或短的相对停滞状态,这种停滞是完全必要的。因为,商品流通是一个由分散到集中,再由集中到分散的源源不断的流通过程。国际贸易和跨国经营的商品从生产厂家或供应部门被集中运送到装运港口,有时需临时存放一段时间,再装运出口,这是一个"集和散"的过程,它主要是在各国的保税区和保税仓库进行的,主要涉及各国保税制度和保税仓库建设等方面。

从物流角度看,应尽量减少储存时间和储存数量,加速货物和资金的周转,实现国际物流的高效率运转。

4. 国际物流流通加工子系统

流通加工是为了促进销售,提高物流效率和物资利用率,以及为维护产品的质量而采取能使物资或商品发生一定物理、化学及形状变化的加工过程。它可以确保进出口商品的质量达到要求。出口商品加工的重要作用是使商品更好地满足消费者的需要,不断地扩大出口。同时,它也是充分利用本国劳动力和部分加工能力,扩大就业机会的重要途径。

进出口商品流通加工的具体内容包括:其一是指装货、贴标签、配装、挑选、混装、刷标记(刷唛)等出口贸易商品服务;另一种则是生产性外延加工,如剪断、平整、套裁、打扎、折弯、拉拔、织装、改装、服装的检验和烫熨等。其中,后一种出口加工或流通加工,不仅能最大限度地满足客户的多元化需求,同时还可以实现货物的增值。

5. 国际物流商品检验检疫、通关子系统

由于国际贸易和跨国经营具有投资大、风险高、周期长等特点,这就使得商品检验成为国际物流系统中重要的子系统。通过商品检验,确定交货品质、数目和包装条件是否符合合同规定。如发现问题,可分清责任,向有关方面索赔。在买卖合同中,一般都订有商品检验条款,其主要内容有检验时间与地点、检验机构与检验证明、检验标准与检验方法等。另外,商品的出入境还须申请通关。

6. 国际物流装卸搬运子系统

装卸搬运子系统主要包括对国际货物运输、保管、包装、流通加工等物流活动进行的衔接活动,以及在保管等活动中为进行检验、维护、保养所进行的装卸活动。伴随装卸活动的小搬运,一般也包括在这一活动中。在国际物流活动中,装卸活动是频繁发生的,因而是产品损坏的重要原因。对装卸活动的管理,主要是确定最恰当的装卸方式,力求减少装卸次数,合理配置及使用装卸工具,以做到节能、省力、减少损失、加快速度,最终获得较好的经济效益。

7. 国际物流运输子系统

运输的作用是将商品使用价值进行空间移动,物流系统依靠运输作业克服商品生产地和需要地的空间距离阻隔,创造了商品的空间效益。国际货物运输是国际物流系统的核心,商品通过国际货物运输作业由卖方转移给买方。国际货物运输具有路线长、环节多、涉及面广、手续繁杂、风险性大、时间性强等特点。运输费用在国际贸易商品价格中占很大比重。国际运输主要包括运输方式的选择、运输单据的处理以及投保等有关方面。

8. 国际物流信息子系统

信息子系统的主要功能是采集、处理及传递国际物流和商流的信息情报。没有功能完善的信息系统,国际贸易和跨国经营将寸步难行。国际物流信息主要包括进出口单证的作业过程、支付方式信息、客户资料信息、市场行情信息和供求信息等。

国际物流信息系统的特点是信息量大、交换频繁;传递量大、时间性强;环节多、点多、线长,所以要建立技术先进的国际物流信息系统。国际贸易中 EDI 的发展是一个重要趋势,我国应该在国际物流中加强推广 EDI 的应用,建设国际贸易和跨国经营的信息高速公路。

应将上述各主要系统有机地联系起来,统筹考虑,全面规划。其中,运输及储存保管分别解决了供给者与需要者之间场所和时间的分离,分别是国际物流创造"空间效用"及"时间效用"的主要功能要素,在国际物流系统中,这两个要素处于主要功能要素的地位。国际物流主要通过国际货物的储存保管和国际运输实现其自身的时空效应,满足国际贸易的基本需要。

三、国际物流系统的支撑要素

国际物流系统的运行需要有许多支撑手段,尤其是处于复杂的社会经济系统中,要确定国

际物流系统的地位,要协调与其他系统的关系,这些要素就更加必不可少。它们主要包括:

第一,体制、制度。物流系统的体制、制度决定了物流系统的结构、组织、领导和管理的方式,国家对其控制、指挥和管理的方式,是国际物流系统的重要保障。

第二,法律、规章。国际物流系统的运行,不可避免地涉及企业或人的权益问题,法律、规章一方面限制和规范物流系统的活动,使之与更大的系统相协调,另一方面则是给予保障。合同的执行、权益的划分、责任的确定都要靠法律、规章来维系。各个国家和国际组织的有关贸易和物流方面的文件、法规、公约、协定、协议等也是国际物流系统正常运行的保障。

第三,行政、命令。国际物流系统和一般系统不同之处在于,国际物流系统关系到国家的军事、经济命脉,所以行政、命令等手段也常常是国际物流系统正常运转的必要支持要素。

第四,标准化系统。它是保证国际物流各环节协调运行,保证国际物流系统与其他系统在技术上实现联结的重要支撑条件。

四、国际物流系统的物质基础要素

国际物流系统的建立和运行,需要有大量的技术装备手段,这些手段的有机联系对国际物流系统的运行具有决定意义。这些要素对实现国际物流和某一方面的功能也是必不可少的。具体而言,物质基础要素主要有以下三方面:

其一,物流设施。它是组织国际物流系统运行的基础物质条件,包括物流站、场,物流中心、仓库,国际物流线路,公路,铁路,口岸(如机场、港口、车站、通道)等。

其二,物流装备。它是保证国际物流系统运行的条件,包括仓库货架、进出库设备、加工设备、运输设备、装卸机械等。

其三,物流工具。它是国际物流系统运行的物质条件,包括包装工具、维护工具、办公设备等。

第三节 国际物流业务

一、进出口业务

1. 交易磋商

所谓交易磋商是指买卖双方就交易的各项条件进行谈判,以期达成交易的过程。在业务中,交易磋商又称作贸易谈判。交易磋商可以采取口头的形式,也可以采用书面形式,一般包括四个环节,即询盘、发盘、还盘和接受。其中,发盘和接受是不可缺少的两个环节。

(1)询盘。它是指交易的一方向另一方询问有关商品的交易条件。询盘的内容可以是一项或几项交易条件,可涉及价格、规格、品质、包装等,多数只是询问价格,因此业务上常把询盘称作询价。询盘可以是出口方向进口方发出,也可以是进口方向出口方发出。在我国外贸业务中,前者称作家盘,后者称作操盘。

(2)发盘,又称发价它是指交易的一方向另一方指出某项商品的交易条件,并愿意按照这些条件达成交易、订立合同的行为。发盘的内容不是一项或几项交易条件,而必须是足以构成合同成立的那些主要交易条件。发盘一经对方(受盘人)表示接受,合同即告成立。因此,对于发盘人来说,发盘是一种具有法律约束力的行为。

(3) 还盘,又称还价。它是指受盘人不同意接受发盘人在发盘中的某些交易条件,对这些交易条件提出修改的表示。

还盘不是交易磋商中必不可少的步骤。有时,发盘后没有还盘,直接被受盘人表示接受。对一项还盘,原发盘人也可以表示不同的意见,而进行再还盘。有时,一项交易须经过多次相互还盘,才能达成最后协议。

(4) 接受。它是指交易的一方在接到对方的发盘或还盘后,以声明或行为向对方表示同意。对发盘或还盘一旦表示接受,合同即告成立,发盘中的交易条件不仅对发盘人,而且对接受人都构成法律约束力。

2. 签订合同

交易双方经过磋商,一方发盘,另一方对该项发盘表示接受,合同即告成立。根据国际贸易习惯,买卖双方通常还需照例签订书面的正式合同或成立确认书。

国际贸易的买卖合同一般包括以下三个部分:第一部分是合同的首部,包括合同名称、合同号数、缔约日期、缔约地点、缔约双方的名称和地址等;第二部分是合同的主体,包括合同的主要条款,如商品名称、品质、规格、数量、包装、单价和总值、装运、保险、支付,以及特殊条款如索赔、仲裁、不可抗力等;第三部分是合同的尾部,包括合同文字和数量以及缔约双方的签字。

3. 合同的履行

(1) 出口合同的履行

① 备货。备货活动就是根据出口合同的规定,按时、按质、按量准备好应交的货物,以便及时装运。

② 报验。凡按约定条件和国家规定必须法定检验的出口货物,在备好货物后应向进出口商品检验机关申请检验,只有经检验得到商检局签发的检验合格证书,海关才予以放行。

③ 催证。催促买方按合同规定及时办理开立信用证或付款手续。

④ 审证。信用证是依据合同开立的,信用证的内容应与合同的内容一致。但是在实务中,由于种种原因,往往会出现开立的信用证条款与合同规定的不符合,审核信用证是一项很重要的工作。

审核信用证是银行与出口企业共同的责任。其中,银行主要负责审核有关开证行资信、付款责任及索汇路线等方面的条款和规定,出口企业则着重审核信用证的条款是否与买卖合同的规定相一致。

⑤ 租船、订舱装运。按照 CIF 或 CFR 价格条件成交的出口合同,租船订舱工作应由卖方负责。出口货物在装船前,还要办理报关和投保手续。

⑥ 制单结汇。在出口货物装船后,应按照信用证的规定,正确制备各种单据,并在信用证有效期内送交银行议付、结汇。银行收到单据审核无误后,一方面向国外银行收款,另一方面按照约定的结汇办法,与进出口公司结汇。

(2) 进口合同的履行

① 开立信用证。进口合同签订后,需按照合同规定填写开立信用证申请书向银行办理开证手续。信用证内容应与合同条款一致。

② 派船接运货物与投保。在 FOB 交货条件下,应由买方负责派船到对方口岸接运货物。FOB 或 CFR 交货条件下的进口合同,保险由买方办理。

③ 审单和付汇。银行收到国外寄来的汇票及单据后,对照信用证的规定,核对单据的份数和内容。如内容无误,即由银行对国外付款。

④ 报关。进口货物到货后,由进出口公司委托外贸运输公司根据进口单据,填具"进口货物报关单"向海关申报。

⑤ 验收货物。进口货物到达港口卸货时,港务局要进行卸货核对是否有短缺或残损。发现有残损短缺,凭商检局出具的证书对卖家索赔。

⑥ 办理运交手续。委托货运代理将货物运交订货单位。

⑦ 进口索赔。进口商品因品质、数量、包装等不符合合同的规定提出索赔。

二、商检

1. 商检的概念与意义

进出口商品的检验检疫是在国际贸易中由商品检验检疫机构对买卖双方成交商品的质量、数量、重量、包装、安全、卫生及装运条件等进行检验,并对涉及人、动物、植物的传染病、病虫害、疫情等进行检疫工作,在国际贸易活动中通常简称商检工作。

商品检验是进出口商品检验机构为了鉴定商品的品质、数量和包装是否符合合同规定的要求,以检查卖方是否已按合同履行了交货义务,并在发现卖方所交货物与合同不符时,买方有权拒绝接受货物或提出索赔。因此,商品检验对保护买方的利益是十分重要的。

出口贸易中应当贯彻"平等互利"的原则,按照"重合同,守信用","按时、按质、按量"交货的精神,根据不同的商品,公平合理地订立检验条款,并由国家的商检部门监督实施。

在进口工作中,订立好检验条款,做好进口商品的检验工作,对于维护国家和人民的正当权益是有重要意义的。根据《中华人民共和国进出口商品检验法》(以下简称《商检法》)的规定,我国商检机构的主要任务是对重要进出口商品进行法定检验,对一般进出口商品实施监督管理和鉴定。

2. 商检的范围

我国对外贸易中的商品检验,主要是对进出口商品的品质、规格、数量以及包装等实施检验,对某些商品进行检验以确定其是否符合安全、卫生的要求;对动植物及其产品实施病虫害检疫;对进出口商品的残损状况和装运某些商品的运输工具等亦需进行检验。

商检的范围主要有以下几个方面:① 现行《商检机构实施检验的进出口商品种类表》(以下简称《种类表》)所规定的商品,《种类表》是由国家商品检验局根据对外经济贸易发展的需要和进出口商品的实际情况制订的,不定期地加以调整和公布;②《中华人民共和国食品卫生法(试行)》和《进出境动植物检疫法》所规定的商品;③ 船舶和集装箱;④ 海运出口危险品的包装;⑤ 对外贸易合同规定由商检局实施检验的进出口商品。

我国进出口商品实施检验的范围除以上所列之外,根据《商检法》规定,还包括其他法律、行政法规规定须经商检机构或由其他检验机构实施检验的进出口商品或检验项目。

3. 进出口商品检验检疫的程序

凡属法定检验检疫商品或合同规定需要检验检疫机构进行检验并出具检验证书的商品,对外贸易关系人均应及时提请检验检疫机构检验。我国进出口商品的检验程序主要包括报检、抽样、检验和签发证书四个环节。

(1) 报检

也称报验,是指对外贸易关系人向检验检疫机构申请检验。凡属检验检疫范围内的进出口商品,都必须报检。报检单位首次报检时须持本单位营业执照和政府批文办理登记备案手续,取得报检单位代码;其报检人员须经检验检疫机构培训合格后领取"报检员证",凭证报检。代理报检单位须按规定办理注册登记手续,其报检人员须经检验检疫机构培训合格后领取"代理报检员证",凭证办理代理报检手续。

对于入境货物,应在入境前或入境时向入境口岸、指定或到达站的检验检疫机构办理报关手续,入境的运输工具及人员应在入境前或入境时申报入境;货物需对外索赔出证的,应在索赔有效期前不少于20天内向到货口岸或货物到达地的检验检疫机构报检。输入微生物、人体组织、生物制品、血液及其制成品或种畜、禽及其精液、胚胎、受精卵的,应当在入境前30天报检;输入其他动物的,应当在入境前15天报检。输入植物、种子、种苗及其他繁殖材料的,应当在入境前7天报检。出境货物最迟于报关或装运前7天报检,对于个别检验检疫周期较长的货物,应留有相应的检验检疫时间。出境的运输工具和人员应在出境前向口岸检验检疫机构报检或申报。需隔离检疫的出境动物在出境前60天预报,隔离前7天报检。

(2) 抽样

检验检疫机构接受报验后,须及时派人到货物堆存地点进行现场检验鉴定,其内容包括货物数量、重量、包装、外观等项目。现场检验一般采取国际贸易中普遍使用的抽样法(个别特殊商品除外)。抽样时须按规定的抽样方法和一定的比例随机抽样,以便样品能代表整批商品的质量。

(3) 检验

根据我国商检法规的规定,内地省市的出口商品需要由内地检验检疫机构进行检验。经内地检验检疫机构检验合格后,签发"出口商品检验换证凭单",当商品的装运条件确定后,外贸经营单位持内地检验检疫机构签发的"出口商品检验换证凭单"向口岸检验检疫机构申请查验放行。

检验检疫机构接受报验后,认真研究申报的检验项目,确定检验内容,仔细审核合同、信用证对品质、规格、包装的规定,弄清检验的依据,确定检验标准、方法,然后抽样检验。

根据《我国进出口商品免检办法》规定,凡列入《商检机构实施检验的进出口商品种类表》的进出口商品,经收货人、发货人和生产企业(以下简称"申请人")提出申请,国家商检局审查批准,可免予检验。获准免验进出口商品的申请人,凭有效的免验证书、合同、信用证及该商品的品质证明直接办理放行手续,免于检验。对已获免验的进出口商品,需要出具检验证书的,出入境检验检疫机构应当对该批进出口商品实施检验。

(4) 签发证书

对于出口商品,经商检机构检验合格后,凭《出境货物通关单》进行通关。如合同、信用证规定由检验检疫部门检验出证,或国外要求签发检验证书的,应根据规定签发所需证书。

对于进口商品,经检验后签发《入境货物通关单》进行通关。凡由收、用货单位自行验收的进口商品,如发现问题,应及时向检验检疫局申请复验。如复验不合格,检验检疫机构即签发检验证书,以供对外索赔。

三、报关

1. 海关及其职责

海关是国家设在进出境口岸的监督机关,在国家对外经济贸易活动和国际交往中,海关代表国家行使监督管理的权利。通过海关的监督管理职能,保证国家进出口政策、法律、法令的有效实施,维护国家的权利。

中华人民共和国海关总署为国务院的直属机构,统一管理全国海关,负责拟定海关方针、政策、法令、规章。国家在对外开放口岸和海关监督业务集中的地点设立海关。海关的隶属关系,不受行政区划的限制,各地海关依法行使职权,直接受海关总署的领导,向海关总署负责,同时受所在省、市、自治区人民政府的监督和指导。

1987年7月1日实施的《中华人民共和国海关法》(以下简称《海关法》)是现阶段海关的基本法规,也是海关工作的基本准则。海关贯彻《海关法》,在维护国家主权和利益的同时,需促进对外经济贸易和科技文化交流的发展。

中国海关按照《海关法》和其他法律法规的规定,履行下列职责:对进出境的运输工具、货物、行李物品、邮递物品和其他物品进行实际监管;征收关税和其他费税;查缉走私;编制海关统计和办理其他海关业务。

2. 报关单证和期限

《海关法》规定,出口货物的发货人或其代理人应当在装货的24小时前向海关申报。进口货物的收货人或其代理人应当自运输工具申报进境之日起14天内向海关申报,逾期则征收滞报金。如自运输工具申报进境之日起超过3个月未向海关申报,其货物可由海关提取,依法变卖处理。如确因特殊情况未能按期报关,收货人或其代理人应向海关提供有关证明,海关可视情况酌情处理。

对一般的进出口货物需交验下列单证:

(1) 进出口货物报关单。这是海关验货、征税和结关放行的法定单据,也是海关对进出口货物汇总统计的原始资料。

(2) 进出口货物许可证或国家规定的其他批准文件。凡国家规定应申领进出口许可证的货物,报关时都必须交验外贸管理部门签发的进出口货物许可证。凡根据国家有关规定需要有关主管部门批准文件的还需交验有关的批准文件。

(3) 提货单、装货单或运单。这是海关加盖放行章后发还给报关人以提取或发运货物的凭证。

(4) 发票。它是海关审定完税价格的重要依据,报关时应递交载明货物真实价格、运费、保险费和其他费用的发票。

(5) 装箱单。单一品种且包装一致的件装货物和散装货物可以免交。

(6) 减免税或免检证明。

(7) 商品检验证明。

(8) 海关认为必要时应交验的贸易合同及其他有关单证。

3. 报关程序

《海关法》规定,进出口货物必须经设有海关的地点入境或者出境,进口货物的收货人、出口货物的发货人或其代理人应当向海关如实申报,接受海关监管。对一般进出口货物,海关的监管程序是接受申报、查验货物、征收税费、结关放行。而相对应的收、发货人或其代理人的报关程序是申请报关、交验货物、缴纳税费、凭单取货。

海关在规定时间内接受报关单位的申报后,审核单证是否齐全,填写是否正确,报关单内容与所附各项单证的内容是否相符,然后查验进出口货物与单证内容是否一致,必要时海关将开箱检验或者提取样品。货物经查验通过后,如需纳税货物,由海关计算税费,颁发税款缴纳证,待报关单位交清税款或担保付税后,海关在报关单、提单、装货单或运单上加盖放行章后结关放行。

进出口货物收、发货人或其代理人,在报关前应备妥交审的单证,正确填写报关单,在规定的报关期限内向海关申请报关,协助海关查验货物,负责搬移货物,开拆和重封货物的包装,并负责缴纳相关税费,然后凭海关盖有放行章的报关单、提单、装货单或运单提取货物。

四、国际货物仓储

1. 外贸仓库

外贸仓库是进出口商品储存、中转、外发的服务场所。它保管着大量的贵重商品,必须做到安全第一、优质服务、方便货主,扩大储存,降低消耗,以提高仓库作业的经济效益和社会效益。

外贸仓库是组织进出口商品流通必不可少的物质技术基础设施。为有效地组织外贸商品流通,需要有相应的不同类型、不同规模和不同职能的仓库,以承担日益增长、日趋繁重的进出口商品的储存任务。由于外贸商品的种类繁杂,如散件、包件、箱件、组件、大件、集装箱等,商品性能、用途各异,所存货物的数量、重量不等,如大到几十吨的集装箱,小到几公斤的小件物品,因此,外贸商品仓库的种类也不同。

(1) 按仓库所处地理位置和商品在流通中的职能分类

① 口岸仓库,又称周转仓库。其特点是外贸商品储存时间短、周转快。这种仓库一般都设置在商品集中发运出口的沿海港口城市,仓库规模大,来往进出口商品面向全国、全世界,流量大,要求及时集散。其主要职能是储存口岸和内地外贸业务部门或其他外贸经营单位收购的待运出口商品和进口待分拨的商品。

② 中转仓库,又称内地转运仓库。其主要特点是这类仓库大都设置在商品生产集中的地区(或城市)和出运港口之间铁路、公路、水路交通运输方便的大、中城市。其主要职能是严格地按照进出口商品的合理流向,收储、转运本地区和外地区经过口岸出口的商品。这种大中型中转仓库,工作量繁重,一般都设有铁路专用线,将外贸商品的运输和储存紧密结合起来。

③ 加工仓库。为了最大限度地满足用户需要,特设这种加工仓库,其主要特点是将商品的储存与加工业务紧密结合起来。其主要职能是按照成交合同规定的质量、规格、数量和包装等要求对出口商品进行加工、挑选、整理、再包装、分装、拼装和改装,以适应国际市场的需要。如农产品、畜产品、茶叶、中药材及部分干鲜果品等的加工仓库。

④ 一般储存仓库。其主要特点是商品储存期较长,货物来自四面八方。其主要职能是用于储存那些待销的出口商品、援外的储备物资、进口扶持生产用物资、包装材料和需要转为内销的商品等。这种储存仓库的规模大小不等,所储存的商品、物资需定期检查,以加强商品的维护保养。

(2) 按储存商品的性能和技术设备分类

① 通用仓库,又叫普通仓库。用以储存一般没有特殊要求的工业品或农副产品的仓库,它属于一般的保管场所。所需要的储存、装卸、搬运、堆码和养护设备都比较简单,仓库建造也比较容易,适用的范围较广。在各类外贸仓库中,通用仓库所占比重最大。

② 专用仓库。专用仓库是专门用以存储某一类商品的仓库。如食糖、卷烟、茶叶等,较容易受外界环境影响而发生变质和失量;又如有些商品,由于本身的特殊性质,不适宜与其他商品混合存放,否则容易对共同存储的商品产生有害影响,如棉麻、粮食、食油、中药材等,对此类商品一般要求有专仓或专库加以存放,其所需仓库具有专用特性。在其对商品的保养维护技术方面,则相应地增加了密封、防火、防霉、防失以及检测等设备设施,以确保外贸商品的安全。

③ 特种仓库。特种仓库是用来存储具有特殊性能,使用特别保管设备维护的商品,一般指的是化学危险品、易腐蚀品、石油及部分医药品的仓库。这种仓库中所配备的设备都是专门的,以确保这些特殊品的安全。比如设置有制冷设备的冷藏库、保温仓库以及危险品仓库等。

(3) 按仓库管理体制分类

① 自由仓库。这种仓库实行分散管理,分别由各进出口公司经营管理,为数众多。

② 公用仓库。这是一种集中统一管理的专业经营仓库。它由中国外贸运输总公司经营管理,为各进出口公司商品流通服务。

③ 联营仓库。这是由几个对外贸易企业联合投资建设的仓库。这类仓库在国外比较普通。如日本的物流配送(加工)中心等,就属于这种联合投资兴办的现代化的集购、销和内部配货为一体的新型物流服务中心。

2. 保税仓库

(1) 保税仓库的概念

保税仓库是指经海关批准,受海关监管,专门存储经海关核准缓纳税的外贸商品的仓库。能进入保税仓库的货物仅限于来料加工、进料加工复出口的货物,或者暂存后再复运出口的货物,以及经海关核准缓办纳税手续的入境货物。上述货物,如果转为内销,进入国内市场,则必须事先提供进口许可证和有关证件,正式向海关办理进口手续,并交纳关税,货物方能出库。非经海关批准,货物不得入库和出库。

建立保税仓库可大大降低进口货物的风险,有利于鼓励进口,鼓励外国企业在本国投资,有利于形成良好的投资环境。保税仓库的设立需经专门批准,外国货物的保税期一般最长为两年。在这个时期中,可将其存放在保税仓库中,经营者则可以寻找最适当的销售时机,一旦实现销售,再办理通关手续。如果两年之内未能销售完毕,可再运往其他国家,保税仓库所在国则不收取关税。

(2) 保税仓库的类型

专业性保税仓库指具有外贸经营权的企业经海关批准而建立的自管自用的保税仓库。

公共保税仓库是具有法人资格的经济实体,是经海关批准建立的综合性保税仓库。这类保税仓库一般不经营进出口商品,只为国内外保税货物持有者服务。

保税工厂是指整个工厂或专用车间在海关的监督管理下,专门生产进料加工、进件装配复出口产品的工厂。

海关监管仓库主要存放已入境而所有人尚未提取的货物或行李物品,或者无证到货、单证不齐、手续不完备以及违反海关规程,海关不予放行,需要暂存海关监管仓库等候海关处理的货物。海关监管仓库的另一种类则是出口监管仓库,专门存储已对外成交,并已结汇,但海关暂不批准出境的货物。

（3）保税仓库允许存放的货物

我国的海关监管制度中，保税仓库制度是主要的组成部分。保税仓库也是由海关批准设立并由海关监管的。保税仓库在国际物流中不仅适用于进口货物，也可用于出口货物。我国规定，保税仓库制度所允许存放的货物范围如下：

① 缓办纳税手续的进口货物

这主要包括为进口国工程、生产等所需要，由于种种原因而预进口的货物，储存在保税仓库内，随需随提，并办理通关手续，剩余的货物免税。也包括因进口国情况变化、市场变化，而暂时无法决定去向的货物，或是无法作出最后处理的进口货物，这些都需要将货物存放一段时间。如果条件变化，需要实际进口，再缴纳关税和其他税费，这就使进口商可以将纳税时间推迟到货物实际内销的时间。

② 需做进口技术处置的货物

某些货物到库后，由于不适于在进口国销售，需换包装，改包装尺寸或作其他加工处理，则进入保税仓库进行这一技术处置，待符合进口国的要求再完税内销，不符合则免税退返。

③ 来料加工后复出口的货物

为鼓励"两头在外"的国际贸易战略的实施，对有些来料加工，又是在保税区或保税仓库完成的货物，加工后该货物复出口，则可存放于保税仓库。

④ 不内销而过境转口的货物

有些货物或内销无望而转口，或在该区域存放有利于转口向第三国直接出口而需转口，货物可存放于保税仓库中。

3. 保税区

1990年，经国务院批准，我国借鉴国际通行做法，按照自由贸易区模式建立了中国第一个自由经济区——上海外高桥保税区。随后在短短几年里，又先后建立了深圳沙头角、深圳福田、烟台、青岛、天津港、大连大窑湾、张家港、宁波、厦门、福州、广州和海口等保税区，总启动面积达17.6平方公里。

保税区，又称保税仓库区，是海关设置或经海关批准注册的，受海关监督的特定地区和仓库。外国商品存入保税区，可暂时不缴纳进口税，如再出口，不缴纳进口税；如要运入所在国的国内市场，则需办理报关手续，缴纳进口税。运入区内的外国商品可进行储存、改装、分类、混合、展览、加工和制造等。此外，有的保税区还允许在区内经营金融、保险、房地产、展销和旅游业务。

按照职能不同，保税区一般可分为指定保税区、保税货棚、保税仓库、保税工厂、保税陈列场等。

五、保险

在国际贸易中，每笔成交的货物，从卖方交至买方手中，一般都要经过长途运输。在此过程中，货物可能遇到自然灾害或意外事故，从而使货物遭受损失。货主为了转嫁货物在途中的风险，通常都要投货物运输险。一旦货物发生承保范围内的风险损失，即可以从保险公司取得经济上的补偿。

国际货物运输保险是以运输过程中的各种货物作为保险标的，被保险人（卖方或买方）向保险人(保险公司)按一定的金额投保一定的险别,并缴纳保险费。保险人承保以后,如果保险标的在运输过程中发生约定范围内的损失,应按照规定给予被保险人经济上的补偿。

国际货物运输保险的种类很多,其中包括海上货物运输保险、陆上货物运输保险、航空货物运输保险和邮包运输保险。

1. 海上货物运输保险

(1) 海运风险与损失

办理海运保险前,首先要明确海运风险与损失。海运风险包括海上风险与外来风险两类。海上风险一般包括自然灾害和意外事故两种,外来风险分为一般外来原因造成的风险和特殊外来原因造成的风险。

海上损失(简称海损)是指被保险货物在海洋运输中,因遭受海上风险而造成的损坏或灭失。就货物损失的程序而言,海损可分为全部损失和部分损失;就货物损失的性质而言,可分为共同海损(General Average)和单独海损(Particular Average)。

① 全部损失(Total Loss)。简称全损,是指被保险货物遭受全部损失。按其损失情况的不同,又可分为实际全损(Actual Total Loss)和推定全损(Constructive Total Loss)两种。实际全损是指被保险货物完全灭失或完全变质,或指货物实际上已不可能归还被保险人。推定全损是指货物发生保险事故后,认为实际全损已经不可避免,或者为避免发生实际全损所需支付的费用与继续将货物运抵目的地的费用之和超过保险价值。

② 部分损失。它是指被保险货物的损失没有达到全部损失的程度。

③ 共同海损。载货的船舶在海上遇到灾难、事故,威胁到船、货等各方的共同安全,为了解除这种威胁,维护船货安全,或使船程得以继续完成,由船方有意识地采取合理的措施,所做出的某些特殊牺牲或支出额外费用叫共同海损。例如船舶因故搁浅,船长为了挽救船舶和船上货物,不得不下令将船上部分货物抛入海中以减轻船重,使船舶起浮转危为安。被抛入海中的货物,便属于共同海损。

④ 单独海损。除共同海损以外的意外损失,即由于承保范围内的风险所直接导致的船舶或货物的部分损失。

此外,海上风险还会造成费用上的损失,主要有施救费用和救助费用。

(2) 海上货物运输保险险别

保险险别是保险人对风险损失的承保范围,它是保险人与被保险人履行权利与义务的基础,也是保险人承保责任大小和被保险人缴付保险费多少的依据。海洋货物运输保险的险别,概括起来分为基本险别和附加险别两大类。

① 基本险别

根据我国现行的《海洋货物运输保险条款》的规定,在基本险别中包括平安险、水渍险和一切险三种。

平安险的责任范围包括:① 在运输过程中,由于自然灾害和运输工具发生意外事故,造成被保险货物的实际全损或推定全损;② 由于运输工具遭遇搁浅、触礁、沉没、互撞、与流冰或其他物体碰撞,以及失火、爆炸等意外事故造成被保险货物的全部或部分损失;③ 只要运输工具曾经发生搁浅、触礁、沉没、焚毁等意外事故,不论在意外事故发生之前或者以后曾在海上遭遇恶劣气候、雷电、海啸等自然灾害造成的被保险货物的部分损失;④ 在装卸转船过程中,被保险货物一件或数件落海所造成的全部损失或部分损失;⑤ 保险人对遭受承保责任范围内危险的货物采取抢救,防止或减少货损措施支付的合理费用,但以不超过该批获救货物的保险基金额为限;⑥ 运输工具遭遇自然灾害或者意外事故,需要在中途的港口或者在避难港口停靠,因而引起的卸货、装货、存舱以及运送货物所产生的特别费用;⑦ 运输契约定有"船舶互撞条款",按该条款规定应由货方偿还船方的损失。

水渍险的责任范围除包括上列平安险的各项责任外,还负责被保险货物由于恶劣气候、雷电、海啸、地震、洪水等自然灾害所造成的部分损失。

一切险的责任范围除包括"平安险"和"水渍险"的所有责任外,还包括货物在运输过程中,因一般外来原因所造成的被保险货物的全部或部分损失。

在上述三种基本险别中,明确规定了除外责任,即保险公司明确规定不予承保的损失或费用。

② 附加险别

一般附加险包括:偷窃、提货不着险,淡水雨淋险,短量险,混杂、玷污险,渗漏险,碰撞、破碎险,串味险,受热、受潮险,钩损包装破裂险和锈损险。上述十一种附加险,不能独立投保,只能在投平安险或水渍险的基础上加保。

特别附加险包括战争险和罢工险等。

2. 陆上运输货物保险

(1) 陆运险的责任范围。被保险货物在运输途中受暴风、雷电、地层、洪水等自然灾害,或由于陆上运输工具(主要是指火车、汽车)遭受碰撞、倾覆或出轨,在驳运过程中,驳运工具搁浅、触礁、沉没或由于遭受隧道坍塌、压歪或火灾、爆炸等意外事故所造成的全部损失或部分损失。由此可见,保险公司对陆运险的承保范围大致相当于海运货物保险中的"水渍险"。

(2) 陆运一切险的责任范围。除包括上述陆运险的责任外,保险公司对被保险或在运输途中由于一般外来原因造成的短少:偷窃、渗透、碰损、破碎、破损、雨淋、生锈、受潮、受热、发霉、串味、玷污等全部或部分损失,也负赔偿责任。

3. 航空运输货物保险

航空运输货物保险分为航空运输险和航空运输一切险两种。航空运输险的承保责任范围与海运水渍险大体相同。

航空运输一切险除包括上述航空运输险的责任外,对被保险货物在运输途中由于一般外来原因所造成的偷窃、短少等全部或部分损失也负赔偿责任。

4. 邮政包裹保险

邮政包裹保险是承保邮包在运输途中因自然灾害、意外事故和外来原因所造成的损失。邮政保险包括邮包险和邮包一切险两种基本险别。

六、国际货运代理

1. 国际货运代理及其性质

国际货运代理来源于英文"the freight forwarder"。国际货运代理协会联合会给国际货运代理下的定义是:国际货运代理是根据客户的指示,并为客户的利益而揽取货物运输的人,本身并不是承运人。国际货运代理也可以依据这些条件,从事与运输合同有关的活动,如储货(也含寄存)、报关、验收、收款等。《中华人民共和国国际货物运输代理业管理规定》给国际货运代理下的定义是:接受进出口货物收货人、发货人的委托,以委托人的名义或者以自己的名义,为委托人办理国际货物运输及相关业务并收取服务费的行业。

从国际货运代理的基本性质看,它主要是接受委托人的委托,就有关货物运输、转运、仓储、保险,以及与货物运输有关的各种业务提供服务的一个机构。它是一种中间人性质的运输业者,既代表货方,保护货方的利益,又协调承运人进行承运工作,其本质就是"货物中间人"。国际货运代理的这种中间人性质在过去尤为突出。

然而,随着国际物流和多种运输形式的发展,国际货运代理的服务范围不断扩大,其在国际贸易和国际运输中的地位也越来越重要。在实践中,国际货运代理对其所从事的业务,在越来越高的程度上正承担着承运人的责任。许多国际货运代理企业都拥有自己的运输工具,用来从事国际货运代理业务,包括签发多式联运提单,有的甚至还开展了物流业务。

2. 国际货运代理的作用

(1) 能够安全、迅速、准确、节省、方便地组织进出口货物运输。根据委托人托运货物的具体情况,选择合适的运输方式、运输工具、最佳的运输路线和最优的运输方案。

(2) 能够就运费、包装、单证、结关、检验、金融、领事要求等提供咨询,并对国外市场的价格、销售情况提供信息和建议。

(3) 能够提供优质服务。为委托人办理国际货物运输中某一个环节的业务或全程各个环节的业务,手续方便简单。

(4) 能够把小批量的货物集中为成组货物进行运输,既方便了货主,也方便了承运人,货主因得到优惠的运价而节省了运输费用,承运人接收货物时省时、省力,便于货物的装载。

(5) 能够掌握货物全程的运输信息,使用现代化的通信设备随时向委托人报告货物的运输情况。

(6) 货运代理不仅能组织协调运输,而且影响到新运输方式的创造、新运输路线的开发以及新费率的制订。

总之,国际货运代理是整个国际货物运输的组织者和设计师,特别是在国际贸易竞争激烈、社会分工越来越细的情况下,它的地位越来越重要、作用越来越明显。

第四节 国际货物运输

国际货物运输,是对外经济贸易的重要一环。它是实现对外经济贸易合同,完成国际货物的空间转移,产生位置效用和时间效用,使货物在需要的时候运到需要的地点,提高其经济效益,保证完成出口创汇的关键。

国际货物运输的方式有传统的海洋运输、铁路运输、航空运输、邮政运输、公路运输、管道运输等。随着科学技术的进步,国际货物运输出现了一些现代新兴的运输方式,如集装箱运输、国际多式联运等,这大大加速了国际贸易的发展。特别是集装箱运输的采用,为多式联运的发展提供了有利条件。运输服务从过去的船边、舱边交货,发展到现在的仓至仓、门至门交货,为买卖双方提供了更多的方便。除公路运输、内河运输和管道运输适用于边境贸易外,其余各种运输方式均可结合货物的安全、运费高低和运输速度等多种因素综合权衡进行合理选择。

一、国际货物运输的特点

国际货物运输可分为贸易商品运输和非贸易商品运输。贸易商品运输是为国际间商品交换服务的,是实现国际贸易的手段,从贸易的角度来说,国际货物运输是一种无形的国际贸易;非贸易商品运输是为非贸易商品(如展览品、个人物品、援助物资等)的跨国间移动服务的,在整个国际货物运输中占很小部分。国际货物运输具有以下几个主要特点:

1. 涉及国际关系问题,政策性很强

国际货物运输是国际贸易的一个组成部分,在组织货物运输的过程中,需要经常和国外发生直接或间接的广泛的业务联系,这种联系不仅是经济上的,也常常会涉及国际间的政治问题,是一项政策性很强的涉外活动。因此,国际货物运输既是一项经济活动,也是一项重要的外事活动,这就要求我们不仅要用经济观点去办理各项业务,而且要有政策观念,按照我国对外政策的要求从事国际运输业务。

2. 运输环节多

国际货物运输一般来说,运输的距离都比较长,往往需要使用多种运输工具,通过多次装卸搬运,要经过许多中间环节,如转船、变换运输方式等,经由不同的地区和国家,要适应各国不同的法规和规定。如果其中任何一个环节发生问题,就会影响整个的运输过程,这就要求我们做好组织、环环紧扣,避免在某环节上出现脱节现象,给运输带来损失。

3. 涉及面广,情况复杂多变

国际货物运输涉及国内外许多部门,需要与不同国家和地区的货主、交通运输、商检机构、保险公司、银行或其他金融机构、海关、港口以及各种中间代理商等打交道。同时,由于各个国家和地区的法律、政策规定不一,贸易、运输习惯和经营做法不同,金融货币制度的差异,加之政治、经济和自然条件的变化,都会对国际货物运输产生较大的影响。

4. 时间性强

按时装运进出口货物,及时将货物运至目的地,对履行进出口贸易合同,满足商品竞争市场的需求,提高市场竞争能力,及时结汇,都有着重大意义。特别是一些鲜活商品、季节性商品和敏感性强的商品,更要求迅速运输,不失时机地组织供应,才有利于提高出口商品的竞争能力,有利于巩固和扩大销售市场。因此,国际货物运输必须加强时间观念,争时间、抢速度,以快取胜。

5. 风险大

由于在国际货物运输中环节多,运输距离长,涉及面广,情况复杂多变,加之时间性又很强,在运输沿途的国际形势变化、社会的动乱,各种自然灾害和意外事故的发生,以及战乱、封锁禁运或海盗活动等。都可能会直接或间接地影响到国际货物运输,以至于造成严重后果,因此,国际货物运输的风险较大。为了转嫁运输过程中的风险损失,各种进出口货物和运输工具,都需要办理运输保险。

二、国际货物运输的方式

1. 国际货物海洋运输

(1)海洋运输的含义与特点

海洋货物运输是指使用船舶(或其他水运工具)通过海上航道运送货物的一种运输方式。

目前,国际贸易总量的70%是通过海洋运输的,从而使海洋运输成为国际贸易中最重要的运输方式。

海洋运输与其他各种运输方式相比较具有如下特点:

① 运输量大。目前,船舶正在向大型化方向发展,巨型客轮已超过8万吨,巨型油轮超过60万吨,一般的杂货轮也多在五六万吨以上,其承载能力远远大于其他运输工具。因此,海洋运输具有运量大的优势。

② 运费低廉。一方面,海上航道天然形成,港口设施一般为政府修建,而公路或铁路运输需要大量初期投资用于修筑公路或铁路,变相地增加了单位运输成本;另一方面,船舶运载量大,使用时间长,运输里程远,与其他运输方式相比,海运的单位运输成本较低。

③ 通过能力强。海洋运输是利用天然航道四通八达,即使遇到政治、经济贸易及自然等条件的变化,也可改变航道前往目的港。而汽车、火车则要受道路或轨道的限制。因而海洋运输的通过能力要超过火车、汽车。

④ 速度慢。由于货船体积大,水流阻力高,风力影响大,相比其他运输工具速度慢,不宜用来运输易腐烂的货物。

⑤ 风险大。海洋运输易受自然条件和气候等因素的影响。

(2) 海运船舶营运方式

① 班轮运输

班轮运输又称定期船运输,简称班轮,是航运公司提供的一种服务,是指船舶在固定航线上和固定港口之间按事先公布的船期表和运费率往返航行,从事客货运输业务的一种运输方式。具有固定航线、固定港口、固定运费率的基本特征。

班轮运输有利于一般杂货和小额贸易货物运输,便于买卖双方按费率表事先估算成本,而且手续简便,方便货主,促进国际贸易的发展,是当今国际货物海洋运输的一种重要方式。货物由班轮公司负责配载和装卸,运费内已包括装卸费用,班轮公司和托运人双方不计滞期费和速遣费。班轮公司和货主双方的权利、义务和责任豁免均以班轮公司签发的提单条款为依据。

② 租船运输

租船运输又称不定期船运输,是根据双方协商的条件,船舶所有人(船东)将船舶的全部或一部分出租给租船人使用,以完成特定的货物运输任务,租船人按约定的运价或租金支付运费的商业行为。船东和租船人之间所进行的租船业务是对外贸易的一种商业行为,也叫无形贸易。

以运输货值较低的大宗货物为主,如粮食、煤炭、矿砂、化肥、石油、木材和水泥等。据统计,在国际海洋货物运输中,租船运输量约占80%。因此,租船运粮在海洋运输中发挥着重要的作用。租船运输无固定航线、固定装卸港和航期,而是根据货主的货运需要和船东供船的可能,由双方洽商租船运输条件,并以租船合同形式加以肯定,作为双方权利义务的依据。租船运价受租船市场供求关系的影响,船多货少时运价就低,反之则高,它与商品市场价格一样经常发生变动。因此,在进行租船时必须进行租船市场行情调查和研究。

在国际海运业务中,租船方式主要有定程租船和定期租船两种。A. 定程租船,程租,又称航次租船,是指以航次为基础的租船方式。在这种租船方式下,船方必须按时把船舶驶到装货港口装货,再驶到卸货港口卸货,完成合同规定的运输任务并负责船舶的经营管理以及航行中的一切开支费用,租船人则按约定支付运费。对租船人来说,这种租船方式简单易行,不必操心船舶的调度和管理,也容易根据运费估算每吨货物的运输费用。B. 定期租船,又称期租船,即租船人在规定的期限内取得船舶的使用权,并负责安排调度和经营管理,船方负责船员的工资、给养和船舶航行与维修。此外,还有一种称作光船租船的定期租船方式。它与一般的定期租船不同的是,船舶出租人向租船人提供不配备船员的船舶,租船人接船后尚需自行配备船员,负责船舶的经营管理和航行的各项事宜。

2. 国际货物铁路运输

(1) 国际货物铁路联运定义及特点

在国际货物运输中,铁路运输是一种仅次于海洋运输的主要方式。海洋运输的进出口货物也大多是靠铁路运输进行货物集散的。国际铁路联运是指在两个或两个以上国家铁路运送中,使用一份运送单据,并以连带责任办理货物的全程运送,在由一国向另一国铁路移交货物时,无需发货人、收货人参与。发货人按车站指定日期将货物搬入车站或指定货位,经车站根据单据的记载事项核实,确认符合国际联运的有关规定后予以接受。在发货人付清一切应付费用后,车站在其所提交的运单上加盖车站日期戳。运单在加盖车站日期戳后,即标志承托双方以运单为凭证的运输合同开始生效,参加联运国铁路对货物负有从始发地运送至运单上指定目的地的一切责任。

(2) 国际铁路联运运单

国际铁路货物联运运单是参加国际铁路货物联运的铁路运输方与发货人、收货人之间缔结的运输合同。它体现了参加联运的各国铁路运输方和发货人、收货人之间在货物运送上的权利、义务、责任和豁免,对铁路运输方和发货人、收货人都具有法律效力。国际铁路货物联运运单由下列单证组成:

① 运单正本。运单正本是货物运送合同,同"货物到达通知单"和货物一起交给收货人。

② 运单副本。运单副本是在运送合同缔结后交给发货人,它不具有运单的效力,仅作为货物已由铁路承运的证明。发货人凭铁路运单副本向收货人结算贷款,行使变更要求以及在货物和运单全部丢失时,凭此单向铁路部门提出索赔要求。

③ 运行报单。运行报单是参加联运的各铁路部门办理货物交接、划分运送责任,以及清算运费、统计运量和运费收入的原始依据,它随同货物至到站,并留存到达铁路。

④ 货物交付单。随同货物至到站,并留存到达铁路。

⑤ 货物到达通知单。随同货物至到站,并同运单正本和货物一起交给收货人。

3. 国际货物航空运输

(1) 航空货物运输的特点

随着全球性的航空运输网的建立和二战后国际贸易的迅速发展,航空运输作为国际贸易运输的一种方式越来越被广泛地采用,在国际贸易运输中所占的比重逐渐增加。航空运输之所以能够迅速发展,原因之一就在于它具有许多其他运输方式所不能比拟的优越性。概括起来,航空货物运输的主要特征有:

① 运送速度快。目前飞机仍然是最快捷的交通工具,大大缩短了货物在途时间,对于那些易腐烂、变质的鲜活商品,时效性、季节性强的报刊,节令性商品,抢险、救急品的运输,这一特点显得尤为突出。运送速度快,在途时间短,也使货物在途风险降低,因此许多贵重物品、精密仪器也往往用航空运输的形式。当今国际市场竞争激烈,市场行情瞬息万变。由于航空运输具有比其他运输方式更快的特点,可以使进出口货物能够随行就市,获得较好的经济效益,

增强商品的竞争力。

② 不受地面条件限制。航空运输利用天空这一自然通道，不受地理条件的限制。对于地面条件恶劣、交通不便的内陆地区非常合适，有利于当地资源的出口，促进当地经济的发展。而且航空运输较公路运输与铁路运输占用土地少，对地域狭小的地区发展对外交通是十分适合的。

③ 运输安全、准确。航空公司的运输管理制度比较完善，飞机航行有一定的航期，能够比较准确按时到达。如果采用空运集装箱的方式运送货物，还能够降低货物的破损率，与其他运输方式比航空运输的安全性较高。

④ 节约费用。由于航空运输速度快，货物在途时间短，周转速度快，企业存货可以相应地降低。一方面有利于资金的回收，减少利息支出，另一方面也可以降低企业的仓储费用。加之航空货物运输安全、准确，货损、货差少，保险费用可相对降低；包装可比其他运输方式简化，减少了包装成本。这些都构成企业隐性成本的下降，收益的增加。

当然，航空运输也有自己的局限性，主要表现在航空货运的运输费用较其他运输方式更高，不适合低价值货物；航空运载工具——飞机的舱容有限，对大件货物或大批量货物的运输有一定的限制；飞机飞行安全容易受恶劣气候影响等。但总的来讲，随着新兴技术得到更为广泛的应用，产品更趋向薄、轻、短、小、高价值，管理者更重视运输的及时性、可靠性，航空运输的作用也会日益重要。

(2) 国际航空货运方式

① 班机运输

它是指在固定航线上飞行的航班，它有固定的始发站、途经站和目的站。一般航空公司都使用客货混合型飞机，一方面搭载旅客，一方面又运送少量货物。但一些较大的航空公司在一些航线上开辟定期的货运航班，使用全货机运输。

班机运输具有以下特点：第一，由于班机具有固定航线、固定航期、固定的始发站和目的站以及固定的停靠站的特点，因此国际间货物流通多使用班机运输方式，能安全迅速地到达世界上各通航地点。第二，便于收货人、发货人确切掌握货物起运和到达的时间，这对市场上急需的商品、鲜活易腐货物以及贵重商品的运送是非常有利的。第三，班机运输一般是客货混载，因此，舱位有限，不能使大批量的货物及时出运，往往需要分期分批运输。因此遇有大批量货物时，应考虑其他的运输方式。

② 包机运输

包机是指包租整架飞机或由几个发货人（或航空货运代理）联合包租一架飞机来运送货物，因此又分为整包机和部分包机两种形式。

整包机，适合运送大批量的货物，是指航空公司或包机代理公司按照与租机人双方事先约定的条件和运价，将整架飞机租给租机人，从一个或几个航空站装运货物至指定目的地的运输方式。包机人一般要在货物装运前一个月与航空公司联系，以便航空公司安排运载和向起降机场及有关政府部门申请、办理过境或入境的有关手续。一般情况下，大批量货物使用包机时，均要争取来回程都有货载，这样费用比较低。

部分包机，适用于多个发货人，但货物到达站又是同一地点的货物运输。几家航空货运公司或发货人联合包租一架飞机或者由航空公司把一架飞机的舱位分别卖给几家航空货运公司装载货物，就是部分包机。

包机运输有如下一些优点：解决班机舱位不足的矛盾；货物全部发包并运出，节省时间和多次发货的手续；弥补没有直达航班的不足，不用中转；减少货损、货差或丢失的现象；在空运旺季缓解航班紧张状况。

③ 集中托运

集中托运是指由空运货代公司将若干个发货人的货物集中起来组成一整批货，由其向航空公司托运到同一到站，货到国外后由到站地的空运代理办理收货、报关并分拨给各个实际收货人。

集中托运的货物范围受到限制。如贵重物品、危险品、文物等不能办理集中托运。目的地相同或临近的可以办理，不同国家或地区不宜办理。由于集中托运需要时间收集货物，不能保证随托随运，所以不适合易腐烂变质的货物、紧急货物或其他对时间要求高的货物的运输。

航空货运公司的集中托运运价一般都低于航空协会的运价。发货人可得到低于航空公司运价，从而节省费用。将货物集中托运，可使货物到达航空公司到达地点以外的地方，延伸了航空公司的服务，方便了货主。发货人将货物交给航空货运代理后，即可取得货物分运单，可持分运单到银行尽早办理结汇，加快了资金周转。

集中托运方式已在世界范围内普遍开展，形成较完善、有效的服务系统，为促进国际贸易发展和国际科技文化交流起了良好的作用。集中托运成为我国进出口货物的主要运输方式之一。

④ 航空快递

航空快递是由专门从事航空快递业务的公司与航空公司合作，设专人用最快的速度在货主、航空公司、用户之间进行传递。适用于急需的药品、贵重物品、货样及单证等传送。

航空快递业务特点：航空快递以运送文件单证和小包裹为主；航空快递之间环节少而速度快于普通的航空货运；航空快递中存在一种比普通空运分运单应用更为广泛的交付凭证——POD；办理快递业务的大都是国际性的跨国公司。

交付凭证共有四联，第一联用于出口报关；第二联贴在货物包装上随货同行，作为收件人核收货件的依据，并且在随货单据丢失时，可作为进口报关单据；第三联用于快运公司结算运费和统计；第四联交发件人作为发运凭证，在该联背面印有条款，以明确当事各方的责任和义务，并作为解决争议的依据。

4. 国际货物公路运输

国际公路运输是指国际货物借助一定的工具（一般以汽车为主），沿着公路跨及两个或两个以上国家或地区的移动。公路运输的优点是机动灵活，直达性能好，可以实现"门到门"的运输；适应性强，受地理、天气条件影响较小；运行范围广，穿街巷、进山区、到工厂、下田间，直接把货物运送到仓库、商店、工矿企业和乡村地头；可以广泛地参与到其他方式的联运中，是港口、机场、铁路、车站物资集散的必要手段。但也有自身的缺点：运量小，运输载货量有限；运输成本较高；易造成货损，受地理环境结构影响大。公路运输在边境贸易中占有重要地位，在国际公路干线网络密集的欧洲国家间，公路运输的地位也很突出，但在洲际运输中，公路运输的地位不及海运，也不及铁路运输。

"渔背式运输"也叫车辆渡船运输方式，是利用一般水运衔接两端陆运，衔接方式采用将车辆开上船舶，以整车货载完成这一段水运，到达另一港口后，车辆开下船舶继续利用陆运的联合运输方式。其特点是在陆运与水运之间，不需要将货物从一种运输工具上卸下再转换到另一种运输工具上,而仍将利用原来的车辆作为货物的载体,这样可以使两种运输之间实现有效连接,运输方式转换速度加快,在转换时不触碰货物,从而有利于减少和防止货物的损失损坏。

5. 国际货物集装箱运输

集装箱运输是以集装箱作为运输单位进行货物运输的一种现代化运输方式,它可适用于多种运输方式。集装箱是指海、陆、空不同运输方式进行联运时用以装运货物的一种容器。香港称之为"货箱",台湾称之为"货柜"。关于集装箱的定义,国际上不同国家、地区和组织的表述有所不同。国际标准化组织(ISO)对集装箱定义如下:集装箱是一种运输设备,具有足够的强度,可长期反复使用,为便于商品运送而专门设计的,在一种或多种运输方式下运输时,无须中途换装,具有快速装卸和搬运的装置,特别是从一种运输方式转移到另一种运输方式时;设计时注意到了便于货物装满或卸空;内部容积为1立方米或1立方米以上。

集装箱运输是一种现代化运输方式,它与传统的货物运输方式相比有许多不同之处,主要表现在以下特点:

(1)简化包装,大量节约包装费用。为避免货物在运输途中受到损坏,必须有坚固的包装,而集装箱具有坚固、密封的特点,其本身实际上就起到一个强度很大的外包装作用。因此货物的外包装可大大减化,从而可节约包装用料,节省包装费用。有些商品甚至无须包装。

(2)提高货运质量,减少货损货差。集装箱是一个坚固密封的箱体,对货物具有很好的保护作用。货物装箱并铅封后,途中无须拆箱倒载,即使经过长途运输或多次换装,不易损坏箱内货物。集装箱运输可减少被盗、潮湿、污损等引起的货损和货差,深受货主和船运公司的欢迎,并且由于货损货差率的降低,减少了社会财富的浪费,也具有很大的社会效益。

(3)提高装卸效率,加速车船周转。传统货船装卸,一般每小时为35吨左右,而集装箱装卸,每小时可达数百吨左右,采用集装箱运输可提高装卸效率达11倍,装卸效率大幅度提高。一般万吨级船舶,按传统运输方式,需在港停泊10天左右,采用集装箱后,只需24小时,缩短装卸时间可达90%,从而加速了车船周转,提高了航船的营运率。

(4)简化货运手续,降低货运成本。采用集装箱运输,货物在发货地装箱、验关铅封后,一票到底,中途无须拆箱即可直接换装,大大减少了中间环节,简化了货运手续。由于集装箱装卸效率高,船舶非生产性停泊时间缩短,降低船舶运输成本。对港口而言,可以提高泊位通过能力,从而提高吞吐量,增加收入。

(5)适于组织多式联运。由于集装箱运输在不同运输方式之间换装时,无需搬运箱内货物而只需换装集装箱,这就提高了换装作业效率,适于不同运输方式之间的联合运输。在换装转运时,海关及有关监管单位只需加封或验封转关放行,从而提高了运输效率。

(6)高投资的运输方式。集装箱运输虽然是一种高效率的运输方式,但是它同时又是一种资本高度密集的行业。首先,船运公司必须对船舶和集装箱进行巨额投资。根据有关资料表明,集装箱船每立方英尺的造价为普通货船的3.7~4倍。集装箱的投资相当大,开展集装箱运输所需的高额投资,使得船运公司的总成本中固定成本占有相当大的比例,高达2/3以上。其次,集装箱运输中的港口的投资也相当大。专用集装箱泊位的码头设施包括码头岸线和前沿、货场、货运站、维修车间、控制塔、门房,以及集装箱装卸机械等,耗资巨大。再次,为开展集装箱多式联运,还需有相应的国际设施及内陆货运站等,为了配套建设,这就需要兴建、扩建、改造、更新现有的公路、铁路、桥梁、涵洞等,这方面的投资更是惊人。可见,没有足够的资金开展集装箱运输,实现集装箱化是困难的,必须根据国力量力而行,最后实现集装箱化。

6. 国际多式联运

(1) 国际多式联运的定义与基本条件

国际多式联运是指由多式联运经营人按照多式联运合同,以至少两种不同的运输方式,将货物从一国境内接受货物的地点运至另一国境内指定地点交货的运输方式。

按照《联合国国际多式联运公约》的解释,"国际多式联运"必须具备以下五个条件:第一,必须具有一份多式联运合同,该运输合同是多式联运经营人与托运人之间权利、义务、责任与豁免的合同关系和运输性质的确定,也是区别多式联运与一般货物运输方式的主要依据。第二,必须使用一份多式联运单证,该单证应满足不同运输方式的需要,并按单一运费率计收全程运费。第三,必须是至少两种不同运输方式的连续运输。第四,必须是国际间的货物运输,这不仅是区别于国内货物运输,还涉及国际运输法规的适用问题。第五,必须由一个多式联运经营人对货物运输全程负责,该多式联运经营人不仅是多式联运合同的当事人,也是多式联运单证的签发人。当然,在多式联运经营人履行多式联运合同所规定的运输责任的同时,可将全部或部分运输委托他人(分承运人)完成,并订立分运合同。但分运合向的承运人与托运人之间不存在任何合同关系。

因此,国际多式联运是一种利用集装箱进行联运的新的运输组织方式。它通过利用海、陆、空等两种以上的运输手段,完成国际间的连贯货物运输,从而打破了过去单一运输方式互不连贯的传统做法。如今,提供优质的国际多式联运服务已成为集装箱运输经营人增强竞争力的重要手段。

(2) 国际多式联运的优越性

国际多式联运是一种比区段运输高级的运输组织形式,美国首先试办多式联运业务,受到货主的欢迎。随后,国际多式联运在北美、欧洲和远东地区开始采用,20 世纪 80 年代,国际多式联运已逐步在发展中国家实行。目前,国际多式联运已成为一种新型的重要的国际集装箱运输方式,受到国际航运界的普遍重视。1980 年 5 月在日内瓦召开的联合国国际多式联运公约会议上产生了《联合国国际多式联运公约》。该公约将在 30 个国家批准和加入一年后生效。它的生效将对今后国际多式联运的发展产生积极的影响。国际多式联运是今后国际运输发展的方向,开展国际集装箱多式联运具有许多优越性,主要表现在以下几个方面。

① 简化手续,节省费用

在国际多式联运方式下,无论货物运输距离有多远,由几种运输方式共同完成,且不论运输途中货物经过多少次转换,所有一切运输事项均由多式联运经营人负责办理。而托运人只需办理一次托运,订立一份运输合同,一次支付费用,一次保险,从而省去托运人办理托运手续的许多不便。同时,由于多式联运采用一份货运单证,统一计费,因而也可简化制单和结算手续,节省人力和物力,此外,一旦运输过程中发生货损货差,由多式联运经营人对全程运输负责,从而也可简化理赔手续,减少理赔费用。

② 缩短运输时间,减少货损货差,提高货运质量

在国际多式联运方式下,各个运输环节和各种运输工具之间配合密切,衔接紧凑,货物所到之处中转迅速及时,大大减少货物的在途停留时间,从而从根本上保证了货物安全、迅速、准确、及时地运抵目的地。同时,多式联运系通过集装箱为运输单元进行直达运输,尽管货运途中须经多次转换,但由于使用专业机械装卸,且不涉及箱内货物,因而货损货差事故大为减少,从而在很大程度上提高了货物的运输质量。

③ 降低运输成本

由于多式联运可实行门到门运输,对货主来说,在将货物交由第一承运人以后即时取得货运单证,并据以结汇,从而提前了结汇时间。这不仅有利于加速货物占用资金的周转,而且可以减少利息的支出。此外,由于货物是在集装箱内进行运输的,因此从某种意义上来看,可相应地节省货物的包装、理货和保险等费用的支出。

④ 提高运输管理水平,实现合理运输

对于区段运输而言,由于各种运输方式的经营人各自为政,自成体系,因而其经营业务范围受到限制,货运量相应也有限。而一旦由不同的运输经营人共同参与多式联运,经营的范围可以大大扩展,同时可以最大限度地发挥其现有设备作用,选择最佳运输线路组织合理化运输。

⑤ 相关作用

从政府的角度来看,发展国际多式联运具有以下重要意义:有利于加强政府部门对整个货物运输链的监督与管理;保证本国在整个货物运输过程中获得较大的运费收入分配比例;有助于引进新的先进运输技术;减少外汇支出;改善本国基础设施的利用状况;通过国家的宏观调控与指导职能保证使用对环境破坏最小的运输方式达到保护本国生态环境的目的。

由此可见,国际多式联运的主要特点是,由多式联运经营人对托运人签订一份运输合同统一组织全程运输,实行运输全程一次托运,一单到底,一次收费,统一理赔和全程负责。它是一种以方便托运人和货主为目的的先进的货物运输组织形式。国际多式联运过程中,涉及货物装卸、交接和管理等许多复杂问题,因而承办多式联运的承运人都只能在有限的几条路线上协调好多种运输方式的连贯性。

第五节　国际货物包装与仓储

在国际贸易中,商品的包装是标的物的重要组成部分,包装条款也是买卖合同中的重要条款。由于国际贸易涉及的国家、民族、宗教、习俗各有所不同,所以谨慎包装、做好包装,对于企业开拓海外市场,提升产品的市场竞争力,增强企业的创汇能力是至关重要的。

一、国际货物包装

1. 国际货物包装的含义与内容

包装是在物流过程中为保护产品、方便储运、促进销售,按一定技术方法采用材料或容器对物品进行包封,并加以适当的装潢和标识工作的总称,包括包装物和包装技术。现代物流涉及的过程主要包括采购、生产制造和销售,而包装是生产制造与销售的连接点,即包装既是生产制造环节过程的终点,也是销售环节过程的起点,因此包装在物流中具有承上启下的重要地位。

国际货物包装上一般都会有装潢画面、文字说明以及条形码等内容。国际物流包装上的条形码是由一组带有数字的黑白及粗细间隔不等的平行条纹所组成,它是利用光电扫描阅读设备为计算机输入数据的特殊的代码语言。目前,世界上许多国家都在包装上使用条形码,只要将条形码对准光电扫描器,计算机就能自动地识别条形码的信息,确定品名、品种、数量、生产日期、制造厂商、产地等,并据此在数据库中查询其单价,进行货款结算,打出购货清单,这就有效地提高了结算的效率和准确性,也方便了顾客。采用条形码技术,还有利于提高国际间贸易传讯的准确性,并使交易双方能及时了解对方商品的有关资料和本国商品在对方的销售情况。在国际上通用的包装上的条形码有两种:一种是由美国和加拿大组织的统一编码委员会编制的,其使用的物品标识符号为 UPC 码;另一种是由欧盟成立的欧洲物品编码协会编制的,该组织后改名为国际物品编码协会,其使用的物品标识符号为 EAN 码。

2. 国际货物包装的种类

按不同的分类标准,我们可以对包装进行不同的分类,包括按形态对包装进行分类,按在贸易中有无特殊要求进行分类,按功能进行分类。

(1) 按形态对包装进行分类

① 单个包装。它是指交到使用者手里的最小包装,把物品全部或一部分装进袋子或其他容器里,并予以密封的状态或技术。

② 内部包装。它是指将单个包装的物品归为一个或两个以上的较大单位,并放进中间容器里的状态或技术,其中也包括为保护里边的物品,在容器里放入其他材料的状态和技术。

③ 外部包装。它是指从运输作业的角度考虑,为了对物品加以保护并方便搬运,将物品放入箱子、袋子等容器里的状态和技术,包括缓冲、固定、防湿、防水等措施。

(2) 按在贸易中有无特殊要求进行分类

① 一般包装。它是指普通包装,货主对包装无任何特殊的要求。

② 中性包装。它是指既不标明生产国别、地名和厂商名称,也不标明商标或牌号的包装,也就是说,在出口商品包装的内外,都没有原产地和出口厂商的标记。中性包装包括无牌中性包装和定牌中性包装两种。前者是指包装上既无生产地名和厂商名称,又无商标牌号;后者是指包装上仅有买方指定的商标或牌号,但无生产地名和出口厂商的名称。

采用中性包装是为了打破某些进口国家与地区的关税和非关税壁垒以及适用交易的特殊需要(如转口销售等),它是出口国家厂商对外经销和扩大出口的一种手段。

③ 定牌包装。这是指卖方按买方要求在其出售的商品或包装上标明买方指定的商标或牌号。在我国出口贸易中,如外商订货量较大,且需求比较稳定,为了适应买方销售的需要和有利于出口扩大,我们可以接受定牌包装。

(3) 按功能分类

① 运输包装,又称大包装或外包装。其主要作用是保护商品,防止在运输过程中发生货损或货差。运输包装按包装材料可分为木质包装、金属包装、纸质包装、塑料包装、棉麻包装等;按包装方式可分为单件包装、集合运输包装销售包装。单件运输包装是指货物在运输过程中作为一个计件单位的包装。包装外形有包、箱、桶、袋、捆、盒等。集合运输包装又称成组化运输包装,是指在单位运输包装的基础上,为了适应运输、装卸工作现代化的要求,将若干件单件运输包装组合成一件大包装,有集装包和集装袋、托盘、集装箱等。

② 销售包装,又称为小包装或内包装。它是指直接接触商品、随商品进入零售市场直接和消费者见面的包装。它除了保护商品,还具有介绍、宣传、美化商品的作用,是市场竞争的重要手段,直接影响到商品的销售价格和销售。

3. 国际货物包装的作用

(1) 保护国际贸易商品

由于国际贸易的商品运输环节多、路线长、装卸条件和地区间差异较大,容易受外力作用的破坏、环境变化的影响、生物侵入的破坏、化学物质的腐蚀、人为的破坏等,因此国际物流对包装的要求比国内更为严格。

(2) 保障国际运输安全

为保障国际运输安全,国际海事组织根据联合国的有关规定,制订了《国际海运危险货物规则》,并要求从1991年起在国际上强制执行。这在很大程度上规范了危险品的国际货物运输,也保障了安全。一方面,适当的包装增加了在运输、储存和装卸过程的安全性;另一方面,新型的包装容器能重复使用,减少了包装的浪费和对环境的污染。

(3) 方便流通和销售

不少国家对进口商品的包装有各自不同的规定,凡不符合要求的均不准进口或进口后不准投入市场销售。如新西兰、美国和加拿大等国家禁止使用稻草等作包装材料,以防止某些植物病虫害的传播,对本国生态环境造成破坏。美国、加拿大、澳大利亚、新西兰、巴西以及欧盟15国从1998年起,相继颁布法令,要求来自中国的木质包装在进口时必须带有中国出入境检验检疫机关出具的证书,证明木质包装已经过熏蒸处理或防腐处理,或者出口商出具无木质包装的证明方可入境。

商品能否畅销,除商品本身的性能、质量外,销售包装的作用是不容忽视的,它不仅起到美化商品的作用,还起到广告宣传的作用,在商品的陈列中,包装就起着"无声推销员"的作用。包装首先要能引起注意力或吸引力,引起顾客兴趣,由产生兴趣进而引起购买的欲望,商品特点、名称、标志、图案色彩等要给人留下必要的印象和记忆,消费者使用后还想再买,最后使顾客产生购买行动。

需要注意的是,如果包装的设计不当或者考虑不周,不了解或不注重研究国外的风俗人情等特殊习俗及规定,包装不但不能起到推销商品的作用,还会起相反的作用,甚至连市场也不能进入。

二、国际货物仓储

1. 国际货物仓储的含义

国际货物仓储是指对货物进行保存及对其数量、质量进行管理控制的活动。在国际贸易中没有仓储就不能解决生产集中性与消费分散性的矛盾,也不能解决生产季节性与消费常年性的矛盾,更无法解决国际货物待船、待提货的时间差问题。因此,仓储在国际物流过程中占有重要地位。

国际物流仓储不仅担负着进口货物的存储与保管,而且还担负着出口货物的加工、挑选、整理、包装、刷唛、备货、组装和发运等工作。

2. 国际货物仓储的作业

国际货物仓储作业主要包括商品从入库到出库之间的装卸、搬运、仓库内部布局、储存养护和流通加工等一切与商品实务操作、设备、人力资源相关的作业。

(1) 装库入库作业

货物入库的整个过程包括货物接运、验收和办理入库。

货物接运的主要任务是及时准确地从交通运输部门提取入库货物。提取货物应做到手续清楚,责任分明,避免把一些在运输过程中或运输前就已经发生损坏差错的货物带入仓库。接运方式大体有车站码头提货、铁路专用线接货、仓库自行提货和库内接货。

货物验收的主要工作包括检验准备;核对证件、进行购买订单核对;实物检验;处理验收发生的问题；货物入库登记等。

办理入库是将货物从收货装卸平台移动到仓库的存储区。这个过程包括确认货物(通过扫描货物的条形码)和货物的储存位置,并将货物移到合适的位置。最后更新仓库的储存记录,使之反映货物的接收及其在仓库中的位置。

(2) 储存和保管作业

由于货物在仓库中受到自身性质与外界环境的影响,会发生质量与数量的变化,因此国际货物仓储要注意做好货物的储存与保管工作。

一般我们根据货物受环境影响的程度和保管条件不同可将其分别放置。选择储存位置应考虑的问题是：大批量选大储区；体积重大的货物储于地面或坚固的货架及接近出库区,较轻的货物储于上层货架；相同和相近的货物尽可能靠近储存,相容性低的货物不能放在一起储存,以免损害品质；对于寿命周期短的商品,一定要遵守"先入先出"的原则；货物标志面应面对通道,以方便识别；易燃易爆物储存于有防火防爆设备的空间,易腐物储存于有冷冻设备处,易污物加套储存；为了提高仓库空间的利用率,能用托盘储存的货物尽量用托盘储存。

在仓库的储存过程中,货物不断地进库和出库。有些货物因长期存放而品质下降或成为废品,不能满足用户需要,可能会造成理论库存数和实际库存数不相符的情况。为了有效地掌握货物的数量和质量,必须定期或不定期地进行盘点。

(3) 拣货和货物出库作业

订单拣货就是仓库储存人员从存货区将客户订购的货物拣出,订单信息通过拣货单传给仓储员。应合理安排拣货过程以使拣货员的拣货路线最短,从而使订单拣货率最高。As/Rs(自动储存物料处理补货系统)可以完成订单拣货工作。

当订单到达备运区时,产品放到一个外包装中或放在托盘上。使用托盘时,产品应用塑料包装固定到托盘上,之后在产品包装上贴上一个表明送达人/公司地址的标签。这样,整个客户订单就准备完了。

货物出库有两种方式,一种是用料单位凭存货单位的出库凭证到仓库自提；另一种是仓库凭存货单位的出库凭证备料后,委托运输公司送货或直接送货。货物出库后仓库信息系统会更新,反映出产品已离开仓库并运输至客户。

3. 国际货物仓储的作用

(1) 衔接作用

国际货物仓储改变了货物的时间状态,使货物安全放置一段时间,从而实现了货物在国际物流过程中上下环节的衔接,并调节上下环节流量的差异,从而保持了流通的正常性,使国际贸易流程顺利进行。

(2) 辅助作用

国际货物仓储在担负着进出口货物保管存储任务的同时,还担负着进出口货物的加工、挑选、整理、包装、刷唛、备货、组装和发运等一系列作用。

(3) 保护货物作用

国际货物在储存过程中,由于自身具有的理化性质会发生质变和数量损耗,同时由于温度、湿度、空气、日光、雨露、尘土、杂物、虫害和灾难性气候等外界因素的影响,也会发生各种各样的变化,从而降低货物的使用价值甚至丧失其使用价值。因此,国际货物仓储要研究商品性质以及商品在存储期间的质量变化规律,积极采取各种有效措施和科学的保管方法,创造一个适宜于商品储存的条件,维护商品在储存期间的安全,保护货物的质量和使用价值,并最大限度地降低货物的损耗。

例如,在入库前应认真检查货物是否有霉变、金属腐蚀和虫害现象,入库后应定期检查,发现问题及时处理。为了防止金属制品和分子材料在储存过程中发生化学和电化学腐蚀,应严格按照金属材料的保管条例进行储存,杜绝促使金属材料腐蚀的一切外界因素,选择适宜的保管场所,妥善地进行堆码或密封等。此外,还可采用在金属材料表面喷涂保护层的措施,使金属表面与外界介质隔开。

本章小结

国际物流(International Logistics,IL)是指不同国家(地区)之间的物流。国际物流的实质是按国际分工协作的原则,依照国际惯例,利用国际化的物流网络、物流设施和物流技术,实现货物在国际间的流动与交换,以促进区域经济的发展和世界资源的优化配置。

随着经济全球化进程的加快,在全球范围内组织采购、生产、配送和营销活动,物流运作的地理范畴突破国境,成为国际化的物流。

现阶段国际物流的发展趋势体现了服务化、信息化、智能化和环保化趋势。国际物流与国内物流相比,有不同的经营环境、不同的运输方式和信息沟通方式以及面临不同的风险。国际物流的基本业务除了包含与国内物流一样的运输、保管、包装、装卸、流通加工和信息等克服时间和空间的阻隔的活动之外,还有国际物流所持有的理货和报关及相关文书单据的制成等克服国界阻隔的活动。

国际物流系统是由商品的包装、储存、运输、检验、流通加工和其前后的整理、再包装以及国际配送等子系统组成。运输和储存子系统是物流系统的主要组成部分。国际物流通过商品的储存和运输,实现其自身的时间和空间效益,满足国际贸易活动和跨国公司经营的要求。

国际物流与国际分工、国际贸易之间有着密不可分的联系。由于劳动分工日益细化并跨越了国界,因而产生了国际分工。在国际分工条件下,不同国家之间的商品和服务的交换也越来越普遍,国际贸易成为每个国家不可或缺的贸易形态。国际贸易主要表现为商品在不同国家之间流动,支撑商品跨国界流动的即是国际物流。

关键词

国际物流;运输;保险;包装;仓储

Key words

international logistics; transport; insurance; packing; warehousing

综合练习

一、判断题

1. 对一般进出口货物,海关的监管程序:接受申报、查验货物、结关放行。　　　　　(　　)
2. 海上风险是保险业的专门用语,包括海上发生的自然灾害和以外事故,及其他危险。
(　　)

3. 理货是理货员的最基本工作,是理货工作的核心内容,也是鉴定理货质量的主要尺度。
（　　）

4. 根据我国现行的《海洋货物运输保险条款》的规定,在基本险别中包括平安险(简称FPA)、水渍险。（　　）

5. 自由港或自由贸易区以转口贸易为主,侧重于商业;出口加工区以出口加工工业为主,侧重于工业。（　　）

二、选择题

1. 交易磋商是指买卖双方就交易条件进行协商,以求达成一致的具体过程.交易磋商的过程分以下几个环节,即（　　）
   A. 接受　　　　　B. 还盘　　　　　C. 发盘
   D. 询盘　　　　　E. 交货

2. 海上货物运输保险险别是保险人对风险损失的承保范围,它是保险人与被保险人履行权利与义务的基础,也是保险人承保责任大小和被保险人缴付保险费多少的依据。海洋货物运输保险的险别很多,概括起来分为(　　)等大类。
   A. 水渍保险　　　B. 短量保险　　　C. 平安保险
   D. 附加险别　　　E. 基本险别

3. (　　)是介于货主和实际承运人之间的中间商,它一方面代为货主进行租船订舱,另一方面又代为实际承运人揽货。
   A. 销售代理　　B. 货运代理　　C. 发货人　　D. 收货人

4. 国际物流系统的一般要素（　　）
   A. 劳动者　　　B. 资金　　　C. 对象　　　D. 实物

5. 国际物流系统的构成（　　）
   A. 一般要素　　B. 功能要素　　C. 支撑要素　　D. 物质基础要素

三、讨论题

1. 什么是国际物流?
2. 国际物流运输方式主要有哪些? 每一种运输方式各有什么特点?
3. 国际物流业务主要有哪些?
4. 国际物流系统有哪些要素? 其构成模式是什么?
5. 如何理解国际物流中的货运保险?

延伸阅读书目

1. 杨霞芳.国际物流管理.上海:同济大学出版社,2004
2. 张海燕等.国际物流.沈阳:东北财经大学出版社,2006
3. 王斌义.国际物流人员业务操作指南.北京:对外经济贸易大学出版社,2003
4. 扬长春等.国际物流.北京:对外经济贸易大学出版社,2003
5. 扬志刚.国际货运物流实务.北京:化学工业出版社,2003
6. 唐渊.国际物流学.北京:中国物资出版社,2004
7. 张请等.国际物流与货运代理.北京:机械工业出版社,2003
8. 徐永谋等.国际物流管理.北京:化学工业出版社,2004